Système fiscal et performance financière des Établissements de microfinance (EMF)

au Cameroun

Collection « Études africaines »

dirigée par Denis Pryen et son équipe

Forte de plus de mille titres publiés à ce jour, la collection « Études africaines » fait peau neuve. Elle présentera toujours les essais généraux qui ont fait son succès, mais se déclinera désormais également par séries thématiques : droit, économie, politique, sociologie, etc.

Dernières parutions

Jean-Marc SEGOUN, *Reconstruire après la guerre au Libéria*, 2018.
Hines MABIKA (dir.), *Principes éthiques d'Albert Schweitzer en Afrique. Le respect de la vie,* 2018.
Mamadou Diarafa DIALLO, *Le Mali contemporain. Fragilités et possibilités,* 2018.
Blaise SARY NGOY, *La dépréciation du franc congolais (2001-2018), Effet d'hystérèse, 2018.*
Noël SOFACK, *L'Eglise catholique et le processus électoral au Cameroun, Un engagement pour des elections justes et transparentes,* 2018.
Noël SOFACK, *Nouvelle géopolitique de l'agriculture et de l'alimentation, Quelles politiques publiques de sécurité alimentaire au Cameroun* ?, 2018.
Fayol Meny INKOU INGOULANGOU, *Problèmes langagiers et apprentissage du philosopher, Cas de l'apprenant en République du Congo*, 2018.
Kakou Marcel VAHOU, *L'insécurité linguistique chez des élèves en Côte d'Ivoire,* 2018.
Jean-Pierre Barthélemy MPOUANDO, *Les limites de l'Union africaine dans la résolution des conflits*, 2018.
Odilon OBAMI, *L'évolution des droits de la femme congolaise,* 2018.
Kayamba TSHITSHI NDOUBA, *Agonie et fin de la première République du Congo-Kinshasa,* 2018.
Christian ROCHE, *Histoire des relations des pays du Sahel avec la France*, 2018.
Mamoudou SY, *La vallée du fleuve Sénégal dans le jeu des échelles politiques. Le Dimar aux XVIII*e *et XIX*e *siècles,* 2018.
Ousseynou FAYE, *Les tirailleurs sénégalais entre le Rhin et la Méditerranée (1908-1939)*, 2018.
Jean-Paul MWENGE NGOIE, *L'enfant, cet oublié du divorce ou de la séparation parentale en Afrique subsaharienne*, 2018.
Laurent GAMET, *Le droit du travail ivoirien*, 2018.
Bakary CISSÉ, *L'épreuve orale de culture générale, Préparation aux concours d'entrée de l'ENA et de la Fonction publique, Tome 1 : Connaissance de l'environnement ivoirien ; Tome 2 : Problèmes majeurs de la société contemporaine*, 2018.

Dr Claude KOMBOU

Système fiscal et performance financière des Établissements de microfinance (EMF) au Cameroun

L'Harmattan

5-7, rue de l'École-Polytechnique, 75005 Paris
http://www.editions-harmattan.fr
ISBN : 978-2-343-15584-5
EAN : 9782343155845

DÉDICACE

À ma famille

REMERCIEMENTS

Ce livre est le résultat d'un travail de recherche académique et professionnel couronné par la soutenance le 27 juillet 2016 à l'Université de BANGUI, d'une thèse de doctorat – Ph/D en droit des affaires et fiscalité. Au regard de la pertinence et de l'originalité du sujet traité, cette soutenance a reçu la mention très honorable, avec félicitations du jury d'une part et l'autorisation de publier le manuscrit en l'état, d'autre part. Ce livre qui est mis à votre disposition a été réalisé grâce à la collaboration de plusieurs personnes.

J'adresse des remerciements particuliers au Professeur titulaire Jean GATSI et au Professeur Augustin KONGATOUA KOSSONZO, mes directeurs de thèse qui, malgré leurs charges multiformes inhérentes à leurs titres, grades et responsabilités, ont trouvé un intérêt à encadrer cette recherche. Chers Maîtres, mes infinies reconnaissances.

La rigueur scientifique est l'œuvre du Professeur Sara NANDJIP MONEYANG. Qu'elle trouve ici, l'expression de ma parfaite reconnaissance.

Je remercie également les Docteurs Gaétan BEGNI BAGAGNA et Ambroise Louison ESSOMBA, enseignants à la Faculté des Sciences Juridiques et Politiques de l'Université de Douala, pour leurs disponibilités et orientations scientifiques particulièrement utiles. Qu'ils trouvent ici, l'expression de ma profonde gratitude.

Je ne saurais oublier les responsables des entreprises et services de l'Administration fiscale, pour leurs contributions professionnelles me permettant de mener à bien ce travail.

En fin, je remercie tous ceux qui, de près ou de loin, ont contribué à la réalisation de ce travail.

LISTE DES ABRÉVIATIONS

ADAF: Appropriate Development for Africa Foundation

AFD : Agence Française de Développement.

Al. : Alinéa

A.G.E : Assemblée Générale Extraordinaire

AGO : Assemblée Générale Ordinaire

ANEMCAM : Association Nationale des Établissements de Microfinance

APD : Aide Publique au Développement

A.U : Acte Uniforme.

BEAC : Banque des États de l'Afrique Centrale

BIRD : Banque Internationale pour la Reconstruction et le Développement

CAC : Centimes Additionnels Communaux

CAMAIR-CO : Cameroon Airlines Corporation

CAMCUL: Cameroon Cooperative Credit Union League

CAMPOST : Cameroon Postal Services.

CAMTEL : Cameroon Telecommunications

CCA : Crédit communautaire d'Afrique

CDE : Camerounaise Des Eaux

CECAW : Coopérative d'Épargne et de Crédit des Artisans du Wouri

CEMAC : Communauté Economique et Monétaire des États de l'Afrique Centrale

CMEC : Caisses Mutuelles d'Épargne et de Crédit

CFC : Crédit Foncier du Cameroun

CGA : Centre de Gestion Agréé

CGI : Code Général des Impôts

CICM : Centre International du Crédit Mutuel

CIME : Centre des Impôts des Moyennes Entreprises

CIRDI : Centre International pour le Règlement des Différends Relatifs aux Investissements

CNC : Conseil National de Crédit

CNMF : Comité National de Microfinance
CNPS : Caisse Nationale de Prévoyance Sociale.
COBAC : Commission Bancaire de l'Afrique Centrale.
COOPEC : Coopérative d'Épargne et de Crédit
COOPGIC : Coopérative et Groupes d'Initiative Commune
CTD : Collectivités Territoriales Décentralisées
CRTV : Cameroon Radio and Television
CVECA : Caisse Villageoise d'Épargne et de Crédit
D.A.P : Disposition à Paier
D.A.T : Dépôts à Terme
DGI : Direction Générale des Impôts
DGE : Division des Grandes Entreprises.
DIPE : Document d'Information sur le Personnel Employé
DPS : Droit Préférentiel de Souscription
D.S.C : Droit des sociétés commerciales
DSF : Déclaration Statistique et Fiscale
EMF : Établissements de microfinance
ENAM : Ecole Nationale d'Administration et de Magistrature
F.CFA : Franc de la Communauté Financière Africaine
FEICOM : Fonds Spécial d'Équipement et d'Intervention Intercommunale
FMI : Fonds monétaire international
FNE : Fonds National de l'Emploi
FR : Fonds de Roulement
H.A.O : Hors Activités Ordinaires
H.T : Hors Taxes
G.I.C : Groupes d'Initiative Commune
GICAM : Groupement Inter-Patronal du Cameroun
GIE : Groupement d'Intérêt Economique
IDA : Association Internationale de Développement
IDH : Indice de Développement Humain
IECD : Institut Européen de Coopération et de Développement
IFC : Société Financière Internationale
IGM : Indice de Gouvernance Mondiale

IRCM : Impôt sur le Revenu des Capitaux Mobiliers
IRPP : Impôt sur le Revenu des Personnes Physiques
IRS : Impôt sur le Revenu Salarial
IS : Impôt sur les Sociétés
L.F. : Loi de Finances.
LPF : Livre de Procédure Fiscale
MC^2 : Mutuelles Communautaires de Croissance
MIGA : Agence Multilatérale de Garantie des Investissements
MLF : Modification Loi de Finances
MINFI : Ministère des Finances
MP : Minimum de Perception
MUCADEC : Mutuelles Camerounaises d'Épargne et de Crédit
N° : Numéro
N.I.U : Numéro Identifiant Unique
NOFIA : Nouvelle Financière Africaine
OHADA : Organisation pour l'Harmonisation en Afrique du Droit des Affaires
OCDE : Organisation de Coopération et de Développement Economique
ONG : Organisation Non Gouvernementale
PAD : Port Autonome de Douala
PaR : Portefeuille à Risque
PCEC : Plan Comptable des Établissements de Crédit
PCEMF : Plan Comptable des EMF
P.E.R.T : Program evaluation and research
PGE : Produit Global d'Exploitation
PME : Petites et Moyennes Entreprises
PMI : Petites et Moyennes Industries
PNF : Produit Net Financier
PNUD : Programme des Nations Unies pour le Développement
PSL : Prélèvement Spécial sur le Loyer
PVID : Pension Vieillesse, d'Invalidité et de Décès
R.A.N : Report à Nouveau.
RAV : Redevance Audio Visuelle
RCCM : Registre de Commerce et de Crédit Mobilier

ROA : *Return on asset*
ROE : *Return on equity*
S.A : Sociétés Anonymes
SARL : Société à Responsabilité Limitée
SAS : Société par Actions Simplifiée
SASU : Société par Actions Simplifiée Unipersonnelle
SCDP : Société Camerounaise des Dépôts Pétroliers
SCS : Sociétés en Commandite Simple.
SIC : Société Immobilière du Cameroun
SNH : Société Nationale des Hydrocarbures
SNI : Société Nationale d'Investissement
SODECOTON : Société de développement du Coton
SONARA : Société Nationale de Raffinage
SOPECAM : Société de Presse et d'Édition du Cameroun
SYSCOHADA : Système Comptable OHADA
TDL : Taxe de Développement Local
TTC : Toutes Taxes Comprises
TSR : Taxe Spéciale sur le Revenu
TVA : Taxe sur la Valeur Ajoutée
UMAC : Union Monétaire de l'Afrique Centrale

AVANT-PROPOS

Aux lendemains de la crise des années 90, la micro finance s'est révélée comme solution au financement des activités délaissées par les banques classiques. Elle est également apparue tel un instrument de lutte contre la pauvreté. Cependant, face à la rude concurrence imposée par ce secteur en pleine expansion pour en assurer leur pérennité, les EMF vont associer à leur exigence de performance financière, les obligations fiscales qui s'imposent à tous sous peine de sanctions. L'imposition de ces entités au régime de droit commun conforte inéluctablement l'idée de s'interroger sur l'impact du système fiscal applicable quant à la performance financière de ces entreprises. La réponse esquissée se décline logiquement, d'abord, en une restitution problématique actuelle de l'état des lieux des EMF dans un environnement où les acteurs (administration fiscales et promoteurs de la micro finance) affichent des ambitions contradictoires aux enjeux diversifiés, et ce, dans le souci de concilier les deux tendances. Et ensuite, rendre compte d'une évaluation sur le double plan de l'analyse des leviers de performance des EMF ainsi que de l'impact des dispositions fiscales sur ces variables. L'idéal recherché était, par voie de conséquence, d'aboutir à la mise en place d'une gestion fiscale prévisionnelle de performance des Établissements de micro finance au Cameroun.

SOMMAIRE

INTRODUCTION

La microfinance fait partie des structures qui animent de nos jours l'actualité de la finance dans le monde et en particulier au Cameroun. Apparue dans le secteur des sociétés coopératives[1] comme instrument de lutte contre la pauvreté par l'octroi des prêts de faibles montants à des entrepreneurs, artisans, commerçants ou exploitants agricoles exclus du système bancaire traditionnel, la microfinance a existé sous différentes formes depuis des lustres[2]. Sur le plan historique[3], on estime que des mécanismes informels de prêt et d'emprunt ont existé en Asie depuis quelques siècles[4]. Cependant, la microfinance « moderne » est apparue au milieu des années 1970 en Asie et en Amérique latine. On retient en priorité l'exemple de l'économiste Bangladeshi Muhammad Yunus[5], fondateur de la Grameenbank[6] créée en 1978. Dès lors, ces institutions se présentent comme les banques des petits épargnants dépourvus des garanties pour accéder aux moyens de financement

---

[1] GATSI Jean, *Le droit OHADA des sociétés coopératives*, « la société coopérative est un groupement particulier composé de coopérateurs unis par le lien commun, critère objectif que possèdent en commun les membres et sur la base duquel ils se regroupent », droits africains et malgaches, l'Harmattan, p. 10.

[2]ATTALI Jacques, Président de PlaNet Finance, www.microworld.org.

[3] En 1849, un bourgmestre prussien Friedrich Wilhelm Raiffeisen, fonde en Rhénanie la première société coopérative d'épargne et de crédit.

[4] www.planetfinance.org « En 1849, F.W. RAIFFEISEN créé en Suisse la première société coopérative d'épargne et crédit. En France, les frères PEREIRE sont à l'origine des premières expériences de mutualisme bancaire, créant les Sociétés de Crédit Mutuel. Plus tard dans les années 1960 et 1970, d'autres tentatives de banques publiques de crédit voient le jour dans les pays en voie de développement. »

[5] www.planetfinance.org, Brève histoire de la microfinance, article sur la microfinance.

[6] Première banque des pauvres, fondée par l'économiste bangladeshi Muhammad YUNUS (inventeur du microcrédit) au Bangladesh (l'un des pays les plus pauvres de la planète), pour offrir des crédits aux exclus du système bancaire. Dans le cadre d'une solution pratique à la crise de famine que traversait son pays, le Dr Yunus trouva un groupe de 42 femmes qui fabriquaient des tabourets en bambou. Parce qu'elles n'avaient pas de fonds propres pour acheter la matière première, elles avaient conclu un marché avec des commerçants locaux qui leur prêtaient de quoi acheter la matière première et en contrepartie, elles devaient leur vendre les tabourets à un prix déterminé, à peine supérieur au prix de cette matière première.

de leurs activités. La pression démographique,[7] le contexte fiscal[8], l'apparition des politiques conjoncturelles, les facteurs socio-économiques, constituent quelques éléments explicatifs de l'histoire des institutions de microfinance tant au niveau national qu'international.

Au plan international, le mouvement de la microfinance s'affirme comme un instrument d'assistance sociale aux populations démunies[9]. Ainsi, les bailleurs de fonds à travers leurs divers programmes[10] financent des projets de développement par l'octroi des crédits aux taux bonifiés, permettant de répondre aux besoins cruciaux des populations marginalisées à l'aide des microcrédits pour lesquels, les banques classiques ne sont pas disposées à intervenir[11].

---

[7] NOWAK Maria, « L'évolution de la démographie et des mentalités favorise le travail indépendant : les incertitudes liées au travail salarié viennent conforter dans la population le désir de créer son propre emploi. Pour que toute personne voulant entreprendre puisse le faire, il faut permettre aux pauvres d'accéder à un capital de départ et donc au microcrédit. », http://adie.org.

[8] Les exonérations fiscales dont ont bénéficié les Microfinances de première catégorie en matière d'impôt sur les sociétés jusqu'en fin 2010 et en matière de TVA jusqu'ici applicables, ont favorisé l'essor des EMF.

[9] ONOMO Cyrille, *Mécanismes de gouvernance en Microfinance : apports sur la performance des IMF au Cameroun,* « les revenus générés par un projet financé par la microfinance contribuent au revenu du ménage et par là même à la sécurité alimentaire, à l'éducation des enfants et à la prise en charge des soins de santé de son promoteur. », Thèse de Doctorat en sciences économiques, Université de Douala, 2010, 339 pages, p.1.

[10] Programme PPLM (Pain pour le Monde de la Banque Mondiale). Programme d'entraide créé à Berlin en 1959 et mis en place par les églises protestantes d'Allemagne. Voir site : www.brot-fuer-die-welt.de.

[11] TADJUDJE Willy, *Le cautionnement mutuel et l'inclusion financière en Afrique,* « Au XXIe siècle, tous les individus ont besoin d'accéder à des services bancaires, étant donné qu'ils sont indispensables pour leur intégration dans la société. Malheureusement, plusieurs rapports révèlent que le niveau d'exclusion financière est encore important. D'après le dernier rapport de la Banque mondiale par exemple, plus de 2,5 milliards de personnes à travers le monde n'ont pas accès à des services bancaires et près de 90 % d'entre elles vivent en Afrique, en Asie et en Amérique latine. Plus concrètement, près de 75 % des adultes gagnant moins de deux dollars par jour n'ont pas de compte en banque », Revue de l'ERSUMA, numéro 06, nouvelle édition 2016, p. 260.

Dans la zone CEMAC [12]en général, le Cameroun en particulier a traversé la grave crise[13] économique des années 90[14] ayant pour principale conséquence, l'affectation sévère des économies de la sous-région[15] et, plus singulièrement, le système financier[16], entraînant de profondes restructurations dans divers secteurs d'activités. Dans le domaine bancaire, la crise de confiance réduit ainsi les montants des dépôts au profit des tontines.[17] Les restructurations opérées comme solution aux problèmes de l'époque[18] provoquent de nombreuses faillites et la liquidation de plusieurs banques classiques, [19]réduisant ainsi les épargnes des populations. Ces déconfitures sont également à la base des licenciements massifs des cadres bancaires

---

[12] Née du Traité signé le 16 mars 1994 à N'Djamena (Tchad), La Communauté Économique et Monétaire des Etats de l'Afrique Centrale (CEMAC) regroupe 6 pays : le Cameroun, le Congo, le Gabon, la Guinée Équatoriale, la République de Centrafrique et le Tchad.

[13] SUNKAM KAMDEM Achille, *Réflexion sur le système de régulation institutionnelle de l'activité bancaire dans la zone CEMAC*, « Le contexte socio-économique est celui de la crise bancaire de la fin des années 1980 et du début des années 1990 dans les Etats de la sous-région de l'Afrique centrduneale avec ses conséquences. En effet, sur les 40 banques que comptait la CEMAC, 9 avaient cessé leurs activités. Sur celles restant en activité, une seule respectait l'ensemble des normes réglementaires en vigueur, 14 avaient des équilibres précaires et 16 étaient totalement insolvables1. Ce tableau peu reluisant du paysage bancaire de la zone CEMAC en cette période montre que le système bancaire de cet espace sous-régional manquait manifestement de solidité et de stabilité », Revue de l'ERSUMA, numéro 06, nouvelle édition 2016, p. 329.

[14]STABILITÉ FINANCIÈRE ET CONTRÔLE PRUDENTIEL, « Au début des années 90, le système bancaire de la CEMAC était dans une situation très critique qui a profondément perturbé le fonctionnement de l'Économie. En effet sur les 40 banques que comptait la Zone, 9 avaient cessé leurs activités ; sur celles restant en activité, une seule respectait l'ensemble des normes réglementaires en vigueur ; 14 avaient des équilibres précaires et 16 étaient totalement insolvables. », voir site :
https://www.beac.int/download/stabilitefin_et_controleprudentiel.pdf.

[15]ONGO NKOA Bruno Emmanuel, Réformes *financières et rentabilité du système bancaire des pays de la CEMAC*, D.E.A en Économie et Finance, Université de Yaoundé II, 2009. « Au milieu des années 80 en zone CEMAC, la crise économique s'est fait ressentir dans tous les secteurs (économique, social, politique et financier) des États. En ce qui concerne l'économie réelle, cette crise fut caractérisée par une baisse de la production, une chute drastique du taux de croissance réel, une accumulation des déficits publics et un accroissement de l'activité informelle ».

[16] Dans le secteur financier, on enregistrait un assèchement de la liquidité, une augmentation des créances douteuses.

[17] NZEMEN, 1997 et HUGON, 1996 dans ONGO NKOA Bruno Emmanuel, 2009.

,[18] TCHAKOUNTE NJODA Mathurin et BITA Charles Alain : « Afin de corriger ces dysfonctionnements, l'État camerounais et les institutions financières sous régionales ont restructuré les banques défaillantes, adopté de nouvelles réglementations prudentielles, libéralisé le secteur financier, et assoupli la politique monétaire. Cependant, si de nos jours le secteur bancaire a retrouvé sa solvabilité, il importe de renforcer le dispositif de surveillance au moyen d'une régulation indépendante. », *La réforme du secteur bancaire camerounais,* article, Revue africaine de l'Intégration, 162 pages, page 99.

[19] On dénombrait 10 au Cameroun, 3 en République Centrafricaine, 8 au Gabon, 2 au Congo, 2 au Tchad et 1 en Guinée Équatoriale.

expérimentés qui vont se lancer dans la création des institutions de microfinance, sous la forme des sociétés coopératives telles que définies dans l'AU OHADA[20] relatif à ces entités comme on peut le lire chez GATSI Jean[21]. Bien plus, suite à la mise en œuvre des plans de restructuration[22], les banques classiques vont durcir l'accès à leurs services. Cette situation a pour conséquence, la marginalisation d'une grande frange de la population dans le cadre de l'accès aux services bancaires et une amplification de la sous-bancarisation des zones rurales. L'aggravation du hiatus entre la banque et le tissu social qui s'en est suivie, va doper le secteur de la microfinance dominé par les coopératives d'épargne et de crédit qui vont se distancer[23] des associations[24] et des mutuelles[25] pour se rapprocher des sociétés commerciales[26].

Le réaménagement du système bancaire camerounais ainsi opéré, ne semble pas s'être inscrit dans une logique de créer les conditions d'épanouissement financier des créateurs de richesses qui sont pour la plupart, des cultivateurs, des « bayam-sellam », des vendeurs de beignets, des gérantes de « tourne-dos », des artisans et toute la masse de micro-entrepreneurs qui

[20] Acte uniforme OHADA relatif au droit des sociétés coopératives adopté le 15 décembre 2010 à Lomé.

[21] GATSI Jean, op. cit., « l'article 4 (1) de l'Acte uniforme relatif au droit des sociétés coopératives dispose : la société coopérative est un groupement autonome de personnes volontairement réunies pour satisfaire leurs aspirations et besoins économiques, sociaux et culturels communs, au moyen d'une entreprise dont la propriété et la gestion sont collectives et où le pouvoir est exercé démocratiquement et selon les principes coopératifs », p. 15.

[22]ONGO NKOA Bruno Emmanuel, Op.cit., « Par définition, une réforme est un changement en vue d'une amélioration. C'est un ensemble de mécanismes et d'objectifs visant une transformation positive d'une situation. Associée à l'adjectif financière, on retient que c'est un ensemble de mutations monétaires, bancaires et institutionnelles ».

[23] GATSI Jean, op. cit., « la société coopérative se distingue non seulement de l'association dont le but est moins lié aux activités économiques, mais encore de la société commerciale qui établit une distinction entre ses associés et ses clients ou usagers », p. 11.

[24] *Sara NANDJIP MONEYANG, le régime de la société coopérative OHADA,* « L'association est un groupement de personnes qui conviennent de mettre en commun leurs connaissances ou leurs activités dans un but autre que de partager les bénéfices. (Le but est donc moins lié à l'activité économique qu'à la poursuite d'un objectif de satisfaction sociale », Revue camerounaise de droit et de science politique de l'Université de Douala (JANUS) 9e année, No 4, juin 2015, p. 2.

[25] *Sara NANDJIP MONEYANG*, op.cit., « La mutuelle est une association de droit privé à but non lucratif, au travers de laquelle les travailleurs, sur la base de leurs cotisations, ont réussi à s'offrir des services de prévoyance sociale, de solidarité ou d'assistance, lesquels services sont généralement étendus aux ayants droit. La mutuelle s'est très souvent rapprochée de la coopérative[25], mais elle est bien différente de la société coopérative, dont le but est lucratif[25], qui peut avoir un objet civil ou commercial et qui peut traiter avec des non-membres, contrairement à la mutuelle », p. 2.

[26] *Sara NANDJIP MONEYANG*, op.cit., « La société commerciale est un regroupement de personnes morales ou physiques qui mettent ensemble leur argent, leur bien ou leur connaissance afin de créer une activité rentable qui leur fournirait des bénéfices partageables, établit une distinction entre ses associés et ses clients ou usagers. » p. 2.

n'ont souvent besoin que des sommes modestes pour initier un projet ou assurer le fonds de roulement. Pour motifs, le système financier considère cette catégorie sociale majoritaire pourtant, comme des petits épargnants dépourvus de garanties. Face au refus d'alimenter ce fleuron de l'entreprenariat national par une organisation bancaire vouée aux entreprises multinationales, où trouver ces sommes prétendument modestes ? La voie incontournable pour octroyer des crédits et des services financiers à la micro-entreprise, aux Petites et Moyennes Entreprises (PME) et Petites et Moyennes Industries (PMI) afin de leur permettre d'exercer une activité indépendante et créatrice des richesses s'est avérée être la microfinance.

Sur le plan historique, le développement de la microfinance exclusivement au Cameroun est marqué par trois périodes[27] :

- de 1960 à 1980 consacrée au développement autonome des coopératives d'épargne et de crédit ;
- de 1980 à 1990 caractérisée par la faillite des banques de développement et par l'explosion du phénomène des COOPEC qui tentent de combler le vide laissé par ces banques ;
- de 1990 à nos jours : la microfinance a connu un essor remarquable et ne s'est diversifiée qu'à partir du début des années 90 à la faveur des lois n° 90/053 du 19 décembre 1990 sur la liberté d'association, et n° 92/006 du 14 août 1992 relative aux sociétés coopératives et aux groupes d'initiative commune. Les années 90 vont également connaître de nombreuses innovations et diversifications dans le secteur de la microfinance. C'est ainsi que l'on va voir apparaître plusieurs formes des structures de microfinance allant des sociétés coopératives d'épargne et de crédit aux projets de développement ayant un volet microfinance.

Sur le plan juridique, réglementaire et institutionnel, en référence aux statistiques de la Direction Générale Du Trésor de la Coopération Financière et Monétaire du Ministère des Finances, les textes relatifs au secteur de la microfinance ont connu des mutations substantielles au Cameroun. Les différents aspects qui décrivent ces évolutions sont ainsi résumés :

- avant 1992 : loi 90/053 du 19 décembre 1990 qui autorise l'activité d'épargne et de crédit aux groupements de formes diverses : associations et coopératives ;
- de 1992 à 1998 : loi COOP/GIC 92/006 du 14 août 1992 qui traite du cas spécifique des structures non bancaires opérant l'intermédiation financière (COOPEC) ;

[27]République du Cameroun, ministère des Finances, Direction Générale du Trésor de la Coopération Financière et Monétaire, *évaluation du secteur de la microfinance au Cameroun*, Rapport final, août 2011.

- de 1998 à 2002 : la loi de finance 1998 et son décret d'application qui amorcent une réglementation spécifique du secteur de la microfinance ;
- depuis 2002 : règlement COBAC 01/02/CEMAC/UMAC/COBAC qui place tous les établissements sous la tutelle du MINEFI en autorisant des formes diverses. Les établissements de forme mutualiste sont astreints aux deux textes.

L'activité de microcrédit s'est inscrite dès lors dans une sphère plus complète qui comprend, au fur et à mesure de son évolution, d'autres outils financiers tels que l'épargne, le crédit et le transfert d'argent. Ainsi, sous une forme d'intermédiation financière et sociale, la microfinance s'affiche comme un élément majeur d'insertion des populations défavorisées, en plus, comme un levier de changement contribuant à la création de richesses économiques et sociales, participant ainsi à hauteur de 10 % dans le financement de l'économie nationale[28] en 2011. Ce secteur d'activité se révèle comme une solution aux financements des activités délaissées par les banques classiques d'une part, et comme un instrument de lutte contre la pauvreté[29] d'autre part. Pour répondre à ces objectifs et assurer leur pérennité, les EMF doivent associer à l'exigence de leur performance financière, le respect des obligations fiscales communes à toutes les sociétés commerciales sous peine de sanctions prévues par les dispositions en la matière.

Les obligations contributives aux ressources publiques qui s'imposent ainsi à tous y compris les EMF supposent qu'une place significative soit accordée à la conception des textes fiscaux favorables à l'émergence des organisations aux formes juridiques diversifiées. De même qu'à la rentabilité des recettes fiscales de l'État. Une telle approche suppose qu'il soit mis en relief, les différents concepts de l'étude pour une bonne lisibilité fiscale.

1. Notion de système fiscal

La notion de système peut être perçue sur le double plan de sa dimension étendue d'une part et restreinte dans le domaine de la fiscalité, d'autre part. De manière générale, un système est un ensemble d'éléments interagissant

---

[28]République du Cameroun, ministère des Finances, Direction Générale du Trésor de la Coopération Financière et Monétaire, Op.cit.

[29] SMAHI Ahmed, *Microfinance et Pauvreté : Quantification de la Relation sur la population de Tlemcen,* « Sylvain Larivière et Fréderic Martin définissent la pauvreté comme un état de privation à long terme de bien-être jugé inadéquat pour vivre décemment. La pauvreté est donc synonyme de carence, elle est fonction d'un manque connu face à des besoins que l'on peut identifier. À leurs tours, B. Ames, W. Brown et S. Devarajan, ont tenté de donner une explication de la pauvreté : elle peut être définie au mieux comme étant une privation inacceptable du bien-être de l'être humain. Une personne peut donc être considérée comme pauvre quand elle ne peut se procurer les biens et services en quantité suffisante pour satisfaire ses besoins matériels fondamentaux », thèse de doctorat en sciences économiques, République Algérienne Démocratique et Populaire, Université Abou Bekr Belkaïd de Tlemcen, Faculté des Sciences Economiques et de Gestion, Année universitaire : 2009/2010, p. 18.

entre eux selon certains principes ou règles. Un système est déterminé par la nature de ses éléments constitutifs, les interactions entre ces derniers, sa frontière, c'est-à-dire le critère d'appartenance au système. C'est aussi un ensemble de structures cohérentes dont les éléments constitutifs, même détachés de leur contexte, en conservent la référence et restent indispensables à son bon fonctionnement, à son développement, ainsi qu'à son décodage. Sur le plan spécifique, la notion de système diffère selon le contexte dans lequel il est employé. Ainsi, ce concept peut se référer à un ensemble organisé d'idées, une classification méthodique, une structure (système familial, par exemple), une réunion d'éléments pour former un tout, un ensemble d'organes de structure analogue, un organe anatomique complexe (système nerveux, par exemple), un mode d'organisation de la société (système capitaliste, électoral). Dans cette logique, un système peut se référer à plusieurs domaines de la science ou de la vie active :

- sur le plan du dogmatisme, c'est un ensemble abstrait d'éléments coordonnés par une loi, une doctrine, une théorie ;
- en politique[30], c'est le mode de gouvernement, l'ensemble d'institutions et de méthodes ;
- en sociologie, il s'agit de l'organisation sociale, de la société considérée comme aliénante ;
- en sciences de gestion, le système est plus utilisé pour désigner le référentiel comptable. À cet effet, il s'agit d'un ensemble organisé qui permet d'atteindre les objectifs fixés à la comptabilité. En Afrique par exemple, le référentiel comptable applicable est le système comptable OHADA[31] (SYSCOHADA). Le Règlement relatif au droit comptable fait obligation de tenir une comptabilité[32]. Sont seuls exclus de son champ d'application les banques, les établissements financiers, les compagnies d'assurances, ainsi que les entreprises soumises aux règles de la comptabilité publique[33].

---

[30] Les systèmes politiques existants ou proposés sont multiples. Il est habituel de les classer entre régimes démocratiques et régimes autoritaires, mais dans la pratique, la situation n'est pas toujours aussi tranchée. Platon distingue cinq systèmes politiques qui sont : monarchie (aristocratie), timocratie (recherche des honneurs), oligarchie (recherche des richesses), démocratie, tyrannie (violence). http://fr.wikipedia.org.

[31] POUGOUE Paul-Gérard, *Encyclopédie du droit OHADA*, « l'Organisation pour l'Harmonisation en Afrique du Droit des Affaires (OHADA) a été créée par le Traité signé le 17 octobre 1993 à Port-Louis (Ile Maurice) et révisé le 17 octobre 2008 à Québec - Canada. Celle-ci est entrée en vigueur le 21 mars 2010 », Presses Lamy, p. XVI.

[32] Il en est ainsi des entreprises soumises aux dispositions de l'Acte Uniforme portant droit commercial général, des entreprises publiques, parapubliques, d'économie mixte, des coopératives et, plus généralement, les entités produisant des biens et des services marchands, dans la mesure où elles exercent, dans un but lucratif ou non, des activités économiques à titre principal ou accessoire qui se fondent sur des actes répétitifs.

[33] http://fr.wikipedia.org/wiki/Plan_comptable_(OHADA).

La mise en place de ces différents systèmes à l'instar de la politique économique et sociale, du système de gestion comptable et d'exploitation dans les organisations, devrait intégrer à suffisance, la gestion des rapports financiers avec l'État par la maîtrise du système fiscal applicable. En effet, le concept de système fiscal objet de l'étude, peut être perçu comme un ensemble des dispositions légales et règlementaires, des infrastructures dotées des ressources humaines chargées d'assurer le respect des textes en vigueur dans le cadre de la collecte des impôts droits et taxes tout en respectant le principe de l'équité autant que celui des garanties accordées aux contribuables. C'est également un ensemble des impôts, droits et taxes en vigueur dans un pays ainsi que les modalités de gestion et de recouvrement[34]. Le concept de système fiscal interpelle l'analyse des notions annexées telles que la politique fiscale et budgétaire, donc la politique économique des États.

1.1. La politique fiscale[35]

La politique fiscale est l'ensemble des décisions des dépenses publiques ainsi que les règles fiscales mises en place par les pouvoirs publics.[36] Elle regroupe l'ensemble des dispositions mises en œuvre par l'État[37] pour collecter les impôts et les taxes tout en définissant la base imposable, les différents taux d'imposition et de taxation. L'impôt étant le maillon essentiel de la puissance et de l'indépendance des nations, « *toute politique fiscale vise au financement des moyens de sauvegarde de la capacité collective et individuelle que se donne la société pour assurer son développement* »[38]. Les objectifs de la politique fiscale étant de redistribuer les richesses produites, favoriser l'expansion de l'économie et assurer la pérennité des activités d'intérêt général[39].

---

[34] OUEDRAOGO Pascal, *cours polycopié de fiscalité*, Institut Africain de Management (IAM) Ouagadougou, 2009, page 9, 72 pages.

[35] Pour plus d'amples développements sur le système fiscal et la politique fiscale, lire BENI BAGAGNA, *l'Harmonisation des politiques fiscales en Zone CEMAC/Esquisse de théorie de droit fiscal communautaire,* Thèse de doctorat/Ph. D en droit public, Université de Douala, 2012, 550 pages.

[36] http://www.trader-finance.fr/lexique-finance/definition-lettre-P/Politique-fiscale.html.

[37] GILLES Champagne : « L'existence de l'Etat nécessite la présence d'une population identifiée, d'un territoire déterminé et d'un gouvernement effectif. L'État présente deux formes juridiques : l'État unitaire, à l'exemple de la France, et l'État composé ou complexe à l'exemple des États-Unis d'Amérique (fédération) et de la Communauté des États indépendants (confédération) », *L'essentiel du droit constitutionnel*, l'extenso édition, 198 pages, page 18.

[38] ALAKA ALAKA Pierre, *La gouvernance fiscale*, EDILIVRE, 2009, 364 pages, page 14.

[39]LEXIQUE FINANCE, LETTRE P., « une politique fiscale peut être expansionniste en cas de ralentissement ou au contraire restrictive en cas de forte croissance ou de tensions inflationnistes », www.trader-finance.fr/lexique-finance.

Tout comme les autres instruments tels que la lutte contre le chômage ou l'inflation, la politique industrielle, la politique monétaire40, la politique budgétaire41, la réglementation juridique (loi sur les 35 heures, réforme du droit des sociétés ou droit de la concurrence pour limiter les concentrations par exemple en France), la politique de formation et d'emploi, la lutte contre l'inflation, la politique fiscale est également un des instruments de la politique économique. Cette notion vue en sciences juridiques comme en sciences de gestion, peut être perçue comme un ensemble d'interventions des administrations publiques sur l'activité économique. Usuellement, les économistes distinguent les politiques économiques conjoncturelles qui visent à orienter l'activité économique à court terme des politiques économiques structurelles qui viennent à modifier le fonctionnement de l'économie sur le moyen ou long terme42. Les données économiques prévisionnelles ainsi conçues, pour être suivies, doivent faire l'objet de l'élaboration d'un budget.

1.2. Le budget de l'État

Au sens de l'ordonnance n° 62/OF-4 du 7 février 1962 modifiée par la loi n° 2007/006 du 26 décembre 2007 portant régime financier de l'État, « *le budget décrit les ressources et les charges de l'État autorisées par la loi des finances, sous la forme des recettes et des dépenses, dans le cadre d'un exercice budgétaire.* »[43] À ce titre, Pierre ALAKA ALAKA relève que « *le budget de l'Etat est un document politique, c'est en ce sens que pouvoir politique et pouvoir budgétaire sont intimement liés. C'est également un document juridique du fait qu'il doit être voté par le parlement et mis en application par la loi de Finances. C'est en fin un document financier car il retrace les ressources et les dépenses de l'État* »[44]. Parmi ces ressources, figurent en grande place, les recettes qui relèvent d'un domaine propre à la fiscalité.

2. Notion de fiscalité

De manière générale, la définition de la fiscalité peut être déterminée par *le sens* attaché au mot ainsi que par *l'étendue* observée dans la pratique.[45] Il s'agit d'une étymologie latine dont « Fisc » du latin *fiscus* signifie du panier

---

[40] La politique monétaire consiste en particulier dans la fixation des taux directeurs (les taux directeurs sont les taux d'intérêt au jour le jour fixés par la banque centrale d'un pays ou d'une union monétaire, et qui permettent à celle-ci de réguler l'activité économique. Voir site : http://fr.wikipedia.org/wiki/Taux_directeurs.

[41] La politique budgétaire concerne la répartition des prélèvements obligatoires (droits de douane, taxes) et leurs affectations : voir site http://fr.wikipedia.org/wiki/Pr%C3%A91%C3%A8vements_obligatoires.

[42] Voir site : http://fr. http://fr.wikipedia.org/wiki/Politique_%C3%A9conomique.

[43] Voir ALAKA ALAKA Pierre, *La gouvernance fiscale*, EDILIVRE, 2009, 364 p, p.21.

[44] Voir ALAKA ALAKA Pierre, Op.*cit*, p. 19 à 21.

[45] ARVIND Ashta, *Les aspects fiscaux du droit budgétaire*, article sur le fédéralisme fiscal, 1997, http://ashta.free.fr.

(pour recevoir l'argent). D'après le sens de la fiscalité et selon le *Grand Larousse par exemple, la* fiscalité se réfère à un système de perception et à un ensemble de lois qui se rapportent aux impôts, donc au système fiscal. Le mot fisc se rapporte à un ensemble d'administrations chargées de percevoir, de fixer, de répartir les impôts et taxes. L'importance de la fiscalité relève de son apport économique. Dans ce rôle, il s'agit d'un instrument de politique budgétaire des États en ce sens que la **fiscalité** est l'ensemble des pratiques relatives à la perception des impôts et autres prélèvements obligatoires qui permettent de financer les besoins des États et des collectivités[46].

Dans une autre approche, BOUVIER Michel[47] précise que « *la notion de fiscalité puise sa source du droit fiscal qui, en lui-même n'est qu'une partie de la science fiscale qui étudie les problèmes juridiques, économiques, sociologiques et politiques relatifs à l'impôt.* » Considérés comme sources de financement des recettes publiques, les impôts et taxes se distinguent selon la contrepartie offerte ou non aux contribuables.

Au regard de ces deux notions adjacentes, le système fiscal applicable dans les pays en voie de développement se caractérise, entre autres, par unc imposition cédulaire[48] au regard de la diversité des obligations fiscales qui se traduit par le nombre élevé des impôts et taxes, par un système déclaratif avec un droit de contrôle de l'administration. Au Cameroun en particulier, la gouvernance fiscale a instauré un climat qui repose sur la confiance. En retour, l'administration fiscale dispose d'un droit de contrôle qui concourt à rétablir l'équilibre du système.[49] Les dispositions relatives aux différents impôts, droits et taxes qui puisent leurs sources[50] d'origines diverses, ont prévu dans ce pays, un régime de droit commun applicable à toutes les personnes physiques et morales d'une part, et un régime spécial qui ne concerne que certaines entreprises à activités spécifiques[51], d'autre part. Si le souci majeur du législateur fiscal camerounais consiste à imposer certains contribuables en fonction de la spécificité de leur activité, il n'en demeure pas moins que les EMF sont également des entités particulières au regard de leur activité (banque des pauvres et lutte contre le chômage) et de la diversité de leur forme juridique (mutuelles financières pour la première catégorie, sociétés

---

[46] http://www.trader-finance.fr/lexique-finance/definition-lettre-F/Fiscalite.html.

[47] BOUVIER Michel, *Introduction au droit fiscal général et théorie de l'impôt,* 11e édition, 2012, 320 Pages.

[48] La cédule peut être définie comme une catégorie de revenu. Il en est ainsi du salaire, du bénéfice, du dividende, etc.

[49] V. MEKONGO Jean-Marie, *Les retenues à la source dans le système fiscal du Cameroun*, Presses Universitaires Libres, septembre 2009, page 15.

[50] La constitution, les lois, les règlements, la jurisprudence, la doctrine fiscale, les conventions fiscales internationales.

[51] Fiscalité spécifique (Fiscalité pétrolière, dispositions relatives au secteur minier, fiscalité forestière, régime fiscal des concessions de services publics, régime fiscal applicable aux investissements : articles 229 à 263 du CGI.

commerciales pour la seconde catégorie et projets de développement pour la troisième catégorie). L'application du régime de droit commun en l'absence d'une fiscalité propre à ces institutions, peut être la conséquence logique soit des revenus qui échappent à l'impôt, soit une surévaluation des charges fiscales des EMF. Situations qui pourraient contribuer de manière mitigée, à la performance financière de ces entités.

3. Notion de performance financière

Les aspects liés à l'étude de la performance ont déjà fait l'objet de plusieurs analyses. De multiples approches de définitions et de mesures de performance ont été abordées jusqu'ici par des travaux scientifiques. Ainsi, en référence aux travaux de BURLEAU, EGLEM, MYKITA et PESQUEUX, Léopold DJOUTSA WAMBA [52]définit la notion de performance tout d'abord comme un résultat ou un objectif, ensuite comme un « état » et enfin, comme un « succès ».

La notion de performance[53] au sein d'une entreprise intrigue et soulève plusieurs questionnements tout en générant des définitions diverses. La conception de la performance ayant évolué avec le temps, on peut plus ou moins dire que cette notion se fonde sur le rapport valeur-coût (y compris le coût fiscal des opérations) que l'entreprise tend à optimiser. Ce concept[54] intègre d'abord l'idée de l'efficacité, c'est-à-dire l'idée d'entreprendre et de mener une action à son terme. La performance consiste donc à obtenir un certain résultat conformément à un objectif donné. Une entreprise est dite performante[55] si et seulement si elle est efficace et efficiente. Elle est efficace si elle atteint tous ses objectifs, et efficiente si elle utilise les moyens adéquats aux moindres coûts (gestion des opérations fiscales efficaces et efficientes). Plusieurs éléments peuvent permettre de mesurer la performance d'une organisation. Les variables de performances les plus pertinentes telles développées par TCHANKAM Jean Paul[56] sont d'ordre économique, financier, social, commercial et technique.

---

[52] WAMBA Léopold DJOUTSA, *Hétérogénéité du statut légal, mécanismes de gouvernance et performance des Institutions de Microfinance*, article sur la microfinance, colloque sur la mutation des EMF, Université de Douala, septembre 2013.

[53] http://www.petite-entreprise.net/P-2288-136-G1-definition-de-la-performance-des-entreprises.html.

[54] http://cgo-moliere2010.e-monsite.com/pages/bts-cgo-1ere-annee/cgo1-management/chapitre-3-definition-et-evaluation-de-la-performance.html.

[55] http://fr.answers.yahoo.com/question/index?qid, « Définition de la performance dans une entreprise. »

[56] Pour plus de détail, voir TCHANKAM Jean Paul, *Performance comparée des entreprises publiques et privées au Cameroun*, Thèse de doctorat, Université de Montesquieu, Bordeaux – 4, 1998, page 84.

Au regard de ces variables, le cas spécifique de la performance financière des organisations a fait l'objet de nombreux travaux également[57]. En général, il s'agit de mesurer les résultats financiers de l'organisation.[58]Il faut à cet effet être attentif aux coûts, aux marges, au niveau d'endettement et à la capacité d'autofinancement (qui doit être la plus élevée possible). Par leurs activités d'engagement par trésorerie et par signature au profit de la clientèle au risque financier assez élevé[59], la gestion financière intègre la maîtrise des charges fiscales et apparaît comme un levier de mesure de performance dans les EMF.

À la lumière de ce qui précède, système fiscal et performance financière des organisations sont intimement liés. Ainsi, tout comme les autres entreprises, les EMF, pour atteindre leur niveau de rentabilité financière, se doivent d'intégrer pleinement dans leur projet de développement, les grandes orientations de la politique économique, le contexte fiscal applicable, donc le système fiscal du pays d'accueil dans le cadre d'une maîtrise voire d'une optimisation des charges et des risques fiscaux. C'est dans cette mouvance que MON CAIRN INFO relève que « *les variations des systèmes fiscaux contribuent à des divergences de performances économiques. En effet, la fiscalité influe sur les décisions des entreprises en matière de production, de création d'emplois, d'investissement et d'innovation ; ainsi que le choix des instruments d'épargne et des actifs par les investisseurs. Ces décisions sont affectées non seulement par le niveau des impôts, mais aussi par la manière dont les différents instruments fiscaux sont conçus et combinés pour générer les recettes publiques* »[60].

Pour le cas particulier des EMF ainsi relevés, les mesures de performance[61] les plus significatives et les plus pertinentes ont pour vocation d'assurer la pérennité de ces entités. Ces indicateurs qu'on peut synthétiser en quatre principales catégories (rentabilité financière, qualité du portefeuille, maîtrise des risques fiscaux, gestion financière) donnent à tout moment une vue d'ensemble raisonnable sur la performance, le niveau de risque opérationnel et fiscal ainsi que la situation financière d'une institution de microfinance. On

---

[57] V. BERK Jonathan – DEMARZO Peter, *Finance d'entreprise*, 2e édition, 2011, 1132 pages.
[58] www.assistancescolaire.com.
[59] NDJETCHEU Louis : « L'EMF est une entreprise particulière dont la fonction principale consiste, surtout pour les EMF de 2e catégorie, à collecter les dépôts quelles que soient leurs formes et leurs maturités et d'accorder des micro-crédits6 à sa clientèle de démunis. Cette activité de financement repose sur un ensemble de risques que le dirigeant de l'EMF doit gérer avec prudence. La forte dose de subjectivité dans l'appréciation des comportements des acteurs impose ainsi l'adoption de règles strictes afin de limiter la survenance des risques auxquels il s'expose », Colloque sur la Microfinance, juin 2013.
[60] Article, Chapitre 5. Fiscalité et croissance économique, voir site : www.cairn.info/revue-reformes-economiques-2009-1-page-146.htm.
[61] V. ADA, Indicateurs de performance pour les Institutions de Microfinance, Guide Technique », 2003.
[61]Mosley et Hulme, 1998 ; Kevane et Wydick, 2001.

peut donc en déduire que la pérennité d'un EMF est fortement conditionnée par le niveau de sa performance financière. Ceci suppose une bonne gestion des relations fiscales aux fins de réduire au mieux les risques fiscaux pouvant générer les charges marginales issues des relations fiscales conflictuelles. De même, les travaux académiques sur la performance sociale et financière des EMF, [62]sur la recherche de pérennité par les institutions de microfinance[63], sur la forme juridique et la performance des institutions de microfinance[64] démontrent à suffisance que le volet social, vocation initiale des EMF, est de nos jours relayé au second rang. Au regard du contexte spécifique de ce secteur d'activité, l'analyse de l'impact des données fiscales sur la gestion financière suppose au préalable, une bonne lisibilité du concept même de la microfinance.

4. Notion de microfinance

En termes simples, la microfinance est une organisation[65] qui offre des services financiers à des personnes à faibles revenus qui n'ont pas accès ou ont difficilement accès au secteur financier formel (banques classiques). Le terme institution de microfinance (IMF) renvoie à ce jour à une grande variété d'organisations diverses par leur taille, leur degré de structuration y compris leur statut juridique.[66] De manière spécifique, la microfinance est une activité exercée par des entités agréées n'ayant pas le statut de banque ou d'établissement financier[67] [...] et qui pratiquent à titre habituel, des opérations de crédit et de collecte de l'épargne en offrant des services financiers spécifiques au profit des populations évoluant pour l'essentiel en marge du circuit bancaire traditionnel[68]. En résumé, la microfinance s'utilise

---

[62]THENET Gervais, *Microfinance : entre marché et solidarité, Analyse de la convergence entre performances financières et performances sociales : application de la méthode Data Envolvpment Analysis sur 18 institutions de microfinance péruviennes*, Master Recherche en Sciences de Gestion option Finance, IGR-IAE, Université de Rennes 1, juin 2006, 101 pages.

[63]NIYONGABO Ephrem, *La recherche de pérennité par les institutions de microfinance au Burundi. Trois études de cas : Fédération Nationale des Coopératives d'Épargne et de Crédit du Burundi (FENACOBU), Caisse Coopérative d'Épargne et de Crédit Mutuel (CECM) et Coopérative Solidarité avec les Paysans pour l'Épargne et le Crédit à Cibitoke (COSPEC)*, Mémoire de D.E.A, Université Catholique de Louvain, année académique 2006/2007, 132 pages.

[64]TCHAKOUTE TCHUIGOUA Hubert, *Forme juridique et performances des institutions de microfinance. Une approche comparative, Groupe ESC Troyes*, article sur la microfinance.

[65] https://www.lamicrofinance.org/section/faq

[66] ONG, association, mutuelle/coopérative d'épargne et de crédit, société anonyme, banque, établissement financier, etc.

[67] Tel que défini à l'annexe de la convention du 17 janvier 1992 portant harmonisation de la règlementation bancaire dans les États de l'Afrique Centrale.

[68]Article 1 du règlement N° 01/02/CEMAC/UMAC/COBAC relatif aux conditions d'exercice et de contrôle de l'activité de Microfinance de la Communauté Economique et Monétaire de l'Afrique Centrale du 13 avril 2002.

pour désigner tous les systèmes de financement de proximité[69]. De nos jours, elle s'est élargie pour inclure une gamme des services variés (crédit, épargne, assurance, transfert d'argent, etc.) et une clientèle plus étendue également. Dans ce sens, la microfinance ne se limite plus aujourd'hui à l'octroi de microcrédits aux pauvres, mais bien à la fourniture d'un ensemble des services financiers dont la portée fiscale mérite d'être évaluée.

Encore désignés sous l'appellation d'institutions de microfinance (IMF) pour signifier la même chose dans leur rôle de collecte de petites épargnes et de distribution des crédits de faibles dimensions par rapport aux banques classiques orientées vers les gros épargnants, les EMF sont ainsi classés en trois catégories[70] :

- les EMF de première catégorie ayant la forme de mutuelles qui procèdent à la collecte de l'épargne de leurs membres qu'ils emploient en opération de crédit, exclusivement au profit de ceux-ci [71];
- les EMF de deuxième catégorie ayant la forme des sociétés anonymes qui ne peuvent être constitués que sous la forme de société anonyme. Ils collectent l'épargne et accordent des crédits aux tiers, clients non membres[72] ;
- les EMF de troisième catégorie qui sont des projets de développement. Ils accordent des crédits aux tiers, sans exercer l'activité de collecte de l'épargne.[73]

Une lecture détaillée de la physionomie du secteur permet de constater que ces institutions peuvent développer leur activité soit de manière indépendante, soit alors à l'intérieur d'un réseau[74]. Les EMF indépendants sont ceux qui relèvent des initiatives privées, notamment sur la base des dispositions de loi relative aux sociétés coopératives et aux Groupes d'Initiative Commune (G.I.C). Cependant, depuis l'avènement des textes règlementant le contrôle de l'activité de microfinance, certaines de ces entités optent pour la forme de société anonyme. Pour ce qui est du réseau, il s'agit d'un ensemble d'EMF agréés, regroupés autour d'un organe faîtier animé par un même objectif et qui ont volontairement décidé de se rassembler afin d'adopter une

---

[69] NANDJIP MONEYANG Sara, *la protection du déposant des établissements de microfinance, Revue de l'ERSUMA : Droit des affaires - Pratique Professionnelle,* N° 3 - septembre 2013,

[70] Cf. article 5 du règlement n° 01/02/CEMAC/UMAC/COBAC relatif aux conditions d'exercice et contrôle de l'activité de Microfinance de la Communauté Economique et Monétaire de l'Afrique Centrale du 13 avril 2002.

[71] Cf. article 5 du règlement n° 01/02/CEMAC/UMAC/COBAC, Op. cit.

[72] Cf. article 5 du règlement n° 01/02/CEMAC/UMAC/COBAC, Op. cit.

[73] Cf. article 5 du règlement n° 01/02/CEMAC/UMAC/COBAC, Op. cit.

[74] Article 12 du règlement N° 01/02/CEMAC/COBAC du 13 avril 2002 relatif aux conditions d'exercice et de contrôle de l'activité de microfinance dans la CEMAC.

organisation et des règles de fonctionnement communes[75]. Sur le plan national, les EMF en réseau sont principalement constitués par[76] :

- la Cameroon Cooperative Credit Union League (CAMCUL)[77], une fédération de 176 microfinances agréées ;
- les Mutuelles Communautaires de Croissance (MC^2) qui sont des microfinances semi-rurales mises par Appropriate Development for Africa Foundation (ADAF) avec l'assistance d'Afriland First Bank ;
- la Caisse Villageoise d'Épargne et de Crédit Auto gérées (CVECA)[78], un instrument conçu pour offrir des services financiers de proximité aux populations défavorisées des zones rurales ou semi-rurales ;
- les Mutuelles Camerounaises d'Épargne et de Crédit (MUCADEC)[79] qui sont un réseau de coopératives de microfinance (première catégorie), soutenu par le Centre International du Crédit Mutuel (CICM) de France) et bénéficiant d'un partenariat technique avec l'ONG française Institut Européen de Coopération et de Développement (IECD) créé en avril 2009 ;
- les Caisses Mutuelles d'Épargne et de Crédit (CMEC)[80].

En effet, sur le plan statistique, on dénombre environ 480 EMF en 2011 et 452 au 1er septembre 2012[81]. D'après les informations récentes du 4 mai 2015, le MINFI fait état de 417 EMF agréés répartis sur le territoire national et autorisés à exercer leur activité[82] après fermeture de plusieurs de ces institutions pour retrait d'agrément. De cette répartition, on dénombre d'après des données publiées dans le journal Cameroun Tribune du lundi 4 mai 2015 :

- 375 EMF de première catégorie représentant 90 % du secteur ;
- 38 EMF de deuxième catégorie représentant 9 % du secteur ;
- 4 EMF de troisième catégorie représentant 1 % du secteur ;

Ces institutions qui exercent leur activité dans un environnement fortement concurrentiel où les gains de part de marché se rétrécissent et où les moins

---

[75] Article 13 du règlement N° 01/02/CEMAC/COBAC du 13 avril 2002 relatif aux conditions d'exercice et de contrôle de l'activité de microfinance dans la CEMAC.

[76] Voir site : Cameroon.thebeehive.org/content/604/1599.

[77] C'est le plus grand réseau d'EMF du Cameroun (1re catégorie) ; elle a son siège à Bamenda.

[78] Voir site : http://www.saimedcam.org/actions/cveca.html.

[79]Voir site : http://famillemarguin.over-blog.com/pages/Les_MUCADEC_Mutuelles_Camerounaises_dEpargne_et_de_Credit-1598431.html.

[80] Voir site : http://fr.businesslist.co.cm/company/132541/caisses-mutuelles-depargne-et-de-credit-cmec.

[81] Voir site : http://www.biz.mboa.info/banques-a-finances/fr/entreprises/actualite/3093,452-emf-exercent-au-cameroun-au-1er-septembre-2012.html.

[82] Voir Journal Cameroun Tribune du lundi 4 mai 2015 « Liste des EMF agréés au 31 décembre 2014. »

compétitifs sont condamnés à se retirer[83] ont pour souci majeur d'assurer leur performance financière, gage de leur survie. Si plusieurs facteurs expliquent la déconfiture des EMF au Cameroun à l'exemple de la mauvaise gouvernance[84], il convient de souligner que le point focal reste la situation financière précaire qui, lorsqu'elle est établie, ne peut plus permettre aux entreprises quelles que soient la forme ou la taille, d'assurer les besoins quotidiens.

De nombreux travaux traitant des thèmes sur la microfinance ne semblent pas avoir relevé ou avoir mis en relief l'aspect relatif au contexte fiscal spécifique de ces entités. On peut mentionner, à titre d'exemple, les travaux de KOUDOU Olivier relatifs à l'influence des mécanismes de gouvernance sur la performance des institutions[85]. En plus, citer les réflexions faites par Hubert TCHAKOUTE TCHUIGOUA[86]. Ce dernier relève l'existence d'une relation entre la forme juridique des EMF et leur niveau de performance. La thèse de SMAHI Ahmed[87] sur la Microfinance et Pauvreté est intéressante à plus d'un titre.

L'apport de ces différents travaux à l'émergence et à l'encadrement des EMF est indéniable. Cependant, il nous semble opportun et judicieux d'associer à ces analyses, le volet fiscal au regard du poids et de l'impact de la fiscalité dans les organisations en général et les EMF en particulier. En effet, parmi les différentes causes de dérive financière des EMF camerounais jusqu'ici analysées sur le plan scientifique, il apparaît que le problème du contexte fiscal n'a pas encore fait l'objet d'une étude particulière au regard de la spécificité et de la particularité de ces institutions. Notons qu'une direction des EMF actuellement opérationnelle au ministère des Finances, avec la mise en place des cellules spécialisées des EMF dans les Centres des Impôts et la tenue de la cinquième journée internationale de la microfinance présidée du 11 au 13 septembre 2013 par le ministre des Finances du Cameroun,[88] montrent à suffisance l'importance que les pouvoirs publics accordent à ces

---

[83] V. Journal Cameroun Tribune du mercredi 17 juillet 2013, page 10.

[84] DJAOWE Joseph, *Gouvernance et crise des IMF au Cameroun*, article sur la Mutations et Crises de la microfinance, Vème Journées internationales de la Microfinance à Douala, septembre 2013.

[85] KOUDOU Zohoré Olivier, *L'influence des mécanismes de gouvernance sur la performance des institutions de microfinance de la Côte d'Ivoire*, Vème Journée Internationales de la Microfinance, septembre 2013.

[86] Hubert TCHAKOUTE TCHUIGOUA, *forme juridique et performances des institutions de microfinance. Une approche comparative », article, 2011.*

[87] SMAHI Ahmed, *Microfinance et Pauvreté : Quantification de la Relation sur la population de Tlemcen*, thèse de doctorat en sciences économiques, Université Abou Bekr Belkaïd de Tlemcen, 2010.

[88] Colloque sur le thème « Mutations et crises de la microfinance » avec la participation de plusieurs intellectuels nationaux et internationaux parmi lesquels le recteur de l'Université de Douala.

institutions dans le cadre d'une relance économique et le financement des dépenses publiques. Ainsi, une symbiose entre le système fiscal et la performance financière des EMF semble établie aux fins d'évaluer le niveau de sensibilité de la législation fiscale actuelle sur leur rentabilité immédiate ou future. À ce titre, la fermeture de trente-trois (33) EMF en 2013 pour retrait d'agrément[89] et de quatre-vingt-quatre (84) autres en 2014 pour absence d'agrément par[90] le Ministère de tutelle, relèverait d'une mauvaise gouvernance fiscale[91]. Sinon, comment comprendre que ces entités ont régulièrement obtenu chacune des services des impôts relevant du même ministère, une patente qui conditionne l'exercice d'une activité à but lucratif au Cameroun sans qu'il ne soit procédé au préalable à l'examen des conditions d'accès et d'exercice de la profession sur le plan fiscal dans son ensemble ? En d'autres termes, comment peut-on délivrer dans un secteur hautement sensible, la patente aux entités sans autorisation d'exercice ? Cette situation dont l'urgence d'un recentrage est indéniable a pour conséquences : chômage, misère, fermeture des petites et moyennes entreprises. Cette déconfiture des organisations ainsi fermées et mises en liquidation sans un véritable patrimoine induit une baisse des recettes fiscales.

Pour atteindre ces objectifs, en l'absence d'une législation fiscale sous-régionale CEMAC, en application de la souveraineté fiscale des États, le cadre d'étude se limité aux EMF camerounais installés sur le territoire national. Une telle démarcation participe à l'évacuation de toute analyse en matière du droit comparé. Ainsi, l'univers du travail est constitué par l'ensemble des EMF de première et de deuxième catégorie.

Sont exclus de l'analyse, les EMF de troisième catégorie au regard du nombre très réduit qui représente à peine un (1) pour cent de l'effectif global de 417 des EMF opérationnels et leur activité limitée à la distribution de crédit de très faible montant, sans collecte de l'épargne. L'objectif de cette

---

[89] Voir site https://www.cameroon-tribune.cm, *Microfinance : 33 agréments retirés.*

[90] Voir site http://www.camereco.com, *Cameroun : Le MINFI ferme 84 établissements de microfinance non agréés.* « Dans un communiqué publié mercredi par le ministre camerounais des Finances (MINFI), Alamine Ousmane Mey, vient d'inviter les promoteurs de 84 établissements de microfinance (EMF) non agréés « à cesser immédiatement leurs activités et à procéder sans délai à leur fermeture ». Le ministre n'exclut pas de recourir, le cas échéant, à des sanctions prévues par la règlementation en vigueur, en même temps qu'il décline la responsabilité des pouvoirs publics quant aux préjudices et autres conséquences que pourraient subir les clients de ces structures. », par camereco.com, source APA - 13/02/2014.

[91] Voir site : http://fr.starafrica.com/actualites/34-etablissements-de-microfinance-fermes-au-cameroun.html « Le ministre camerounais en charge des Finances (MINFI), Alamine Ousmane Mey, vient de rendre publique une liste de 34 établissements de microfinance (EMF) appelés à cesser leurs activités à travers le pays. Les raisons de cette mesure vont de la péremption de l'agrément à la cessation de paiement en passant par la cessation d'activités. Le MINFI n'a pas indiqué si des dispositions avaient été prises pour préserver les droits des épargnants, ni si des responsables seraient désignés en vue de procéder à la liquidation desdits EMF, encore moins qui les financera ».

discrimination se traduit par le désir d'obtenir un échantillon d'EMF dont le degré de complexité est suffisant pour justifier une utilisation formelle de la pratique fiscale dans ce secteur d'activité spécifique. Pour délimiter notre population, une exploitation de l'annuaire des EMF agréés par le Ministère des Finances (MINFI) du Cameroun est le résultat d'une liste des EMF des catégories correspondant au cadre d'étude. Du fait du grand nombre de ces entités et de leur dispersion sur le territoire camerounais, nous avons retenu comme zone de prospection, les villes de Douala et de Yaoundé du fait de la très forte concentration, celles du Sud-Ouest et Nord-Ouest au regard de la singularité et du degré d'imprégnation de la culture de la microfinance dans ces localités.

Ce travail qui répond à une préoccupation professionnelle a pour ambition de comprendre voire de conceptualiser les logiques d'imposition des EMF ainsi que la gestion optimale de leur performance dans un environnement où les recettes fiscales représentent une proportion importante du budget de l'État.[92] Il consiste à démontrer que les règles et politiques fiscales et donc le système fiscal au Cameroun constitueraient soit un frein, soit un moteur à l'émergence de ces entités. Dans cette mesure, il convient de montrer d'une part que, le système fiscal camerounais apparaît comme un moyen perceptible de performance financière des établissements de microfinance (Première partie) et d'autre part comme un procédé perfectible dudit système (Seconde partie).

[92]Voir Journal CAMEROUN TRIBUNE du 17 décembre 2013, « sur les recettes budgétaires de l'exercice 2014 d'un montant de 3 312 000 milliards, les recettes fiscales attendues s'élèvent à 1 878 030 milliard, soit 56,70 %.

PREMIÈRE PARTIE :

LE SYSTÈME FISCAL COMME MOYEN PERCEPTIBLE DE PERFORMANCE FINANCIÈRE DES EMF

Les problèmes fiscaux des EMF seraient tributaires de l'absence des dispositions juridiques et fiscales propres à ces organisations pour qu'il soit procédé par l'Administration des impôts, à une lecture plus aisée de la matière imposable. Si ces entités se décalent des entreprises dites commerciales, s'interroger sur le système fiscal comme moyen perceptible de performance financière des EMF, semble l'un des préalables pour la bonne compréhension de ce travail. En effet, le grand engouement pour ce secteur d'activité est perceptible au point qu'il faille se demander si les acteurs ne tirent pas de cette activité un revenu intéressant qui échappe au contrôle des autorités locales et, particulièrement, à l'administration fiscale[93]. Aujourd'hui au Cameroun, la microfinance connaît un développement exponentiel qui se justifie par les chiffres [94]d'une part et son importance dans le fichier de l'administration fiscale, d'autre part. L'assujettissement des EMF à l'impôt sur les sociétés, la question liée à la gestion fiscale spécifique des EMF sont quelques éléments qui permettent de s'accorder sur le rôle et l'importance qui sont communément réservés à ces entités au financement des charges publiques. Cependant, de la relation entre les acteurs de la microfinance et le personnel des services de l'administration, semble s'installer une situation de quiproquo entre les deux parties, du fait du caractère spécifique des domaines d'activité aux enjeux antithétiques et des résultats attendus. Ainsi, d'un côté, la microfinance qui relève d'un secteur particulier aux sources d'impositions qui lui sont propres n'est pas facilement appréhendée par les services des impôts. De l'autre, les dispositions fiscales assez complexes ne sont pas toujours facilement accessibles aux acteurs des EMF qui éprouvent assez de difficultés pour se mettre autour d'une même table avec les professionnels des impôts.

Cette situation inconfortable est de nature à favoriser une imposition non équitable aux implications diverses et variées pour les deux parties. Ce qui conforte l'idée de restituer comme base de départ, les enjeux du contexte fiscal actuel sur la structure des EMF qui obéissent aux dispositions particulières[95] conformément aux textes qui les régissent. Au regard de ce constat, une mission de contrôle fiscal dans ces entités suppose au préalable, la prise en compte par l'Administration, de ces particularités au risque de ne pas répondre avec satisfaction, aux objectifs qui sont attendus. De ce fait, contrairement aux

---

[93] En effet, le ministère des Finances avait publié en début septembre 2012, une liste de 452 EMF agréés à travers le pays. Voir site : http://fr.starafrica.com/actualites/34-etablissements-de-microfinance-fermes-au-cameroun.html.

[94] En fin 2010, leurs dépôts étaient de l'ordre de 300 milliards FCFA avec un encours de crédits se situant à 200 milliards FCFA, le secteur couvrant alors une clientèle d'environ 1,2 million de clients, selon des statistiques du MINFI. Voir site : http://fr.starafrica.com/actualites/34-etablissements-de-microfinance-fermes-au-cameroun.html.

[95] GATSI Jean, Op. cit. : « Le législateur communautaire a tenu compte de certaines particularités, notamment dans le domaine bancaire et financier, où le mouvement coopératif s'est nettement développé depuis de longues années, avec parfois une règlementation nationale et communautaire conséquente ».

autres contribuables, à l'instar des entreprises dites commerciales dont les phases de la constitution et de l'exercice de l'activité se font librement, celles des EMF sont suffisamment encadrées et aux enjeux fiscaux multiples. Pour les raisons d'une bonne lisibilité du contexte juridique, administratif et fiscal, il est judicieux d'examiner les organes constitutionnels de ces entités (**chapitre 1**). Au cours de leur existence, ces institutions peuvent connaître des mutations aux implications fiscales spécifiques (**chapitre 2**).

Pour produire le résultat escompté, une mission de contrôle fiscal doit pouvoir intégrer les aspects spécifiques de la structure à auditer. Dans cette logique, les contribuables consignés dans le fichier de l'administration fiscale répondent aux formes juridiques différentes (entreprises individuelles ou sociétés commerciales). De même, pendant que certains exercent des activités communes (commerce, services) facilement appréciables sur le plan fiscal, d'autres relèvent d'un domaine spécifique. C'est dans cette dernière mouvance que s'inscrivent les EMF. Pour le cas particulier de ces entités, on regroupe dans ce même secteur d'activité, plusieurs catégories de microfinances aux formes juridiques et aux activités diversifiées. Les problèmes fiscaux des EMF naissent donc entre autres, du caractère hybride de leurs formes juridiques et de la diversité de leurs activités (**chapitre 3**). Ces entités se rapprochent des associations de forme mutualiste d'une part, et des sociétés commerciales, d'autre part[96]. De par leurs activités de collecte d'épargne et de distribution de crédit, les EMF s'apparentent aux institutions bancaires au regard de leur relation[97] et par analogie, sont perçus comme des établissements de crédit. Pour les besoins d'un recentrage, une analyse comparée de ce secteur d'activité par rapprochement aux autres contribuables mérite d'être mise en exergue pour une bonne lisibilité fiscale et une appréciation des sources d'imposition qui leur sont propres. Également, comme les autres contribuables, la base d'imposition des EMF est issue de la comptabilité qui, cependant, relève d'un plan comptable spécifique auquel s'ajoute le respect des obligations fiscales sous peine de sanctions aux implications désagréables sur leur rentabilité financière (**chapitre 4**).

---

[96] GATSI Jean, op. cit. : « La société coopérative se distance non seulement de l'association dont le but est moins lié aux activités économiques, mais encore de la société commerciale qui établit une distinction entre ses associés et ses clients ou usagers. », p. 11.

[97] FALL François Seck, *panorama de la relation banques/institutions de microfinance à travers le monde,* « La relation banques et institutions de microfinance (IMF) devient un sujet incontournable lorsqu'on aborde la question du financement des économies en développement. L'essentiel du débat actuel sur le financement des activités locales, celles des PME en particulier, repose sur l'articulation entre ces deux secteurs », revue tiers monde - n° 199 - juillet-septembre 2009, p. 485.

CHAPITRE 1 :

LA MANIFESTATION SUR LES ORGANES CONSTITUTIONNELS DES EMF

L'appréciation fiscale du secteur de la microfinance est conditionnée par la prise en compte et la bonne maîtrise de ces organes constitutionnels au risque de dérapage. À ce titre, l'accomplissement des formalités de constitution d'un EMF dans les conditions prévues par les dispositions en la matière ne donne pas nécessairement quitus pour exercer l'activité. L'accès à la profession de microfinance est soumis à des conditions particulières et aux implications fiscales du droit commun (**section 1**). Les EMF ainsi créés sont administrés, dirigés et contrôlés par les organes qui leur sont internes aux origines multiples et aux implications fiscales spécifiques (**section 2**).

SECTION 1 : LES INCIDENCES FISCALES D'ACCÈS À LA PROFESSION DE MICROFINANCE

Contrairement aux autres formes de sociétés coopératives qui se créent librement par la simple volonté des coopérants[98], l'exercice de la profession de microfinance dans la zone CEMAC en général est encadré par des dispositions légales et règlementaires.[99]Le Cameroun faisant partie de cette communauté est soumis au cadre légal élaboré par la Commission Bancaire de l'Afrique Centrale (COBAC), encadrée par le règlement n°01/02/CEMAC/UMAC/COBAC du 26 janvier 2002, lui-même entré en vigueur en 2007. Cette disposition comporte deux parties, l'une repose sur l'exercice et le contrôle de l'activité, et l'autre concerne la définition des normes prudentielles applicables aux EMF. Nous examinerons dans cette section, les modalités de constitution des EMF dans la phase de leur création et les conditions d'exercice de la profession (**I**) aux fins de circonscrire les conséquences fiscales issues de ces opérations (**II**). Une telle approche relève du fait que les documents issus de ces différentes phases constituent le dossier fiscal de la structure ainsi créée, exigibles lors des formalités de déclaration et paiement de la patente.

[98] GATSI Jean, op. cit. : « La constitution d'une société coopérative ne requiert d'autorisation administrative préalable que s'agissant des activités règlementées. » P. 17.

[99]Le Règlement n°01/02/CEMAC/UMAC/COBAC relatif aux conditions d'exercice de l'activité de microfinance dans la Communauté Economique et Monétaire d'Afrique Centrale et les 21 normes prudentielles qui ont été adoptées en avril 2002, sont respectivement entrés en vigueur en 2005 et 2007.

I. LES CONDITIONS D'ACCÈS A LA PROFESSION DE MICROFINANCE

L'accès à la profession de microfinance en zone CEMAC est subordonné à deux étapes, à savoir : les formalités de constitution (**A**) et les formalités d'obtention de l'agrément (**B**). L'ensemble des documents issus de ces étapes vont constituer les éléments nécessaires à l'accomplissement des formalités fiscales liées à l'exercice d'une activité lucrative au Cameroun.

A. Les formalités de constitution des EMF

Les EMF sont créés conformément aux conditions de fond et de forme relatives aux sociétés coopératives[100]. Les phases de constitution d'un EMF sont subordonnées au choix de leur forme juridique de première, deuxième ou troisième catégorie. Ainsi, grand nombre des EMF agréés au Cameroun sont déclarés ou enregistrés sous le régime d'associations ou de coopératives d'épargne et de crédit.[101] D'autres par contre, sont constitués sous la forme de sociétés anonymes et s'apparentent donc aux sociétés commerciales. Cette divergence de forme juridique interpelle l'analyse des modalités de l'assemblée constitutive, les exigences en matière du capital social et de la personnalité morale.

1. De l'assemblée générale constitutive des EMF

Les EMF sont constitués au cours d'une assemblée constitutive qui définit entre autres, la forme juridique à adopter, le montant du capital social. Le procès-verbal de constitution représente un élément important et incontournable lors de l'élaboration du dossier fiscal de l'entreprise pour des raisons de formalités préalables à l'exercice de l'activité. Les modalités et les conditions de constitution d'un EMF diffèrent selon qu'il s'agit de la première ou de la deuxième catégorie.

1.1. L'Assemblée Générale Constitutive d'un EMF de première catégorie

Au sens des dispositions de la loi N°92 du 14 août,[102] l'EMF de première catégorie est une coopérative financière ayant la forme de mutuelle. La création est libre et constitue un droit pour les citoyens ayant atteint la majorité légale ou s'étant fait émanciper conformément à la législation en vigueur[103]. Ces EMF se constituent par déclaration écrite au cours d'une assemblée

---

[100] Voir GATSI Jean, op. cit., pp. 17-40.

[101] Ils sont ainsi régis respectivement par les lois n° 90/053 du 19 décembre 1990 sur la liberté d'association et n° 92/006 du 14 août 1992 relative aux sociétés coopératives et aux groupes d'initiative commune.

[102] Loi N°92 du 14 août 1992 relative aux sociétés coopératives et aux groupes d'initiative commune

[103] Article 2 de la loi N° 92/006 du 14 août 1992 relative aux sociétés coopératives et aux groupes d'initiative commune.

constitutive réunissant au moins sept (7) personnes ayant la qualité de membres fondateurs. Cette exigence de membres fondateurs les distance des autres formes de sociétés coopératives visées par l'AU OHADA[104]. Elles peuvent également naître par transformation en société coopérative de tout type de société déjà existante. En plus, une union de sociétés coopératives peut être créée par deux ou plusieurs de ses membres[105]. Dans un délai de trois mois, à compter de la date de tenue de l'Assemblée Constitutive, le Président du Conseil ou le Délégué nommé par l'Assemblée, dépose auprès du service public du ressort administratif de son siège social chargé de la tenue du registre contre récépissé, un dossier en vue de l'inscription de son organisme.[106] Outre la déclaration visée à l'article 9, alinéa (1) de la loi N° 92/006, l'Assemblée Générale Constitutive[107] :

- ouvre un registre ;
- adopte les statuts ;
- élit les premiers administrateurs et parmi ceux-ci, un Président et un Vice-président ;
- élit les premiers membres du comité de surveillance et de crédit ;
- désigne les personnes habilitées, en vue du contrôle externe.

Ainsi constitués, les EMF sous forme de coopératives financières adoptent librement leurs statuts qui deviennent exécutoires à compter de leur adoption[108].

1.2. L'Assemblée Générale Constitutive d'un EMF de deuxième catégorie

Il s'agit des EMF qui collectent l'épargne et accordent des crédits aux tiers. Ils ne peuvent au moment de leur constitution adopter que la forme de Sociétés Anonymes[109]. Les formalités de constitution des EMF de deuxième catégorie puisent à la fois dans les dispositions du droit des affaires OHADA relatives

---

[104] NANDJIP MONEYANG Sara, op. cit., « La société coopérative est créée par au moins 5 (cinq) personnes physiques ou morales (SCOOPS) ou par au moins 15 (quinze) personnes physiques ou morales (SCOOP-CA)[104]. Les dispositions générales relatives à la constitution sont contenues dans le livre I de l'acte uniforme relatif aux sociétés coopératives.

[105] Article 9, alinéa (1) de la loi N° 92/006 relative aux sociétés coopératives et aux groupes d'initiative commune.

[106] Voir articles 7 et 8 nouveaux du décret N° 92/455/PM du 23 novembre 1992 fixant les modalités d'application de la loi N°92.

[107] Article 2 nouveau du décret N° 92/455/PM du 23 novembre 1992 fixant les modalités d'application de la loi N°92 du 14 août 1992 relative aux sociétés coopératives et aux groupes d'initiatives communes et complété par le décret n°2006/0762/PM du 9 juin 2006.

[108] Article 12 de la loi N° 92/006 du 14 août 1992.

[109] Article 3 du règlement COBAC 2002/21 du 15 avril 2002 relatif aux formes juridiques liées à chaque catégorie d'EMF.

aux sociétés commerciales et dans des dispositions spécifiques propres au secteur d'activité.

Les modalités de l'assemblée constitutive de cette catégorie se rapprochent d'abord de celles des sociétés commerciales. En effet, elles sont commerciales en raison de leur forme et, quel que soit leur objet, les sociétés en nom collectif, les sociétés en commandite simple, les sociétés à responsabilité limitée, les sociétés anonymes et les sociétés par actions simplifiées[110]. L'assemblée générale constitutive est convoquée à la diligence des fondateurs après l'établissement de la déclaration notariée de souscription et de versement des fonds[111]. De manière générale, l'assemblée constitutive[112] :

- constate que le capital est entièrement souscrit et les actions sont libérées dans les conditions fixées par la loi ;
- adopte les statuts de la société et ne peut les modifier qu'à l'unanimité des actionnaires ;
- nomme les premiers administrateurs ou l'administrateur général, selon le cas ainsi que le premier commissaire aux comptes ;
- statue sur les actes accomplis pour le compte de la société en formation ;
- donne mandat à qui de droit de prendre des engagements pour le compte de la société avant son immatriculation au registre approprié à l'exercice de l'activité.

2. Le montant du capital social[113]

Quelle que soit la catégorie de la microfinance constituée, le montant du capital social doit être adopté et arrêté lors de l'assemblée générale constitutive. Le montant du capital social et les modalités d'inscription dans les statuts diffèrent en fonction de leurs catégories.

2.1. Le cas des EMF de première catégorie

Il n'est pas exigé de capital ou dotation minimum pour les EMF de première catégorie[114]. Le capital de la société coopérative est variable[115]. Il est

---

[110] Article 6 de l'Acte Uniforme OHADA portant droit des sociétés commerciales et groupement d'intérêt économique.

[111] Article 404 de l'Acte Uniforme OHADA portant droit des sociétés commerciales et groupement d'intérêt économique.

[112]Article 410 de l'Acte Uniforme OHADA portant droit des sociétés commerciales et groupement d'intérêt économique.

[113] Dans le but de réduire les risques et faciliter la supervision et le contrôle, l'autorité monétaire envisage d'élever de manière significative le niveau de capital minimum exigé pour les EMF de 2e et 3e catégorie, et amener les EMF de 1re catégorie à se constituer en réseau ou intégrer des réseaux existants. Les réflexions sont encore en cours. Voir site : /www.lamicrofinance.org.

[114] Article 7 du règlement N°2002/CEMAC/UMAC/COBAC du 13 avril 2002 relatif aux conditions d'exercice et de contrôle de l'activité de microfinance dans la CEMAC.

[115] Acte uniforme OHADA relatif au droit des sociétés coopératives, article 52.

susceptible d'augmentation ou de diminution[116] dans les conditions prévues aux articles 56[117], 57 et 58 de l'acte Uniforme OHADA des sociétés coopératives[118]. Le nombre de membres étant variable, le minimum pour le cas des EMF exerçant de manière indépendante est fixé à trente (30) sociétaires[119] sans qu'un même membre ou sociétaire ne puisse détenir ni directement ni par personne interposée plus de 20% des parts sociales.[120]De ce qui précède, il s'ensuit qu'il s'agit des sociétés à capital variable dont le montant du capital peut connaître à tout moment des variations en ce sens que, les multiples mouvements entraîneraient à tout moment des fluctuations.[121]

2.2. Le cas des EMF de deuxième catégorie

Contrairement aux sociétés anonymes dont le capital minimal est de 10 millions de Francs des Communautés Financières d'Afrique (F.CFA)[122], pour cette catégorie, le montant minimal du capital est fixé à 50 millions de FCFA[123].

Le capital social doit être entièrement souscrit avant la date de la signature des statuts ou de la tenue de l'assemblée générale constitutive.

---

[116] POUGOUE Paul-Gérard, Op. cit., « Contrairement au principe de l'intangibilité du capital social qui caractérise les sociétés commerciales, l'article 52 dispose que le capital de la société coopérative est variable », p. 111.

[117] Hormis les cas de variation du capital initial par retraits ou adhésions de coopérateurs, le montant du capital initial peut être augmenté ou réduit par l'assemblée générale pour chaque forme de société coopérative dans les conditions prévues par le présent Acte uniforme pour la modification des statuts.

[118]Article 52 de l'acte uniforme OHADA relatif au droit des sociétés coopératives.

[119] Article 1er du règlement COBAC EMF 2002/ du 15 avril 2002 fixant le nombre de sociétaires et maximum de parts détenus par un même membre.

[120] Article 2 du règlement COBAC EMF 2002/ du 15 avril 2002 fixant le nombre de sociétaires et maximum de parts détenus par un même membre.

[121] Articles 11 et 12 de la loi N° 92/006 du 14 août 1992.

[122]Le franc CFA (franc de la Communauté Financière Africaine) est le nom de deux monnaies communes à plusieurs pays d'Afrique constituant en partie la zone franc d'Afrique centrale (CEMAC) et la zone franc d'Afrique de l'Ouest (UEMOA). Créé initialement en 1939, juste avant la Seconde guerre mondiale, de fait le franc CFA est officiellement né le 26 décembre 1945, jour où la France ratifie les accords de Bretton Woods et procède à sa première déclaration de parité au Fonds monétaire international (FMI). Il signifie alors « Franc des Colonies Françaises d'Afrique ». En 1958, le franc CFA devient « Franc de la Communauté Française d'Afrique ». Aujourd'hui, l'appellation franc CFA signifie Franc de la Communauté Financière Africaine pour les pays membres de l'UEMOA, et Franc de la Coopération Financière en Afrique Centrale pour les pays membres de la CEMAC. Voir site : http://fr.wikipedia.org/wiki/Franc_CFA#Historique_du_franc_CFA.

[123] Article 7 règlement N°01/02/CEMAC/UMAC/COBAC du 13 avril 2002 relatif aux conditions d'exercice et de contrôle de l'activité de microfinance dans la CEMAC.

3. Les apports

Comme dans les autres formes de sociétés, les apports peuvent être faits en nature, en numéraire ou en industrie. Cependant, pour le cas spécifique des EMF, une approche par type de catégorie d'activité semble la mieux plausible.

3.1. Les apports dans les EMF de première catégorie ou de forme coopérative

Chaque associé peut apporter à la société coopérative[124] :

- de l'argent par apport en numéraire ;
- des droits portant sur des biens en nature, mobiliers ou immobiliers, corporels ou incorporels par apport en nature ;
- de l'industrie par apport de main d'œuvre ou de savoir-faire.

Les apports en numéraire destinés à la constitution du capital, fixés pour la constitution de la société coopérative, sont libérés intégralement lors de la constitution de la société coopérative, sauf dispositions contraires à l'Acte Uniforme[125] OHADA relatif au droit des sociétés coopératives. Il en est de même lors de l'adhésion du coopérateur en cours de vie sociale, sauf dispositions contraires des statuts. Ne sont considérés comme libérés, que les apports en numéraire correspondant à des sommes dont la société coopérative est devenue propriétaire et[126] qu'elle a intégralement et définitivement encaissées[127]. En cas de retard dans le versement, les sommes restant dues à la société coopérative portent de plein droit intérêt au taux légal à compter du jour où le versement devrait être effectué, sans préjudice de dommages et intérêts, s'il y a lieu[128].

Pour ce qui est des apports en nature[129], ils sont réalisés par le transfert des droits réels ou personnels correspondant aux biens apportés et par la mise à la disposition effective de la société des biens sur lesquels portent ces droits. Les apports en nature doivent être libérés intégralement lors de la constitution de la société coopérative ou en cours de vie sociale par tout coopérateur qui s'y engage[130].

---

[124]Article 33 de l'acte uniforme OHADA relatif au droit des sociétés coopératives.
[125] Lire GATSI Jean, Op. cit., p. 41.
[126] Acte uniforme OHADA relatif au droit des sociétés Commerciales et GIE, « les apports en industrie ne concourent pas à la formation du capital social, mais donnent lieu à l'attribution de titres sociaux ouvrant au vote et au partage des bénéfices et de l'actif net, à charge de contribuer aux pertes », article 50-3.
[127]Article 34 de l'acte uniforme OHADA relatif au droit des sociétés coopératives.
[128]Article 35 de l'acte uniforme OHADA relatif au droit des sociétés coopératives.
[129] Lire GATSI Jean, op. cit., pp. 42-44.
[130]Article 37 de l'acte uniforme OHADA relatif au droit des sociétés coopératives.

Pour les apports en industrie[131], leur régime est déterminé par les statuts. À défaut de détermination par les statuts, la part du coopérateur qui a apporté son industrie est égale à celle du coopérateur qui a le moins apporté. Le coopérateur qui s'est obligé à apporter son industrie à la société coopérative lui doit compte de tous les gains qu'il a réalisés par l'activité faisant l'objet de son apport[132].

3.2. Les apports dans les EMF de deuxième catégorie

En l'absence des dispositions spécifiques tant sur le plan national que dans l'espace OHADA, nous nous proposons de relever le cas des apports dans les sociétés anonymes au regard du rattachement des EMF de cette catégorie. Les apports en industrie étant interdits dans les SA[133], on distingue à cet effet dans ces types de sociétés deux types d'apports :

- les apports en nature ;
- les apports en numéraire.

Libérés intégralement à la constitution, ces apports doivent être évalués par un commissaire aux apports.[134]

Les apports en numéraire sont libérés lors de la souscription du capital d'un quart au moins de leur valeur nominale. La libération du surplus intervient dans un délai qui ne peut excéder trois ans. Tant que le capital n'est pas entièrement libéré, la société ne peut ni augmenter son capital sauf si cette augmentation de capital est réalisée par des apports en nature ni émettre des obligations.

4. La personnalité morale des EMF

S'interroger sur cette notion relève d'une nécessité sur le plan fiscal en ce sens qu'il convient d'établir à tout moment, la responsabilité en matière fiscale. La personnalité morale est l'acte par lequel une personne morale devient sujette du droit par son inscription dans le répertoire prévu à cet effet. Ainsi, contrairement aux sociétés commerciales qui acquièrent leur personnalité juridique[135] le jour de leur inscription au registre de commerce et du crédit mobilier (RCCM), les EMF relèvent des dispositions particulières. À ce titre, une société coopérative, quel que soit son objet n'a d'existence légale qu'à compter du jour où un certificat attestant son inscription dans le registre des sociétés coopératives et groupes d'initiative commune (G.I.C)

---

[131] GATSI Jean, op. cit., « l'apporteur en industrie à la société coopérative doit donc être un travailleur. Toutefois, à la différence du salarié, l'apporteur en industrie n'est pas subordonné à ses coassociés ; il ne reçoit pas de salaire, mais participe aux ristournes, au même titre que les autres associés », p. 44.

[132] Acte uniforme OHADA relatif au droit des sociétés coopératives, article 43.

[133] Article 50-1 de l'Acte uniforme OHADA relatif au droit des sociétés commerciales et GIE.

[134] Article 400 de l'Acte uniforme OHADA relatif au droit des sociétés commerciales et GIE.

[135] Plus de détail sur la notion de personnalité juridique, lire GATSI Jean, op. cit., pp. 49-51.

tenu par un service public à cet effet lui est délivré par les responsables en charge.[136]Toutefois, l'inscription est réputée acquise en cas de silence du responsable du registre durant un délai de deux mois à compter de la date de réception de la demande introduite par la société coopérative.[137] Le refus d'inscription doit être motivé et notifié à la société coopérative concernée. Toute décision de refus d'inscription est susceptible de recours dans des conditions de droit commun[138].

Contrairement aux autres sociétés coopératives dont l'autorité administrative chargée de la tenue du Registre des Sociétés Coopératives est l'organe déconcentré ou décentralisé de l'autorité nationale chargée de l'administration territoriale[139], le registre des EMF est tenu par le Conseil National de Crédit (CNC) en sa qualité des services spécialisés de l'Autorité Monétaire (MINFI).

B. Les conditions d'exercice de la profession

L'exercice de la profession de microfinance en zone CEMAC en général et au Cameroun en particulier, est subordonné à l'agrément de l'Autorité Monétaire représenté par le ministre des Finances au Cameroun, après avis de la commission bancaire[140]. La violation d'une telle disposition constitue l'exercice illégal de la profession et entraîne de plein droit la fermeture de l'établissement[141]. Considéré comme élément du dossier fiscal des EMF, l'agrément s'impose à la structure et à ses organes de direction et de contrôle externe.

1. L'agrément des EMF

L'agrément qui s'impose à la microfinance en sa qualité de personne morale, à ses dirigeants et à ses organes de contrôle externe, nécessite pour son obtention l'accomplissement des formalités de fond et de forme.

---

[136] Article 54 de la loi N° 92/006 du 14 août 1992 relative aux sociétés coopératives et aux groupes d'initiative commune.

[137] Article 55 (1) de la loi N° 92/006 du 14 août 1992 relative aux sociétés coopératives et aux groupes d'initiative commune.

[138]Article 55 (2) de la loi N° 92/006 du 14 août 1992 relative aux sociétés coopératives et aux groupes d'initiative commune.

[139] Article 70 de l'ACTE Uniforme OHADA relatif aux sociétés coopératives.

[140]Article 22 du règlement N°01/02/CEMAC/UMAC/COBAC du 13 avril 2002 relatif aux conditions d'exercice et de contrôle de l'activité de la microfinance dans la CEMAC.

[141] Dans un communiqué publié le 13 février 2014, le ministre camerounais des Finances (MINFI), Alamine OUSMANE MEY, 'invite les promoteurs de 84 établissements de microfinance (EMF) non agréés « à cesser immédiatement leurs activités et à procéder sans délai à leur fermeture ». Voir site : http://www.journalducameroun.com/article.php?aid=16599 ;

1.1. Les conditions de fond de l'agrément

Les IMF, après avoir obtenu leur forme juridique, doivent solliciter un agrément auprès de l'autorité monétaire qui le délivre après avis conforme de la Commission Bancaire d'Afrique Centrale (COBAC). Toute demande d'agrément d'un EMF doit indiquer clairement la catégorie dans laquelle l'établissement souhaite développer son activité[142]. Les formalités d'obtention de l'agrément avaient, dans un premier temps, été régies par le décret du Premier ministre. Nous avons pour référence, l'acte n° 98/300/PM du 9 septembre 1998 fixant les modalités d'exercice des activités coopératives d'épargne et de crédit, modifié et complété par le décret n° 2001/023/PM du 29 janvier 2001 portant procédure d'agrément. Il est intervenu plus tard en date du 13 avril 2002, le règlement N° 01/02/CEMAC/UMAC/COBAC relatif aux conditions d'exercice, de contrôle de l'activité de Microfinance dans la Communauté Economique et Monétaire de l'Afrique Centrale (CEMAC).

1.2. Les procédures d'obtention de l'agrément des EMF143

Muni du récépissé d'inscription, l'ensemble du dossier constitué de celui des dirigeants et des commissaires aux comptes[144] est déposé en double exemplaire au Ministère de Finances, contre récépissé, en vue de l'obtention de l'agrément. L'autorité monétaire dispose d'un délai de trois (3) mois, après réception du dossier complet, pour le transmettre à la commission bancaire pour avis conforme. De même, la commission bancaire dispose d'un délai de trois mois, à compter de la réception du dossier complet par son Secrétariat Général, pour statuer. L'absence de décision à l'expiration de ce délai vaut avis conforme. En plus, le refus d'agrément est motivé et notifié au demandeur par l'Autorité Monétaire. L'agrément au final, est conjointement visé par le ministre et la COBAC. L'acte d'agrément doit préciser clairement la catégorie dans laquelle est classé l'EMF[145].

2. L'agrément des organes de direction et de contrôle

Les dirigeants et les commissaires aux comptes des EMF doivent également être agréés par l'Autorité Monétaire, après avis conforme de la commission bancaire. La procédure veut que le dossier soit déposé au Ministère des Finances en deux exemplaires.[146]L'accès à la profession de microfinance se déroule sur le plan administratif et juridique en deux étapes.

---

[142] Article 2 du règlement COBAC EMF 2002/21 du 15 avril relatif aux formes juridiques liées à chaque catégorie.

[143] Article 23 du règlement N°01/02/CEMAC/UMAC/COBAC du 13 avril 2002 relatif aux conditions d'exercice et de contrôle de l'activité de microfinance dans la CEMAC.

[144] Voir article 29 du règlement N° 01/02/CEMAC/UMAC/COBAC.

[145] Article 2 du règlement COBAC EMF 2002/21 du 15 avril relatif aux formes juridiques liées à chaque catégorie.

[146] Article 29 du règlement N°01/02/CEMAC/UMAC/COBAC du 13 avril 2002 relatif aux conditions d'exercice et de contrôle de l'activité de microfinance dans la CEMAC.

D'abord, ces entités doivent adopter leur forme juridique au cours d'une assemblée constitutive à l'issue de laquelle il est décidé de la catégorie d'activité. Munies du procès-verbal de constitution et autres documents qui en tiennent lieu, les entités doivent pour la seconde étape, solliciter et obtenir auprès des organes de tutelles, un agrément qui s'impose individuellement à la société coopérative, à ses dirigeants et à ses organes de contrôle externe. Comme tous les autres contribuables, pour exercer une activité lucrative au Cameroun, ces institutions doivent impérativement procéder aux formalités de localisation, d'obtention du titre de patente et de la carte de contribuable.

II. LA PORTÉE FISCALE DES PROCÉDURES D'ACCÈS À LA PROFESSION DE MICROFINANCE

Les incidences fiscales de l'accès à la profession de microfinance au Cameroun sont inhérentes aux conséquences d'acquisition de la personnalité juridique (**A**). Ainsi, constitués sous la forme de personne morale, les EMF sont soumis aux obligations de contribution au droit de patente (**B**) et aux formalités d'obtention de la carte de contribuable (**C**).

A. Les conséquences issues de la personnalité juridique[147]

Il s'agit des obligations liées aux formalités fiscales d'enregistrement des sociétés nouvellement constituées au Cameroun. Ainsi créés, les EMF disposent d'un capital dont le traitement juridique et fiscal diffère selon qu'il s'agit de la première ou de la deuxième catégorie.

1. Le cas des EMF de première catégorie

Constituées sous la forme associative ou mutualiste, ce sont des entités à capital variable compte tenu de l'instabilité du nombre des membres.148Le montant du capital étant un élément des statuts, et toute modification du capital entraînant la modification des statuts, une telle situation n'est pas favorable à la détermination d'un capital minimum à la constitution. Au regard de cette analyse, la constitution des EMF de première catégorie ne pose pas de problème en matière des obligations du droit d'enregistrement.

2. Le cas des EMF de deuxième catégorie

Constituées sous la forme de S.A, ce sont des sociétés commerciales par leur forme. Le capital minimum d'un montant de 50 millions de FCFA à la constitution étant un élément des statuts, suppose l'accomplissement des obligations fiscales dans le cadre du régime de droit commun.

---

[147] GATSI Jean, op. cit., « Dès lors qu'une société coopérative a la personnalité juridique, elle a un patrimoine propre, une identité et une capacité juridique. Elle exerce alors son activité pendant la durée mentionnée dans ses statuts », p. 50.

[148] Article 11 de la loi N° 92/006 du 14 août 1992 relative aux sociétés coopératives et aux groupes d'initiative commune.

2.1. Le rappel des dispositions anciennes

Jusqu'en décembre 2009, les actes de constitution, de prorogation de société et d'augmentation du capital des sociétés commerciales étaient enregistrés à la suite du paiement d'un droit dégressif[149], suivant les tranches du capital et d'un droit fixe pour les apports à titre onéreux.

2.2. Les dispositions nouvelles

La loi de finances pour l'exercice 2010 consacre l'enregistrement gratis au Cameroun, des actes de constitution, de prorogation de société et d'augmentation du capital sans qu'il ne soit tenu compte également, des obligations de paiement des Timbres Gradués[150]. Ainsi, les opérations de constitution des sociétés commerciales donnent lieu au paiement exclusif des droits de Timbre de Dimension[151]. Cette mesure participe plus à l'encouragement de la création que de la restructuration des entreprises.

B. Les formalités relatives à la contribution de patente

L'exercice d'une activité habituelle et lucrative au Cameroun est subordonné à l'obtention de la patente. Pour le cas spécifique des EMF, répondant à la préoccupation de l'Association des Coopératives D'Épargne et de Crédit du Cameroun dans une correspondance intitulée « La fiscalité spécifique des COOPEC », le MINFI démontre que les EMF sont des contribuables qui font dans le commerce de l'argent et, par conséquent, sont astreints à la contribution de patente dans le régime du droit commun.

1. Le contenu de la loi

Au sens des dispositions de l'article C8 du CGI, « *Toute personne physique ou morale de nationalité camerounaise ou étrangère, qui exerce dans une commune une activité économique, commerciale ou industrielle, ou toute autre profession non comprise dans les exemptions déterminées par la présente loi, est assujettie à la contribution des patentes.* » Ainsi, l'exercice effectif et habituel de la profession et le but lucratif de celle-ci sont seuls générateurs de paiement de la patente[152]. Les EMF, quelles que soient leurs catégories, exercent une activité commerciale à titre habituel, continue et à but lucratif. Ils sont donc tenus en l'occurrence de s'acquitter de la contribution de patente conformément à la loi.

---

[149]Article 544 du CGI.
[150]Articles et 585 § 2 du CGI.
[151]Article 547 du CGI.
[152]Article C9 du CGI.

2. Le régime de faveur

En application du régime de droit commun relatif aux exonérations en matière de patente[153], lorsqu'ils sont nouvellement constitués, Les EMF peuvent bénéficier de manière temporaire de l'exonération à la contribution des patentes pour une durée d'un (1) ou de deux (2) ans selon le cas, à condition d'en exprimer expressément la demande.

3. Les procédures d'obtention de l'attestation de non-redevance

En application des nouvelles procédures, les formalités d'obtention de l'attestation de non-redevance sont soumises à un processus préalable, à savoir :

- l'enregistrement du bail à usage professionnel ou le paiement de la taxe sur la propriété foncière ;
- l'immatriculation à la CNPS ;
- la déclaration de l'activité et demande d'obtention de la patente.

3.1. L'enregistrement du bail à usage professionnel[154] ou paiement de la Taxe sur la propriété foncière

Ainsi constitués, certains EMF exercent leurs activités dans des immeubles en location pendant que d'autres sont propriétaires des locaux professionnels. Les droits seront dus selon qu'on est locataire ou propriétaire.

a. L'enregistrement du bail à usage professionnel

Il s'agit d'examiner pour une bonne lisibilité fiscale, le délai imparti, la base d'imposition, la composition du droit d'enregistrement, la responsabilité fiscale et les obligations de retenue à la source.

Le délai imparti : Les contrats de bail portent sur des mutations à titre de jouissance basées couramment sur des actes sous seing privé dont le délai d'enregistrement ne peut excéder trois mois [155]à compter de leur signature par les deux parties. Ainsi, les EMF doivent présenter aux formalités d'enregistrement et dans les délais sous peine de sanction, leurs contrats de bail professionnel. Le non-respect de ce délai génère des sanctions représentant le paiement d'un droit en sus[156].

---

[153]Article C12 du CGI.

[154] GATSI Jean, *L'approche du fonds de commerce dans l'espace OHADA*, « Le contrat de bail à usage professionnel est un contrat qui confère au preneur, un droit de créance portant sur la jouissance des lieux loués moyennant le paiement d'un loyer », p. 22.

[155]Article 276 (2) du CGI.

[156]Article 319 du CGI, « À défaut d'enregistrement ou de paiement des droits établis par l'Administration dans les délais fixés par les articles 276 et 277 du présent Code, sur les actes et mutations visés dans lesdits articles, l'ancien et le nouveau possesseur, le bailleur et le preneur sont tenus solidairement, nonobstant toute stipulation contraire, au paiement d'un droit en sus égal au droit simple. (MLF 2011) ».

La base d'imposition du droit d'enregistrement : au quotidien, les contribuables font l'objet de redressement en matière du bail commercial du fait de la mauvaise appréciation de la base d'imposition. Ainsi, il convient d'ajouter au montant du bail annuel conclu entre les deux parties, les dépenses d'aménagement du local qui, en fait, devraient être supportées par le bailleur, mais prises en charge par le locataire[157].

Les droits d'enregistrement : les contrats de bail sont présentés à l'enregistrement en trois exemplaires et génèrent ainsi les droits de timbre de dimension[158], les droits proportionnels et les pénalités, le cas échéant. Pour ce qui est du cas spécifique des droits proportionnels, il peut s'agir du taux intermédiaire [159]de 10% qui s'applique aux contrats de bail des immeubles situés en zones urbaines ou du taux moyen [160]de 5% qui se rapporte aux contrats de bail des immeubles situés en zones rurales.

La responsabilité fiscale en matière de droit de bail à usage professionnel : de la relation entre le bailleur et le preneur, le débat quotidien consiste à déterminer la responsabilité en matière de déclaration, du paiement des droits simples et des pénalités, le cas échéant. En la matière, les dispositions fiscales sont largement claires dans ce sens que les deux parties sont solidairement responsables des droits fixes et des pénalités[161].

Les autres portées fiscales des revenus locatifs versés par les EMF : conformément aux dispositions du régime de droit commun, les EMF qui sont immatriculés au régime du réel ou de simplifié, lorsqu'ils versent les revenus locatifs aux bailleurs autres que ceux du régime du réel et relevant des unités de gestion spécialisées[162], doivent sous peine de sanctions, retenir à la source au moment du paiement, le Prélèvement Spécial sur le Loyer (PSL).[163] Ces

---

[157]Article 281 du CGI, « Pour les baux, les sous-baux, cessions et rétrocessions, prorogations de baux de biens meubles, fonds de commerce et immeubles, la valeur servant d'assiette à l'impôt est déterminée par le prix annuel exprimé, en y ajoutant les charges imposées au preneur et incombant normalement au bailleur ».

[158] Voir article 547 du CGI.

[159]Article 341 (2) du CGI, « Sont soumis au taux élevé ou au taux intermédiaire, les baux, sous-baux, cession de baux, leurs prorogations et les locations verbales à durée limitée d'immeubles à usage professionnel, industriel ou commercial, ainsi que les locations consenties aux sociétés et aux entreprises en vue de loger leurs personnels et cadres ».

[160]Article 342 (1) du CGI : « Sont soumis au taux moyen : les baux, les sous-baux, cession de baux… ».

[161]Article 310 du CGI, « En matière de baux et locations quelconques, bailleur et preneur sont, nonobstant toute clause contraire, solidaires pour les droits simples et, le cas échéant, pour les pénalités ».

[162] Ce sont les entreprises qui relèvent de la Division des Grandes entreprises et du CIME.

[163]Article 87 du CGI, « Sont soumis à une retenue à la source de 10 %, les revenus fonciers bruts déterminés conformément aux dispositions de l'article 48 du présent Code. (MLF. 2011). La retenue à la source est exclusivement effectuée par les Administrations et Établissements publics, les personnes morales et les entreprises individuelles soumises au régime du réel et du

manquements obligent souvent l'Administration fiscale à exiger des contribuables fautifs, les justificatifs du versement desdites retenues à la source dans les délais prévus par la loi,[164] avant la délivrance du contrat de bail enregistré. Condition sine qua non d'obtention de la patente. Il conviendra de justifier que le bailleur est inscrit dans la catégorie de ceux qui perçoivent les revenus locatifs à leur montant brut[165].

b. Le justificatif du paiement de la Taxe sur les Propriétés Foncières

Certains EMF exercent leurs activités dans les locaux qui appartiennent à l'entreprise. Dans ce cas, conformément à la théorie du bilan, cette immobilisation doit être inscrite dans le patrimoine de cette institution. L'incidence fiscale d'une telle situation porte sur leurs obligations de déclaration et de paiement de la taxe sur la propriété foncière[166]. La taxe est assise sur la valeur de l'immeuble et le taux d'imposition est de 0,1% sans qu'il soit majoré les centimes additionnels communaux (CAC).[167]

3.2. L'immatriculation à la CNPS

La création d'une microfinance induit le respect des obligations du chef d'entreprise envers la CNPS. De manière détaillée, ce sont :

a. L'immatriculation de l'entreprise ainsi créée à la CNPS

Toute personne qui utilise un travailleur[168] au sens de l'article 1er du Code du Travail est obligatoirement assujettie au régime de Prévoyance Sociale et doit par conséquent être immatriculée à la CNPS[169]. L'obligation de

régime simplifié. Les loyers versés aux entreprises du régime du réel et relevant exclusivement des unités de gestion spécialisées ne subissent pas ladite retenue. (MLF. 2011).

[164]Article 88 du CGI, « La retenue est effectuée par la personne qui paie les loyers, à charge pour elle d'en reverser le montant au Centre des Impôts du lieu de situation de l'immeuble, à l'aide d'un carnet à souche délivré par l'Administration au plus tard le 15 du mois qui suit le paiement effectif du loyer ».

[165]Article 89 du CGI, « Les contribuables bénéficiaires des revenus fonciers ne subissant pas la retenue à la source prévue à l'article 87 ci-dessus, sont tenus de payer sur déclaration, au plus tard le 15 du mois qui suit la fin de chaque trimestre de l'exercice fiscal, un acompte d'Impôt sur le revenu des personnes physiques fixé à 5 % du loyer effectivement perçu ».

[166]Articles 577 et suivants du CGI.

[167]La loi de finances de l'exercice 2014 supprime l'alinéa 2 de l'article 581 du CGI portant majoration des CAC sur la taxe foncière.

[168] Cameroun Code du Travail, Loi n°92-007 du 14 août 1992, « Est considéré comme travailleur au sens de la présente loi, quels que soient son sexe et sa nationalité, toute personne qui s'est engagée à mettre son activité professionnelle moyennant rémunération, sous la direction et l'autorité d'une personne physique ou morale, publique ou privée, celle-ci étant considérée comme employeur. Pour la détermination de la qualité de travailleur, il ne doit être tenu compte ni du statut juridique de l'employeur, ni de celui de l'employé ».

[169] La Caisse Nationale de Prévoyance Sociale du Cameroun (CNPS) a été créée en 1967 par la loi N° 67/LF/7 du 12/06/1967 instituant le Code des Prestations Familiales. La loi N° 73/LF/8 du 22/05/1973 quant à elle porte organisation de la Prévoyance Sociale. La CNPS venait ainsi succéder à la Caisse de Compensation des Prestations Familiales qui elle, existait depuis 1956.

l'affiliation des travailleurs incombe à l'employeur[170] et s'impose à celui-ci dès l'embauche du premier salarié, quels que soient l'âge, la nationalité du travailleur, l'existence ou non d'un contrat de travail formel, les conditions de rémunération, le lien éventuel d'alliance ou de parenté entre le travailleur et son employeur. L'immatriculation est une opération administrative obligatoire[171] par laquelle, toute personne physique ou morale qui embauche pour la première fois un salarié est enregistrée à la CNPS comme employeur. L'immatriculation de l'employeur se concrétise par l'attribution d'un numéro matricule dont la structure est la suivante[172] :

<table>
<tr><td>1</td><td>2</td><td>3</td><td>3</td><td>6</td><td>5</td><td>6</td><td>1</td><td>0</td><td>1</td><td>H</td></tr>
<tr><td colspan="3">Code Centre d'immatriculation</td><td colspan="7">Numéro séquentiel</td><td>Clé</td></tr>
</table>

Dès l'embauche du premier salarié, l'employeur doit solliciter son immatriculation au Centre de Prévoyance Sociale dont il relève en remplissant une « Demande d'immatriculation » établie sur imprimé spécial.

La CNPS est un établissement public doté de la personnalité juridique et jouissant de l'autonomie financière. Elle est placée sous la tutelle du Ministère du Travail et de la Sécurité Sociale, est gérée par un Conseil d'Administration et une Direction Générale. La Caisse Nationale de Prévoyance Sociale a pour mission d'assurer dans le cadre de la politique générale du gouvernement, le service de diverses prestations prévues par la législation de protection sociale et familiale. À ce titre, elle couvre trois branches de sécurité sociale dont : prestations familiales, pensions vieillesse d'invalidité et de décès, risques professionnels. La mission de la CNPS se traduit par le recouvrement des cotisations sociales qui sont redistribuées sous forme de prestations sociales. Elle œuvre également dans la création des structures sanitaires et sociales et assure les services y relatifs en faveur des travailleurs et de leurs familles, et enfin, mène une action de prévention des risques professionnels. Voir site : http://www.cnps.cm.

[170]Au sens de la CNPS, l'employeur se définit comme toute personne physique ou morale, publique ou privée qui emploie ou utilise à quelque titre que ce soit, sous sa direction et son autorité, de façon permanente, saisonnière ou occasionnelle, les services d'une ou de plusieurs autres personnes physiques relevant du Code du Travail, moyennant rémunération. Les employeurs soumis à l'obligation d'immatriculation sont classés en 2 catégories :

- les employeurs de main-d'œuvre domestique ;
- Les employeurs de main-d'œuvre professionnelle, quels que soient le statut juridique, et la taille de la structure (établissements, collectivités, sociétés, etc.).

[171] Le non-respect par l'employeur des obligations de déclarer l'ensemble du personnel qu'il emploie et les salaires versés, la dissimulation ou la minoration des éléments de salaire ainsi que le défaut de paiement des cotisations sociales dues sont assimilés à un refus de se conformer à la législation de la Prévoyance Sociale en vigueur au Cameroun. Ces manquements constituent un délit pénal sévèrement réprimé par la loi et pouvant aboutir à des peines privatives de liberté pour l'employeur délinquant sans préjudice des sanctions civiles prévues à cet effet.

[172]Voir site :
http://www.cnps.cm/index.php?option=com_content&view=article&id=87:declaration-des-salaires&catid=58:declaration-des-salaires&Itemid=94

La demande d'immatriculation déposée auprès de la section d'immatriculation du Centre de Prévoyance Sociale de rattachement doit être accompagnée des pièces prévues à cet effet.[173]

b. L'immatriculation des employés à la CNPS

En leur qualité de chefs d'entreprise, les employeurs des EMF sont soumis à deux obligations fondamentales envers la CNPS : la déclaration du personnel et les salaires qu'ils leur versent, le paiement de l'intégralité des cotisations sociales dues à la CNPS.

Dans le cadre de ces obligations, les employeurs de main-d'œuvre professionnelle à l'exemple de ceux des EMF utilisent le DIPE (Document d'Information sur le Personnel Employé). Ce document est complété d'un DIPE[174]magnétique pour les employeurs de plus de 50 employés.

À la demande du dirigeant légal de la microfinance, sur la base du respect des obligations qui incombent aux employeurs, il est délivré par la CNPS pour les besoins de formalités d'obtention de la patente, une attestation d'utilisation du personnel employé.

3.3. La déclaration de l'activité et demande d'obtention de la patente

Dans les dix (10) jours suivant le démarrage de l'activité, même en cas d'exonération, il doit être déposé au centre des impôts compétents, une déclaration par écrit en vue de l'obtention de la patente. Pour le cas spécifique des EMF, outre les documents relevant du régime de droit commun mentionnés dans les dispositions de l'article C 21 du CGI, il devrait être joint :

- une copie du procès-verbal de l'assemblée constitutive ;
- une attestation de non-redevance ;
- une copie des statuts ;

---

[173] Voir site :
http://www.cnps.cm/index.php?option=com_content&view=article&id=87:declaration-des-salaires&catid=58:declaration-des-salaires&Itemid=94

[174]L'employeur de main-d'œuvre professionnelle doit produire plusieurs types de DIPE :

- ✓ au début de chaque exercice : l'employeur est tenu de déposer, auprès du Centre des Impôts de rattachement au plus tard le quinze (15) du mois qui suit le premier mois de l'exercice, une déclaration nominative du personnel employé. C'est le DIPE de début d'exercice ;
- ✓ à la fin de chaque exercice : l'employeur doit déposer, auprès de son Centre des Impôts de rattachement au plus tard le quinze (15) du mois qui suit le dernier mois de l'exercice, une déclaration récapitulative du personnel employé et des salaires versés ou dus, au titre de l'exercice précédent. C'est le DIPE de fin d'exercice ;
- ✓ au cours de chaque mois : l'employeur est tenu de déposer auprès de son Centre des Impôts de rattachement au plus tard le quinze (15) du mois qui suit le mois auquel il se rapporte, une déclaration relative au personnel employé et des salaires versés au titre du mois précédent. C'est le DIPE mensuel.

- une copie de l'agrément de l'institution qui l'autorise à exercer la profession de microfinance.

C. Les obligations d'obtention de la carte de contribuable[175]

Rappelons que la Carte de Contribuable a été instituée par la loi N° 95/010 du 1er juillet 1995 portant loi de finances pour l'exercice 95/96 au Cameroun. Antérieurement, l'attribution de la Carte de Contribuable était subordonnée au paiement par le contribuable, des frais d'établissement ou de renouvellement.

L'article neuvième nouveau de la loi de finances 2010 consacre la gratuité de l'établissement et du renouvellement de la carte de contribuable. Pour l'application de cette disposition nouvelle, l'obligation d'immatriculation demeure en vigueur et les contribuables devront s'y soumettre conformément à la réglementation en la matière.

En vue de l'obtention d'un Numéro Identifiant Unique obligatoire (N.I.U) pour tous les contribuables, les EMF, après avoir formalisé et obtenu leur patente, doivent solliciter auprès de leur centre de rattachement fiscal, une carte de contribuable qui en d'autres termes, représente la carte d'identité du contribuable. Le numéro ainsi obtenu doit être porté sur tout document matérialisant les transactions économiques.

Les formalités fiscales d'exercice de la profession de microfinance sont relatives à l'obligation de localisation et d'obtention de la patente. Pour y arriver, les EMF sont astreints aux formalités d'enregistrement du bail commercial ou au paiement de la taxe sur la propriété foncière, le cas échéant, ainsi que les justificatifs d'immatriculation à la CNPS. De manière globale, l'accès à la profession de microfinance relève de trois ordres selon qu'on examine les aspects juridiques, administratifs et fiscaux.

- Sur le plan juridique, les EMF sont créés conformément aux textes qui les régissent au cours d'une assemblée constitutive. Assemblée à l'issue de laquelle, ils adoptent leurs formes juridiques qui sont inhérentes à la catégorie d'activité retenue. Au terme de cette réunion, les premiers dirigeants sont nommés et les résolutions sont consignées dans un procès-verbal ;
- sur le plan administratif, l'exercice de l'activité est subordonné à l'obtention d'un agrément qui s'impose à l'institution, à ses directeurs et aux commissaires aux comptes. Agrément délivré par le MINFI après avis conforme de la COBAC ;
- sur le plan fiscal, l'ensemble des documents juridiques et administratifs ne donne pas lieu à l'exercice d'une activité lucrative au Cameroun. Situation qui leur impose le respect des obligations communes à tous

[175] La carte de contribuable a été instituée au Cameroun par la loi N° 95/010 du 1er juillet 1995 portant loi de finances de l'exercice 1995/1996. Voir CGI 2008, page 335.

les contribuables à savoir, les formalités d'obtention de la patente et de la carte de contribuable.

Au terme de ces trois formalités, les EMF peuvent exercer librement leurs activités tout en se conformant aux dispositions juridiques et règlementaires qui soutiennent leurs gestions, leurs administrations, leurs contrôles et leurs encadrements aux implications fiscales spécifiques. De manière résumée, l'accès à la profession de la microfinance peut être synthétisé dans un schéma de manière à mieux élucider les différents acteurs.

Schéma N° 3 : Formalités de constitution des EMF.

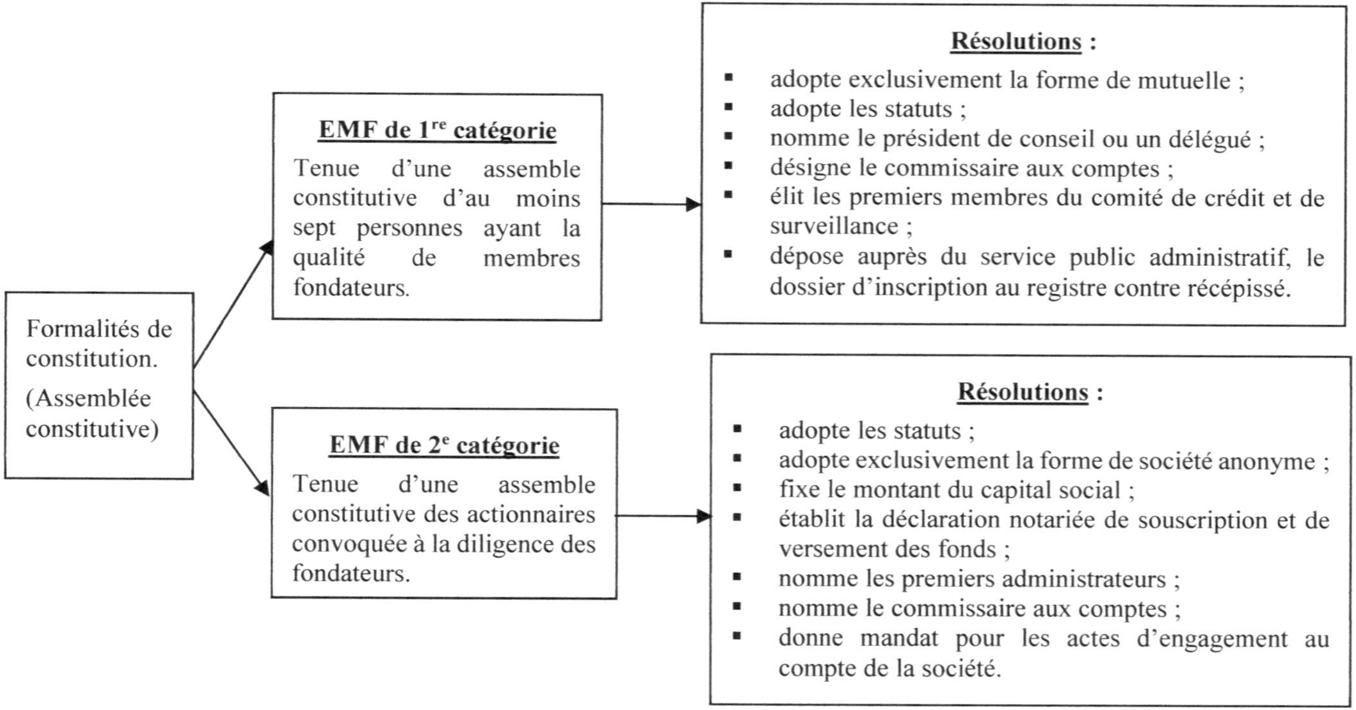

Schéma N° 4 : Formalités d'exercice de la profession de microfinance.

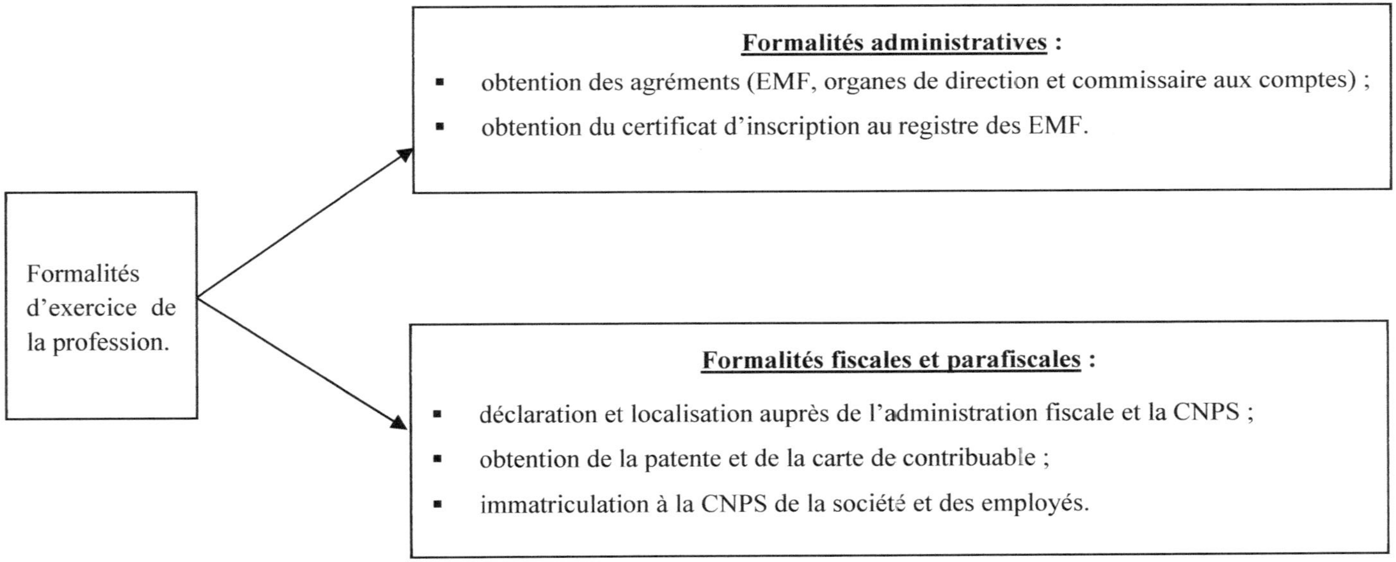

Sources : construction de l'auteur à partir du règlement N°01/02/CEMAC /COBAC du 13 avril 2002 et du CGI.

SECTION 2 : LE FONCTIONNEMENT DES EMF ET LEURS IMPLICATIONS FISCALES

Le fonctionnement des EMF s'articule autour de ses organes de gestion, d'administration, de direction et de contrôle (**I**). Les activités qui en découlent sont largement encadrées par les dispositions de la COBAC. Pour assurer leur équilibre financier et leur pérennité, les EMF bénéficient d'un cadre institutionnel qui leur est propre (**II**).

I. LES IMPLICATIONS FISCALES SUR LES ORGANES DE GESTION, D'ADMINISTRATION, DE DIRECTION ET DE CONTRÔLE DES EMF

Considérés comme des instances décisionnelles de ces institutions, rentrent dans cette catégorie, les assemblées des membres (**A**), les organes d'administration et de direction(**B**), les organes de contrôle et les comités (**C**). La contribution d'une telle approche relève du fait qu'il s'agit des organes internes pour la plupart dont les rapports périodiques issus de leurs délibérations ou de leurs décisions, retracent le processus de fonctionnement de ces entreprises pour déboucher éventuellement sur une analyse plus aisée des différentes sources d'imposition.

A. L'Assemblée Générale des membres[176]

C'est l'organe suprême[177] de délibération et de décision[178] dans les EMF. Ses décisions sont applicables à tous les membres[179]. L'assemblée générale est présidée et convoquée par le Président du conseil d'administration vingt et un (21) jours au moins avant la date prévue pour sa tenue. On distingue à cet effet l'Assemblée Générale Ordinaire (AGO) et l'Assemblée Générale Extraordinaire (AGE).

1. L'Assemblée Générale Ordinaire (AGO)

Les compétences de l'AGO s'apparentent à celles des sociétés coopératives avec conseil d'administration[180]. Prévue dans les statuts, c'est le

---

[176] Article 15 à 21 de la loi N° 92/006 du 14 août 1992 relative aux sociétés coopératives et aux groupes d'initiative commune.

[177] POUGOUE Paul-Gérard, op. cit., Les décisions collectives ordinaires ou extraordinaires sont prises en assemblée générale et constatées par un procès-verbal », p. 112.

[178] *NANDJIP MONEYANG Sara, Op. cit., «* Comme dans les sociétés commerciales, il y a 2 types de décisions collectives : les décisions ordinaires et les décisions extraordinaires. Elles sont prises en assemblée générale dans les conditions de fond et de forme prévues pour chaque type de société coopérative », p. 16.

[179] GATSI Jean, op. cit., « L'assemblée générale des sociétés coopératives est l'instance compétente pour prendre des décisions collectives », P. 125.

[180] GATSI Jean, op. cit., « Elle est notamment compétente pour statuer sur les états financiers de synthèse de l'exercice ; décide de l'affectation du résultat ; nomme les membres du conseil d'administration ainsi qu'éventuellement, le commissaire aux comptes ; approuve ou refuse

lieu par excellence où se retrouve de l'ensemble des membres ou actionnaires des EMF. Encadrée par les dispositions légales du secteur d'activité, ses résolutions ont des implications fiscales significatives.

L'AGO est convoquée suivant une périodicité fixée par les statuts. Une fois par an, elle est convoquée sous forme d'une assemblée annuelle par le conseil d'administration au plus tard dans les trois mois qui suivent la clôture de l'exercice. Elle est également convoquée de droit lorsque le quart (1/4) au moins des adhérents de la société en fait la demande. À ce titre, lors de la première convocation, il est requis un quorum de présence du quart (1/4) au moins des membres inscrits et une majorité simple des votants pour la prise de décisions. L'A.G.O est compétente[181]entre autres dans le cadre de :

- la modification de la forme juridique ;
- l'affectation du résultat.

Sur le plan fiscal, au terme de l'assemblée, il doit être produit un procès-verbal dont la portée fiscale n'est plus à démontrer. Ainsi, les décisions de modification de la forme juridique, d'affectation du résultat, entraînent la perception des impôts sur le capital et des impôts sur le revenu.

2. L'Assemblée Générale Extraordinaire (AGE)

Convoquée pour les missions relevant de ses compétences, les dépenses générées par l'A.G.E ainsi que les procès-verbaux de ces assemblées ont une coloration fiscale significative. Il est requis pour sa convocation, un quorum de présence de la moitié (1/2) des membres inscrits et une majorité de deux tiers (2/3) pour la prise de décisions. L'A.G.E est de nouveau convoquée dans les quinze (15) jours suivant immédiatement une réunion lorsque le quorum requis n'a pas été atteint à la première convocation ; dans ce cas, elle peut valablement délibérer, quel que soit le nombre de membres présents ou représentés. L'AGE [182] :

- décide de la dissolution anticipée de la société ;
- décide de la fusion avec une autre société coopérative ou de la scission de la société coopérative ;
- élit de nouveaux administrateurs ;
- délibère sur toute autre question dûment soumise par le conseil d'administration ;
- décide de la modification du capital dans les EMF ayant la forme de société commerciale.

---

d'approuver les conventions conclues entre les dirigeants sociaux et la société coopérative… », p. 164.

[181] Article 18 de la loi N° 92/006 du 14 août 1992 relative aux sociétés coopératives et aux groupes d'initiative commune.

[182] Pour plus de détail, voir GATSI Jean, op. cit., pp.165-166.

Sur le plan fiscal, le procès-verbal issu de cette assemblée renseigne suffisamment sur la plus-value de fusion et son imposition à l'impôt sur les sociétés, l'acquisition des nouveaux titres sociaux pour le cas de la deuxième catégorie et la perception des droits d'enregistrement, les formalités des obligations d'enregistrement en cas d'augmentation du capital.

B. Les organes d'administration et de direction

Ce sont les instances qui ont la charge de gestion et de direction dans les EMF. Entrent dans cette catégorie, le conseil d'administration et le directeur.

1. Le conseil d'administration[183]

Comme dans les sociétés coopératives avec conseil d'administration[184], le conseil d'administration est l'organe de gestion aux compétences étendues. L'efficacité du conseil d'administration pouvant assurer sa rentabilité peut être tributaire du nombre de ses membres[185]. Encadré par les textes spécifiques dans les EMF, les indemnités de fonction et les jetons de présence qui leur sont alloués par exemple, sont d'une implication fiscale indéniable.

1.1. Le contexte règlementaire

La nomination, les attributions et le mandat des membres du conseil d'administration sont prévus par la loi[186]. Le conseil d'administration est l'organe d'administration et de gestion dans les IMF. Les membres du conseil d'administration sont élus et sont révoqués par l'assemblée générale ordinaire annuelle des membres. Ces membres sont élus pour une durée de trois ans, ils ne peuvent assumer plus de deux mandats successifs. Toutefois, lesdits membres peuvent à nouveau se porter candidats au terme d'une période de trois (3) ans suivant l'expiration de leur second mandat. Le conseil d'administration d'une IMF est composé de trois (3) membres au moins et de neuf (9) membres au plus.

Concernant les conditions d'éligibilité[187] à un conseil d'administration dans les IMF, ne peut être membre du conseil d'administration d'une société coopérative quel que soit son objet, les personnes qui :

---

[183] Articles 22 à 25 de la loi N° 92/006 du 14 août 1992 relative aux sociétés coopératives et aux groupes d'initiative commune.

[184] GATSI Jean, op. cit., « Le conseil d'administration est composé des administrateurs, tous placés sous l'autorité d'un président », P. 167.

[185] TCHAKOUTE TCHUIGOUA Hubert, *Caractéristiques du conseil d'administration et performance des institutions de microfinance*, « La taille optimale pour l'efficacité du conseil d'administration est de 19 membres. Dans la microfinance, la taille optimale recommandée par le *Council of Microfinance Equity Funds* est comprise entre sept et neuf membres », Colloque sur la Microfinance, Douala, septembre 2013.

[186] Lire GATSI Jean, op. cit., pp. 166-178

[187] Article 23 alinéa 3 de la loi N° 92/006 du 14 août 1992 relative aux sociétés coopératives et aux groupes d'initiative commune.

- ont fait l'objet d'une condamnation à une peine privative de liberté pour fait contraire à la probité (vol, détournement de deniers publics, escroquerie, abus de confiance, faux et usage de faux) ou pour atteinte aux bonnes mœurs ;
- participent, même par personnes interposées ou de façon occasionnelle, à une activité concurrente à celle de la société coopérative et/ou susceptible de lui porter un préjudice ;
- etc.

1.2. Les implications fiscales

Les membres du conseil d'administration perçoivent des jetons de présence et des indemnités de fonction. Ces revenus sont assujettis à l'IRCM (impôt sur le revenu des capitaux mobiliers) au taux global de 16,5%. Impôt à retenir à la source par la microfinance au moment de leur mise en paiement et à reverser au Trésor Public au plus tard le 15 du mois suivant celui de la retenue à la source.

2. Les organes de direction des EMF

Encadrée par des textes spécifiques du secteur d'activité[188], la direction des EMF est assurée par un ou plusieurs directeurs,[189] selon le cas. Toutefois, la variable qui détermine le nombre de directeurs et leurs attributions dans les EMF est le total du bilan arrêté à la clôture d'un exercice fiscal. La direction d'un EMF est assurée par le Directeur de la microfinance qui est le représentant légal de l'institution auprès des tiers et de l'administration fiscale. Le directeur peut être membre ou non de la société coopérative. Il applique la politique définie par le conseil d'administration et représente la société vis-à-vis des tiers, dans la limite des pouvoirs qui lui sont délégués par le conseil d'administration. À ce titre, il répond en premier des manquements et des insuffisances constatés en matière fiscale. Il exerce ses fonctions sous l'autorité et le contrôle du conseil d'administration qui le nomme, le révoque et fixe sa rémunération conformément à la législation en vigueur. Toutefois, la fonction de directeur d'EMF est suffisamment encadrée. Plusieurs cas de figure sont prévus par les dispositions CEMAC[190] en fonction du total du bilan.

---

[188] Article 30 du règlement N°01/02/CEMAC/UMAC/COBAC du 13 avril 2002 relatif aux conditions d'exercice et de contrôle de l'activité de microfinance dans la CEMAC.

[189] NANDJIP MONEYANG Sara, Op. cit., « **La direction** de la COOP-CA est assurée par un directeur ou un directeur général, personne physique. Le législateur l'appelle « ***responsable chargé de la direction*** », sans doute pour marquer la différence avec les sociétés commerciales. Le responsable chargé de la direction est recruté et nommé par le conseil d'administration après consultation du conseil de surveillance », p. 9.

[190] Article 30 du règlement N°01/02/CEMAC/UMAC/COBAC du 13 avril 2002 relatif aux conditions d'exercice et de contrôle de l'activité de microfinance dans la CEMAC.

2.1. Le cas des EMF indépendants dont le total du bilan n'excède pas 250 millions

Pour ces institutions, l'établissement est dirigé par un responsable agréé qui peut exercer ses fonctions à titre accessoire.

2.2. Le cas des EMF indépendants dont le total du bilan est supérieur à 250 millions et inférieur ou égal à 500 millions

Dans ce cas, l'établissement est dirigé par deux responsables agréés dont l'un est titulaire au moins d'un Baccalauréat et disposant d'une expérience de cinq (5) ans au moins dans le domaine bancaire, associatif ou coopératif. L'activité doit être exercée à titre principal par l'un au moins des responsables.

2.3. Le cas des EMF indépendants dont le total du bilan est supérieur à 500 millions

Pour ces institutions, l'établissement est dirigé par deux responsables agréés qui exercent leurs activités à titre exclusif. Le dirigeant doit donc être titulaire au moins d'une licence en sciences économiques, bancaires, financières, juridiques ou de gestion ou tout autre diplôme reconnu équivalent au moment du dépôt du dossier y relatif. Il doit également justifier de solides références et d'une expérience professionnelle de cinq (5) ans au moins dans une fonction d'encadrement de haut niveau. En l'absence du diplôme d'enseignement supérieur, une expérience professionnelle de dix (10) ans dans une fonction d'encadrement de haut niveau est suffisante.

Sur le plan fiscal, le Directeur d'un EMF est le représentant légal de l'institution. À cet effet, il est tenu de la gestion et du respect de toutes les obligations fiscales sous peine de sanctions prévues par les dispositions en la matière. Il assure donc les déclarations et paiements des impôts, droits et taxes à versements spontanés ainsi que la coordination des opérations de contrôles fiscaux. De manière résumée, les conditions de nomination des dirigeants dans les EMF indépendants peuvent être schématisées ainsi qu'il suit :

Schéma N° 5 : Formalités de nomination des dirigeants dans les EMF.

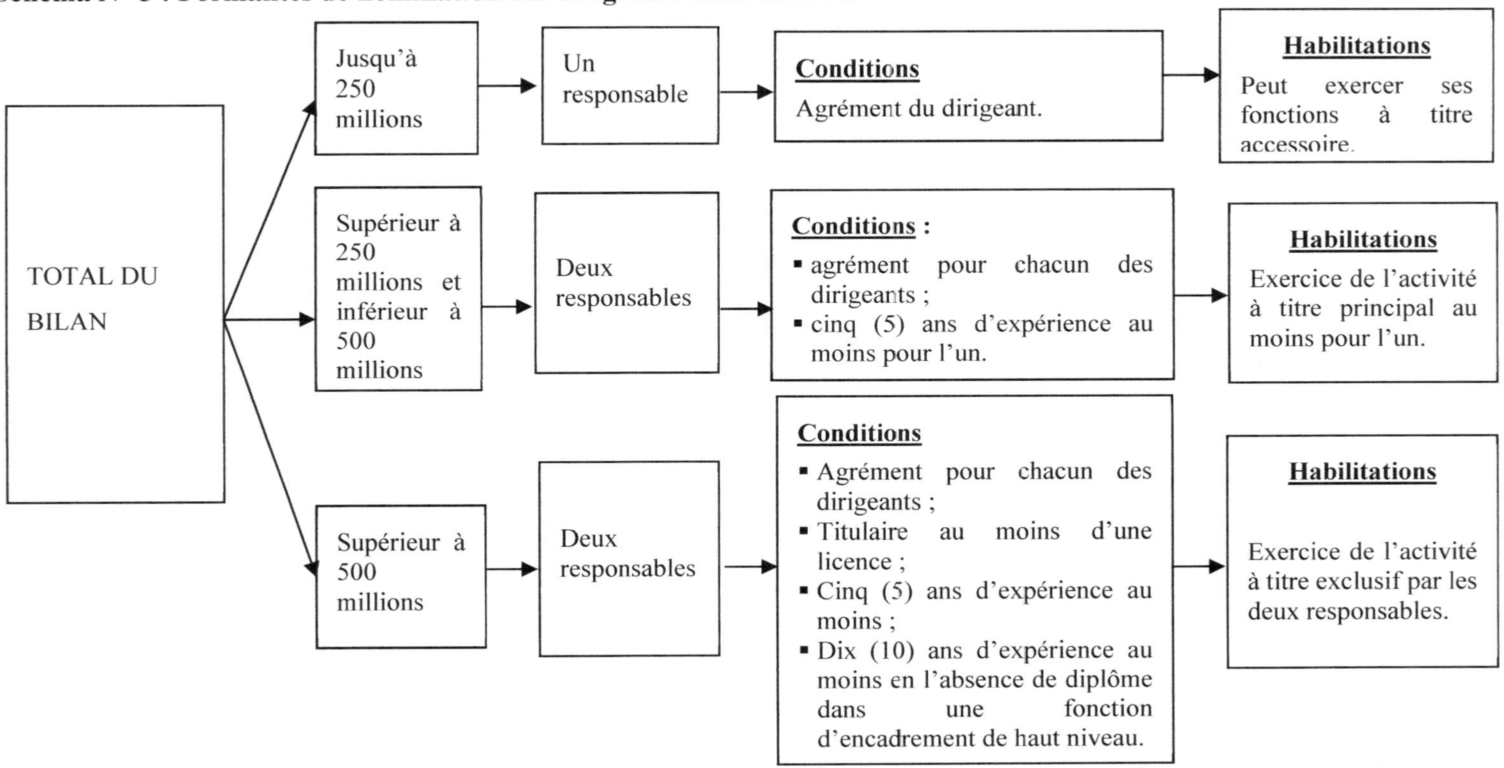

Sources : construction de l'auteur sur la base du règlement N°01/02/CEMAC/UMAC/COBAC du 13 avril 2002 relatif aux conditions d'exercice et de contrôle de l'activité de microfinance dans la CEMAC.

C. Les organes de contrôle et les comités

Les dispositions règlementaires imposent au secteur de la microfinance, les organes de contrôle ainsi que les comités aux implications fiscales spécifiques à savoir :

- le contrôle interne ;
- le contrôle externe;
- les comités de crédit et de surveillance.

1. Le contrôle interne

C'est le contrôle effectué au premier niveau par les employés de la microfinance. Les rapports de mission issus de ce contrôle sont des outils préalables à l'examen de la situation fiscale des EMF. Les établissements organisés en réseau sont contrôlés par l'organe faîtier qui doit élaborer un rapport annuel (Article 51 du règlement CEMAC). Le contrôle des projets est assuré par un comité de suivi qui contrôle l'activité des projets et en dresse un rapport. Toutes les autorités chargées du contrôle doivent en dresser un rapport qui sera transmis à la commission bancaire[191].

1.1. Le cadre conceptuel[192]

C'est un contrôle exercé au sein de la structure par son personnel interne. Ainsi, tout établissement est tenu de se doter d'un système de contrôle interne susceptible de lui permettre de :

- s'assurer que ses opérations, son organisation et ses procédures internes sont conformes à la réglementation en vigueur, aux normes et usages professionnels et déontologiques ainsi qu'aux orientations de l'organe exécutif et délibérant. Ces exigences permettent d'éviter entre autres, les désagréments en matière fiscale ;
- vérifier le respect des limites fixées en matière de prise de risques, notamment pour les crédits accordés aux membres ou à la clientèle ainsi que les opérations avec d'autres établissements. Ce qui permet d'éviter les échéances impayées de crédit et la constitution à cet effet des provisions qui seront rejetées comme charges non déductibles sur le plan fiscal.

---

[191] NANDJIP MONEYANG Sara, *Le projet d'acte organisant les sociétés coopératives ou mutuelles.*

[192] Article 50 du règlement N° 01/02/CEMAC//UMAC/COBAC du 13 avril 2002 relatif aux conditions d'exercice et de contrôle de l'activité de microfinance dans la CEMAC.

1.2. Les implications fiscales

Il s'agit d'un service interne à chaque institution. Ce contrôle a pour principal rôle d'assurer la bonne information comptable et fiscale, le rapprochement des comptes, le contrôle des existants et l'apurement des suspens financiers et fiscaux. Le service de contrôle interne doit produire périodiquement, des rapports sur la tenue des comptes. Rapports qui pourraient permettre d'assurer la régularité et la sincérité des informations fiscales mises à la disposition de l'administration. De même, une mission de vérification de comptabilité dans un EMF suppose pour l'Administration, un examen préalable et une bonne exploitation des différents rapports du contrôle interne sur la période à contrôler.

2. Le contrôle exercé par les auditeurs externes (CAC)

Les auditeurs externes sont des commissaires aux comptes qui exercent dans le cadre de leur travail, une mission contractuelle suffisamment encadrée et aux implications fiscales significatives. Le contrôle externe qui est une mission légale exercée par les commissaires aux comptes se propose d'assurer la performance et la pérennité des EMF[193].

2.1. Le cadre règlementaire[194]

Il s'agit du contrôle exercé par un ou plusieurs organes externes à l'entreprise. Cette mission est dévouée aux commissaires[195] aux comptes qui exercent une profession libérale et indépendante[196]. Ainsi, il doit être effectué au moins une fois l'an, un contrôle qui permet la certification des comptes. Le rapport de base est transmis à la commission bancaire, à l'Autorité Monétaire. La compétence fait référence sous peine de sanctions[197], à la capacité du CAC

---

[193] NDJETCHEU Louis, « La grille d'analyse du comportement du commissaire aux comptes dans le cadre de la gouvernance des EMF apporte un éclairage novateur à la compréhension de la pérennité des EMF et participe ainsi à la construction de leur avenir sur des fondations solides sur le plan législatif et réglementaire », Douala, septembre 2013.

[194] Article 52 du règlement N° 01/02/CEMAC/UMAC/COBAC du 13 avril 2002 relatif aux conditions d'exercice et de contrôle de l'activité de microfinance dans la CEMAC.

[195]Voir article 29 du règlement N° 01/02/CEMAC/UMAC/COBAC qui fixe les conditions de nomination du commissaire aux comptes dans les EMF.

[196] TAKAFO-KENFACK Didier, *Libres propos sur l'indépendance de l'auditeur légal des sociétés anonymes OHADA,* « l'Acte uniforme sur les sociétés commerciales de 1998, révisé en 2014, s'était investi à aménager l'indépendance du contrôleur externe dans plusieurs de ses dispositions. C'est par le truchement d'une indépendance adaptée que l'organe de contrôle peut efficacement accomplir ses missions. L'indépendance suppose l'absence d'assujettissement, la tranquillité d'esprit qu'on est à l'abri de toute pression extérieure », Revue de l'ERSUMA, numéro 06, nouvelle édition 2016, p. 579.

[197] DJILA Rose, *Focus sur la sanction par la jurisprudence camerounaise, des fautes de gestion des commissaires aux comptes auprès des entreprises du secteur public et parapublic,* « Les scandales financiers au niveau international, notamment ceux d'ENRON aux États Unis, et PARMALAT en Europe, ont mis à mal la crédibilité de cette profession, eu égard à son rôle déterminant quant à la confiance des investisseurs, et des actionnaires dans la sincérité des

à détecter les anomalies dans les états financiers présentés par l'EMF tandis que l'indépendance traduit la capacité du CAC à révéler les anomalies découvertes, soit aux actionnaires, soit au Procureur[198].

2.2. Les implications fiscales

Le rapport du commissaire aux comptes dûment signé de celui-ci, est un outil important dans le cadre de vérification de comptabilité dans ce sens que, ce document retrace l'activité de l'entreprise au cours de l'exercice de référence, fait le point sur les insuffisances juridiques, financières et fiscales et formule les recommandations. L'exigence d'un tel document lors d'une mission de contrôle est donc nécessaire pour l'Administration des impôts.

3. Le comité de crédit et les organes de surveillance

Les opérations de mise en place de crédit présentent un risque élevé de remboursement. De même, la loi soumet à la validation du crédit, le respect des procédures internes ainsi que les normes prudentielles qui relèvent de la compétence d'un comité de crédit. Dans l'ensemble, les actes et décisions des instances dirigeantes sont soumis aux contrôles et appréciations d'un comité de surveillance.

3.1. Le comité de crédit[199]

Mis en place par l'assemblée constitutive ou par le conseil d'administration selon le cas, c'est en principe, le seul organe compétent en matière de gestion de crédit dans les EMF. Ainsi, chaque société coopérative d'épargne et de crédit est dotée d'un comité de crédit composé de trois (3) membres au moins et de cinq membres (5) au plus. Ces membres sont nommés par le conseil d'administration pour une durée d'un exercice. Leur mandat est renouvelable. Le comité de crédit ne peut octroyer de crédit à l'un de ses membres. Tout crédit accordé à un membre du comité doit être décidé par le conseil d'administration, en l'absence de l'intéressé. Le comité de crédit veille à l'utilisation rationnelle des fonds et à la sauvegarde du patrimoine des EMF.

Sur le plan fiscal, les crédits octroyés produisent des intérêts qui représentent la grande proportion du chiffre d'affaires des EMF. Ainsi, une mauvaise gestion des engagements dont la sérénité et la vigilance incombent

---

comptes de la société. Au niveau national, le temps où ce professionnel jouissait du privilège de l'homme de l'art dont la compétence pouvait faire l'objet d'un doute exclusivement cartésien est dépassé. En effet, des commissaires aux comptes, officiant auprès des sociétés d'État, ont vu leur responsabilité être mise en cause, tant dans le cadre de l'opération épervier que devant le Conseil de Discipline Budgétaire et Financière », Revue de l'ERSUMA, numéro 06, nouvelle édition 2016, p. 364.

[198] NDJETCHEU Louis, op. cit.

[199] Article 44 de la loi N° 92/006 du 14 août 1992.

au comité de crédit entraînerait des créances impayées contribuant ainsi à la baisse des recettes fiscales.

3.2. Les organes de surveillance[200]

La surveillance de chaque EMF est assurée par ses organes externes organisés autour d'un comité de surveillance[201]. C'est l'organe de contrôle externe obligatoire de toutes les sociétés coopératives. À ce titre, il :

- contrôle régulièrement la gestion de l'entreprise par le conseil d'administration et par le directeur ;
- contrôle la régularité des inventaires et des bilans ainsi que l'exactitude des informations données sur les comptes et la gestion de la société dans les rapports du conseil d'administration ;
- évalue le bon fonctionnement des activités de la société.

Dans le cadre de ses missions, le comité de surveillance dont l'appellation diffère selon le type de société coopérative[202], établit au moins une fois par an, un rapport dans lequel il rend compte à l'assemblée générale de l'exécution de son mandat et relève les constatations faites. Il fait connaître, en cas de besoin, ses observations au conseil d'administration. Le comité de surveillance joue également un rôle fiscal, dans ce sens que son rapport annuel décrit l'ensemble du processus de pilotage de l'entreprise, les performances ainsi que les insuffisances fiscales. Document à exploiter lors d'un contrôle fiscal.

---

[200] Dispositions des articles 26 et 27 de la loi N° 92/006 du 14 août 1992.

[201] *NANDJIP MONEYANG Sara, op. cit.*, « Ces organes sont la commission de surveillance pour la société coopérative simplifiée et le conseil de surveillance pour la société coopérative avec conseil d'administration ».

[202] POUGOUE Paul-Gérard, op. cit., « Le contrôle de la société coopérative simplifiée est assuré par la commission de surveillance composée de trois à cinq personnes élues par l'assemblée. Le conseil de surveillance est l'organe de contrôle de la société coopérative avec conseil d'administration », pp. 115-116.

Schéma N° 6 : Récapitulatif des organes de contrôle dans les EMF

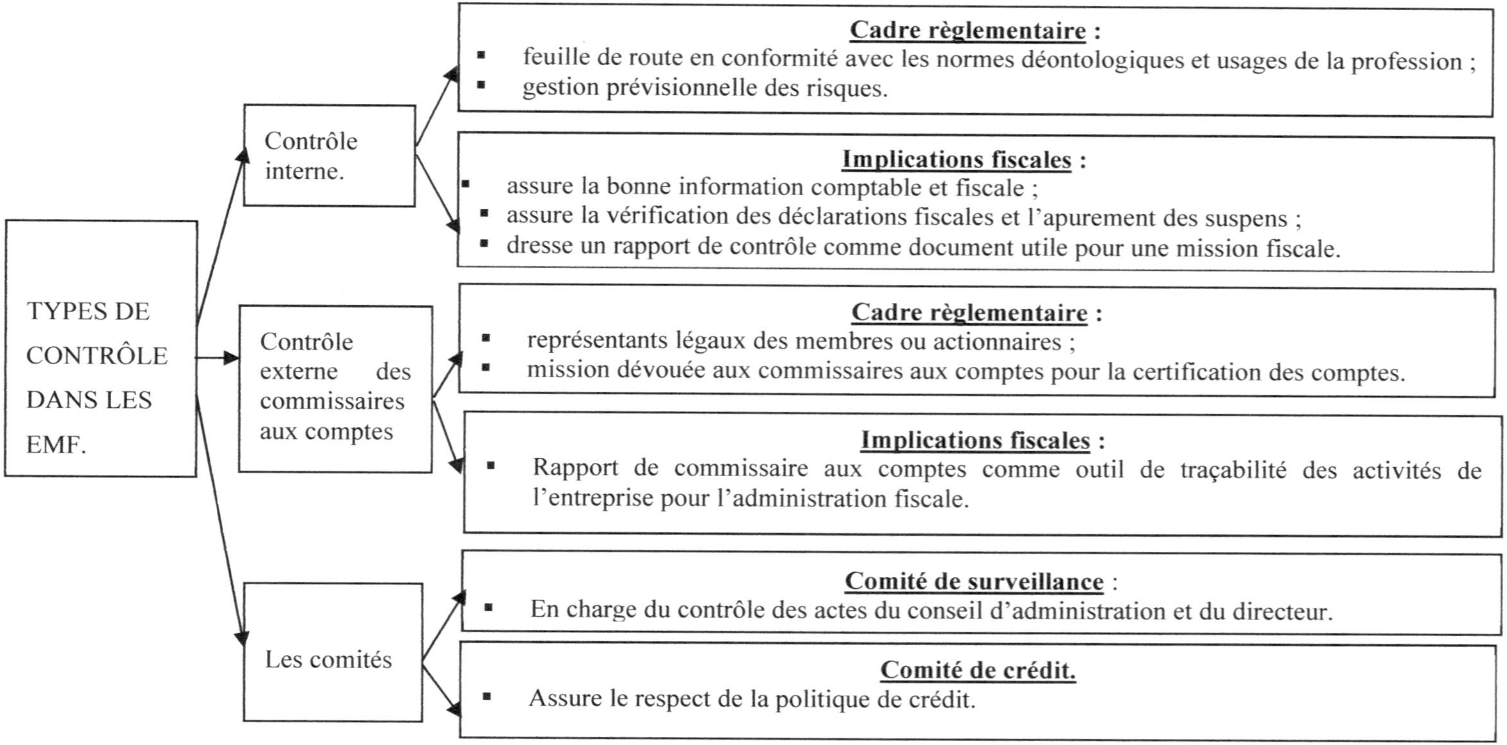

Sources : construction de l'auteur sur la base de la revue de littérature.

Les EMF sont administrés et dirigés sous la tutelle de l'assemblée générale des membres qui représente son organe suprême. Cette instance comprend l'A.G.O qui délibère entre autres sur les aspects liés à la modification du capital et de l'affectation du résultat, l'A.G.E qui a compétence sur les points reconnus de droit à l'instar de la dissolution de l'entreprise. Les EMF sont administrés par le conseil d'administration chargé de nommer un ou deux directeurs en fonction du total du bilan. Le contrôle est assuré sur le plan interne par les employés qualifiés à cet effet et sur le plan externe par un commissaire aux comptes et un comité de surveillance. La supervision de la politique de crédit est confiée à un comité de crédit.

II. LE CADRE INSTITUTIONNEL DES EMF

Le cadre institutionnel des établissements de microfinance est constitué des organes de supervision (**A**) et de concertation (**B**).

A. Les organes de supervision

La supervision des EMF relève de quatre acteurs : la Commission Bancaire de l'Afrique Centrale (COBAC), l'Autorité Monétaire, l'Association Professionnelle et le Conseil National de Crédit.

1. La COBAC

La commission bancaire exerce dans le secteur de la microfinance comme dans les banques classiques, une mission de gendarme visant à s'assurer du respect des normes de prudence qui conditionnent la pérennité et la rentabilité de ces entités[203].

1.1. Le cadre règlementaire[204]

La commission bancaire est chargée de veiller au respect par les EMF des dispositions règlementaires édictées par le Comité Ministériel, par les Autorités Monétaires, par la Banque des Etats de l'Afrique Centrale (BEAC)

---

[203] SUNKAM KAMDEM Achille, *Réflexion sur le système de régulation institutionnelle de l'activité bancaire dans la CEMAC*, « Au-delà des causes, la crise bancaire de la fin des années 1980, les conséquences de la crise bancaire sur le plan socioéconomique se sont avérées dramatiques non seulement pour le financement de l'économie des États membres de la CEMAC, mais aussi pour les ménages qui ont perdu leur épargne, ce qui a rejailli sur leur bien-être social. Au regard de ce qui précède, il apparaît que la régulation de l'activité bancaire de la fin des années 1980 était défaillante. Pour y remédier et permettre au système bancaire de fonctionner désormais de manière plus saine et plus optimale, les États membres de la CEMAC ont légitimement opté pour un mode communautaire de régulation institutionnelle de l'activité bancaire. La rupture avec le système antérieure régulation nationale est réelle. C'est à la COBAC que la mission de surveillance du système bancaire a désormais été confiée », Revue de l'ERSUMA, numéro 06, nouvelle édition 2016, p. 329.

[204] Article 53 du règlement N° 01/02/CEMAC/UMAC/COBAC du 13 avril 2002 relatif aux conditions d'exercice et de contrôle de l'activité de microfinance dans la CEMAC.

ou par elle-même, et de sanctionner les manquements constatés[205]. À ce titre, la surveillance des EMF s'exerce par contrôle sur pièces ou sur place. Pour les établissements organisés en réseau, la commission bancaire assure le contrôle de l'organe faîtier et se réserve la possibilité de réaliser des contrôles sur place dans les établissements affiliés afin de s'assurer de la qualité des diligences accomplies par l'organe faîtier[206]. Elle dispose d'un pouvoir :

- administratif (avis conforme pour les agréments) ;
- réglementaire (normes prudentielles, plan comptable) ;
- de contrôle (sur pièce et sur place) ;
- disciplinaire (sanctions applicables aux EMF, à leurs dirigeants).

1.2. Les implications fiscales

Tout comme l'Administration fiscale, la commission bancaire est habilitée à effectuer dans les EMF, des contrôles sur pièces et sur place qui certes, ne s'inscrivent pas dans une préoccupation fiscale. Il s'ensuit donc que le rapport de contrôle de cette mission constitue une matière première pour les services des impôts aux fins de déceler les failles de gestion pouvant contribuer à suffisance à la collecte des recettes fiscales.

2. L'Autorité Monétaire

L'Autorité Monétaire est chargée de la supervision et de la police administrative des établissements de microfinance. Elle assure une mission de régulation. Celle-ci porte sur l'orientation de son activité. Par ailleurs, elle exerce un pouvoir administratif en matière d'agrément ainsi qu'un pouvoir de police visant à surveiller le fonctionnement des EMF. Elle dispose aussi d'un pouvoir réglementaire portant sur la protection des déposants. Le Ministère des Finances assure la coordination nationale de la politique générale du gouvernement en matière de microfinance. Sa Direction Générale du Trésor, de la Coopération Financière et Monétaire, par le biais de la Division de la Microfinance, assure la tutelle en matière de contrôle, supervision et intervient autant dans la promotion que le développement desdits établissements.

3. L'association professionnelle des EMF[207]

Il existe au Cameroun, une association professionnelle de microfinance à laquelle tous les EMF doivent adhérer. Cette association est également tenue

---

[205] Les sanctions sont prévues dans les dispositions des articles 57 et suivant du règlement N° 01/02/CEMAC/UMAC/COBAC du 13 avril 2002 relatif aux conditions d'exercice et de contrôle de l'activité de microfinance dans la CEMAC.

[206] NANDJIP MONEYANG Sara, *Le projet d'acte organisant les sociétés coopératives ou mutuelles.*

[207] Article 20 du règlement N° 01/02/CEMAC/COBAC du 13 avril 2002. Au Cameroun, cette association est appelée ANEMCAM (Association Nationale des Établissements de Microfinance).

d'adhérer à la Fédération des Associations Professionnelles des EMF de la CEMAC. Fédération chargée de poursuivre les mêmes objectifs professionnels auprès des institutions à caractère sous régional.

Cette association professionnelle nationale a pour objet d'assurer la défense des intérêts collectifs de ses membres. Elle a la charge d'informer ses adhérents et le public, de réaliser les études et d'élaborer toute recommandation en vue de favoriser la coopération entre membres, de définir un cadre approprié de concertation avec l'administration fiscale[208] pour l'élaboration d'un cadre fiscal adapté à ce secteur d'activité.

4. Le Conseil National de Crédit[209]

Le Conseil National de Crédit est chargé de l'Immatriculation, de la Radiation des EMF ainsi que de l'ouverture et de la fermeture des agences. Il est aussi chargé de la régulation des relations entre les établissements de microfinance et leur clientèle. Les EMF sont classés et immatriculés au Conseil National de Crédit qui est un organisme consulaire, chargé de donner les avis sur l'orientation de la politique d'épargne et de crédit ainsi que sur la réglementation bancaire au Cameroun.

Le contrôle des EMF est assuré à plusieurs niveaux. Sur le plan interne, il existe deux niveaux de contrôle : d'abord, l'audit comptable qui permet de s'assurer du respect des procédures et de la sauvegarde du patrimoine ; ensuite, le comité de crédit qui coordonne les opérations liées aux engagements par trésorerie et par signature. Sur le plan externe, le contrôle fait intervenir également le commissaire aux comptes qui est le représentant légal des actionnaires et le comité de surveillance chargé d'expertiser les actions de tous les autres organes de direction et de contrôle interne.

B. L'organe de concertation

Il s'agit du Comité National de Microfinance (CNMF). Il a été mis en place en avril 2001 en tant qu'organe consultatif du gouvernement pour orienter les interventions dans le secteur de la microfinance. Il est composé de tous les acteurs de la microfinance, les bailleurs de fonds y siègent en qualité d'observateurs. Cette entité dont la mission est d'orienter et de veiller à la mise en application de la politique nationale de la microfinance est constituée des représentants de l'Etat, des professionnels de la microfinance et des partenaires du secteur. De ce point de vue, c'est véritablement un outil destiné à renforcer

---

[208] Il ressort de nos investigations que l'ANEMCAM a reçu mandat de ses membres, de formuler des propositions concrètes au gouvernement portant sur l'élaboration d'un cadre fiscal propre aux EMF. Propositions qui, malheureusement, tardent à sortir du tiroir à cause d'une insuffisance totale de la chose fiscale dans ce secteur d'activité.

[209] Article 21 du règlement N° 01/02/CEMAC/COBAC du 13 avril 2002, op.cit.

la concertation. Son secrétariat est assuré par la structure en charge de la microfinance au MINFI, à savoir la Division de la Microfinance.

Au terme de ce premier chapitre, deux points essentiels ont retenu notre attention, à savoir : l'analyse des conditions d'accès à la profession de microfinance d'une part, et la portée fiscale des organes de fonctionnement des EMF, d'autre part. Pour ce qui est du second axe, définitivement constitués, les EMF sont administrés par les assemblées et le conseil d'administration. La direction est exercée par un ou plusieurs directeurs selon le cas. La mission de contrôle est réalisée sur le plan interne par le personnel salarié formé à cet effet ; sur le plan externe par un ou plusieurs commissaires aux comptes, représentants légaux des actionnaires d'une part, et un comité de surveillance chargé de la validation des actions des organes de direction et du contrôle interne, d'autre part.

Du point de vue de la lecture des aspects fiscaux, les actes de gestion issus de ces différents organes, les rémunérations qui leur sont versées sont des sources d'impositions substantielles. De même, les procès-verbaux des assemblées, les rapports de mission qui découlent des travaux réalisés par ces instances, doivent être pris en compte dans les relations fiscales au risque de saper la rentabilité des recettes fiscales de l'Etat, voire la rentabilité financière de ces entités. Sur le plan de la pensée positive, les organes institutionnels à l'instar de la COBAC, du MINFI devraient à ce jour, implémenter un cadre juridique et fiscal propre à ces entités. Tout comme les autres personnes morales, le secteur de la microfinance est susceptible de connaître des mutations aux implications substantielles sur la gestion fiscale ainsi que la rentabilité financière de ces entités.

CHAPITRE 2 :

LES EFFETS SUR L'APPROCHE ANALYTIQUE DES DIFFICULTÉS DES MUTATIONS DU SECTEUR DE LA MICROFINANCE

Le secteur de la microfinance est susceptible de connaître des mutations sous des formes multiples aux implications fiscales qu'il convient d'évaluer. Il peut s'agir d'une restructuration liée au statut juridique ou au capital social (**section 1**) qui autorise la microfinance à procéder à l'extension de ses installations, à la modification de sa forme juridique ou de son capital social. Pour les besoins d'une concentration[210] de ces activités ou de difficultés économiques, les mutations observées peuvent porter sur les opérations de fusion et de scission ou de dissolution et mise en liquidation (**section 2**). Toutes ces mutations ainsi observées génèrent des implications fiscales spécifiques, selon la nature de l'opération et même de la catégorie d'activité de l'EMF.

SECTION 1 : LES IMPLICATIONS FISCALES SUR LA RESTRUCTURATION LIÉE AU STATUT JURIDIQUE OU AU CAPITAL SOCIAL DES EMF

Pour les raisons de compétitivité, les EMF sont parfois appelés à modifier leur forme juridique d'une part, et à étendre leur réseau commercial, d'autre part (**I**). Cette restructuration peut répondre à un souci de position commerciale plus hallucinante et de rapprochement vers la clientèle la plus ciblée. De même, le capital social constitué à la création de ces entités est susceptible d'être modifié pour diverses raisons (**II**).

I. LA MODIFICATION DE LA FORME JURIDIQUE ET EXTENSION DU RÉSEAU COMMERCIAL

Ce sont des évènements par lesquels, les EMF changent de catégorie d'activité (**A**) ou procèdent à l'ouverture des nouvelles agences (**B**). Ces

[210]NANDJIP MONEYANG Sara, *les concentrations d'entreprises en droit interne et en droit communautaire CEMAC, «* La concentration est alors un ensemble d'opérations ayant pour objet l'accroissement de la dimension des entreprises et de leur puissance économique par la diminution de leur nombre. Pour le législateur CEMAC, une opération de concentration est réalisée lorsque d'une part, deux ou plusieurs entreprises antérieurement indépendantes fusionnent, d'autre part, lorsqu'une ou plusieurs entreprises acquièrent directement ou non, que ce soit par prise de participation au capital, par contrat ou par tout autre moyen, le contrôle de l'ensemble ou des parties d'une ou plusieurs entreprises », p. 2.

opérations sont à la source des actes juridiques qui génèrent en eux-mêmes les impositions qui en découlent.

A. Les conséquences fiscales sur les modifications de la catégorie d'activité par les EMF

Les EMF, de première catégorie, peuvent, au cours de leur existence, se transformer de plein droit en EMF de deuxième catégorie de manière à changer leur statut juridique et fiscal. Ces mutations sont encadrées par les dispositions règlementaires en la matière.

1. Le cadre réglementaire

Entendu que les opérations portant changement de la catégorie d'activité dans les EMF entraînent la modification des statuts, seule l'Assemblée Générale Ordinaire (AGO) est compétente pour décider d'un tel évènement au Cameroun.211La modification de catégorie qui entraîne la modification des statuts212 est soumise à l'autorisation préalable de la commission bancaire.213

Au sens des dispositions de l'Acte Uniforme OHADA relatif au droit des sociétés coopératives, la modification de la catégorie d'activité peut être assimilée à une opération de transformation d'une société coopérative.[214] Ainsi, à la lumière de ce cadre juridique, la transformation régulière d'une société coopérative en une autre forme de société coopérative régie par le même Acte uniforme, n'entraîne pas la création d'une personne morale nouvelle.[215] Elle ne constitue qu'une modification des statuts. Cependant, les dispositions ci-dessus ne s'appliquent pas au cas de transformation d'une société coopérative en toute autre forme de société non régie par le même Acte uniforme. Les EMF de deuxième catégorie étant des coopératives financières non régies par l'Acte Uniforme OHADA relatif au droit des sociétés coopératives, on pourrait bien s'interroger sur les modalités de transition pour les raisons fiscales.

2. Le régime fiscal de modification de la catégorie d'activité par les EMF de première catégorie

La modification de catégorie dans les EMF n'entraîne ni l'arrêt de l'activité ni la création d'une société nouvelle. Il s'agit plus particulièrement d'une

[211]Article 18 (2) de la loi N° 92/006 du 14 août 1992.

[212] Article 2 du règlement COBAC EMF 2002/17 du 15 avril 2002 relatif aux modifications de situation juridique et aux conditions de prise de participation dans les EMF.

[213] Article 38 du règlement N° 01/02/CEMAC/COBAC du 13 avril 2002 relatif aux conditions d'exercice et de contrôle de l'activité de microfinance dans la CEMAC.

[214] Article 167 l'Acte Uniforme OHADA relatif aux droits des sociétés coopératives, « Par définition, c'est l'opération par laquelle une société coopérative change de forme juridique par décision des associés coopérateurs. »

[215] Article 168 l'Acte Uniforme OHADA relatif aux droits des sociétés coopératives.

continuité des activités sous le même nom commercial avec pour principales articulations, le changement de la forme juridique de mutuelle à celle de société anonyme, la modification des statuts qui induit le changement des critères d'imposition ultérieurs. Ainsi, au sens des dispositions de l'article 4 alinéa 2 de la loi N° 92/006 du 14 août 1992, les opérations des EMF de premières catégories avec ses membres constituent son activité principale et de ce fait, ne sont pas soumises à la Taxe sur la Valeur Ajoutée (TVA)[216]. Les EMF, de deuxième catégorie, étant des sociétés commerciales par leur forme et soumises aux dispositions fiscales camerounaises dans le régime de droit commun, l'option des EMF de la première catégorie pour la deuxième, entraîne de plein droit leur imposition à la TVA, selon qu'ils sont au régime du réel ainsi qu'à tous les autres impôts, droits et taxes prévus par les dispositions fiscales.

B. L'extension du réseau commercial des EMF et leurs conséquences fiscales

Comme les autres entreprises, les EMF procèdent le plus souvent à l'extension du réseau de leurs activités par l'ouverture de nouvelles agences. Contrairement aux autres secteurs d'activités qui ne nécessitent aucune procédure, les EMF sont soumis au respect des dispositions règlementaires. Cependant, l'application de ces obligations diffère selon la catégorie de leurs activités. Toutefois, les conséquences fiscales sont communes à toutes ces entités.

1. Le cadre réglementaire

Au sens des dispositions en la matière, le cadre institutionnel diffère selon la catégorie d'activité de la microfinance.

1.1. Le cas des EMF de première catégorie

Relativement à cette catégorie, l'ouverture d'une nouvelle agence est libre et ne nécessite aucune formalité administrative, légale et réglementaire. Cependant, les évènements de cette nature sont soumis à une simple déclaration à l'Autorité Monétaire, à la Commission Bancaire et au Conseil National de Crédit[217].

[216] Voir correspondance de la DGI intitulée « fiscalité des COOPEC » en annexe.
[217] Article 42 du règlement N° 01/02/CEMAC/COBAC du 13 avril 2002 relatif aux conditions d'exercice et de contrôle de l'activité de microfinance dans la CEMAC.

1.2. Le cas des EMF de deuxième catégorie

Pour cette catégorie de microfinance, l'ouverture d'un guichet ou d'une agence est soumise à l'autorisation préalable de l'Autorité Monétaire, après avis du Conseil National de Crédit[218].

2. Les conséquences fiscales de l'extension du réseau par les EMF

Tout comme les autres contribuables, l'ouverture d'une nouvelle agence par un EMF est assimilée, sur le plan fiscal, à la création d'un nouvel établissement qui de ce fait, entraîne les obligations de déclaration et les formalités d'obtention d'une patente qui conditionne l'exploitation de l'activité dans ce nouveau guichet en application du principe de la personnalité de la patente.

De la lecture de ce premier paragraphe, dans le cadre de leur restructuration, il est autorisé aux EMF de première catégorie, de procéder à la modification de leur forme juridique d'association aux fins d'opter pour celle de la deuxième catégorie sous la forme de société anonyme, sous réserve du respect des obligations juridiques et fiscales prévues à cet effet. De même, ces entreprises comme toutes autres sociétés commerciales peuvent procéder à l'extension de leurs réseaux par l'ouverture de nouvelles agences. À la différence des autres entités juridiques, cette opération est soumise à l'autorisation préalable pour les EMF de deuxième catégorie et à une obligation déclarative pour ceux de la première catégorie.

II. LES INCIDENCES FISCALES RELATIVES AUX MODIFICATIONS DU CAPITAL SOCIAL DANS LES EMF

Pour répondre aux besoins de financement ou de restructuration, un EMF peut procéder à tout moment à la modification de son capital. Les formalités juridiques ainsi que les conséquences fiscales diffèrent selon qu'il s'agit d'un EMF de première catégorie (**A**) ou de deuxième catégorie (**B**).

A. La modification du capital dans les EMF de première catégorie

Les opérations de modification de capital dans les EMF de cette catégorie relèvent des dispositions réglementaires et aux implications fiscales spécifiques.

1. Les dispositions légales et réglementaires

Dans cette catégorie de microfinance, le capital social est susceptible d'une augmentation ou d'une diminution. Les modifications du capital dans cette catégorie de microfinance peuvent être réalisées par les opérations des membres sur le capital ou décidées par l'assemblée. Ainsi :

---

[218] Article 40 du règlement N° 01/02/CEMAC/COBAC du 13 avril 2002 relatif aux conditions d'exercice et de contrôle de l'activité de microfinance dans la CEMAC.

Au sens des dispositions de l'article 11 de la loi N° 92/006 du 14 août[219], le nombre de membres dans ces EMF est variable. Ceci se traduit par une instabilité du capital social qui peut connaître à tout moment, une variation à la hausse ou à la baisse. De même, l'article 12 de la même loi n'a pas prévu la nécessité d'inscription du nombre de membres ou du capital social dans les statuts, compte tenu de sa non fixité. De même, les sociétés coopératives peuvent recevoir des subventions, dons et legs destinés au développement de leurs activités[220].

Comme dans toutes les sociétés coopératives, l'augmentation du capital qui est décidée par l'assemblée générale, peut être réalisée par la souscription d'un nombre proportionnel de parts en plus de celles déjà détenues par chaque associé coopérateur ou par l'augmentation de la valeur nominale de la part sociale ou par l'incorporation des réserves libres d'affectation[221].

La réduction par l'assemblée générale du capital peut être réalisée par la réduction du montant nominal des parts sociales détenues par chaque coopérateur ou par le remboursement total ou partiel des apports effectués[222].

2. Les incidences fiscales

Les opérations de modification du capital dans les EMF de première catégorie ne nécessitent aucune formalité juridique ou réglementaire spécifique. Toutefois, il peut être décidé en assemblée, une augmentation du nombre de parts sans qu'aucune modification des statuts ne soit envisagée. Ainsi, comme dans le cadre de leur constitution, les modifications du capital dans ces entités n'entraînent aucune conséquence fiscale notable.

B. La modification du capital social dans les EMF de deuxième catégorie

Le capital social des EMF constitués sous la forme de société commerciale d'un montant minimal de 50 millions de FCFA doit être inscrit dans les statuts de ces entités. Ainsi, les opérations de modification du capital qui sont soumises à l'autorisation préalable de la commission bancaire[223], entraînent de plein droit, la modification des statuts. Les opérations portant sur le capital social d'une entreprise et en particulier celui des EMF aux conséquences fiscales spécifiques qui portent sur :

- les augmentations du capital ;
- la réduction du capital pour des raisons de pertes cumulées ;

---

[219] Article 11 alinéa 1 de la loi N° 92/006 du 14 août 1992 relative aux sociétés coopératives et aux groupes d'initiative commune.

[220] Article 59 de l'Acte Uniforme OHADA relatif au droit des sociétés coopératives.

[221] Article 57 de l'Acte Uniforme OHADA des droits des sociétés coopératives.

[222222] Article 58 de l'Acte Uniforme OHADA des droits des sociétés coopératives.

[223] Article 2 (4) du règlement COBAC EMF 2002/17 du 15 avril 2002 relatif aux modifications de situation juridique et aux conditions de prise de participation dans les EMF.

- la réduction du capital pour remboursement aux associés ;
- l'amortissement du capital.

1. Les opérations d'augmentation du capital

Comme dans les autres entreprises commerciales, une opération d'augmentation du capital peut être réalisée par apports nouveaux en espèces ou en nature, par incorporation de réserves ou par conversion de créances.

1.1. Les dispositions légales et règlementaires

Les dispositions légales[224] qui ne traitent que des conditions de modification du capital dans les EMF de première catégorie au Cameroun, n'abordent pas le cas spécifique des EMF de deuxième catégorie. Compte tenu de leur statut de sociétés commerciales par leur forme de SA, il semble raisonnable de puiser nos sources d'inspiration en la matière du droit OHADA relatif aux sociétés commerciales et G.I.E. Ainsi, dans les SA en général, l'Assemblée Générale Extraordinaire (A.G.E) est seule compétente pour décider ou, le cas échéant, autoriser une augmentation de capital sur le rapport du conseil d'administration ou de l'administrateur général, selon le cas, et sur le rapport du commissaire aux comptes[225]. Outre les obligations spécifiques liées à la décision de l'Autorité monétaire, les opérations d'augmentation du capital entraînent les formalités juridiques suivantes :

- réunion d'une assemblée générale extraordinaire qui délibère sur les propositions du conseil d'administration ;
- dépôt au greffe du tribunal de première instance d'une copie du procès-verbal de la réunion ;
- insertion d'un avis dans un journal d'annonces légales ;
- modification au registre tenu à cet effet et des statuts, compte tenu du principe de fixité du capital social.

Pour le cas spécifique des EMF, les opérations d'augmentation du capital sont le plus souvent réalisées par des apports nouveaux en numéraire. De manière spécifique, les EMF peuvent procéder à une incorporation au capital social, des réserves disponibles.

Pour ce qui est des apports nouveaux en numéraire, cette situation répond de manière spécifique, à un besoin de financement ou du respect des dispositions réglementaires au cas où l'Autorité Monétaire déciderait de porter le minimum du capital de ces entités à un niveau plus élevé. Pour ces opérations, les actions nouvelles doivent être émises soit à la valeur nominale, majorée d'une prime d'émission[226]. Lorsque les actions sont émises à leur

---

[224] Loi N° 92/006 du 14 août 1992 relative aux sociétés coopératives et aux groupes d'initiative commune.
[225] Article 564 l'AU OHADA portant DSC et GIE.
[226] Article 563 de l'Acte uniforme OHADA portant droit des sociétés commerciales et GIE.

valeur nominale, on dit qu'elles sont émises au pair. Dans le second cas, on dira que les actions sont émises au prix d'émission. Ainsi :

- lorsque sont seuls souscripteurs les anciens actionnaires dans la proportion des actions anciennes détenues par chacun, il n'y a pas de problème d'émission des actions au pair ;
- lorsqu'interviennent les nouveaux actionnaires, ils auront droit aux réserves antérieurement constituées en leur absence. Situation qui défavorise les anciens actionnaires. Pour établir cet équilibre, les actions nouvelles doivent être émises à un prix compris entre la valeur nominale et la valeur mathématique de l'action avant augmentation du capital. C'est ce prix fixé par l'AGE [227]qui est appelé « prix d'émission ou prix de vente. » Pour ce qui est d'un nouvel actionnaire, sa souscription au capital de la microfinance est soumise à l'autorisation préalable de la commission bancaire[228].

Pour une augmentation du capital par incorporation des réserves au capital social, on met l'accent en particulier sur toutes les réserves qui appartiennent aux actionnaires, y compris les primes liées au capital et les écarts de réévaluation. Cette opération consiste en la distribution des actions gratuites aux anciens actionnaires, proportionnellement au nombre de droits détenus par chacun sur le capital ancien. Ainsi, les actionnaires qui ne veulent pas des actions nouvelles doivent céder leur droit.

1.2. Les incidences fiscales

Elles sont relatives aux opérations réalisées par la microfinance elle-même en sa qualité de personne morale, et aux actionnaires du fait des opérations d'acquisition des titres.

Venant de la microfinance, il s'agit d'une opération d'augmentation du capital dont l'enregistrement est gratuit avec le seul paiement des timbres de dimension tel que déjà mentionné dans le cadre des opérations de constitution.

En ce qui concerne l'actionnaire qui acquiert les titres dans le cadre des apports nouveaux en numéraire, ces opérations obligent l'acquéreur de déclarer et de s'acquitter des droits d'enregistrement[229] liquidés sur la valeur d'acquisition des titres au taux réduit[230] de 2 %. Sur le plan fiscal, les difficultés les plus rencontrées portent sur la détermination de la base d'imposition des titres acquis. Contrairement aux titres de placement qui

---

[227] L'article 588 de l'Acte uniforme OHADA portant droit des sociétés commerciales et GIE.

[228228] Article 4 du règlement COBAC EMF 2002/17 du 15 avril 2002 relatif aux modifications de situation juridique et aux conditions de prise de participation dans les EMF.

[229]Article 343 (3) du CGI « Sont soumis au taux réduit : les cessions d'actions, de parts et d'obligations de sociétés, dont le siège social est dans un pays de la CEMAC.

[230]Article 543 (d) du CGI.

entrent dans le patrimoine au prix d'achat, les actions sont inscrites dans le bilan au coût d'achat, c'est-à-dire au prix d'achat augmenté des frais sur achat. Pour un ancien actionnaire qui achète les droits ou un nouvel actionnaire qui participe à l'augmentation du capital d'un EMF ayant la forme de SA, la base d'imposition sera constituée des éléments suivants :

- prix d'achat des titres (valeur nominale des titres souscrits augmentée de la prime d'émission) ;
- frais d'acquisition des titres ;
- droit préférentiel de souscription.

2. Les opérations de réduction du capital pour les raisons de pertes cumulées

À l'exemple de toutes les sociétés anonymes, les EMF peuvent être contraints à réduire le montant du capital social pour des raisons de perte. Ces opérations qui s'accompagnent par une augmentation du capital induisent également des incidences fiscales.

2.1. Les dispositions textuelles

Si du fait de pertes constatées dans les états financiers de synthèse, les capitaux propres de la société deviennent inférieurs à la moitié du capital social, le conseil d'administration est tenu dans les quatre (4) mois qui suivent l'approbation des comptes ayant fait apparaître cette perte, de convoquer l'AGE à l'effet de décider si la dissolution anticipée de la société a lieu.[231]

Cette situation a pour conséquence immédiate, la réduction de la surface financière de l'entreprise dans ce sens qu'elle rend la valeur mathématique inférieure à la valeur nominale de l'action ou de la part sociale, situation qui décourage le souscripteur[232]. Pour illustration, prenons le cas d'un EMF dont la surface financière à la clôture d'un exercice fiscal se présente ainsi qu'il suit :

•Capital social :	100 000 000 (actions de 10 000 FCFA)
•Pertes comptables :	- 80 000 000
•Situation nette	20 000 000

La Valeur Mathématique de l'action est de : 20 000 000/10 000 = 2 000 F.CFA< 10 000 FCFA. Situation non confortable sur le plan financier.

Si la dissolution n'est pas prononcée, la société est tenue, au plus tard à la clôture du deuxième exercice suivant au cours duquel la constatation des pertes est intervenue, de réduire son capital d'un montant au moins égal à celui

[231]Article 664 de l'Acte Uniforme OHADA relatif aux sociétés commerciales et GIE.

[232] POUGOUE Paul-Gérard, op. cit., « Souvent annonciatrice de difficultés financières, elle peut dans d'autres cas apparaître comme une mesure d'assainissement de la situation », p. 989.

des pertes tout en respectant le minimum du capital fixé par la loi[233]. Raison pour laquelle cette opération doit s'accompagner d'une augmentation du capital. Cette double opération est appelée coup d'accordéon.[234]

Au regard de cette situation, l'AGE de cet EMF est tenue conformément à la loi, de prononcer la dissolution de l'entreprise ou de procéder à la réduction du capital dans un délai de deux ans.

2.2. L'incidence fiscale

Les opérations de réduction du capital pour des raisons de perte ne génèrent aucune base d'imposition. Ce sont des opérations à incidence fiscale nulle.

3. Les opérations de réduction du capital pour remboursement aux associés

Conformément aux dispositions légales, les EMF de deuxième catégorie peuvent réduire le capital social aux fins de rembourser les mises aux actionnaires. Sur le plan fiscal, il est judicieux d'examiner les conséquences d'une telle opération.

3.1. Les dispositions légales et règlementaires

Tout comme les autres sociétés anonymes, un EMF dont l'activité est réduite et rendant une partie de ses actifs superflus, peut décider de procéder à une réduction[235] de son capital en remboursant partiellement aux actionnaires leurs mises. Cette opération peut s'effectuer de deux manières :

- soit par réduction de la valeur nominale du titre ;
- soit par réduction du nombre de titres.

Pour ce qui est de la réduction de la valeur nominale du titre, l'opération consiste à revoir cette valeur à la baisse pour un montant égal pour tous les actionnaires. L'opération se passe en deux étapes :

---

[233] Article 665 de l'Acte Uniforme OHADA relatif aux sociétés commerciales et GIE.

[234] http://www.dictionnaire-juridique.com, « Expression employée par la pratique dans le droit des sociétés pour désigner une technique utilisée par les sociétés lorsque la valeur de l'actif est inférieure à la valeur du capital. Pour remettre les choses en état, la société fait appel à la capacité d'investissement des actionnaires. L'opération a lieu en deux temps :

- première opération : les actionnaires décident de réduire le capital en tenant compte de la valeur dévaluée de l'action ;
- deuxième opération : les actionnaires décident de souscrire à une augmentation de capital pour le porter à la valeur nécessaire à la reconstitution de l'actif, d'où le nom de cette opération ».

[235] POUGOUE Paul-Gérard, op. cit., « Cette opération de réduction du capital doit cependant être distinguée d'une opération voisine. L'amortissement du capital défini par l'article 651 comme l'opération par laquelle la société rembourse aux actionnaires tous les produits de la liquidation future de la société », p. 989.

- la réduction du capital avec l'engagement de remboursement aux associés en débitant le compte 101 « capital social » par le crédit du compte 4619 « associés, capital à rembourser » ;
- le remboursement effectif aux associés en débitant le compte 4619 par le crédit d'un compte de trésorerie.

Pour le cas de la réduction du nombre de titres,[236] l'opération consiste à racheter les actions aux actionnaires proportionnellement aux titres possédés, suivi de leur annulation. Ce qui se traduit par la réduction du capital.

3.2. Les incidences fiscales

La portée fiscale d'une telle opération consiste à s'interroger sur le sort fiscal du remboursement du capital aux actionnaires, au regard de l'Impôt sur le Revenu des Capitaux Mobiliers (IRCM). En effet, il s'agit du remboursement aux actionnaires de leurs mises initiales prélevées sur le capital. Cette opération qui n'a pas un caractère de revenus distribués, échappant à la retenue au titre de l'IRCM. [237] Cependant, les problèmes fiscaux naissent pour le cas de rachat des titres en bourse. Ainsi, le prix d'achat des titres peut être supérieur ou inférieur à la valeur nominale des actions. Pour une bonne lisibilité :

- prenons l'exemple d'un EMF qui achète en bourse pour les détruire, 2 000 actions de 20 000 FCFA à 18 000 FCFA l'une. La différence (20 000 – 18 000) x 2 000. Soit une perte de 4 000 000 FCFA, constitue une charge déductible du résultat fiscal ;
- retenons ensuite un EMF qui achète en bourse pour les détruire, 1 000 actions de 20 000 FCFA à 15 000 FCFA l'une. La différence (20 000 –15 000) x 1 000. Soit un profit de 5 000 000 FCFA constitue un produit imposable à l'I.S.

4. Les opérations d'amortissement du capital[238]

Il s'agit d'une des formes de remboursement de la mise initiale aux actionnaires aux moyens des réserves et aux conséquences fiscales qui se rapportent à une opération de distribution de bénéfice.

---

[236] Article 639 de l'Acte Uniforme OHADA relatif au droit des sociétés commerciales et GIE.

[237] Article 37 (1) du CGI : « Ne sont pas considérés comme revenus distribués et échappent à l'imposition dans la catégorie des revenus de capitaux mobiliers : les répartitions présentant pour les associés ou actionnaires le caractère de remboursement d'apports ou de primes d'émission ».

[238] POUGOUE Paul-Gérard, op. cit., « Cette opération de réduction du capital doit cependant être distinguée d'une opération voisine. L'amortissement du capital défini par l'article 651 comme l'opération par laquelle la société rembourse aux actionnaires tous les produits de la liquidation future de la société », p. 989.

4.1. Les dispositions légales et règlementaires

En référence aux autres sociétés anonymes, les EMF peuvent procéder à l'amortissement du capital. En effet, c'est une opération qui consiste à rembourser sur un même pied d'égalité, à tous les actionnaires, tout ou partie de la valeur nominale de leur action. Les sommes remboursées sont prélevées sur les bénéfices ou sur les réserves distribuables et non sur le capital lui – même. Ceci signifie que cette opération ne modifie pas le montant du capital social. Les actions amorties prennent le nom d'actions de jouissance tandis que les actions non amorties sont appelées actions de capital. Les conséquences d'une telle opération sont les suivantes[239] :

- **l'action amortie perd le droit** aux intérêts statutaires et au remboursement futur du capital.
- **L'action de jouissance conserve le droit** de vote à l'assemblée, aux superdividendes, aux réserves et aux plus-values de liquidation et au boni de liquidation en cas de dissolution de la société.

4.2. Les incidences fiscales

Les sommes remboursées sont prélevées sur les bénéfices ou sur les réserves distribuables et non sur le capital lui – même. Au sens des dispositions de l'article 36 du CGI[240], il s'agit bien d'une distribution de bénéfice imposable à l'IRCM dans la catégorie des produits des actions. L'EMF qui procède à l'amortissement du capital par prélèvement sur les réserves ou le bénéfice est donc tenu de retenir à la source l'IRCM aux fins de le reverser au plus tard le 15 du mois suivant aux services des impôts de rattachement.

Au sens de ce deuxième paragraphe, la restructuration d'un EMF peut être portée vers la modification du capital social. Cette opération courante dans toutes les sociétés commerciales suppose soit une augmentation, soit une diminution du capital social. La particularité juridique et fiscale des EMF réside dans la diversité des formes juridiques issues de ce secteur d'activité. Ainsi, pour les EMF de première catégorie, le capital social étant variable, ces opérations ne posent aucun problème tant sur le plan du droit que des aspects fiscaux. Cependant, pour ceux de la deuxième catégorie, cette opération est soumise au respect des dispositions juridiques propres en la matière et aux conséquences fiscales spécifiques qui en découlent.

---

[239] Article 656 de l'Acte uniforme OHADA relatif au droit des sociétés commerciales et GIE.

[240] Article 36 (1) du CGI : « Sont considérés comme revenus distribués, tous les bénéfices qui ne demeurent pas investis dans l'entreprise, notamment : Tous les produits ou bénéfices qui ne sont pas mis en réserve ou incorporés au capital. Les bénéfices et réserves capitalisés étant eux-mêmes imposables lorsqu'ils sont remboursés aux associés, par voie de réduction du capital. »

De manière globale, les restructurations inhérentes aux évènements d'extension, de transformation de forme juridique et de modification du capital n'entraînent pas la dissolution de l'entité économique. Une telle analyse qui n'intègre pas le cas de mutations suivies de création d'entreprises nouvelles ou de liquidation de l'EMF antérieurement existant paraît insuffisante pour apprécier le risque fiscal encouru. Toutefois, en prélude à l'examen des opérations de fusion, scission, dissolution et mise en liquidation des EMF pour les besoins d'une bonne lisibilité, il semble nécessaire de restituer le schéma synthétique de la restructuration sans dissolution des EMF.

Schéma N° 7 : Opérations relatives à la modification de forme juridique et extension du réseau commercial dans les EMF.

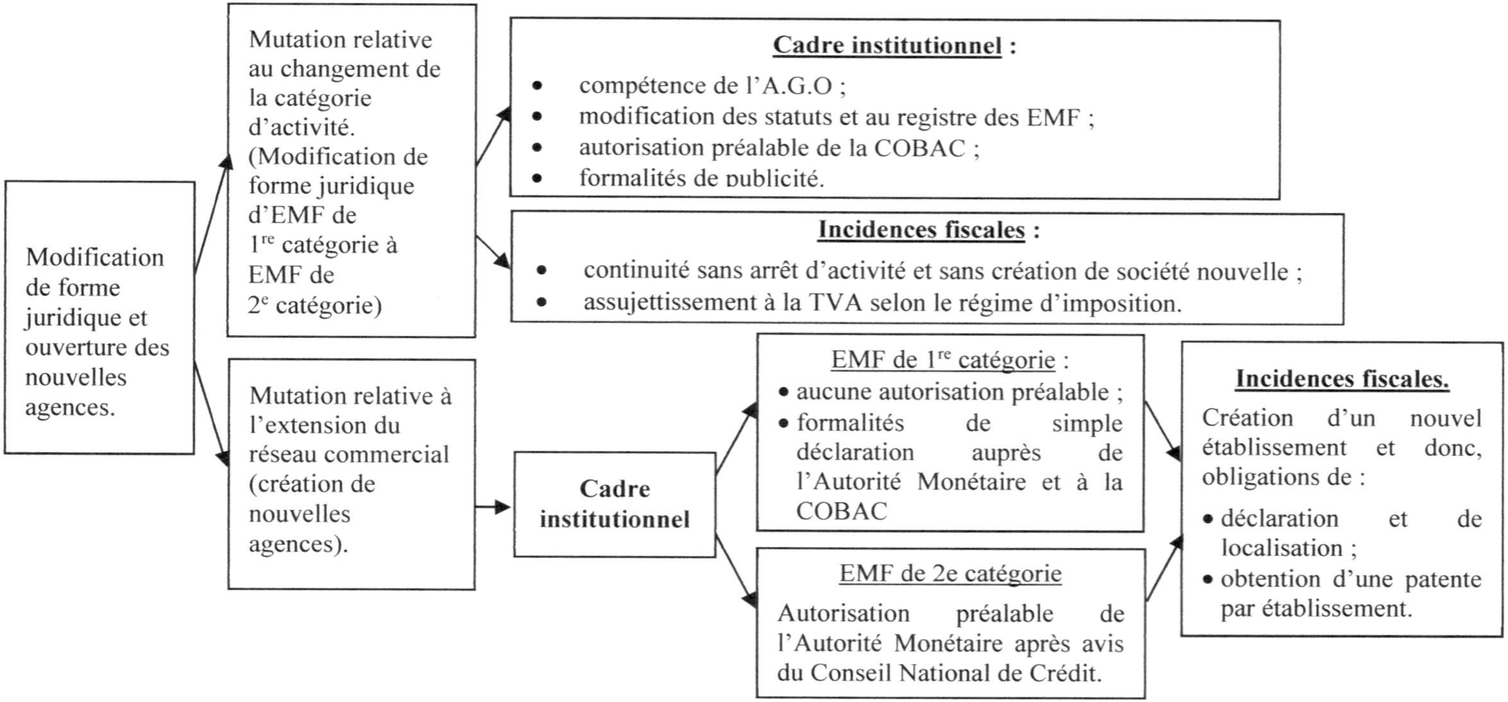

Sources : construction de l'auteur à partir de la littérature relative aux dispositions juridiques et règlementaires sur la microfinance et au CGI.

Schéma N° 8 : Modalités de modification du capital dans les EMF.

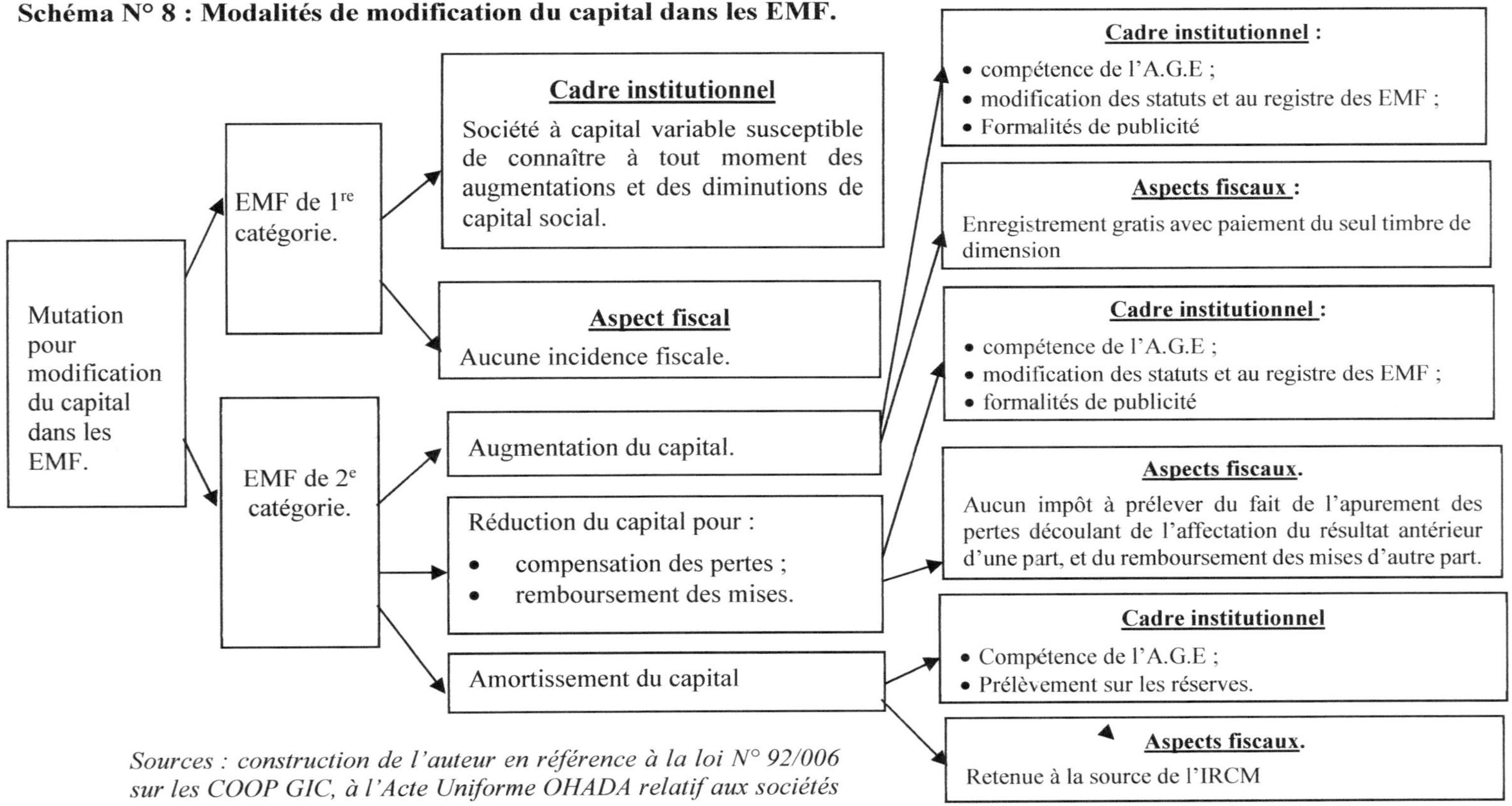

Sources : construction de l'auteur en référence à la loi N° 92/006 sur les COOP GIC, à l'Acte Uniforme OHADA relatif aux sociétés commerciales et au GIE.

SECTION 2 : LES IMPLICATIONS FISCALES SUR LES OPÉRATIONS DE FUSION, SCISSION, DISSOLUTION ET MISE EN LIQUIDATION DES EMF

Face aux difficultés qu'éprouvent les EMF[241] pour répondre à la concurrence imposée par les banques classiques, une des solutions envisageables aux fins de constituer une part de marché considérable porte sur les opérations de concentration. Ces évènements qui interpellent le respect des dispositions juridiques induisent également des conséquences fiscales propres en la matière (**I**). Ces opérations qui n'entraînent pas la mise en liquidation, doivent être comparées aux cas de dissolution et mise en liquidation (**II**) pour des raisons diverses, au regard de leurs fréquences dans ce secteur d'activité aux fins de mettre en exergue, les aspects fiscaux de telles situations.

I. LES IMPLICATIONS FISCALES SUR LA FUSION ET SCISSION DES EMF

D'une manière générale, les opérations de fusion[242] et de scission se réalisent après la dissolution d'une ou de deux entreprises sans liquidation avec transmission de manière universelle, du patrimoine (actif et passif) d'une ou de plusieurs sociétés dissoutes à la société existante (ancienne ou nouvellement créée). La fusion est définie comme l'opération par laquelle deux ou plusieurs sociétés se réunissent pour n'en former qu'une seule soit par création d'une société nouvelle (fusion combinaison), soit par absorption de l'une par l'autre (fusion absorption).[243] Le schéma d'une fusion peut être le suivant :

Schéma N° 9 : La fusion entre deux ou plusieurs EMF.

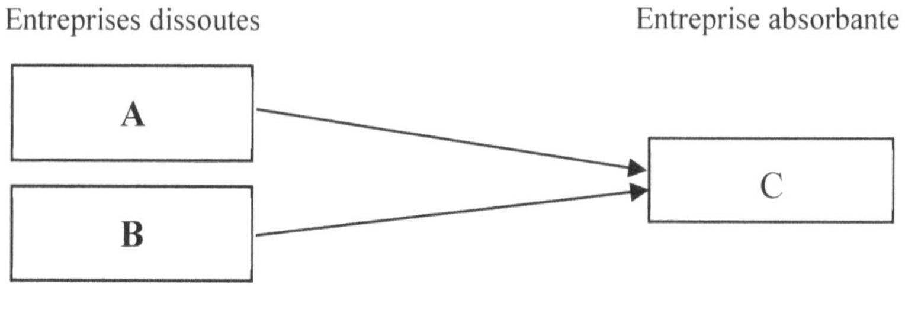

---

[241]Ve Journées internationales de la Microfinance 2013, *Mutations et Crises de la microfinance*, Douala 11, 12 et 13 septembre.

[242] NANDJIP MONEYANG Sara, op. cit., « La fusion est une opération qui consiste à intégrer dans une nouvelle société deux sociétés existantes, qui perdent de ce fait leur personnalité morale au profit de la nouvelle entité. Elle est l'une des formes de concentrations possibles au sein du système capitaliste : les actions des deux sociétés fusionnées sont échangées contre celles de la nouvelle société qui résulte de la fusion », p. 4.

[243]Article 189 de l'A.U OHADA relatif au DSC et G.I.E.

Ou

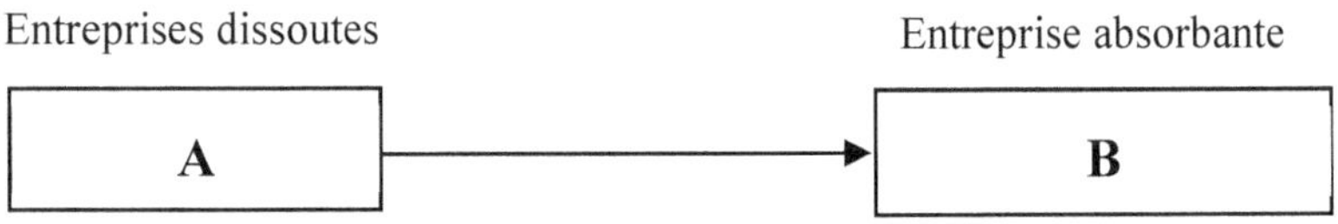

Sources : adapté par l'auteur.

La scission, quant à elle, est définie comme une opération par laquelle le patrimoine d'une société est scindé et partagé en plusieurs fractions simultanément entre plusieurs sociétés existantes ou nouvelles[244]. Elle entraîne la transmission à titre universel du patrimoine de la société qui disparaît du fait de la scission aux sociétés existantes nouvelles[245]. Le schéma d'une scission peut être le suivant :

Schéma N° 10 : Opérations de scission.

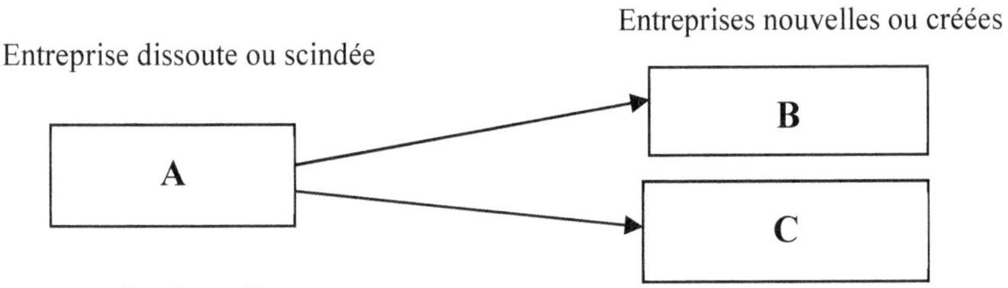

Sources : adapté par l'auteur

Ainsi définies, les opérations de fusion et de scission obéissent aux dispositions légales et règlementaires (**A**). Les conséquences fiscales (**B**) qui en découlent relèvent soit du régime du droit commun, soit du régime de faveur.

A. Le cadre textuel des opérations de fusion et scission des EMF

Ces opérations de restructuration de microfinance sont encadrées par la loi. Cependant, les dispositions applicables aux coopératives ne traitent que du cas spécifique des EMF de première catégorie. En l'absence des dispositions particulières propres aux EMF de deuxième catégorie, nous examinerons le cadre juridique des sociétés commerciales du fait de leur forme juridique de SA.

---

[244]Article 190 de l'A.U OHADA relatif au DSC et G.I.E.
[245] GATSI Jean, op.cit., p. 93.

1. Le cadre légal et règlementaire des EMF de première catégorie

Dans cette catégorie, les opérations de fusion et de scission sont décidées au cours d'une Assemblée Générale Extraordinaire (AGE). En cas de scission, l'AGE décide du plan de répartition de l'actif et du passif entre les entités nouvelles ainsi que de la répartition des membres. Les nouvelles entités issues de ces opérations sont tenues de s'inscrire auprès du service du registre[246]. L'intention de fusionner ou de scinder ainsi que les conséquences financières de chacune de ces opérations sont communiquées au moins un (1) mois avant la tenue de l'AGE.[247]

Les sociétés coopératives issues d'une scission restent solidairement responsables des dettes de la société coopérative scindée[248]. Les créanciers d'une organisation concernée par une opération de fusion ou de scission peuvent faire opposition, par toutes les voies de droit, à la réalisation ou à la validation de la fusion ou de la scission en cas de non-remboursement des créances échues[249]. Toutefois, les créanciers qui entendent s'opposer à une opération de fusion ou de scission doivent le signaler à l'organisation par toute voie de droit, au plus tard lors de l'assemblée délibérative. Ils doivent en même temps, signaler au service public chargé de la tenue du registre, leur opposition à la réalisation de l'opération envisagée. Tout adhérent ou membre peut dénoncer son adhésion à une nouvelle organisation, à condition qu'il manifeste par écrit sa démission au plus tard lors de l'assemblée délibérative[250].

2. Le cadre légal et règlementaire des EMF de deuxième catégorie

En l'absence des textes spécifiques qui encadrent les opérations de fusion et de scission des EMF de deuxième catégorie, nous nous permettons ici de rappeler les dispositions communes à toutes les sociétés anonymes du fait de leur appartenance.

2.1. Les opérations de fusion

Toutes les sociétés qui participent à une opération de fusion sont tenues d'établir un projet de fusion[251] par le conseil d'administration, l'administrateur

---

[246] Article 63 de la loi N° 92/006 du 14 août 1992 relative aux sociétés coopératives et aux groupes d'initiative commune.
[247] Article 64 (1) de la loi N° 92/006 du 14 août 1992 relative aux sociétés coopératives et aux groupes d'initiative commune.
[248] Article 64 (2) de la loi N° 92/006 du 14 août 1992 relative aux sociétés coopératives et aux groupes d'initiative commune.
[249] Article 65 (2) de la loi N° 92/006 du 14 août 1992 relative aux sociétés coopératives et aux groupes d'initiative commune.
[250] Article 26 du décret N° 92/455/PM du 23 novembre 1992 fixant les modalités d'application de la loi N° 92/006 du 14 août 1992 relative aux sociétés coopératives et aux groupes d'initiative commune modifié et complété par le décret N° 2006/0762/PM DU 9 juin 2006.
[251] Article 193 de l'Acte Uniforme OHADA relatif au droit des sociétés commerciales et GIE.

général, le ou les gérants. Ce projet de fusion donne lieu à une insertion dans un journal habilité à recevoir les annonces légales.[252]

L'opération de fusion est décidée par l'Assemblée Générale Extraordinaire (A.G.E) de chaque société qui participe à l'opération.

L'opération est soumise dans chacune des sociétés à la ratification des assemblées spécifiques des actionnaires. Le conseil d'administration ou, le cas échéant, l'administrateur général de chacune des sociétés participant à l'opération établit un rapport qui est mis à la disposition des actionnaires.[253] Un ou plusieurs commissaires désignés par la juridiction compétente établissent sous leur responsabilité un rapport écrit sur les modalités de fusion[254]. Lorsque la fusion est réalisée par voie de création d'une société nouvelle, celle-ci peut être constituée sans autres apports que ceux des sociétés qui fusionnent[255].

La fusion entraîne donc la dissolution sans liquidation des sociétés qui disparaissent et la transmission universelle de leur patrimoine aux sociétés bénéficiaires, dans l'état où il se trouve à la date de la réalisation définitive de l'opération[256]. La société absorbante est débitrice des créances des sociétés absorbées. Les créanciers peuvent faire opposition à l'opération de fusion dans un délai de trente (30) jours à compter de la publication du projet de fusion[257].

2.2. Les opérations de scission

Le contexte juridique des opérations de fusion est applicable à celui de scission en ses articles 670 à 683 de l'Acte Uniforme OHADA relatif au droit des sociétés commerciales et G.I.E. Dans le cadre spécifique de la scission, les projets des statuts des sociétés nouvelles sont approuvés par l'AGE de la société scindée. Ainsi, les sociétés nouvellement constituées en violation de cette disposition sont nulles. Les actions des sociétés nouvelles sont attribuées aux actionnaires de la société scindée proportionnellement à leur droit dans le capital de cette société[258]. Les sociétés bénéficiaires des apports résultant de la scission sont débitrices solidaires des dettes de la société scindée[259].

---

[252]Article 265 de l'Acte Uniforme OHADA relatif au droit des sociétés commerciales et GIE.
[253]Article 571 de l'Acte Uniforme OHADA relatif au droit des sociétés commerciales et GIE.
[254]Article 572 de l'Acte Uniforme OHADA relatif au droit des sociétés commerciales et GIE.
[255255]Article 577 de l'Acte Uniforme OHADA relatif au droit des sociétés commerciales et GIE.
[256] Article 191 de l'Acte Uniforme OHADA relatif au droit des sociétés commerciales et GIE.
[257]Article 682 de l'Acte Uniforme OHADA relatif au droit des sociétés commerciales et GIE.
[258]Article 685 de l'Acte Uniforme OHADA relatif au droit des sociétés coopératives et GIE.
[259]Article 688 de l'A.U OHADA relatif au DSC et G.I.E.

3. Le contexte général des opérations de fusion et de scission

Ces opérations ont pour point commun, la dissolution inéluctable sans mise, sans liquidation de la société absorbée suivie de la transmission universelle du patrimoine social à la société absorbante[260].

3.1. Les opérations de fusion

De manière générale, la fusion entraîne :

- La transmission à titre universel du patrimoine (ensemble de l'actif et du passif) de la ou des sociétés, qui disparaissent du fait de la fusion, à la société absorbante ou à la société nouvelle ;
- la dissolution de la société absorbée sans liquidation ;
- la mort de la société absorbée ;
- l'augmentation du capital de la société absorbante ;
- l'émission des actions nouvelles pour compenser ou rémunérer l'apport des actionnaires de la société absorbée ;
- l'évaluation des deux sociétés pour déterminer la parité d'échange.

3.2. Les opérations de scission

De manière générale, la scission entraîne :

- la dissolution de la société scindée ;
- la constitution ou l'augmentation du capital des sociétés substituées à la société dissoute ;
- la transmission à titre universel du patrimoine de la société qui disparaît du fait de la scission, aux sociétés existantes ou nouvelles.

B. Les incidences fiscales des opérations de fusion et de scission des EMF

Les actes de fusion et de scission sont des opérations de restructuration des sociétés commerciales qui génèrent des conséquences fiscales aussi bien pour les sociétés dissoutes que les sociétés nouvellement créées ou absorbantes.

1. Les conséquences fiscales sur la microfinance absorbée ou scindée

Les biens de l'EMF absorbé ou scindé peuvent être apportés à la microfinance absorbante à leurs valeurs comptables ou à leurs valeurs réelles sur le marché. Dans le second cas, il se dégagera une plus-value imposable à l'impôt sur les sociétés. Cependant, le régime d'imposition de cette plus-value est fonction de la catégorie de ces entités.

---

[260] GATSI Jean, op. cit. : « Quant au déroulement des opérations de la fusion ou de la scission, les modalités pratiques sont arrêtées par une convention signée entre les deux sociétés coopératives concernées, sous le contrôle des organes faîtières auxquelles elles sont affiliées. Cependant, si l'opération projetée a pour effet d'augmenter les engagements des coopérateurs, ou de l'une ou de plusieurs sociétés coopératives en cause, elle ne peut être qu'à l'unanimité desdits coopérateurs ou sociétés coopératives », p. 96.

1.1. Le cas où la société absorbante est un EMF de deuxième catégorie

Dans ce cas, seule la plus-value issue de l'opération de fusion peut être exonérée de l'impôt si la microfinance absorbante est une société anonyme (cas des EMF de deuxième catégorie) et ayant son siège social au Cameroun ou dans un autre État de la CEMAC en application des dispositions de l'article 9 du CGI.[261]

1.2. Le cas où la société absorbante est un EMF de première catégorie

La plus-value issue de l'opération de fusion sera passible de l'impôt si la microfinance absorbante relève de la première catégorie du fait de son statut de mutuelle, conformément aux dispositions de l'article 10 du CGI.[262]

2. Les conséquences fiscales chez la microfinance absorbante ou nouvellement créée

Les opérations de fusion et de scission dans la société absorbante se traduisent par les augmentations du capital qui entraînent sur le plan fiscal en général, le respect des formalités de déclaration et de paiement du droit d'enregistrement dans les délais. Cependant, au regard de la dimension multiforme des EMF, il convient de les examiner en fonction de leurs catégories.

2.1. Le cas des EMF de première catégorie

Rappelons qu'il s'agit des sociétés coopératives qui peuvent également naître par transformation de tout autre type de société déjà existante[263]. Le nombre de membres étant variable, il s'agit également d'une société à capital variable qui exclut les formalités d'enregistrement du capital.

---

[261] Article 9 : « Les plus-values autres que celles réalisées sur les marchandises résultant de l'attribution gratuite d'actions, de parts bénéficiaires, de parts sociales ou d'obligations, à la suite de la fusion des sociétés anonymes même unipersonnelles, des sociétés à responsabilité limitée même unipersonnelles, sont exonérées de l'impôt frappant les bénéfices réalisés par ces sociétés, à condition. Que la société absorbante ou nouvelle ait son siège social au Cameroun ou dans un autre État de la CEMAC ».

[262] Article 10 : « Par dérogation aux dispositions de l'article 6 (1) du présent code et dans le cas de cession totale ou partielle, de transfert ou de cessation de l'exercice de la profession, les plus-values nettes, c'est-à-dire celles obtenues après imputation, le cas échéant, des moins-values réalisées à l'occasion de cession des éléments de l'actif immobilisé, et les indemnités reçues en contrepartie de la cessation de l'exercice de la profession ou de transfert de la clientèle, sont imposées comme suit :

- pour la moitié de leur montant lorsque la cession, le transfert ou la cessation interviennent moins de cinq ans après la création, l'achat du fonds de commerce ou de la clientèle ;
- pour le tiers de leur montant dans le cas contraire ».

[263] Article 9 (2) de la loi N° 92/006 du 14 août 1992 relative aux sociétés coopératives et aux groupes d'initiative commune.

2.2. Le cas des EMF de deuxième catégorie

Constituées sous la forme de société anonyme, ce sont des sociétés commerciales dont les opérations d'augmentation du capital obéissent au régime de droit commun. Ainsi, l'apport en capital dans la société absorbante ou nouvelle du patrimoine de la société dissoute constitué des biens et des dettes pose le problème de l'évaluation aux fins de déterminer le montant des apports purs et simples dont l'enregistrement est gratuit[264] et le montant des apports à titre onéreux soumis au droit proportionnel ou au droit fixe selon le cas. À ce titre :

- si les EMF qui réalisent les opérations de fusion ou de scission sont de la deuxième catégorie (SA), les apports à titre onéreux issus de l'opération de fusion devront bénéficier du régime de faveur prévu dans les dispositions des articles 346 (2) [265]et 350 (3)[266] du CGI avec paiement d'un droit fixe[267] de 50 000 FCFA ;
- si par contre parmi les EMF qui réalisent l'opération, il existe un d'eux qui relève de la première catégorie, il pourra se poser un problème d'appréciation sur le plan fiscal de cette coopérative financière sous forme de mutuelle qui n'est ni SA, ni SARL ou société en commandite pour bénéficier de ce régime de faveur. Dans ce cas, en toute logique, c'est le régime de droit commun qui pourra s'appliquer. C'est-à-dire, imposition des éléments du passif au droit proportionnel tel que prévu dans les dispositions des articles 340 à 344 et 543 du CGI.

Les opérations de fusion et de scission des EMF entraînent la dissolution d'au moins une société appelée « EMF absorbé » avec transmission universelle du patrimoine à au moins une société nouvelle appelée « EMF absorbant » sans liquidation. Sur le plan fiscal, ses mutations génèrent chez la société absorbée, les impôts sur le revenu et dans la société absorbante, les droits d'enregistrement.

---

[264] En application des dispositions de l'article 546 (6) du CGI, depuis le 1er janvier 2010, les actes de constitution, de prorogation de société et d'augmentation du capital sont enregistrés gratis et ne donnant pas obligation de paiement des Timbres Gradués (voir Article et 585 § 2 du CGI) avec paiement exclusivement des droits de Timbre de Dimension.

[265]Article 346 (2) du CGI : « Toutefois, dans les actes de fusion et scission de sociétés anonymes, en commandite ou à responsabilité limitée, la prise en charge par la société absorbante ou par la société nouvelle de tout ou partie du passif des sociétés anciennes ne donne ouverture qu'à un droit fixe. (M. L. F. 2012) ».

[266]Article 350 (3) du CGI : « Sont soumis au droit fixe : la prise en charge par la société absorbante ou nouvelle de tout ou partie du passif des sociétés anciennes dans les actes de fusion, de scission des sociétés anonymes ou à responsabilité limitée. (M. L. F. 2012) ».

[267]Article 545 du CGI : « les actes cités à l'article 350 (3) sont enregistrés au droit fixe de 50 000 FCFA donnant ouverture au droit de timbre gradué ».

II. LES IMPLICATIONS FISCALES SUR LA LIQUIDATION ET DISSOLUTION DES EMF

À l'image des autres personnes morales, les microfinances sont susceptibles pour les raisons diverses ou spécifiques, d'être dissoutes. Toutefois, cette dissolution obéit à un cadre juridique et règlementaire aux implications qui en découlent (**A**). Cette opération doit être suivie d'une mise en liquidation aux conséquences fiscales en la matière (**B**).

A. Les conséquences fiscales de dissolution des EMF

Les textes de lois et règlements relatifs aux opérations de dissolution des EMF semblent puiser à la fois du contexte spécifique aux sociétés coopératives et des dispositions propres aux sociétés commerciales de l'Acte Uniforme OHADA. Ainsi, les conditions et les causes de dissolution sont spécifiques selon qu'il s'agit d'un EMF de première ou de deuxième catégorie. Cependant, le retrait de l'agrément par l'Autorité Monétaire constitue un point commun des causes de dissolution pour ces entités.

1. Les aspects juridiques et règlementaires de dissolution des EMF de forme coopérative

En application des dispositions nationales en l'occurrence la loi N° 92/006 du 14 août 1992 relative aux sociétés coopératives et aux groupes d'initiative commune, pour combler le vide laissé par l'acte uniforme OHADA des sociétés coopératives[268], la dissolution d'un EMF de forme coopérative peut être volontaire, prononcée par voie judiciaire ou prononcée d'office[269].

1.1. La dissolution volontaire[270]

La dissolution volontaire est décidée en assemblée statutaire convoquée exclusivement à cet effet dans l'un des cas suivants :

- expiration de la durée contractuelle de l'organisation ;
- cessation de toute activité principale régulière de l'organisation pendant la durée d'un exercice social ;
- perte des trois quarts (3/4) du capital social augmentés des réserves ;
- pour toutes autres raisons jugées utiles par l'assemblée.

---

[268] Pour ce qui est des dispositions relatives à l'acte uniforme OHADA relatif aux sociétés coopératives, lire GATSI Jean, *le droit OHADA des sociétés coopératives*, pp. 97-103.

[269] Article 66 de la loi N° 92/006 du 14 août 1992 relative aux sociétés coopératives et aux groupes d'initiative commune.

[270] Article 67 de la loi N° 92/006 du 14 août 1992 relative aux sociétés coopératives et aux groupes d'initiative commune.

1.2. La dissolution prononcée par voie judiciaire[271]

Lorsque la dissolution est judiciaire, elle est prononcée par la juridiction compétente, avec notification aux dirigeants de l'organisation et au service de registre, dans les cas suivants :

- violation des dispositions légales, règlementaires ou statutaires, sans que celles-ci aient été redressées dans un délai d'un (1) an après la constatation de ladite violation devant une assemblée générale ;
- faillite ;
- non reconstitution du capital social, au terme d'un exercice social lorsque les comptes arrêtés à la clôture de l'exercice précédent ont fait apparaître une perte supérieure aux trois quarts (3/4) du capital augmenté des réserves, il n'a pas été procédé à la dissolution volontaire de la société coopérative ;
- cessation de toute activité principale régulière pendant deux (2) exercices consécutifs.

1.3. La dissolution prononcée d'office[272]

La dissolution d'EMF de première catégorie est prononcée d'office par :

- l'Autorité Monétaire ou la COBAC dans le cadre des procédures disciplinaires d'inspection et de contrôle fixées par décret ;
- l'administration en charge du registre dans l'un des cas suivants : défaut des documents dont la publicité est obligatoire pendant deux (2) exercices consécutifs. Dans ce cas, la dissolution ne peut pas intervenir avant un délai de deux (2) mois après une mise en demeure dûment notifiée spécifiant les motifs de l'intention de dissoudre, réduction du nombre de membres en dessous du minimum prescrit par la loi pendant deux (2) exercices consécutifs.

2. Les aspects juridiques et règlementaires de dissolution des EMF de deuxième catégorie

Ce sont des sociétés commerciales par leur forme dont les règles de fonctionnement s'apparentent à celles des sociétés anonymes. En plus, la loi N° 92/006 du 14 août 1992 relative aux sociétés coopératives et aux groupes d'initiative commune ne nous semble traiter que du cas spécifique des sociétés coopératives et donc, des aspects juridiques de dissolution des EMF de première catégorie. Bien qu'il existe des aspects de dissolution propres à tous

---

[271] Article 69 de la loi N° 92/006 du 14 août 1992 relative aux sociétés coopératives et aux groupes d'initiative commune.

[272] Article 70 de la loi N° 92/006 du 14 août 1992 relative aux sociétés coopératives et aux groupes d'initiative commune.

les EMF, nous examinerons le cas spécifique des SA, compte tenu de la forme juridique de ces entités.

3. Les causes de dissolution communes à tous les EMF

Il s'agit de la dissolution prononcée par l'Autorité Monétaire ou la COBAC dans le cadre des procédures disciplinaires d'inspection et de contrôle fixées par décret. En effet, les EMF quelle que soit leur catégorie, peuvent se voir retirer leur agrément[273] pour des raisons diverses. De même, ils peuvent être sommés de fermer les portes à tout moment pour défaut d'agrément[274]. La dissolution est ainsi prononcée par l'Autorité Monétaire.

4. Les causes de dissolution propres aux sociétés anonymes

Les EMF de deuxième catégorie étant des SA, les causes relatives à leurs dissolutions peuvent être également puisées dans l'Acte Uniforme OHADA relatif au droit des sociétés commerciales. En général, l'article 200 de l'Acte Uniforme OHADA relatif au droit des sociétés commerciales et GIE prévoit les causes de dissolution des sociétés commerciales. Ainsi, la société prend fin :

- par l'expiration du temps pour lequel elle a été constituée. Toutefois, l'article 28 de l'A.U précise que toute société a une durée qui doit être mentionnée dans ses statuts. Cette durée ne peut excéder quatre-vingt-dix-neuf (99) ans ;
- par la réalisation ou l'extinction de son objet ;
- par l'annulation du contrat de société ;
- par décision des associés aux conditions prévues pour modifier les statuts ;
- par la dissolution anticipée prononcée par la juridiction compétente, à la demande d'un associé pour justes motifs, notamment en cas d'inexécution de ses obligations par un associé ou de mésentente entre associés empêchant le fonctionnement normal de la société ;
- par l'effet d'un jugement ordonnant la liquidation des biens de la société ;
- pour toute autre cause prévue par les statuts.

---

273 En juillet 2013, le Ministère des Finances (MINFI) a publié la liste des structures concernées par des décisions prises entre 2010 et 2012 portant retrait d'agrément à certains EMF. Les motifs de ces retraits d'agréments tournent principalement autour de la cessation des paiements et la cessation d'activités. Voir site : http://www.icicemac.com/actualite/34-etablissements-de-micro-finance-fermes-au-cameroun.

274 Dans un communiqué publié en février 2014, le ministre camerounais des Finances (MINFI) invite les promoteurs de 84 établissements de microfinance (EMF) non agréés « à cesser immédiatement leurs activités et à procéder sans délai à leur fermeture ». Les EMF visés par la mesure ministérielle d'interdiction, constate-t-on, sont majoritairement implantés dans la capitale politique Yaoundé, dans la métropole économique Douala ainsi que dans les régions du Nord-Ouest et du Sud-ouest.

5. Les conséquences fiscales de dissolution des EMF

En cas de dissolution, les EMF doivent, quelle que soit leur catégorie, déclarer[275] et notifier aux services des impôts de leur rattachement, la cessation de l'activité. Ils doivent à cet effet, déposer aux services des impôts, les derniers états financiers, procéder à la déclaration et au paiement de l'impôt sur les sociétés du dernier exercice. Tout compte fait, contrairement aux cas de fusion et de scission, la dissolution des EMF entraîne de plein droit, leur mise en liquidation.

B. Les implications fiscales sur la liquidation des EMF

En règle générale, tout EMF dont l'agrément est retiré entre en liquidation[276]. Ainsi, en l'absence d'une opération de fusion ou de scission, les conséquences immédiates de la dissolution d'un EMF sont le déclenchement de la procédure de liquidation.

1. Les procédures de liquidation d'un EMF

La société coopérative est en liquidation dès l'instant de sa dissolution[277]. La mise en liquidation d'un EMF obéit à une procédure bien encadrée par des dispositions en la matière à savoir : la nomination d'un liquidateur, les règles de liquidation et les travaux de liquidation,

1.1. La nomination d'un liquidateur

En référence à la loi N° 92/006 du 14 août 1992 relative aux sociétés coopératives, en cas de dissolution volontaire, l'assemblée statutaire nomme un liquidateur adhérent ou non et détermine sa rémunération[278]. En cas de dissolution judiciaire ou prononcée d'office, l'autorité qui procède à la dissolution d'une société coopérative nomme un liquidateur et fixe sa rémunération.

En l'absence des dispositions propres aux EMF de deuxième catégorie en matière de liquidation, il nous semble nécessaire de relever les conditions de nomination ainsi que les responsabilités d'un liquidateur telles que prévues en matière de sociétés commerciales par l'Acte Uniforme OHADA. En effet, en cas de dissolution d'une société anonyme, le liquidateur peut être choisi par

---

[275] GATSI Jean, op. cit, « La dissolution de la société complétive, pour quelque cause que ce soit, doit être déclarée en vue de son inscription au registre des sociétés coopératives dans lequel celle-ci est immatriculée, dans le délai d'un mois auprès de l'autorité administrative chargée de la tenue de ce registre », p. 102.

[276] Article 64 du règlement N° 01/02/CEMAC/UMAC/COBAC du 13 avril 2002 relatif aux conditions d'exercice et de contrôle de l'activité de microfinance dans la CEMAC.

[277] GATSI Jean, op. cit., « selon l'article 183 de l'Acte uniforme relatif au droit des sociétés coopératives, la société coopérative est en liquidation dès l'instant de sa dissolution pour quelque cause que ce soit », p. 103.

[278] Article 68 (1) de la loi N° 92/006 du 14 août 1992 relative aux sociétés coopératives et aux groupes d'initiative commune.

les associés ou les tiers aux conditions de quorum et de majorité prévues pour les assemblées générales extraordinaires.[279] Un ou plusieurs liquidateurs peuvent donc être nommés.[280] Cependant, si les associés n'ont pas nommé un liquidateur, celui-ci est désigné par décision de justice à la demande de tout intéressé dans les conditions prévues dans les dispositions des articles 226 et 227 de l'A.U portant D.S.C et G.I.E[281]. En cas de nomination de plusieurs liquidateurs, sauf disposition contraire de l'acte de nomination, ceux-ci peuvent exercer leur fonction séparément[282]. Le liquidateur dans le cadre de ses fonctions est civilement et pénalement responsable des fautes commises.

1.2. Les règles de liquidation

La nomination d'un liquidateur met fin aux fonctions des organes dirigeants, de surveillance et de contrôle.[283] Le liquidateur est tenu [284]:

- de faire parvenir à l'instance qui l'a nommé, un bilan d'ouverture, un bilan de clôture, un rapport trimestriel, un rapport final de ses activités ainsi qu'un avis de clôture de la liquidation ;
- de faire parvenir aux services publics chargés de la tenue du registre d'inscription de l'organisation dissoute, une ampliation des documents énumérés ci-dessus ;
- de notifier aux créanciers de l'organisation en cause, par tout moyen laissant trace écrite, la résolution ou la décision de dissolution, ainsi que le délai dont ils disposent pour faire valoir leurs droits. Ce délai ne peut être inférieur à vingt et un (21) jours.

En outre, le liquidateur[285] :

- prend possession du patrimoine mobilier et immobilier ainsi que des livres, comptes et autres documents de l'organisation ;
- vend les biens de l'organisation en liquidation ;
- instruit en cas de besoin, les affaires en cours et peut convoquer des réunions de créanciers et/ou des membres de l'organisation en liquidation, notamment du comité de vérification. Notification leur en

[279] Article 207 de l'Acte uniforme OHADA relatif au droit des sociétés commerciales et G.I.E.
[280] Article 206 de l'Acte uniforme OHADA relatif au droit des sociétés commerciales et G.I.E.
[281] Article 208 de l'Acte uniforme OHADA relatif au droit des sociétés commerciales et G.I.E.
[282] Article 209 de l'Acte uniforme OHADA relatif au droit des sociétés commerciales et G.I.E.
[283]Article 68 (2) de la loi N° 92/006 du 14 août 1992 relative aux sociétés coopératives et aux groupes d'initiative commune.
[284]Article 31 du décret N° 92/PM du 23 novembre 1992 fixant les modalités d'application de la loi N° 92/006 du 14 août 1992 relative aux sociétés coopératives et aux groupes d'initiative commune.
[285]Article 33 (1) du décret N° 92/PM du 23 novembre 1992 fixant les modalités d'application de la loi N° 92/006 du 14 août 1992 relative aux sociétés coopératives et aux groupes d'initiative commune.

étant faite par tout moyen laissant trace écrite au moins quatorze (14) jours avant chaque réunion ;

- peut intenter toutes actions ou poursuites judiciaires.

Nonobstant les dispositions ci-dessus, le liquidateur ne peut contracter un crédit dans le cadre de sa liquidation. Il doit faire une large publicité de toute vente aux enchères des biens de la société coopérative en liquidation[286].

Le liquidateur doit ouvrir un compte bancaire pour la liquidation et y déposer tous les fonds reçus ou réalisés[287].

1.3. Les travaux de liquidation[288]

Il s'agit pour le liquidateur de :

- réaliser les éléments d'actif ;
- payer le passif exigible ;
- procéder au partage entre les associés de l'actif net restant.

Pour ce qui est de la réalisation des éléments d'actif, il doit être procédé à la vente des biens meubles et immeubles, au recouvrement des créances qui représentent en grande partie les crédits accordés aux membres ou à la clientèle. Ces créances doivent intégrer les intérêts calculés sur le temps.

Le paiement des créanciers sociaux doit obéir à la protection des intérêts des créanciers. L'ordre d'extinction du passif suit les priorités suivantes[289] :

- frais de liquidation ;
- désintéressement des créanciers préalablement inscrits selon un ordre de priorité conformément aux règles en vigueur. Les créances dues aux membres sont considérées comme étant de même niveau que celles des tiers ;
- dévolution des dons, legs et autres contributions reçues.

---

[286]Article 33 (1) du décret N° 92/PM du 23 novembre 1992 fixant les modalités d'application 92/006 du 14 août 1992 relative aux sociétés coopératives et aux groupes d'initiative commune.

[287]Article 34 (1) du décret N° 92/PM du 23 novembre 1992 fixant les modalités d'application de la loi N° 92/006 du 14 août 1992 relative aux sociétés coopératives et aux groupes d'initiative commune.

[288] GATSI Jean, op. cit., « Le législateur de l'OHADA fixe un délai impératif en matière de clôture de liquidation de la société coopérative. Celle-ci doit intervenir dans un délai de trois ans à compter de sa dissolution. À défaut, le ministère public ou tout intéressé peut saisir la juridiction compétente dans le ressort de laquelle est situé le siège de la société coopérative, afin qu'il soit procédé à, la liquidation de la société ou, si celle-ci a été commencée, à son achèvement », p. 107.

[289] Article 72 de la loi N° 92/006 du 14 août 1992 relative aux sociétés coopératives et aux groupes d'initiative commune.

Le partage entre les associés de l'actif net restant se fait après paiement des dettes y compris les dettes fiscales dont le législateur semble avoir oublié, le liquidateur procède :

- au remboursement des mises aux actionnaires ou aux membres des sommes qu'ils ont versées en acquis de leur souscription au capital social ou comme contribution individuelle au patrimoine de l'entreprise ;
- à la distribution des sommes restantes (boni de liquidation).

2. Les implications fiscales des opérations de liquidation

Les opérations de liquidation génèrent les impositions suivantes :

2.1. La Taxe sur la Valeur Ajoutée (TVA)

Il s'agit de la TVA :

- facturée et collectée éventuellement sur les biens immeubles ;
- collectée sur le recouvrement des créances ;
- à régulariser sur les biens immeubles[290] ;
- collectée éventuellement sur les biens meubles ;
- déductible éventuellement sur les charges liées aux opérations de liquidation.

2.2. L'impôt sur les sociétés

En cas de dissolution d'un EMF, quelle que soit sa catégorie, le résultat du dernier exercice est imposé à l'impôt sur les sociétés[291]. Par dernier exercice, il faut entendre « toute la période de liquidation. » En d'autres termes, la période sur laquelle s'étendent les opérations de liquidation de la société.

Résultat imposable = Résultat comptable du dernier exercice + ou – Résultat de la liquidation

[290]Article 145 du CGI, « Lorsqu'un bien ayant fait l'objet d'une déduction au titre des immobilisations ne fait plus partie des actifs de l'entreprise par voie de cession avant la fin de la quatrième année à compter de son acquisition, et que cette cession n'est pas soumise à la Taxe sur la Valeur Ajoutée pour une raison quelconque, l'assujetti est redevable d'une fraction de la taxe antérieurement déduite. Cette fraction est égale au montant de la déduction, diminué d'un cinquième par année ou fraction d'année depuis l'acquisition ».

[291] Article 3 (5) du CGI.

2.3. L'Impôt sur le Revenu des Capitaux Mobiliers (IRCM)

Il s'agit de l'IRCM à retenir à la source sur le boni de liquidation ainsi que les réserves mises en distribution après la clôture des opérations de liquidation.

Au demeurant, outre les mutations fondées sur la modification de la forme juridique et du capital social, les EMF peuvent être amenés à connaître des actes liés aux opérations de fusion ou de scission. La particularité de ces derniers évènements relève du fait qu'ils n'entraînent pas la mise en liquidation. Au rang de ces mutations, sont inscrits les actes de dissolution suivis de mise en liquidation aux implications fiscales spécifiques dont l'inobservation peut être la source des redressements fiscaux aux conséquences sur la performance financière de ces entités. Au regard du rapprochement de ces institutions des mutuelles et des sociétés commerciales d'une part et des établissements de crédit d'autre part, une confusion s'installe au quotidien lors des rapports entre l'administration fiscale et ces entités sur la définition de la matière imposable ainsi que les différentes sources d'imposition.

CHAPITRE 3 :

LES FORMES JURIDIQUES ET LES SOURCES D'IMPOSITION SPÉCIFIQUES DES ÉTABLISSEMENTS DE MICROFINANCE

Le secteur de la microfinance se révèle comme l'une des organisations aux formes juridiques et aux activités diversifiées et difficilement localisables sur le plan fiscal. Ainsi, de la lecture approfondie de ces entités, il se dégage une vision multiple sur le triple plan des aspects liés aux sociétés coopératives, aux sociétés commerciales et aux banques classiques. Une analyse comparée de ces différentes formes juridiques (**section 1**) mérite d'être menée aux fins d'en déterminer les sources d'imposition spécifiques qui en découlent pour une meilleure clarté fiscale (**section 2**).

SECTION 1 : L'ANALYSE COMPARÉE DES FORMES JURIDIQUES DES EMF

De par leurs formes, les EMF sont des coopératives qui s'apparentent aux associations d'une part, et aux sociétés commerciales qui exercent dans le commerce de l'argent, d'autre part. Cette double casquette interpelle une analyse comparée aux fins de déterminer les implications fiscales d'une telle situation (**I**). De par leurs activités de collecte d'épargne et de distribution de crédit, les EMF sont perçus comme des établissements de crédit aux implications fiscales qui leur sont propres (**II**).

I. LA PORTÉE FISCALE DU CARACTÈRE ASSOCIATIF ET COMMERCIAL DES EMF

Le secteur de la microfinance se distance des autres organisations par la diversité des activités qui l'incarnent. Cette démarcation est un impératif dont il convient d'intégrer de manière substantielle dans les analyses fiscales. Ainsi, par leurs aspects associatifs, les EMF s'apparentent à première vue, aux sociétés coopératives dans lesquelles, l'imposition du revenu réalisé relève des aspects fiscaux spécifiques (**A**). Par leurs formes juridiques, les EMF sont des sociétés commerciales qui interpellent l'application des dispositions du droit des sociétés commerciales OHADA propres en la matière d'une part, et la classification de ces entités telle que retenue par les dispositions fiscales, d'autre part. Ce contexte juridique mérite qu'il soit restitué pour une bonne lisibilité du régime fiscal des personnes morales imposables au Cameroun (**B**). Une telle analyse constitue un préalable à un exercice de rapprochement des EMF vus comme société de personnes ou comme sociétés anonymes aux fins d'en déduire le champ d'imposition des revenus réalisés, compte tenu du caractère évolutif du contexte fiscal des États (**C**).

A. La microfinance vue comme coopérative et son impact fiscal sur le revenu réalisé

Au sens de leurs contextes juridiques et règlementaires comme il ressort du cadre institutionnel développé dans le chapitre précédent, les EMF sont des coopératives financières qui s'apparentent aux associations. Elles présentent un visage qui, sur le plan fiscal, suscite une approche particulière.

1. La vision coopérative et mutualiste des EMF

Constitués sous la forme de la première catégorie, les EMF sont des coopératives financières régies par la loi 92/006 du 14 août 1992 au même titre que les coopératives et les groupes d'initiative commune au Cameroun. Comme telles, ces organisations ont pour principaux objectifs[292] :

- de promouvoir l'épargne entre leurs adhérents ;
- de créer une source de capital en vue de l'octroi de crédits à taux d'intérêt modéré au bénéfice de leurs membres ;
- d'offrir à leurs adhérents des services financiers complémentaires de l'épargne de crédit, dans les conditions fixées par leurs statuts s'il y a lieu.

Par cette catégorie, les EMF sont donc des coopératives pour lesquelles la création est libre et constitue un droit pour les citoyens dans les conditions prévues par la loi[293]. Comme toutes les organisations ayant la forme de mutuelle, les EMF sont constitués entre les membres encore appelés adhérents. La distance entre ces entités et les sociétés dites commerciales se confirme par leur méthode d'enregistrement dans un répertoire qui leur est propre et non au registre de commerce[294]. Ce sont donc des associations qui sont dirigées de manière démocratique et qui agissent suivant les principes suivants :

- le nombre de membres est variable ;
- il n'y a pas nécessité d'un capital social.

---

[292] Article 42 de la loi N° 92/006 du 14 août 1992 relative aux sociétés coopératives et aux groupes d'initiative commune.

[293] Article 2 de la loi N° 92/006 du 14 août 1992 relative aux sociétés coopératives et aux groupes d'initiative commune.

[294] GATSI Jean, op. cit., « L'immatriculation de la société coopérative se fait au registre des sociétés coopératives institué dans chaque État-partie », p. 30.

Au sens des dispositions règlementaires[295] qui les régissent, sont classés en première catégorie, les EMF de type associatif, coopératif ou mutualiste qui ne réalisent exclusivement des opérations qu'avec leurs membres.

2. L'incidence fiscale de la forme mutualise des EMF sur le revenu réalisé

Quelles que soient leurs catégories, les EMF relèvent des sociétés coopératives exerçant une activité financière[296]. La vision mutualiste des coopératives financières a longtemps posé le problème d'imposition du bénéfice réalisé par ceux de la première catégorie. Cependant, la loi de finances de l'exercice 2011 a tranché le débat sans qu'aucune modification ne soit apportée aux textes de base qui les régissent[297].

2.1. Les dispositions légales

Vus comme des coopératives, les EMF de première catégorie sont des mandataires de leurs membres. À ce titre, ils ne réalisent pas de profits commerciaux pour eux-mêmes. Les dispositions légales qui les régissent précisent en substance qu'ils sont exonérés de l'impôt sur les sociétés[298]. Au sens des dispositions de l'article 10 de la loi de 1992 sur les sociétés coopératives au Cameroun, les EMF de cette catégorie relèvent de la transparence fiscale en matière de l'impôt sur les sociétés. Ainsi, la part de dividende revenant à chaque membre est passible d'IRPP dans la catégorie de revenu de personne physique.

2.2. Les dispositions fiscales applicables

En application des dispositions de l'article 77 de la loi de 1992 sur les sociétés coopératives au Cameroun, jusqu'au 31 décembre 2010, les EMF de forme coopérative dont ceux de la première catégorie étaient exonérés de l'impôt sur les sociétés. Cependant, sans qu'aucune modification ne soit apportée sur le contenu des dispositions des articles 10 et 77 de la loi de 1992 sur les sociétés coopératives au Cameroun, la loi de finances de l'exercice 2011 impose désormais tous les EMF à l'impôt sur les sociétés, quelle que soit leur catégorie.

---

[295] Article 3 du Règlement COBAC EMF 2002/21 du 15 avril 2002 relatif aux formes juridiques liées à chaque catégorie d'EMF.

[296] POUGOUE Paul-Gérard, op. cit., « L'activité d'épargne et/ou de crédit est exercée sous l'esprit coopératif par les établissements de microfinance (EMF) », p. 1948.

[297] Article 77 de la loi de 1992 relatif à l'imposition des COOPEC à l'I.S.

[298] Articles 10 et 77 de la loi N° 92/006 du 14 août 1992 relative aux sociétés coopératives et aux groupes d'initiative commune.

B. La vision commerciale des EMF

Au regard de leur activité, on est en droit de s'interroger sur l'ampleur des activités commerciales[299] des EMF au détriment du volet social initial. Ainsi, en l'absence des dispositions particulières[300], le secteur de microfinance puise également ses sources d'inspiration dans les sociétés commerciales comme il est prévu dans l'acte uniforme OHADA relatif au droit des sociétés commerciales et au GIE. Pour une meilleure lisibilité d'analyse rapprochée de ces entités, il paraît nécessaire de présenter au préalable, le cadre juridique des personnes morales imposables au Cameroun. Le législateur fiscal camerounais, dans le cadre de l'application des différents impôts et taxes, distingue particulièrement :

- les personnes morales de droit public ;
- les sociétés d'économie mixte ;
- les personnes morales de droit privé.

1. Les personnes morales de droit public

Sont ainsi concernés par les dispositions fiscales[301], les établissements publics, les sociétés à capitaux publics, les sociétés d'économie mixte.

1.1. Les établissements publics[302] administratifs[303]

Ce sont des personnes morales de droit public[304] dotées de l'autonomie financière et de la personnalité juridique, mais n'ayant pas la qualité de

---

299 POUGOUE Paul-Gérard, op. cit., « Est commerçant celui qui fait de l'accomplissement des actes de commerce par nature, sa profession », p. 1.

300 POUGOUE Paul-Gérard, op. cit., « L'acte uniforme relatif au droit des sociétés coopératives n'a pas finalement retenu dans son champ d'application, la société d'épargne et de crédit, en abrégé COOPEC, pourtant, le projet d'acte uniforme relatif au droit des sociétés coopératives dans sa version du 6 octobre 2010 s'y intéressait », p. 1948.

301 Article 3 du CGI.

302 KALIEU ELONGO Yvette Rachel, *Classification des entreprises publiques et parapubliques au Cameroun*, « Ce sont des personnes morales de droit public, dotées de l'autonomie financière et de la personnalité juridique ayant reçu de l'État ou d'une collectivité territoriale décentralisée, un patrimoine d'affectation, en vue de réaliser une mission d'intérêt général ou d'assurer une obligation de service public. Le patrimoine d'affectation est l'ensemble des biens meubles ou immeubles, corporels ou incorporels ou en numéraire, mis par l'État et les collectivités territoriales décentralisées à la disposition d'un établissement public administratif », publié le 12 août 2015, http://kalieu-elongo.com.

303 Loi N° 99/016 du 22 décembre 1999 portant statut général des établissements publics, « personne morale de droit public, dotée de l'autonomie financière et de la personnalité juridique ayant reçu de l'État ou d'une collectivité territoriale décentralisée un patrimoine d'affectation, en vue de réaliser une mission d'intérêt général ou d'assurer une obligation de service public », site : *www.spm.gov.cm › Documentation › Textes & lois.*

304 VIE PUBLIQUE, « Un établissement public (EP) est une personne morale de droit public disposant d'une autonomie administrative et financière afin de remplir une mission d'intérêt général, précisément définie, sous le contrôle de la collectivité publique dont il dépend (État, région, département ou commune). Il dispose donc d'une certaine souplesse qui lui permet de

commerçant. On peut ainsi citer : le FEICOM (Fonds Spécial d'Équipement et d'Intervention Intercommunale)[305], les Hôpitaux de Douala et de Yaoundé, l'ENAM (École Nationale d'Administration et de Magistrature), les universités d'État, etc.

1.2. Les sociétés à capital public[306], dites entreprises publiques[307]

Ce sont les personnes morales de droit public dotées de l'autonomie financière et d'un capital intégralement détenu par une personne morale de droit public ou par une ou plusieurs autres sociétés à capital public. Il en est ainsi du PAD (Port Autonome de Douala), de la CAMPOST (Cameroon Postal Services)[308], de la CAMTEL (Cameroon Telecommunications), de la CRTV (Cameroon Radio and Television), de la CDE, de la SNH (Société Nationale des Hydrocarbures), de la SNI (Société Nationale d'Investissement), de la SOPECAM (Société de Presse et d'Édition du Cameroun), etc.

2. Les sociétés d'économie mixte[309] ou entreprises parapubliques[310]

Ce sont les personnes morales dotées de l'autonomie financière et d'un capital détenu partiellement d'une part, par une personne morale de droit

mieux assurer certains services publics. Il ne doit pas être confondu avec un établissement d'utilité publique qui relève du droit privé », site : http://www.vie-publique.fr/decouverte-institutions/institutions/administration.

305 Établissement Public Administratif créé par la Loi N° 74/23 du 5 décembre 1974 portant organisation communale.

306 Loi N° 99/016 du 22 décembre 1999 portant statut général des établissements publics, « personne morale de droit privé, dotée de l'autonomie financière et d'un capital-actions intégralement détenu par l'État, une ou plusieurs collectivités territoriales décentralisées ou une ou plusieurs autres sociétés à capital public, en vue de l'exécution dans l'intérêt général, d'activités présentant un caractère industriel, commercial et financier », site : *www.spm.gov.cm › Documentation › Textes & lois.*

307 KALIEU ELONGO Yvette Rachel, op. cit., « Il s'agit des personnes morales de droit privé, dotées de l'autonomie financière et d'un capital-actions intégralement détenu par l'État, une ou plusieurs collectivités territoriales décentralisées ou une ou plusieurs autres sociétés à capital public, en vue de l'exécution dans l'intérêt général, d'activités présentant un caractère industriel, commercial et financier », Publié le 12 août 2015, http://kalieu-elongo.com.

308 CAMPOST a été créée par décret présidentiel No 2004/095 du 23 avril 2004 de la fusion de la Société Nationale des Postes et de l'ex-Caisse d'Épargne postale.

309 Loi N° 99/016 du 22 décembre 1999 portant statut général des établissements publics, « personne morale de droit privé, dotée de l'autonomie financière et d'un capital-actions détenu partiellement d'une part, par l'État, les collectivités territoriales décentralisées, ou les sociétés à capital public et d'autre part, par les personnes morales ou physiques de droit privé. », site : *www.spm.gov.cm › Documentation › Textes & lois.*

310 KALIEU ELONGO Yvette Rachel, op. cit., « Ce sont des personnes morales de droit privé, dotées de l'autonomie financière et d'un capital-actions détenu partiellement d'une part, par l'État, les collectivités territoriales décentralisées, ou les sociétés à capital public et d'autre part, par les personnes morales ou physiques de droit privé. Peu importe la part du capital détenue par l'État ou ses démembrements. Par ailleurs, les personnes morales peuvent être nationales ou étrangères », Publié le 12 août 2015, http://kalieu-elongo.com.

public ou par des sociétés à capital public et, d'autre part, par les personnes morales ou physiques de droit privé. C'est le cas de la CAMAIR-CO (Cameroon Airlines Corporation), du CNI (Chantier Naval et Industriel du Cameroun), de la SCDP (Société Camerounaise des Dépôts Pétroliers)[311], de la SIC (Société Immobilière du Cameroun), de la SODECOTON (Société de Développement du Coton)[312], de la SONARA (Société Nationale de Raffinage)[313], etc.

Les sociétés d'économie mixte et les sociétés à capital public, parce qu'elles revêtent généralement la forme de sociétés commerciales, très souvent des sociétés anonymes qui exercent des activités commerciales, sont en principe soumises aux règles régissant les sociétés commerciales comme il est prévu dans le droit OHADA. Par conséquent, elles sont assujetties à l'immatriculation au registre de commerce et du crédit mobilier[314].

3. Les personnes morales de droit privé

On peut les classer en deux catégories : les sociétés civiles qui ont un objet civil et non commercial (exemple des sociétés immobilières), les sociétés commerciales[315] telles que définies par l'Acte Uniforme OHADA portant droit des sociétés commerciales et G.I.E[316]. On distingue :

3.1. Les sociétés de personnes[317]

Elles sont constituées entre les personnes qui se connaissent mutuellement, c'est-à-dire en considération de la personne. La loi n'ayant pas fixé de capital minimum, Le capital social est divisé en parts sociales de même valeur nominale. Ces parts ne peuvent être cédées qu'après le consentement unanime des associés. On distingue :

---

[311] Société anonyme à participation publique, la SCDP est créée en 1979 pour faire face aux problèmes fréquents d'approvisionnement en hydrocarbures au Cameroun. Elle a pour mission d'assurer le stockage des produits pétroliers nécessaires à la consommation nationale, la mise en place des stocks de sécurité, propriété de l'état et la couverture de tout le territoire national par son réseau de dépôts.

[312] SODECOTON est une entreprise camerounaise d'état créée en 1974 pour gérer la filière coton. Sa mission est d'organiser la production et la commercialisation du coton sur l'étendue du territoire. Elle détient plusieurs sites de production à travers le pays.

[313] La SONARA a été créée par décret présidentiel N° 73/135 du 24 mars 1973, constituée le 7 décembre 1976 et dotée par le gouvernement camerounais d'une convention d'établissement le 11 janvier 1978.

[314] KALIEU ELONGO Yvette Rachel, op. cit.

[315] L'article 6 de l'Acte Uniforme OHADA portant droit des sociétés commerciales et G.I.E précise que sont commerciales à raison de leurs formes et quel que soit leur objet, les SNC, les SCS, les SARL et les S.A.

[316] L'Acte Uniforme OHADA portant droit des sociétés commerciales et G.I.E définit la société en son article 4 comme un contrat pour le cas des sociétés ayant plusieurs associés, et en son article 5 comme un écrit pour les sociétés unipersonnelles.

[317] Articles 270 et suivant de l'acte uniforme portant droit des sociétés commerciales et GIE.

- les Sociétés en Nom Collectif (SNC)[318] dans lesquelles tous les associés sont des commerçants. Ils sont donc solidairement et indéfiniment responsables des dettes sociales. Ce sont des sociétés transparentes sur le plan fiscal[319] ;
- les Sociétés en Commandite Simple (SCS)[320] dans lesquelles coexistent deux types d'associés : les commandités qui sont des commerçants et les commanditaires encore appelés associés en commandite qui ne sont responsables des dettes sociales qu'à concurrence de leurs apports.

3.2. La Société à Responsabilité Limitée (SARL)[321]

C'est également une forme de société qui est constituée en considération de la personne. Les associés qui ne sont pas des commerçants ne sont responsables des dettes sociales qu'à concurrence de leurs apports. Le capital social doit être d'un million[322] (1 000 000) de francs CFA au moins. Il est divisé en parts sociales égales dont la valeur nominale ne peut être inférieure à cinq mille (5 000) FCA.

3.3. La Société Anonyme (S.A)[323]

Il s'agit d'une des formes les plus anciennes des sociétés de capitaux prévues par l'Acte Uniforme OHADA. Elle est constituée en considération des apports effectués par des personnes morales ou physiques appelées actionnaires. Le capital minimum est fixé à dix millions (10 000 000) de francs CFA. La valeur nominale minimale du capital social antérieurement fixé à dix mille (10 000) francs CFA, l'Acte Uniforme Révisé OHADA du droit des sociétés commerciales[324] abroge cette obligation et précise que le capital doit être désormais divisé en actions de valeur nominale exprimée en nombre entier dont le montant est librement fixé par les statuts[325].

---

[318] Articles 270 à 292 de l'Acte Uniforme OHADA portant droit des sociétés commerciales et GIE.

[319] Le Coin des Entrepreneurs, « Les **sociétés de personnes** désignent les sociétés pour lesquelles le bénéfice est imposé directement entre les mains des associés, proportionnellement aux droits possédés par ces derniers », http://www.lecoindesentrepreneurs.fr/societes-de-personnes.

[320] Articles 293 à 308 de l'Acte Uniforme OHADA portant droit des sociétés commerciales et GIE.

[321] Articles 309 à 384 de l'Acte Uniforme OHADA portant droit des sociétés commerciales et GIE.

[322] Article 311 de l'Acte Uniforme OHADA portant droit des sociétés commerciales et GIE.

[323] Articles 385 et suivant de l'Acte Uniforme OHADA portant droit des sociétés commerciales et GIE.

[324] L'Acte Uniforme OHADA sur les sociétés commerciales du 17 avril 1997 a été révisé par le Conseil des ministres OHADA, qui en a adopté la dernière « mouture » le 30 janvier 2014 à Ouagadougou et entrera en vigueur 90 jours après cette publication, soit le 5 mai 2014. Les sociétés et groupements existants auront deux ans à compter de son entrée en vigueur pour mettre leurs statuts en harmonie avec le nouvel Acte Uniforme.

[325] Article 387 de l'Acte Uniforme OHADA révisé portant droit des sociétés commerciales et GIE.

3.4. La Société par Actions Simplifiée (SAS)[326]

L'une des principales innovations de l'Acte Uniforme Révisé OHADA du droit des sociétés commerciales porte sur l'introduction de la Société par Actions Simplifiées (SAS), nouveau type de société par actions (comme la SA) mais sans capital minimum[327] et sans nécessairement de Commissaires aux Comptes en dessous de certains seuils. La SAS ne comprend pas obligatoirement de Conseil d'Administration (contrairement aux SA de plus de trois actionnaires) et laisse aux statuts le soin de définir les conditions dans lesquelles la société est dirigée par son Président (qui a tous les pouvoirs pour la représenter et l'engager vis-à-vis des tiers) et ses éventuels Directeurs généraux ou Directeurs généraux Adjoints. Les statuts peuvent néanmoins librement créer, si les associés le jugent utile, un organe collégial de direction ou de surveillance (type comité exécutif ou comité de surveillance) dont ils définissent les pouvoirs et le fonctionnement.

Les SA existantes qui le souhaitent pourront être transformées en SAS par un vote à l'unanimité des actionnaires[328].

La SAS est une société instituée par un ou plusieurs associés et dont les statuts prévoient librement l'organisation et le fonctionnement de la société sous réserve des règles impératives aux dispositions de l'article 353 de l'Acte Uniforme OHADA. Les associés des SAS ne sont responsables des dettes sociales qu'à concurrence de leurs apports.

La société est désignée par une dénomination sociale qui doit immédiatement être précédée ou suivie en caractères lisibles des mots « Société par Actions Simplifiées » ou du sigle « SAS ».

Lorsque cette société ne comporte qu'une seule personne, celle-ci est désignée « associé unique. » La société est alors désignée par une dénomination sociale qui doit immédiatement être précédée ou suivie en caractères lisibles des mots « Société par Actions Simplifiées Unipersonnelle » ou du sigle « SASU ».

Dans l'ensemble, les règles applicables aux Sociétés Anonymes intègrent également les SAS à l'exemption des dispositions particulières prévues dans les articles 387 al1[329], 414[330] à 561[331], 690[332], 751[333] à 753 de l'Acte Uniforme OHADA.

---

326 Article 853 de l'Acte Uniforme OHADA révisé portant droit des sociétés commerciales et GIE.
327 Voit article 853-5 de l'Acte Uniforme OHADA portant droit des sociétés commerciales et GIE.
328 Voit article 853-6 de l'Acte Uniforme OHADA portant droit des sociétés commerciales et GIE.
329 Qui traite du montant du capital minimal.
330 Qui traite du mode d'administration dans les SA.
331 Qui traite des décisions prises par l'administrateur unique.
332 Qui traite de la transformation des SA.
333333 Qui traitent des droits d'attribution.

C. Analyse rapprochée des EMF aux sociétés commerciales et l'incidence fiscale sur le revenu

Les EMF se rapprochent des sociétés de personnes d'une part, et des sociétés de capitaux d'autre part. Une telle situation mérite d'être décryptée sur le plan de leur encadrement juridique aux fins d'en déduire les conséquences fiscales sur le revenu réalisé.

1. La microfinance de première catégorie vue comme société de personnes

En considération de plusieurs critères, les EMF de première catégorie se rapprochent des sociétés de personnes et en particulier des SNC et des associés commandités dans les SCS. Cette similitude se traduit par une meilleure lisibilité des critères d'imposition pour une gestion rationnelle de leur rentabilité financière.

1.1. Les critères juridiques de rapprochement

Il faut les retrouver au niveau des aspects propres aux sociétés de personnes dont les plus pertinents portent sur les éléments qui fondent la particularité de cette forme de société à savoir : la qualité des associés, le montant du capital social, la nature des titres, le niveau de responsabilité des associés.

- La pluralité des associés : comme les SNC, les EMF de forme coopérative[334] sont constitués par plusieurs personnes.
- Pour ce qui est de la qualité des associés, ces EMF sont constitués en assemblée entre des personnes appelées membres fondateurs qui se connaissent au regard de leur qualité de mutualistes ou d'adhérents[335]. Cette situation se rapproche librement de la notion de l'intuitu personae dans les SNC où tous les associés sont des commerçants et se connaissent mutuellement[336].
- En matière des apports en capital, comme dans les SNC[337], il n'est pas exigé de minimum de capital social[338].
- Le capital est également divisé en parts sociales dont la valeur nominale est librement fixée par les statuts[339].

---

[334] GATSI Jean, Op. cit., « Contrairement aux sociétés commerciales qui peuvent être unipersonnelles, l'Acte uniforme relatif au droit des sociétés coopératives prévoit la pluralité de coopérateurs », p. 22.

[335] Article 9 de la loi N° 92/006 du 14 août 1992 relative aux sociétés coopératives et aux groupes d'initiative commune.

[336] Article 270 de l'AU OHADA portant D.S et G.I.E.

[337] Article 273 de l'AU OHADA portant D.S et G.I.E.

[338] Article 7 du règlement N° 01/02/CEMAC/UMAC/COBAC du 13 avril 2002 relatif aux conditions d'exercice et de contrôle de l'activité de microfinance dans la CEMAC.

[339] Article 12 de la loi N° 92/006 du 14 août 1992 relative aux sociétés coopératives et aux groupes d'initiative commune.

- Tout comme dans les SNC dans lesquelles les associés sont solidairement et indéfiniment responsables des dettes sociales, les membres des EMF sont solidairement responsables à l'égard des tiers pour les engagements contractés par l'association[340]. Cependant, dans les EMF de cette catégorie, la responsabilité d'adhérent se limite à dix (10) fois le montant des parts sociales souscrites par celui-ci.

1.2. Analyse des incidences fiscales

Du rapprochement des EMF de première catégorie des SNC se déduisent les incidences fiscales sur le bénéfice réalisé par ces entités. En référence aux textes juridiques de 1992 relatifs à ces entités, il s'ensuit que ces EMF ne sont que les mandataires de leurs membres et ne peuvent réaliser à cet effet de bénéfice pour eux-mêmes[341]. De même, des dispositions fiscales camerounaises, les SNC sont des sociétés transparentes en matière d'imposition du bénéfice réalisé. Elles ne sont assujetties à l'IS que par option[342] dans ce sens que seule la part de bénéfice revenant à chaque associé est imposée à l'IRPP en sa qualité de redevable réel.

Au regard de ce qui précède, les EMF de première catégorie s'apparentent aux SNC sur le plan des éléments qui les caractérisent. Dans cette logique, la transparence fiscale des SNC et l'opacité des EMF en matière d'imposition du revenu, semble contradictoire aux textes de loi qui régissent ces coopératives. Cette situation ne semble pas favorable à la performance financière de ces entités dans ce sens que le montant de l'impôt réduit de manière substantielle, leur capacité d'autofinancement.

2. La microfinance de deuxième catégorie vue comme société anonyme

Les EMF s'apparentent également aux sociétés de capitaux. Par application des dispositions règlementaires propres au secteur d'activité, ce sont des sociétés anonymes par leur forme.

2.1. Les critères juridiques de rapprochement

De la lecture des textes qui les régissent, quelques éléments sur lesquels se fondent les EMF de deuxième catégorie, permettent d'établir une relation juridique avec les SA à l'instar de leur forme juridique et du capital social :

---

[340]Article 40 de la loi N° 92/006 du 14 août 1992 relative aux sociétés coopératives et aux groupes d'initiative commune.
[341]Articles10 et 77 de la loi N° 92/006 du 14 août 1992 relative aux sociétés coopératives et aux groupes d'initiative commune.
[342] Article 3 Alinéa 3 du CGI.

- en ce qui concerne la forme juridique, les EMF de deuxième catégorie ne peuvent qu'adopter la forme de SA[343]. Ce sont de ce fait, des sociétés anonymes par leur forme et non par leur activité ;
- comme dans les SA, il est exigé aux EMF de cette catégorie, un minimum de capital qui certes n'est pas de 10 millions[344], mais de 50 millions[345], compte tenu de leur activité spécifique de commerce de l'argent ;
- il est également prévu dans les EMF de cette catégorie, l'obligation de constitution en cas de bénéfice, d'une réserve légale[346] conformément à la loi[347].

2.2. Les incidences fiscales de ce rapprochement sur le bénéfice réalisé

Constitués sous la forme de SA, les EMF de deuxième catégorie sont des assujettis de plein droit à l'IS[348] en leur qualité de redevable légal.

Par leurs formes, les EMF se rapprochent des organisations sous forme associative ainsi que des sociétés commerciales. Par leurs activités, il est possible qu'on puisse les localiser comme des établissements de crédit ou des établissements financiers.

Les EMF de la première catégorie sont des associations constituées entre les membres encore appelés adhérents. Régis par la loi N° 92/006 du 14 août 1992, ce sont des coopératives financières sous la forme de mutuelle qui jusqu'au 31 décembre 2010, étaient fiscalement transparente au regard de l'impôt sur les sociétés. Ce sont également des sociétés commerciales qui s'apparentent d'une part aux sociétés de personnes par application de la notion *d'intuitu personae*, et aux sociétés anonymes, d'autre part. Sur le plan fiscal, l'article 3 du Code général des Impôts soumet à l'Impôt sur les Sociétés, et conformément à la loi de finances de l'exercice 2011, tous les EMF quelle que soit leur catégorie. Pour les besoins d'une approche synthétisée, la vision mutualiste et commerciale des EMF peut être résumée dans le schéma ci-dessous.

---

343 Article 3 du Règlement COBAC/EMF/2002/21 du 15 avril 2002 relatif aux formes juridiques liées à chaque catégorie d'EMF.

344 Article 387 de l'Uniforme OHADA révisé portant droit des sociétés commerciales et GIE.

345 Article 7 règlement N° 01/02/CEMAC/UMAC/COBAC du 13 avril 2002 relatif aux conditions d'exercice et de contrôle de l'activité de microfinance dans la CEMAC

346 Article 2 du Règlement COBAC EMF 2002/06 du 15 avril 2002 relatif à la constitution des réserves

347 Article 143 de l'Uniforme OHADA révisé portant droit des sociétés commerciales et GIE.

348 Article 3 alinéa 1 du CGI.

Schéma 11 : Approche mutualiste et commerciale de la forme juridique des EMF.

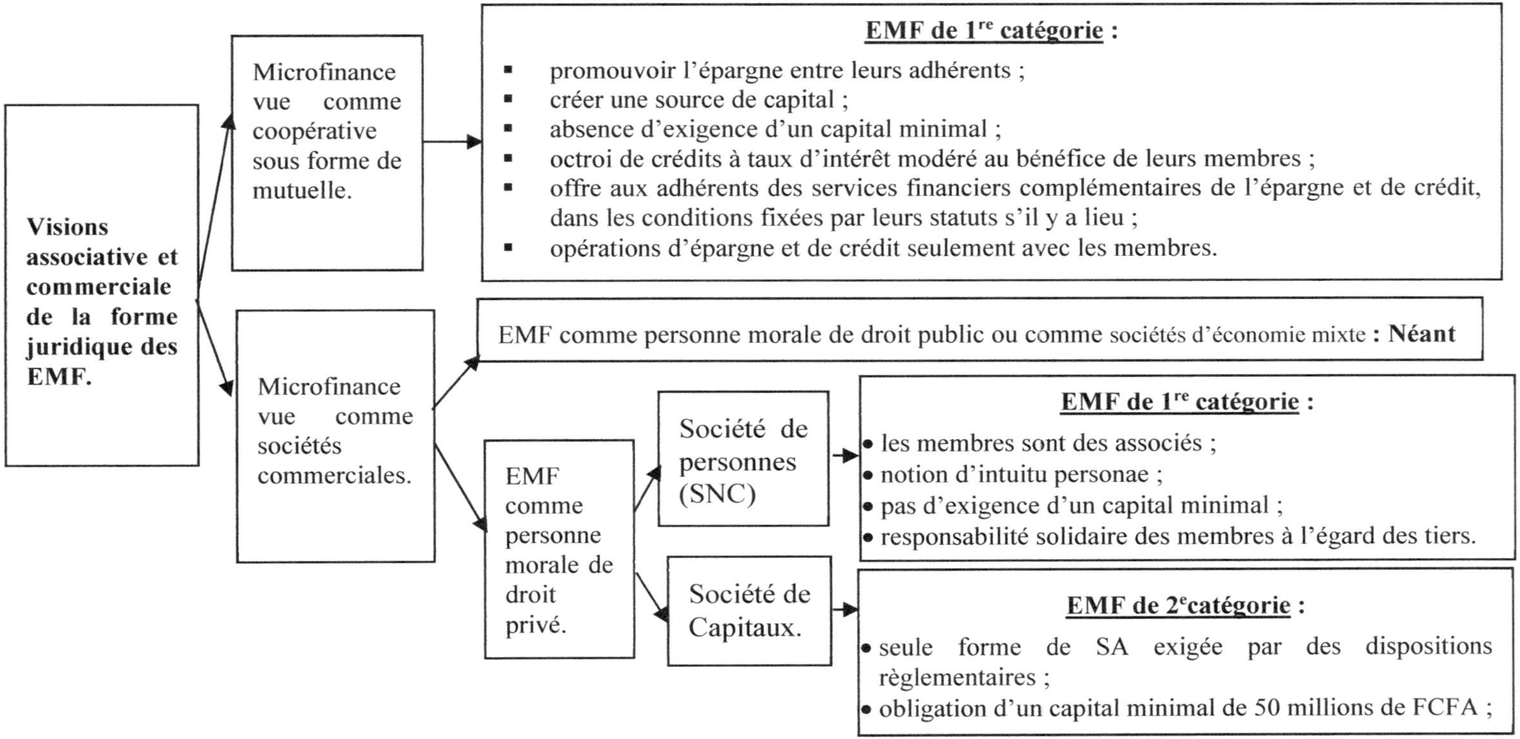

Sources : conception de l'auteur en référence aux dispositions propres au secteur de la microfinance et de l'Acte Uniforme OHADA relatif aux sociétés commerciales et G.I.E.

II. L'IMPLICATION FISCALE SUR LA VISION D'ÉTABLISSEMENT DE CRÉDIT DES EMF

Dans le cadre des relations avec l'administration fiscale, il est nécessaire d'établir au préalable les points de convergences ou de divergences qui pourraient exister entre les EMF et les autres organisations financières pour les raisons d'un souci de juste imposition. Dans cette perspective, les établissements de crédit relèvent d'un contexte spécifique qu'il convient de mettre en exergue (**A**). Par analogie avec leur activité, il est d'une importance indéniable qu'il soit souligné les points de démarcation entre ces entités aux fins de circonscrire les incidences fiscales qui en découlent (**B**).

A. Le contexte spécifique des établissements de crédit

La notion d'établissement de crédit renvoie à celle de banque et d'établissement financier. Afin de bien les cerner, il semble judicieux d'aborder la notion de banque dans un souci d'établir la démarcation qui pourrait exister entre ces entités et les autres établissements de crédit d'une part, et le secteur particulier de la microfinance d'autre part.

1. Les établissements de crédit

Les établissements de crédit sont les organismes qui effectuent à titre habituel des opérations de banque[349]. Celles-ci comprennent[350] :

- la réception de fonds du public ;
- l'octroi de crédits ;
- la délivrance de garanties en faveur d'autres établissements de crédit ;
- la mise à la disposition de la clientèle et la gestion de moyens de paiement.

Les établissements de crédit sont également autorisés à développer des opérations connexes[351] à leurs activités telles que les opérations de change, les opérations sur or, métaux précieux et pièces, etc.

Au sens des textes relatifs aux établissements de crédit au Cameroun, sont donc concernés, les banques et les établissements financiers à l'exclusion du trésor public, de la BEAC, des services financiers de la poste et des organismes d'État chargés de prises de participation à l'exemple de la Société Nationale d'Investissement (SNI).

---

[349] Article 4 de l'annexe portant convention portant harmonisation de la règlementation bancaire dans les États de l'Afrique centrale du 17 janvier 1992.

[350] Article 1 du Règlement COBAC R-2009/02/portant fixation des catégories des établissements de crédit, leur forme juridique et des activités autorisées.

[351] JDN, *l'économie de demain*, « D'autres opérations peuvent également être menées par les établissements de crédit comme les opérations de change ou le conseil dans les domaines de la gestion financière et de patrimoine, à condition qu'elles demeurent une activité annexe », *www.journaldunet.com.*

2. La notion de banque

S'intéresser à une telle notion dans le cadre d'un travail dévoué au secteur de la microfinance relève des activités communes à ces entités d'une part, et de la spécificité des opérations de banque, d'autre part. Une telle approche interpelle à la fois la définition, les caractéristiques et la classification des banques.

2.1. La définition de la banque

Les banques sont des entreprises ou établissements qui ont pour profession habituelle la réception du public des fonds sous forme de dépôts ou autrement, des fonds qu'ils emploient pour leur propre compte en opération d'escompte, en opération de crédit ou en opération financière. Ce sont des personnes morales qui effectuent à titre habituel et principal, des opérations dites de banque. Ces opérations portent sur :

- la réception des fonds du public ;
- les opérations de crédit ;
- la mise à la disposition du public, des moyens de paiement.

2.2. Les caractéristiques des opérations dites de banque

On distingue :

- **la réception des fonds du public** : Sont considérés comme fonds reçus du public, les sommes que les établissements de crédit recueillent des tiers sous forme de dépôt avec le droit d'en disposer pour leur propre compte, mais à charge de restituer sur la demande du client déposant ;
- **les opérations de crédit :** les opérations de crédit qui constituent le 2e type d'opération de banque sont définies comme celles par lesquelles une personne (la banque) agissant à titre onéreux, met ou promet de mettre des fonds à la disposition d'une autre personne (le client) ou prend dans l'intérêt de celui-ci, un engagement par signature (cautions, aval). Une opération de crédit comprend donc trois étapes : une avance ou une promesse d'avance de fonds, une rémunération (intérêt) et la restitution des fonds (remboursement) ;
- **la mise à la disposition du public, des moyens de paiement :** il s'agit de tous les instruments, quel que soit le support ou le procédé technique utilisé permettant au client de retirer ou de transporter les fonds. L'article 12 du règlement CEMAC du 04 avril 2003 relatif aux systèmes, moyens et instruments de paiement considère comme moyen de paiement : le chèque, la lettre de change, le billet à ordre, le virement, le prélèvement, la carte de crédit et la monnaie électronique.

2.3. Classification des banques

Les banques sont obligatoirement constituées sous forme de personne morale à l'exception des succursales d'établissements ayant leur siège à l'étranger[352]. Elles sont agréées en qualité[353] de :

- banques universelles ;
- banques spécialisées.

Les banques universelles[354] sont des établissements bancaires. Elles sont habilitées d'une façon générale, à recevoir des fonds du public. Elles peuvent effectuer toutes opérations de banque et toutes opérations connexes[355].

Les banques spécialisées sont des établissements bancaires. Elles sont habilitées d'une façon générale à recevoir les fonds du public. Les banques spécialisées se distinguent par le caractère spécifique ou restrictif de leur champ d'activité. Elles réalisent les opérations de banque dans la limite de la décision d'agrément qui les concerne ou des dispositions statutaires, législatives et réglementaires qui leur sont propres dans le respect toutefois des prescriptions communes de la règlementation bancaire[356].

Viennent s'ajouter à ces deux catégories, les intermédiaires en opération de banque qui regroupent des personnes qui, à titre de profession habituelle, mettent en rapport des parties intéressées par les opérations de banque sans toutefois garantir l'une des parties contre l'insolvabilité de l'autre.

---

[352] Article 16 de la convention portant harmonisation de la règlementation bancaire dans les États de l'Afrique centrale du 17 janvier 1992.

[353] Article 8 du Règlement COBAC R-2009/02/portant fixation des catégories des établissements de crédit, leur forme juridique et des activités autorisées.

[354] Finance de Marché, « **Une** banque universelle est un établissement financier généraliste, opérant à la fois dans le domaine de la banque commerciale (dépôts, épargne, placements, crédit), de la gestion d'actifs, dans les opérations de marché ou le conseil. On distingue généralement les banques commerciales des banques d'affaires (majoritairement tournées vers les activités de marché ou vers le conseil), ou des banques privées (majoritairement tournées vers les clients fortunés). Dans la pratique, la frontière entre ces divers types d'établissements est relativement ténue, comme la prouve l'émergence des banques universelles. À l'instar de BNP Paribas ou Société Générale, il n'est en effet pas rare de voir une banque proposer ses services dans les diverses lignes de métiers », *financedemarche.fr/definition/banque-universelle.*

[355] Article 9 du Règlement COBAC R-2009/02/portant fixation des catégories des établissements de crédit, leur forme juridique et des activités autorisées.

[356] Article 10 du règlement COBAC R-2009/02/portant fixation des catégories des établissements de crédit, leur forme juridique et des activités autorisées.

3. Les autres établissements de crédit

Entrent dans cette catégorie, les établissements financiers[357] ou les sociétés financières[358]. Elles ne peuvent recevoir des fonds du public à vue et à moins de deux ans de terme. Elles assurent le financement de leur activité par leurs capitaux propres, des emprunts auprès des autres établissements de crédit, sur les marchés de capitaux ou toute autre voie non contraire à la loi. Ces entités sont classées en plusieurs catégories parmi lesquelles :

- les établissements de promotion et de la consommation qui accordent des crédits aux ménages pour l'acquisition des biens d'équipement (cas de la société d'équipement) ;
- les établissements de promotion des investissements qui financent les immobilisations des entreprises ;
- les établissements de crédit-bail qui effectuent les locations des biens d'investissement ou d'outillage avec une option d'achat offerte à l'entreprise locataire.

B. Les incidences fiscales sur l'analyse rapprochée des EMF aux établissements de crédit

Cette analyse consiste à rechercher le lien qui pourrait exister entre les EMF et les établissements de crédit à l'instar des banques et des établissements financiers pour une bonne lisibilité fiscale. Par leurs activités de collecte de l'épargne, de distribution de crédit et des opérations accessoires, les EMF sont perçus comme des établissements de crédit. En plus, sont également considérées comme établissements de crédit, les banques mutualistes ou coopératives en d'autres termes, les EMF[359].

1. Les EMF vus comme banques classiques et lisibilité fiscale

Bien que les conditions d'accès à la profession dans ces deux entités soient communes, à savoir l'obligation d'obtention de l'agrément, les EMF sont regardés comme « banques des pauvres. » Toutefois, l'exercice de l'activité bancaire est réservé exclusivement aux banques[360]. Cependant, en référence aux éléments caractéristiques des opérations de banque, il est tout de même possible de mener les analyses suivantes :

---

[357] Article 11 du règlement COBAC R-2009/02/portant fixation des catégories des établissements de crédit, leur forme juridique et des activités autorisées.

[358] Lexique bancaire et économique, « établissement de crédit ne pouvant pas, sauf exception, recevoir du public des fonds à moins de deux ans de terme. L'activité de ce type d'établissement consiste à distribuer crédits et services financiers », *www.banque-info.com › lexique bancaire et économique.*

[359] Voir site : **http://www.actufinance.fr**, *La typologie des établissements de crédit.*

[360] L'article 1er (2) de l'ordonnance du 31/08/1985.

- au niveau de la réception des fonds du public, tout comme les banques classiques, les EMF de première catégorie peuvent recevoir et rémunérer les dépôts d'épargne provenant d'usagers non adhérents[361]. En plus, ceux de la deuxième catégorie sont autorisés à recevoir les fonds du public sous forme de dépôts, avec le droit d'en disposer dans le cadre de leurs activités, à charge de les restituer à la demande des déposants[362]. Ce critère de collecte de l'épargne du public rapproche bien les EMF des banques classiques ;
- pour ce qui est des opérations de crédit, elles représentent la principale activité autorisée des EMF, quelle que soit leur catégorie. Critère qui peut prêter à confusion en assimilant les EMF au statut de banque ;
- la mise à la disposition du public des moyens de paiement semble relever de la seule compétence des banques. Cependant, les EMF peuvent émettre des moyens de paiement. Toutefois, ces moyens ne peuvent être utilisés que pour le transfert des fonds réalisés à l'intérieur de l'État d'implantation. En plus, les EMF ne peuvent délivrer de formulaires de chèque que pour un tirage sur une même place ou au sein d'un même réseau. Il s'ensuit donc que les EMF ne peuvent pas émettre des moyens de paiement accessibles au public. Ce critère distance à suffisance les EMF des banques classiques.

Au sens strict du terme, les EMF ne sont pas des banques classiques en ce sens qu'ils n'effectuent pas des opérations de banque[363]. En effet, l'article 4 de la convention portant harmonisation de la règlementation bancaire dans les États de l'Afrique Centrale du 17 janvier 1992 précise que dans la catégorie des « établissements de crédit », les banques sont seules à pouvoir effectuer les opérations dites de banque.[364]

En plus, au regard de leur origine même, les EMF sont des coopératives dont l'activité s'articule autour des opérations d'épargne et de crédit. Bien plus, cette différence est consacrée par l'article I du Règlement N° 01/02 CEMAC/UMAC/COBAC, relatif aux conditions d'exercice et de contrôle de l'activité de microfinance de la Communauté Economique et Monétaire de l'Afrique Centrale. Cet article dispose que la microfinance est une activité exercée par des entités agréées n'ayant pas le statut de banque ou d'établissement financier qui pratiquent, à titre habituel, des opérations de

---

[361]Article 43 de la loi N° 92/006 du 14 août 1992 relative aux sociétés coopératives et aux groupes d'initiative commune.

[362] Article 7 du règlement N° 01/02/CEMAC/UMAC/COBAC du 13 avril 2002 relatif aux conditions d'exercice et de contrôle de l'activité de microfinance dans la CEMAC.

[363] Article 48 de la loi N° 92/006 du 14 août 1992 relative aux sociétés coopératives et aux groupes d'initiative commune.

[364] Celles-ci comprennent la réception de fonds du public, l'octroi de crédits, la délivrance de garanties en faveur d'autres établissements de crédit, la mise à la disposition de la clientèle et la gestion de moyens de paiement.

crédit et/ou celles de l'épargne et offrent des services financiers spécifiques au profit des populations évoluant pour l'essentiel en marge du circuit bancaire traditionnel. La clientèle de la Microfinance est présumée être exclue du marché bancaire traditionnel. Ce qui constitue la différence fondamentale entre une banque et un EMF.

Sur le plan fiscal, en l'absence de tout régime de faveur, les EMF sont imposés au même titre que les banques classiques. Cette situation ne semble pas intégrer la démarcation qui existe entre les deux secteurs d'activité. Ainsi, sur le fondement de leur volet social, la législation fiscale devrait réserver au secteur de la microfinance, un cadre fiscal plus favorable à la rude concurrence du secteur financier[365].

2. Les EMF et établissements financiers

En référence à leur spécificité, les établissements financiers ne sont pas autorisés à recevoir les fonds du public. Ils ne peuvent donc utiliser que leurs capitaux propres. La loi interdit également aux établissements financiers de mettre les moyens de paiement à la disposition de leur clientèle. Ces établissements ne peuvent effectuer que des opérations de crédit. Au regard de ce qui précède, les EMF de première et de deuxième catégorie se distancent des établissements financiers et ne peuvent être imposés comme tels.

Une telle analyse qui consiste à rapprocher les EMF du secteur financier débouche sur le fait que ces entités sont des établissements de crédit par leurs activités de collecte de l'épargne et de distribution de crédit. Cependant, elles ne sauraient être assimilées ni aux banques classiques ni aux établissements financiers pour ce qui est des EMF de première et de deuxième catégorie. Pour les besoins d'une lisibilité regroupée, le schéma peut être résumé ainsi qu'il suit :

---

365 La DGTCFM, Banques et établissements de microfinance (EMF) : Quelle différence ?, *www.dgtcfm.cm/.../531-banques-et-etablissements-de-microfinanceemf-.*

Schéma 12 : Vision d'établissement de crédit des EMF.

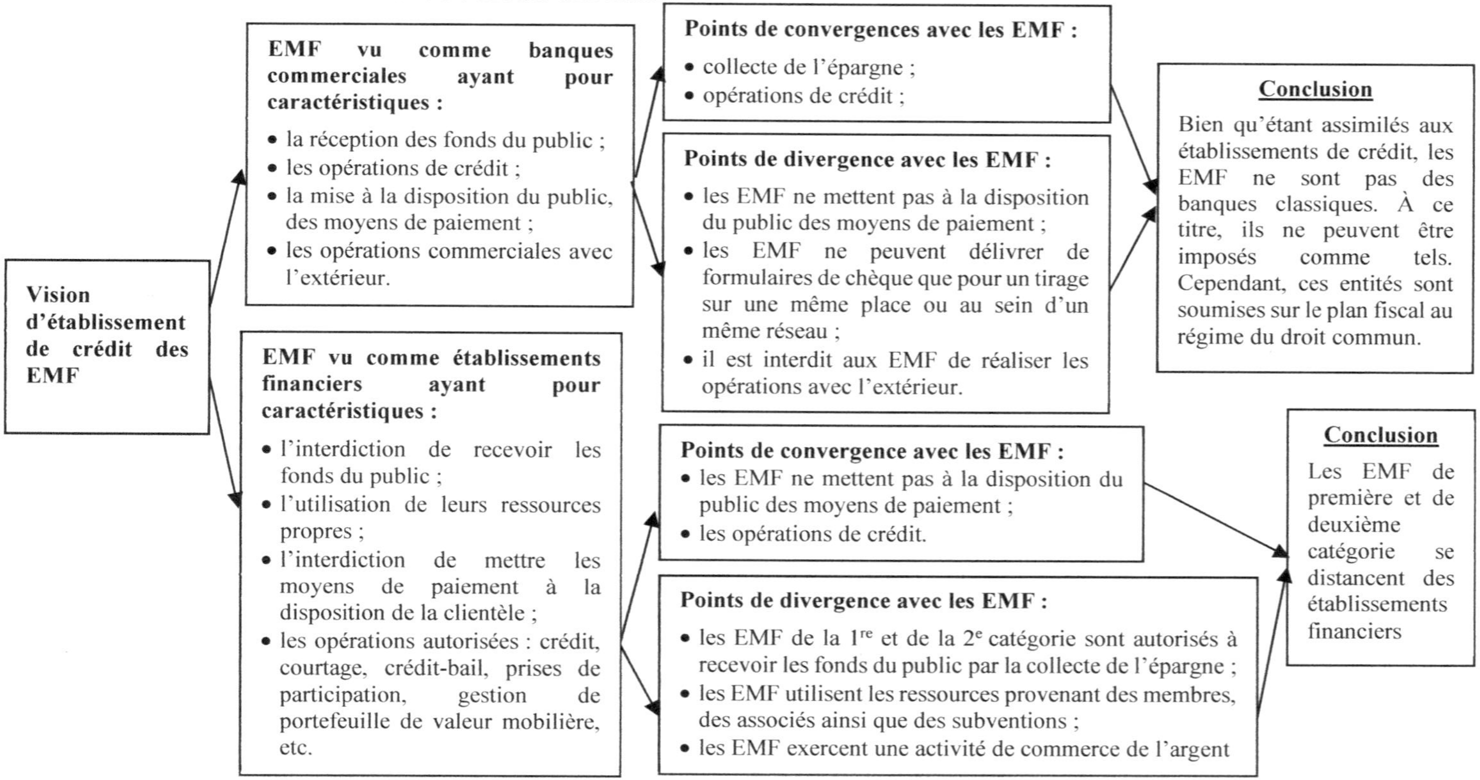

Sources : construction de l'auteur à partir de la littérature relative aux textes applicables aux établissements de crédit.

Au terme de cette section réservée à l'analyse rapprochée des EMF aux autres secteurs de l'économie pour une bonne lisibilité des sources d'imposition, il s'ensuit que ces entités s'apparentent aux organisations de forme associative ou de mutuelle par leur catégorie de coopérative financière et des textes qui les régissent. Également, ce sont des sociétés commerciales. En effet, les EMF de deuxième catégorie ne peuvent adopter que la forme de société anonyme. Par leurs activités, les microfinances sont perçues comme « banques des pauvres », ce sont donc les établissements de crédit sans toutefois exercer les opérations dites de banque. De ces différents rapprochements, les EMF, en l'absence des textes spécifiques propres à leur secteur d'activité, sont sujets à plusieurs interprétations fiscales sur le double plan de leurs sources d'imposition ainsi que des produits imposables. Situation dont il convient de procéder à une clarification.

SECTION 2 : LES SOURCES D'IMPOSITION SPÉCIFIQUES DES EMF

Le secteur de la microfinance se distance des sociétés commerciales dans lesquelles les activités sont axées autour des opérations d'achat, de production et de vente. Une telle démarcation dont il convient d'illustrer, pose sur le plan fiscal, le problème de localisation des sources d'imposition du fait de la spécificité des moyens de collecte des informations et des supports juridiques pouvant justifier à tout moment du caractère probant des données comptables (**I**). Par analogie avec les autres secteurs d'activité, les problèmes fiscaux pouvant impacter leur performance financière naissent de la spécificité de leur organisation. À cet effet, il n'est pas toujours assez aisé de reconstituer dans un EMF le montant du chiffre d'affaires ainsi que les autres produits du compte d'exploitation. D'où, la nécessité de restituer la structure organisationnelle des produits imposables (**II**) qui sont, pour certains, distraits de la base d'imposition.

I. LES SOURCES D'IMPOSITION ET MOYENS DE COLLECTE DES INFORMATIONS

Les sources d'imposition des EMF découlent des différentes opérations qu'ils réalisent. Dans cette logique, les dispositions qui régissent le secteur d'activité ont prévu les activités spécifiques (A), les activités accessoires (B) et les activités interdites (C).

A. Les opérations spécifiques des EMF et leurs forces probantes

Ce sont des opérations principales qui leur sont reconnues par les dispositions règlementaires en la matière[366]. Sont ainsi visées les opérations de :

---

[366] Article 9 du règlement N° 01/02/CEMAC/UMAC/COBAC du 13 avril 2002 relatif aux conditions d'exercice et de contrôle de l'activité de microfinance dans la CEMAC.

- collecte de l'épargne ;
- crédit ;
- placements financiers.

Toutes ces opérations, pour les besoins d'une bonne lisibilité, sont organisées autour des différents services. Les moyens de collecte et de traitement comptable des informations juridiques et économiques s'éloignent de ceux utilisés par les entreprises classiques. Pendant que certaines opérations sont manuelles et nécessitent à cet effet des documents qui justifient leurs imputations, d'autres sont générées automatiquement par le logiciel sans documents supports. Cette situation pose dans les rapports fiscaux, le problème de la tenue d'une comptabilité probante obligatoire pour toutes les entreprises. Globalement, les sources d'imposition inhérentes aux opérations spécifiques des EMF puisent leurs origines dans des opérations avec :

- la clientèle ;
- les autres tiers prestataires ;
- les internes à la microfinance ;
- les banques classiques.

1. Les opérations avec la clientèle

Entrent dans cette catégorie pour les besoins d'un regroupement des sources d'imposition, les ouvertures de comptes, les opérations de caisse, de virement, de portefeuille et les opérations de crédit.

1.1. Les opérations d'ouverture de compte

Des relations entre la microfinance et la clientèle naissent des ouvertures des comptes. La banque doit donc collecter auprès de la clientèle, certaines informations qui se rapportent à son client à l'aide des documents prévus à cet effet. Sur le plan juridique, la relation entre le client et la microfinance naît à partir de la signature d'une convention d'ouverture de compte. On distingue à cet effet plusieurs types de comptes dont la spécificité fiscale de chacun d'eux s'analyse par rapport à sa capacité contributive au résultat imposable. Sur le plan de la rentabilité financière, pendant que certains comptes génèrent pour ces entreprises des charges décaissables, d'autres s'illustrent par leur contribution à l'enrichissement de ces entités. Sont donc concernés :

- les comptes de dépôt à vue où sont rattachés les comptes d'épargne, les comptes chèques, les comptes courants ;
- les comptes de dépôt à terme ;
- les comptes d'engagement de la clientèle ;
- les comptes de provision.

1.2. Les opérations de caisse

Il s'agit des opérations de versement et de retrait effectuées par la clientèle. Ces opérations sont directement portées soit au débit du compte 37 « client » pour les retraits espèces, soit au crédit du même compte pour les versements espèces. Entrent dans cette catégorie, les opérations de collecte de l'épargne et les opérations de retrait d'espèces.

a. Les opérations de collecte de l'épargne ou de versements espèces

Elles portent sur la collecte des fonds auprès des tiers et le versement des espèces y afférentes dans les comptes concernés. Le support comptable est constitué du « **bordereau de versement** » dûment rempli et signé par la partie versante.

Document N° 1 : Bordereau de versement

Nom et adresse de la banque

BORDEREAU DE VERSEMENT ESPÈCES N°_____

Agence de ______________ Date ________________________

N° de Compte ____

Intitulé du Compte ____________________________________

Nature	Nombre	Montant
Billets		
10 000	________	______________________________
5 000	________	______________________________
2 000	________	______________________________
1 000	________	______________________________
500	________	______________________________
Pièces		
500	________	______________________________
100	________	______________________________
50	________	______________________________
25	________	______________________________
10	________	______________________________
5	________	________________
TOTAL (en FCFA)		

Somme en toutes lettres ___________________________________

____

Noms et signature de la partie versante.

Sources : les données du secteur d'activité.

b. Les opérations de retrait d'espèces :

Elles consistent pour la clientèle, à opérer les sorties d'espèces dans le compte ouvert à cet effet. Les supports comptables sont constitués : des chèques ordinaires pour les retraits dans les comptes courants et comptes chèques, des chèques de guichet pour les retraits effectués dans les comptes d'épargne, les Dispositions à Payer (D.A.P) pour les mises à disposition. Les exemplaires de ces moyens de collecte des informations se présentent ainsi qu'il suit :

Document N° 2 : Formulaire de retrait en compte d'épargne

Nom et adresse de la banque	**Nom et adresse de la banque**
F.CFA ______	F.CFA ______________
Date_________	Date____________
	Agence de : _________________________
Agence : ______________	
Noms et Prénoms : ________	Payer par le débit de mon compte sur livret ci-dessous la somme de :
N° de compte : __________	______________________________
Montant : FCFA __________	______________________________
Montant en lettre : ________	Compte N° ________________________
________________________	Noms et Prénoms (Intitulé) _____________
Signature	**Signature**
N° de série : ___________	**N° de série** : ________________

Sources : les données du secteur d'activité.

Document N° 3 : Formulaire du D.A.P (Disposition à Payer)

Nom et adresse de la banque

D.A.P

(Dispositions à Payer)

FCFA ____________________

N° de la pièce_________

38____________________

Bien vouloir créditer la caisse de ____________________________________

____

Motif du retrait espèces : ____

____

____

Date : __________________

Signature du comptable — Signatures autorisées

Sources : les données du secteur d'activité.

Sur le plan fiscal, la force probante de ces opérations est établie sur la base des bordereaux de versement, des chèques, des copies de D.A.P qui constituent les supports juridiques et comptables de chaque opération de versement ou de retrait espèces. Une copie de chaque document doit être individuellement jointe à chaque exemplaire de l'avis de l'opération produit par le système dûment signé par le caissier et le client. Ces documents doivent être consignés dans la « journée comptable » aux fins de justifier dans une relation fiscale, le caractère probant de l'imputation. Une insuffisance pourra être qualifiée par l'administration des impôts d'opération fictive.

1.3. Les opérations de virement

Ce sont des opérations qui portent sur les mouvements des comptes de la clientèle, soit dans la même agence, soit dans deux agences d'une même banque. Elles ne sont réalisables qu'au moyen de collecte des informations sur la base d'un document appelé « Ordre de Virement » dûment rempli et signé par le client donneur d'ordre dont le formulaire peut être le suivant :

Document N° 4 : Formulaire d'un ordre de virement.

NOM ET ADRESSE DE LA BANQUE

Ordre de virement N°….. | FCFA |

Par le débit de mon compte

N° …………………………………………………….

Intitulé ………………………………………………..

Veuillez virer en faveur de

(Nom du bénéficiaire)

Compte N° …………………………………………………

Banque ………………………..………………………….

La somme de

Montant en lettres …………………………………………………

Motif……………………………………………………………….

Date …………………..

Nom et signature

Sources : les données du secteur d'activité.

Il existe plusieurs types de virements. Pour les raisons de leur contribution au compte d'exploitation de l'entreprise ainsi qu'au résultat fiscal, on distingue :

- les opérations de virement sur place : le donneur d'ordre et le bénéficiaire sont domiciliés dans la même microfinance et dans la même agence. Ce type d'opération ne génère pas le plus souvent des frais ;
- les opérations de virement déplacé : le donneur d'ordre et le bénéficiaire sont domiciliés dans la même microfinance, mais dans deux agences différentes. Ce type d'opération génère des frais qui sont des produits pour l'entreprise ;
- les virements pour ouverture d'un dépôt à terme.

Sur le plan fiscal, la copie du bordereau de virement dûment signée du client doit être jointe à l'avis de l'opération produit par le système et signée par les deux parties. Les deux documents joints doivent être consignés dans la journée comptable. Ces documents qui matérialisent la force probante de ces opérations doivent obligatoirement être produits dans une relation fiscale. Une insuffisance pourra être qualifiée par l'administration des impôts, d'opération fictive.

1.4. Les opérations de portefeuille

Le service du portefeuille est un démembrement des activités de la microfinance qui traite de l'encaissement des valeurs reçues de la clientèle (chèques et effets de commerce).

Le support de collecte des informations juridiques et comptables est constitué du « bordereau de remise à l'encaissement. » Il doit être rempli par le client qui dépose les valeurs à l'encaissement et signé de celui-ci. Le formulaire est le suivant :

Document N° 5 : Formulaire d'un ordre de remise des valeurs à l'encaissement.

Nom et adresse de la banque

BORDEREAU DE REMISE A L'ENCAISSEMENT N° ....

Compte N° ....Intitulé ....

N°	Tireur	Tiré	Valeur N°	Montant
1				
2				
	TOTAL			

Date

Nom et signature

Sources : les données du secteur d'activité.

Sur le plan fiscal, c'est le seul document qui atteste de la force probante des opérations de remise des valeurs à l'encaissement. Une telle information portée dans la situation patrimoniale d'un EMF sans bordereau justificatif est susceptible d'être qualifiée de fictive aux conséquences fiscales qui en découlent.

1.5. Les opérations de crédit

Elles représentent l'une des activités principales des EMF. Ce sont les fonds remboursables que la microfinance met à la disposition de sa clientèle moyennant les intérêts. Les opérations de crédit par leurs diversités contribuent de manière substantielle au compte de résultat des EMF. Par leurs catégories, on distingue :

- les crédits à court terme qui sont de très courtes échéances. On y trouve : les escomptes des effets et chèques[367], les autres crédits à court terme dont la durée de remboursement ne dépasse pas deux ans. Entrent dans cette deuxième catégorie, les crédits de trésorerie, les crédits à l'équipement, les crédits d'accompagnement sur marchés publics, les crédits de campagne, les crédits à la consommation, etc. ;
- les crédits à moyen terme : ce sont ceux dont la durée de remboursement est supérieure à deux ans, sans excéder dix ans ;
- les crédits à long terme qui concernent les secours financiers dont la durée de remboursement est supérieure à dix ans.

La mise en place d'un crédit dans les EMF obéit à une procédure administrative interne, juridique, fiscale et comptable. Ces évènements sont des opérations automatiques qui sont générées par le système informatique sans qu'il ne soit nécessaire de produire un support comptable. Tout compte fait, pour les raisons de l'audit interne et fiscal, le dossier individuel de chaque client doit contenir :

- la demande du client dûment signée de celui-ci ;
- la convention de crédit dûment enregistrée ;
- l'exemplaire du tableau d'amortissement du crédit qui retrace les conditions d'octroi du crédit (échéances, taux d'intérêt, amortissement, intérêts, TVA et mensualités) ;
- les différentes traites représentant chacune, les différents échéanciers de remboursement et dûment signés du client.

Le remboursement des crédits est une opération commerciale pour laquelle chaque échéance génère des intérêts, la TVA selon la catégorie et le régime fiscal de la microfinance. Sur le plan de la force probante de l'opération, ce sont des événements qui sont générés automatiquement par le système sans qu'aucune pièce comptable ne soit initiée à la base. Le seul support justificatif est l'avis de l'opération produit par le système informatique. Cette situation qui a plus posé des problèmes dans le cadre des contrôles fiscaux mérite d'être soulignée.

---

[367]Le créancier qui dispose des effets de commerce en portefeuille peut les vendre auprès de son EMF. La banque escompte donc la valeur qui lui est présentée moyennant les agios (intérêts et frais). Ces escomptes sont les crédits dont l'échéance ne peut excéder trois mois.

2. Les opérations avec les autres tiers prestataires

Dans le cadre de leurs activités, les EMF entretiennent des relations d'achat des biens et services avec les autres tiers. Ce sont, pour la plupart, des charges pour lesquelles les documents juridiques sont fondés sur des factures et les contrats.

3. Les opérations internes à la microfinance

Ce sont celles qui naissent des besoins internes à la microfinance. Elles se créent et se dénouent de manière interne. Les supports comptables sont généralement adaptés à chaque entité. Entrent dans cette catégorie les opérations :

- de ravitaillement des caisses ;
- de répartition des charges ;
- d'affectation des biens meubles et immeubles par utilisateur ;
- etc.

4. Les opérations avec les banques classiques

Les EMF réalisent avec les banques classiques, les opérations de placements financiers et les opérations de préfinancement.

4.1. Les opérations de placements financiers[368]

Les EMF qui disposent d'un excédent de ressources peuvent effectuer des placements auprès des banques commerciales moyennant des intérêts. Ils peuvent également affecter ces ressources à la souscription des bons de trésor. Les supports juridiques de ces placements sont constitués de la convention entre les deux parties ainsi que des avis des opérations.

4.2. Les préfinancements

Les EMF qui éprouvent des difficultés de trésorerie peuvent également solliciter auprès des banques classiques ou entre eux, des emprunts. Ces opérations ont pour fondement juridique la demande de financement, la convention de prêt et le tableau d'amortissement du crédit.

Les opérations avec la clientèle occupent une proportion majeure dans les sources d'imposition des EMF. Ceci peut être illustré dans le schéma ci-dessous.

---

[368] Article 9 Al3 du règlement N° 01/02/CEMAC/UMAC/COBAC du 13 avril 2002 relatif aux conditions d'exercice et de contrôle de l'activité de microfinance dans la CEMAC.

Schéma 13 : Schéma des sources d'imposition issues des opérations spécifiques aux EMF.

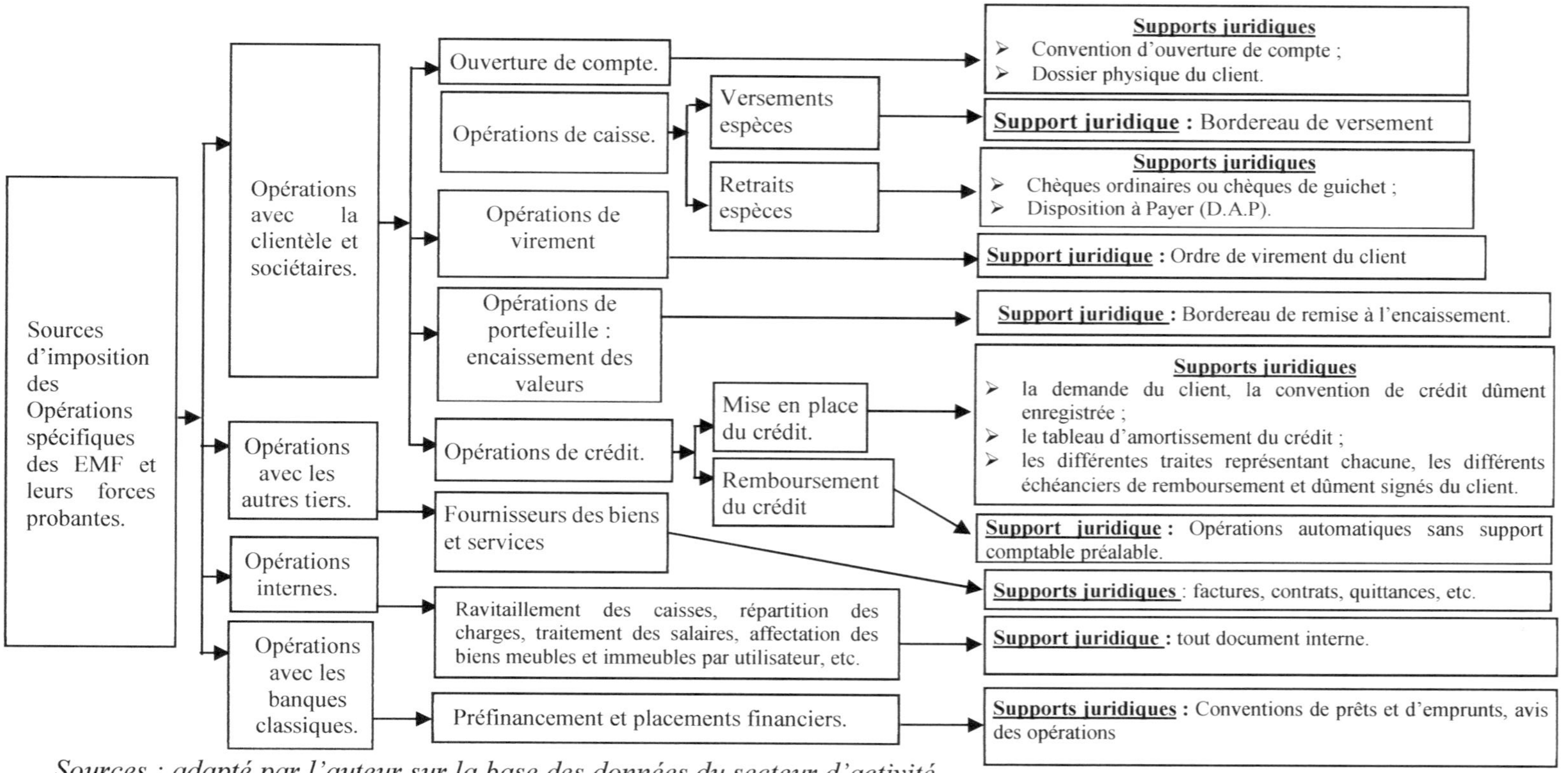

Sources : adapté par l'auteur sur la base des données du secteur d'activité.

B. Les forces probantes des opérations accessoires[369] des EMF

Outre les opérations autorisées d'office aux EMF, ces entités peuvent exercer certaines opérations dites accessoires[370]. On peut citer :

1. La vente des devises

Il s'agit de l'approvisionnement auprès des établissements bancaires en devises et chèques de voyage pour les besoins de la clientèle. Les supports d'information sont constitués des bordereaux d'approvisionnement, des conventions de partenariat et des factures des correspondants.

2. Les encaissements de valeurs via les banques commerciales

Étant donné que les EMF n'ont pas accès aux séances de compensation des valeurs à la BEAC, les chèques et effets déposés par les membres y compris les usagers sont encaissés par l'intermédiaire des banques commerciales moyennant les commissions. Les supports d'information sont constitués des bordereaux de remise à l'encaissement.

3. L'émission des moyens de paiement

L'article 11 du règlement N° 01/02/CEMAC/UMAC/COBAC prévoit l'émission des moyens de paiement par les EMF dans un certain plafond. Toutefois, ces moyens de paiement ne peuvent être utilisés que pour le transfert des fonds réalisés à l'intérieur de l'État d'implantation et entre des établissements régis par cette réglementation. Les EMF ne peuvent délivrer de formulaires de chèque que pour un tirage sur une même place ou au sein d'un même réseau[371].

---

[369]Article 2 du règlement COBAC EMF 2002/02 du 15 avril 2002 relatif à la limitation des opérations autorisées à titre accessoire, « Ces opérations ne doivent pas représenter plus de 20 % du produit d'exploitation. »

[370] Article 10 du règlement N° 01/02/CEMAC/UMAC/COBAC du 13 avril 2002 relatif aux conditions d'exercice et de contrôle de l'activité de microfinance dans la CEMAC.

[371] Un réseau est une association de plusieurs établissements de microfinance sous la direction d'un organe faîtier. Les établissements qui se mettent en réseau ont l'obligation de créer un organe faîtier. Ce dernier doit être doté d'un capital ou d'une dotation « appropriée » lui permettant d'exercer des fonctions bien précises et « obligatoires » notamment :

- définir les normes et procédures comptables ;
- mettre en place un système de contrôle interne ;
- veiller au respect des normes prudentielles ;
- exercer un pouvoir disciplinaire et de mise en application des mesures de redressement ;
- organiser la gestion des excédents de ressources de l'établissement, etc.

Cet organe faîtier devient le représentant des EMF auprès des tutelles et des organismes de contrôle.

4. Les autres opérations accessoires

Sont ainsi visées :

- certaines opérations au profit de la clientèle à l'exemple de la location de coffre-fort et l'achat des biens pour les besoins de la clientèle ;
- les opérations de crédit-bail[372].

C. Les opérations interdites

Tout comme les opérations autorisées aux EMF de plein droit ou à titre accessoire, les lois et les règlements ont prévu des interdictions. Il s'agit de l'interdiction d'effectuer :

- les opérations commerciales de banque ;
- les opérations financières avec l'extérieur.

1. L'interdiction d'effectuer les opérations commerciales de banque[373]

En effet, les établissements de microfinance n'effectuent pas d'opérations commerciales de banque, sauf si elles se conforment à la législation et à la réglementation en vigueur.

2. L'interdiction d'effectuer les opérations financières avec l'extérieur[374]

Il est interdit aux EMF d'effectuer toute opération financière avec l'extérieur en qualité d'intermédiaire. Cette activité dévouée exclusivement aux banques classiques et interdite aux EMF, démontre à suffisance, le caractère non bancaire des opérations réalisées par les microfinances.

Outre les opérations principales qui découlent des activités principales des EMF, ces entités réalisent des activités accessoires qui génèrent des sources d'imposition ainsi que des activités interdites susceptibles d'échapper à la fiscalité camerounaise. Cette situation peut être résumée dans le schéma ci-dessous.

---

[372] Voir PIN Dieudonné, PYM Bolleri, BEGNI BAGAGNA, *Recueil de textes relatifs aux établissements de crédit, EMF et jurisprudence annotée de la cour de justice communautaire de la CEMAC*, « Loi N° 2010/020 du 21 décembre 2010 portant organisation du crédit-bail au Cameroun », édition 2012, 888 pages, page 575 à 581.

[373] Article 48 de la loi du N° 92/006

[374] Article 45 du règlement N° 01/02/CEMAC/UMAC/COBAC

Schéma 14 : Schéma des sources d'imposition issues des opérations accessoires et interdites aux EMF.

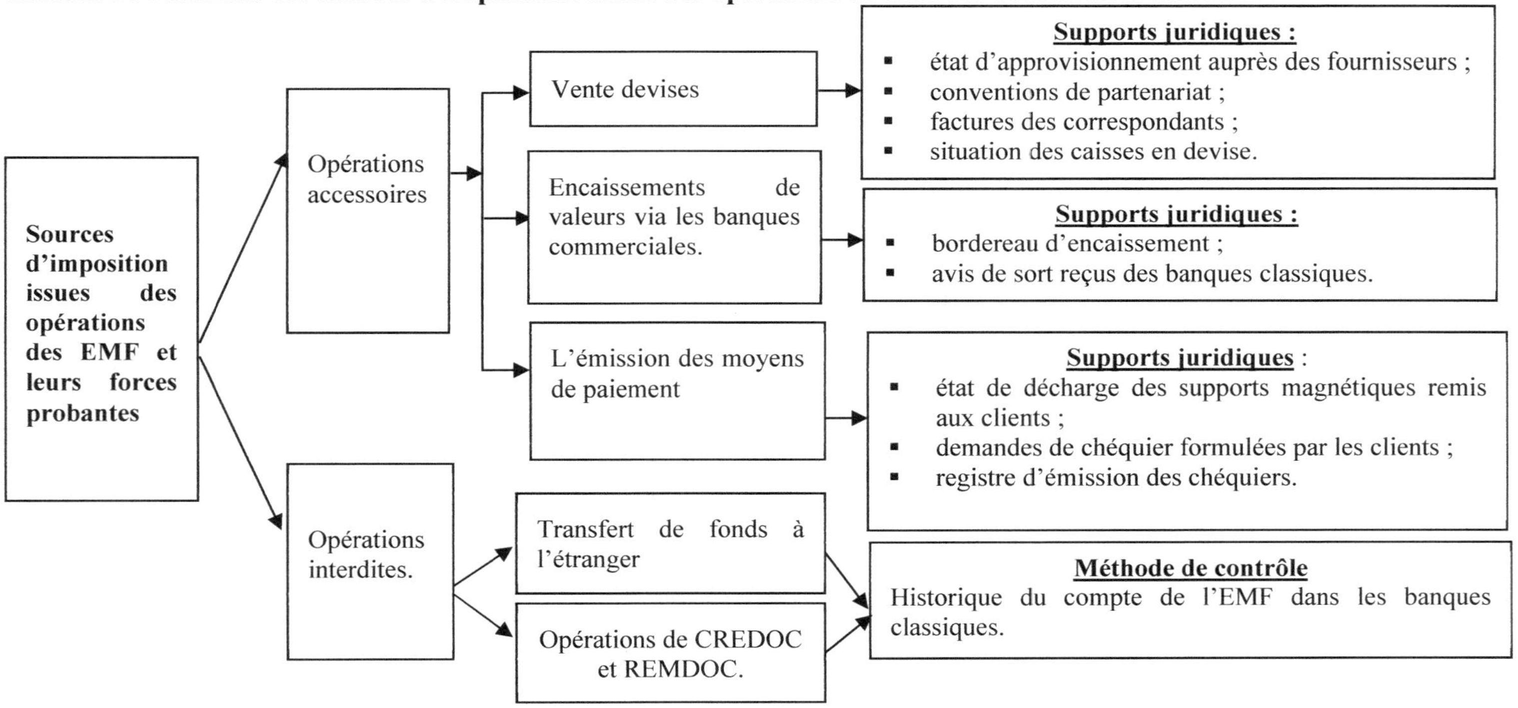

Sources : adapté par l'auteur sur la base des données du secteur d'activité.

Les sources d'imposition des EMF sont issues de trois types d'opérations. Celles-ci peuvent relever de leurs activités principales ou accessoires. Toutefois, ces institutions réalisent des opérations qui leur sont interdites en marge de toute imposition. Sur le plan purement pratique, les activités des microfinances sont organisées autour de différents services qui génèrent des produits divers, constituant ainsi, un maillon essentiel sur le double plan de leur rentabilité financière et de leur gestion fiscale.

II. LA STRUCTURE ORGANISATIONNELLE DES PRODUITS IMPOSABLES DES EMF

Comme dans toutes autres organisations, les produits sont des éléments qui concourent à l'enrichissement des entreprises. Sur le plan fiscal et de manière générale, la détermination du régime d'imposition ainsi que la matière imposable obligent qu'on penche sur l'analyse de la composition des produits en fonction des impositions qui en découlent. Pour le cas spécifique des EMF, il n'est pas assez aisé de procéder à ce regroupement sans qu'il ne soit au préalable identifié les produits par leur centre d'intérêt. Pour y arriver, la préoccupation première consiste à déterminer la structure du chiffre d'affaires (**A**) compte tenu de la complexité des sources d'imposition de ces entités. Une telle analyse relève du fait que les activités des EMF génèrent d'autres produits (**B**) qui sont encaissables pour certains et non encaissables pour d'autres.

A. La structure du chiffre d'affaires[375] des EMF

Très souvent, il ressort des notifications de redressement ou de l'avis de passage adressés aux EMF par l'administration fiscale, des réclamations qui se réfèrent aux registres de vente. Cette préoccupation semble poser le problème des éléments constitutifs du chiffre d'affaires dans ces entités qui n'ont pas pour vocation, la vente des stocks. L'intérêt d'une telle analyse consiste à élucider pour ces entités, la base des acomptes mensuels ainsi que celle de la TVA le cas échéant. Pour le cas spécifique des entreprises de microfinance, le chiffre d'affaires est constitué des produits des activités principales et accessoires.

---

[375] www.l-expert-comptable.com, « Le chiffre d'affaires correspond au total des ventes et/ou prestations effectuées par l'entreprise. Il représente le montant (hors taxes) de l'ensemble des transactions réalisées par l'entreprise avec des tiers dans le cadre de son activité normale et courante. Le chiffre d'affaires peut se calculer pour n'importe quelle période, cela dit, il est souvent calculé de façon mensuelle, trimestrielle et annuelle. Cette notion est le premier indicateur de performance des ventes d'une entreprise. Venez en apprendre davantage sur l'utilité et l'usage de cette notion ».

1. Le chiffre d'affaires[376] dérivé des activités principales

Il s'agit des produits qui s'apparentent à l'activité bancaire des EMF. En d'autres termes, ce sont des produits générés par les activités dites autorisées à titre principal. Ils sont regroupés autour de quatre grands ensembles[377]. Sont donc concernés les :

- produits sur opérations de trésorerie et interbancaire ;
- produits sur opérations avec la clientèle ou sociétaires ;
- produits sur opérations diverses ;
- produits du portefeuille titres et des prêts à souscription obligatoire.

1.1. Les produits sur opérations de trésorerie et interbancaire

Ce sont des produits issus des relations commerciales avec les banques classiques et les confrères. En effet, les EMF sont également clients des institutions bancaires où des comptes sont ouverts à cet effet. Ainsi, des placements de fonds et autres transactions commerciales naissent des produits qui sont constitués des intérêts et des commissions. On distingue :

- les intérêts sur opérations du marché monétaire ;
- les intérêts sur autres valeurs reçues en pension ;
- les intérêts sur prêts et comptes à terme ;
- les intérêts sur prêts au jour le jour ;
- les intérêts sur compte à vue ;
- les commissions sur opérations de trésorerie et interbancaires ;
- les produits sur opérations de trésorerie réseau.

1.2. Les produits sur opérations avec la clientèle ou sociétaires

La clientèle représente la raison de l'existence de la microfinance sans laquelle, l'entité est amenée à fermer les portes. Ainsi, les crédits, les découverts et avances consenties à la clientèle sont rémunérés par les intérêts et commissions. Il en est de même des produits de crédit-bail. Ces produits sont constitués des :

- intérêts sur les crédits à long terme ;
- intérêts sur les crédits à moyen terme ;
- intérêts sur les crédits à court terme ;
- intérêts sur les comptes débiteurs de la clientèle ;
- commissions sur opérations avec la clientèle.

---

[376] Institut National de la Statistique et des Études Economiques, « Le chiffre d'affaires représente le montant des affaires (hors taxes) réalisées par l'entreprise avec les tiers dans l'exercice de son activité professionnelle normale et courante. Il correspond à la somme des ventes de marchandises, de produits fabriqués, des prestations de services et des produits des activités annexes », *www.insee.fr*.

[377]Commission Bancaire de l'Afrique Centrale, du plan comptable des établissements de microfinance (PCEMF), janvier 2010.

1.3. Les produits sur opérations diverses

Ce sont des commissions fixes ou calculées au prorata qui rémunèrent les services financiers rendus à la clientèle tels que :

- les commissions de tenue de compte ;
- les commissions des instruments de paiement ;
- les commissions sur engagements par signature ;
- les commissions et profits sur opérations de change effectuées à titre principal ;
- les commissions et frais perçus sur opérations de transfert de fonds ;
- les commissions de gestion de portefeuille titres pour le compte de tiers ;
- les profits sur titres de placement et de transaction. Ce sont les plus-values constatées sur les titres de transaction au cours de leur détention ou à l'occasion de leur cession ;
- les récupérations et refacturations de charges d'exploitation bancaire ;
- les produits sur moyens de paiement.

1.4. Les produits du portefeuille titres et des prêts à souscription obligatoire

Ce sont des produits du portefeuille titres des EMF. Sont donc concernés les revenus du :

- portefeuille de placement ;
- portefeuille de transaction.

2. Le chiffre d'affaires dérivé des activités accessoires[378]

Ce sont des produits accessoires extériorisés par l'établissement de microfinance et qui ne se rapportent pas aux opérations autorisées à titre principal (épargne, crédits, placements financiers, transferts de fonds). Sur cette base, ce sont des produits :

- de ventes de devises et de chèques de voyage ;
- de ventes de marchandises ;
- les opérations de crédit-bail ;
- la location de coffres ;
- des actions de formation.

---

[378]Article 9 du règlement CEMAC n° 01/02/CEMAC/UMAC/COBAC

B. La structure des autres produits des EMF

Il s'agit des produits autres que ceux se rattachant au chiffre d'affaires. On regroupe dans cette catégorie :

- les autres produits ;
- les subventions d'exploitation et d'équilibre ;
- les profits exceptionnels et sur exercices antérieurs –prix de cession des éléments d'actif ;
- les reprises d'amortissements ;
- les reprises de provisions et récupérations sur créances irrécouvrables.

1. Les autres produits

Il s'agit des produits non bancaires résiduels, non considérés comme produits accessoires à l'instar :

- des jetons de présence[379] ;
- d'études cédées ;
- de production[380] immobilisée[381] ;
- de récupération et refacturation des charges d'exploitation non bancaires ;
- des autres produits d'opérations avec la clientèle ou sociétaires.

---

[379] Les Échos BUSINESS, *Jetons de présence : faire évoluer la législation*, « Les jetons de présence constituent aujourd'hui une partie de la rémunération accordée aux PDG, DG, administrateurs et membres de conseils des sociétés anonymes. Historiquement, ces jetons indemnisaient l'assiduité aux réunions », *business.lesechos.fr/.../0204097261616-jetons-de-presence-faire-evoluer-la-legislation.*

[380] Acte uniforme OHADA portant organisation et harmonisation des comptabilités des entreprises, « Le compte Production immobilisée enregistre les travaux effectués par l'entreprise pour elle – même au coût de production déterminé par la comptabilité analytique de gestion ou à défaut par des calculs extracomptables. Les calculs extracomptables doivent néanmoins cerner le coût de production des biens concernés en intégrant tous les intrants, notamment : le coût d'acquisition des matériaux consommés pour la production des biens ; les autres coûts engagés sous forme de charges directes de production et des charges indirectes rattachables ; les frais financiers supportés sur les emprunts exclusivement affectés au financement de la fabrication des biens concernant la période de fabrication », chapitre 2, section 7.

[381] MAZARS, *Production immobilisée,* « La production immobilisée désigne les immobilisations créées par l'entreprise elle-même traduites comptablement par la minoration de charges (salaires, achats externes...) en contrepartie de la reconnaissance d'un actif. La question de la reconnaissance et de la dépréciation des actifs issus de la production propre peut faire l'objet d'un examen particulier lors d'une diligence financière afin de s'assurer de l'absence de non-valeurs », https://www.mazars.fr.

2. Les subventions d'exploitation et d'équilibre

Ce sont des produits de subventions reçues. En effet, la subvention est une aide consistant en la remise d'espèces ou de biens à fonds perdu au profit de l'établissement de microfinance de la part des pouvoirs publics nationaux (collectivités locales, Etat, caisse de stabilisation) ou d'organismes étrangers, publics ou privés (Coopération et Assistance). La subvention d'exploitation est destinée à compenser une insuffisance de prix (taux d'intérêt et de commissions), ou des charges jugées trop lourdes (personnel expatrié, maintien d'agences non rentables). En revanche, la subvention d'équilibre vise à compenser un résultat d'exploitation déficitaire. Les deux notions se distinguant de la subvention d'investissement[382].

3. Les profits exceptionnels sur exercices antérieurs – prix de cession des éléments d'actif

Ce sont des produits à caractère exceptionnel qui se rapportent :

- aux exercices antérieurs ;
- au prix de cession des valeurs d'actif ;
- aux dons et libéralités obtenus.

4. Les reprises d'amortissements

Ces produits se rapportent aux opérations d'annulation des amortissements constatés à l'instar de la reprise d'amortissement des :

- frais et valeurs immobilisés ;
- immobilisations corporelles.

5. Les reprises de provisions et récupérations sur créances irrécouvrables

Ce sont des produits issus des opérations spécifiques aux EMF telles que :

- les reprises des provisions antérieurement constituées ;
- la récupération sur créances abandonnées[383] ;

---

[382] Une subvention d'exploitation finance le fonctionnement de l'entreprise alors qu'une subvention d'équipement sert à financer une immobilisation. Ensuite cette subvention est ramenée au résultat tous les ans au même rythme que l'amortissement de l'immobilisation. Ceci afin de ne pas fausser la lecture du compte de résultat, une subvention d'équipement étant en règle générale assez élevée. Voir site : http://www.compta-online.com.

[383] Bulletin Officiel des Finances Publiques-Impôts, « L'abandon de créance est la renonciation par une entreprise à exercer les droits que lui confère l'existence d'une créance. Pour l'étude du régime fiscal des abandons de créances. L'abandon de créance peut être considéré comme une perte, et non comme une libéralité, lorsqu'il est consenti dans l'intérêt de l'entreprise créancière et que, bien entendu, la créance figure à l'actif de cette dernière. À l'inverse, l'abandon d'une créance par un créancier de l'entreprise engendre pour celle-ci un profit égal au montant de la remise de la dette figurant au passif du bilan. La pratique des abandons de créances comporte des conséquences fiscales tant au regard de l'impôt sur les bénéfices que de la TVA », site : http://bofip.impots.gouv.fr/bofip/5795-PGP.html

- les récupérations sur créances irrécouvrables[384].

Les produits imposables des EMF puisent leurs sources dans les activités propres à ces entités. Toutefois, la particularité majeure sur le plan fiscal consiste à reconstituer le montant du chiffre d'affaires aux conséquences fiscales spécifiques. Viennent s'ajouter à cette valeur, les autres produits imposables. L'organisation des produits des EMF peut être résumée dans le schéma ci-dessous.

---

384 TRIGONE CONSEIL, L'ESPRIT-CONSEIL, *les créances douteuses ou irrécouvrables,* « La récupération de la TVA ne peut être obtenue que si le redevable est en mesure d'établir, par tous moyens de droit ou de fait, que sa créance est réellement irrécouvrable et/ou qu'il a épuisé son droit de poursuites. En pratique, une créance est considérée comme ouvrant droit à la récupération de la TVA dès lors que les poursuites intentées par un créancier contre son débiteur se soldent par un constat d'échec ou qu'une décision de justice prononce la liquidation judiciaire. La possibilité de récupérer la TVA est toutefois subordonnée à la justification auprès de l'administration de la rectification préalable de la facture initiale. L'entreprise doit ainsi adresser à son débiteur un duplicata de la facture initiale surchargée de la mention : facture demeurée impayée pour la somme de 1111.¬ (TVA correspondante), qui ne peut faire l'objet d'une déduction ». Les entreprises titulaires de plusieurs créances impayées à l'encontre d'un même débiteur, peuvent remplacer les duplicata par un état récapitulatif de ces différentes créances », Date de mise en ligne : vendredi 1er décembre 2006, http://www.trigone-conseil.fr.

Schéma N° 15 : Structure organisationnelle des produits imposables des EMF.

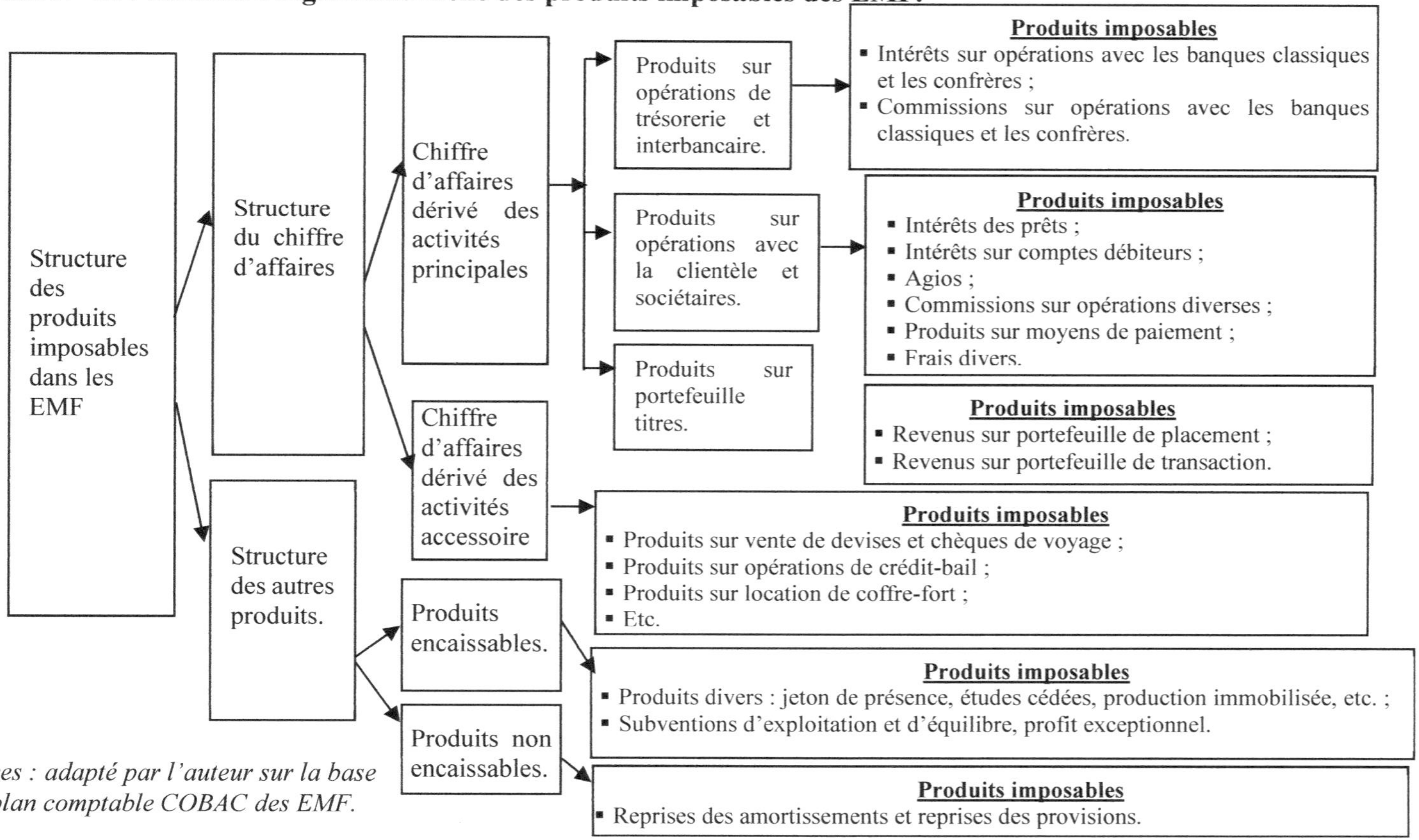

Sources : adapté par l'auteur sur la base de plan comptable COBAC des EMF.

Au terme de ce chapitre qui traite de l'analyse rapprochée des EMF par rapport aux autres organisations et de la structure des produits imposables, il s'ensuit que les EMF, par leurs formes juridiques, se rapprochent des coopératives, des associations ou des mutuelles pour ceux de la première catégorie. Ce sont également, des sociétés anonymes pour les EMF de la deuxième catégorie imposables au régime du droit commun. De par leurs caractéristiques, les EMF de la première catégorie se rapprochent également des SNC qui, fiscalement, sont des entités transparentes avec possibilité d'option en matière d'I.S. Au regard de leurs activités, les EMF sont des établissements de crédit par leurs opérations d'épargne et de crédit, sans toutefois réaliser les opérations de banque. Ces opérations génèrent donc des produits imposables qui puisent leurs sources dans l'organisation interne de ces entités. De manière générale, ces produits sont scindés en deux grandes rubriques, à savoir le chiffre d'affaires et les autres produits. Les activités qui en découlent sont structurées autour d'une organisation comptable qui, sur le plan conceptuel, relève des dispositions spécifiques à savoir, le plan comptable COBAC des EMF aux implications fiscales particulières.

CHAPITRE 4 :

LES SPÉCIFICITÉS COMPTABLES ET LES OBLIGATIONS FISCALES DES ÉTABLISSEMENTS DE MICROFINANCE

Fiscalité et comptabilité sont deux disciplines étroitement liées.[385] À ce titre, les bases d'évaluation des recettes fiscales puisent leurs sources dans les données comptables. L'exemple le plus évident porte sur le passage du résultat comptable au résultat fiscal, exercice dans lequel les principes du droit comptable et du droit fiscal sont mis en concurrence. Viennent s'ajouter à cet aspect, certains principes comptables dont leurs portées fiscales sont indéniables[386]. Entendu que les problèmes fiscaux des entreprises naissent le plus souvent des insuffisances comptables ainsi que du non-respect des règles fiscales lors du traitement des opérations comptables, une mission d'audit fiscal dans une entreprise sans une parfaite maîtrise du contexte comptable de l'activité du secteur présente de fortes chances d'échec. Dans cette logique, traiter de l'impact de la législation fiscale sur la performance financière des EMF sans mettre en relief le contexte spécifique du secteur d'activité sur le double plan de son organisation comptable et des supports juridiques de collecte des informations **(section 1)** semble insuffisant en ce sens que les particularités comptables dans ce secteur d'activité constituent un déterminant. Bien plus, le système comptable des EMF qui relève des normes COBAC[387] et se distance du droit comptable OHADA mérite d'être élucidé aux fins de lever le flanc sur les incompréhensions qui pourraient exister dans les relations fiscales de nature à impacter à suffisance sur la performance de ces entités. Pour assurer leur pérennité, les EMF doivent également se

---

[385]Voir site http://www.turess.com/fr/lexpert/4941 : « Il est bien admis qu'il existe entre la fiscalité et la comptabilité une certaine connexion. De ce fait, le résultat fiscal est déterminé à partir du résultat comptable qui est également dépendant des règles fiscales. Néanmoins, cette connexion n'est pas parfaite puisque des divergences entre ces deux disciplines existent et requièrent parfois des retraitements extracomptables.

[386] COZIAN Maurice, *Les grands principes de la fiscalité des entreprises*, quatrième édition, 1999, 512 pages, page 144.

[387] La COBAC : les États de l'Afrique Centrale, à savoir le Cameroun, le Congo, le Gabon, la Guinée Équatoriale, la République Centrafricaine et le Tchad, signent le 16 octobre 1990 la Convention portant création d'une Commission Bancaire de l'Afrique Centrale (COBAC) chargée " de veiller au respect par les établissements de crédit des dispositions législatives et réglementaires édictées par les Autorités, par la Banque Centrale ou par elle-même et qui leur sont applicables et de sanctionner les manquements constatés". Conscients que la cohérence des réglementations bancaires de leurs États conditionne le bon fonctionnement de la COBAC et la pleine réalisation des objectifs ayant commandé sa mise en place, les mêmes États signent le 17 janvier 1992 la Convention portant harmonisation de la réglementation bancaire dans les États de l'Afrique Centrale.

soumettre au respect des obligations fiscales (**section 2**) d'ordre général et spécifique sous peine de sanctions aux conséquences parfois désagréables.

SECTION 1 : LES SPÉCIFICITÉS COMPTABLES DES EMF

Comme dans toutes les organisations, la tenue d'une comptabilité relève désormais d'une obligation juridique et comptable. Dans cette logique, le législateur OHADA a prévu pour les entreprises commerciales, le Système Comptable OHADA (SYSCOHADA) qui s'impose à une certaine catégorie de contribuables à l'exclusion, entre autres des EMF. La tenue d'une comptabilité obéit, de manière générale et spécifique selon le secteur d'activité à l'instar des EMF, aux principes comptables généralement admis dont il convient de relever leurs implications fiscales (**I**). Pour répondre aux mêmes préoccupations, il existe également un plan comptable COBAC propre aux EMF pour lequel la structure et les moyens de contrôle des comptes (**II**) méritent d'être suffisamment soulignés, afin de pallier aux incompréhensions qui pourraient naître entre l'administration fiscale et les acteurs de la microfinance.

I. LES IMPLICATIONS FISCALES SUR LES PRINCIPES COMPTABLES COBAC DES EMF

Les principes comptables sont les objectifs, les hypothèses, les contraintes et règles qui gouvernent la comptabilité. Ensemble, ils forment le référentiel comptable (cadre conceptuel)[388]. Ces règles sont obligatoires parce qu'elles permettent de rendre homogène la comptabilité. C'est-à-dire que le format des bilans et des comptes annuels est normalement le même pour toutes les entreprises. S'intéresser à de telles notions consiste à regarder de près les objectifs visés par les principes comptables (**A**), en ce sens qu'ils permettent de créer un standard pour la communication financière des entreprises, et par là, l'harmonisation des informations fiscales. Une analyse des différents principes comptables des EMF (**B**) permet de constater qu'ils sont assez stables, c'est-à-dire qu'ils sont rarement modifiés. Une telle approche doit être complétée par l'étude des conventions de base (**C**) et celle des assertions sous-tendant l'établissement des comptes des EMF (D). La portée fiscale des principes comptables dans les organisations est indéniable. Dans cet ordre d'idées, COZIAN Maurice [389]apporte la précision selon laquelle « *il faut distinguer la fiscalité des ménages dans laquelle le revenu imposable est calculé à partir d'une comptabilité de caisse et la fiscalité des entreprises dans laquelle le bénéfice imposable se détermine à partir d'une comptabilité d'engagement.* » Cette distinction dans l'organisation comptable qui obéit à

[388]Le SYSCOA définit les normes comptables comme étant des données de référence résultant d'un choix collectif raisonné en vue de servir de solution à des problèmes spécifiques. Elles sont en aval des principes comptables.

[389] COZIAN Maurice, op.cit, page 148

deux principes spécifiques veut donc que certaines activités soient perçues différemment sur le plan fiscal, à l'exemple des EMF. Les principes comptables dans leur ensemble, visent donc à la bonne tenue des comptes.

A. Les objectifs visés par les principes comptables

La tenue et la présentation des comptes des établissements de microfinance agréés par les Autorités Monétaires de la CEMAC, après Avis Conforme de la COBAC, doivent respecter les principes généraux retenus par le PCEMF. L'objectif final assigné aux comptes est l'image fidèle du patrimoine, du résultat et des performances réalisés par l'entreprise. Pour ce faire, les comptes doivent présenter trois caractères essentiels :

- la régularité ;
- la sincérité ;
- la bonne information.

1. La régularité[390]

Elle s'articule autour de la conformité aux principes et règles comptables retenus ainsi qu'aux procédures en vigueur dans l'espace OHADA[391].

2. La sincérité

C'est l'application de la bonne foi des normes comptables en fonction de la connaissance que les responsables des comptes doivent raisonnablement avoir de la réalité et de l'importance des opérations, évènements et situations qui caractérisent leur entreprise[392].

3. La bonne information

Ce principe précise qu'au-delà de la conformité aux règles, il s'agit d'apporter aux utilisateurs des documents financiers, une information satisfaisante, suffisante et significative pour comprendre les comptes. À cet égard, la publication, notamment dans l'annexe, des principes et méthodes comptables utilisés par l'entreprise est un des éléments indispensables à la bonne information par les bailleurs de fonds, l'administration fiscale, etc.

---

[390] FOCUS PCG, « La régularité est définie comme la conformité aux règles et procédures en vigueur. Le rappel du principe de régularité des comptes conduit à reconnaître implicitement que le respect des prescriptions comptables conduit généralement à atteindre l'objectif d'image fidèle », http://www.focuspcg.com.

[391] Article 14 de l'Acte uniforme OHADA portant organisation et harmonisation des comptabilités des entreprises, « L 'organisation comptable mise en place dans l'entreprise doit satisfaire aux exigences de régularité et de sécurité pour assurer l'authenticité des écritures de façon à ce que la comptabilité puisse servir à la fois d'instrument de mesure des droits et obligations des partenaires de l'entreprise, d'instrument de preuve, d'information des tiers et de gestion ».

[392] Voir site : www.l-expert-comptable.com.

B. Les principes généraux du secteur de la microfinance

Ce sont les grands principes qui gouvernent la gestion comptable des EMF. Ils constituent également un préalable pour la gestion harmonisée des relations fiscales dans ce secteur d'activité.

1. Le principe de prudence[393]

C'est l'un des principes d'une importance significative en comptabilité tout comme en fiscalité. L'entreprise doit enregistrer à la clôture de l'exercice toutes les pertes probables ou certaines qui concernent l'exercice, même si elles apparaissent après la date de clôture de l'exercice[394].

Sur le plan fiscal, c'est ce principe qui gouverne la constatation et les conditions de déductibilité des provisions à la clôture de l'exercice. Pour une entreprise qui clôture ses comptes au 31 décembre N par exemple, un licenciement signé au mois de décembre avec un départ en février N+1 devra être entièrement comptabilisé dans les charges au 31 décembre N compte tenu du fait générateur de l'évènement.

2. Le principe de continuité de l'exploitation

Ce principe stipule que l'entreprise est normalement considérée comme une entité devant continuer à fonctionner dans un avenir prévisible[395]. Il est raisonnablement admis qu'elle n'a ni l'intention ni l'obligation de se mettre en liquidation ou de réduire sensiblement l'étendue de ses activités.

3. Le principe de permanence des méthodes[396]

Il vise à assurer la comparabilité notamment dans le temps de l'information comptable. Sur cette base, et pour les besoins de cohérence des informations

---

393 FXPRO, « Le principe de prudence est un principe applicable aux enregistrements comptables réalisés par une entreprise. Le principe de prudence veut qu'une entreprise impute immédiatement sur son résultat les charges dès lors que leur probabilité de réalisation est importante et, qu'inversement, elle n'enregistre ses produits que lorsqu'ils sont certains », www.mataf.net.

394 BANQUE INFI, *Lexique bancaire et économique*, « Principe comptable conduisant à une différence de traitement des pertes probables et des gains probables. Les moins-values latentes (pertes probables) sont toujours constatées sous forme de provisions alors que les plus-values latentes ne le sont jamais, http://www.banque-info.com

395 CHBANI IDRISSI Jaouad, *La normalisation comptable marocaine : Les règles comptables et le nouveau plan :* « Les valeurs figurant dans les états de synthèse d'une entreprise sont nécessairement différentes selon que celle-ci poursuit normalement ses activités ou se trouve dans les conditions d'une cessation totale ou partielle d'activité. En effet, dans le premier cas (continuité) les états de synthèse continuent d'être établis sans changement au niveau de l'évaluation des actifs et passifs. Mais dans le cas de cessation, la perspective de la continuité doit être abandonnée au profit de la situation de liquidation ou de cession. Cette situation entraîne les conséquences suivantes », *www.leconomiste.com.*

396 FXPRO : « Le principe de la permanence des méthodes est un principe comptable qui stipule que les entreprises sont tenues de respecter les mêmes procédures et les mêmes règles

comptables au cours des périodes successives, les méthodes comptables doivent être observées de façon constante. La permanence des méthodes s'étend aussi bien aux règles de tenue et de présentation des comptes qu'à celles d'évaluation des actifs, passifs et éléments hors bilan. La dérogation à ce principe n'est admise qu'en raison de changements structurels[397].

4. Le principe de spécialisation ou de l'indépendance des exercices

Ce principe implique la tenue d'une comptabilité d'engagement et le rattachement des produits et charges à l'exercice de leur naissance. Ces produits et charges sont comptabilisés au fur et à mesure qu'ils sont acquis ou engagés, à l'exception des produits dus sur les créances en souffrance dont l'enregistrement est conditionné par leur perception effective[398].

Sur le plan fiscal, ce principe veut que le résultat fiscal d'un exercice soit constitué exclusivement des charges et des produits qui se rattachent au même exercice. Cependant, par dérogation, les produits sur les créances en souffrance ne sont imposés qu'au moment de leur encaissement effectif. Ce principe se distance de celui du droit comptable OHADA.

5. Le principe du nominalisme monétaire ou du coût historique[399]

Il prescrit l'évaluation des biens au moment de leur entrée dans le bilan au coût d'acquisition, à la valeur sur le marché de biens équivalents ou au coût de production, selon qu'il s'agit de biens acquis à titre onéreux, gratuit ou des biens produits. Hormis le cas des éléments en devises qui font l'objet d'une comptabilité auxiliaire, le coût historique est exprimé en unité monétaire légale, en l'occurrence le franc CFA. La dérogation à ce principe, qui ne peut

---

comptables d'un exercice (souvent annuel) à l'autre. Le principe de la permanence des méthodes a pour objectif de rendre comparable les informations comptables communiquées par les entreprises », www.mataf.net.

[397] MEMO COMPTA : « Il est possible de déroger à ce principe dans 2 cas de figure, un changement exceptionnel dans la situation de l'entité ou pour l'utilisation d'une méthode préférentielle afin d'en tirer une meilleure information. Ces changements doivent être justifiés dans l'annexe afin d'informer les personnes utilisatrices des documents comptables », www.memocompta.fr/comptabilite/principes.

[398] MEMO COMPTA : « Cette indépendance des exercices permet de déterminer les résultats de la gestion passée et de prévoir les résultats futurs. Ce principe est donc en relation directe avec le principe de la continuité », www.memocompta.fr/comptabilite/principes.

[399] MAURICE Patrick, *Le principe comptable du coût historique,* le principe d'évaluation au coût historique tel qu'il est défini par le PCG stipule qu'à leur entrée dans le patrimoine de l'entité, « la valeur des actifs est déterminée dans les conditions suivantes : les actifs acquis à titre onéreux sont comptabilisés à leur coût d'acquisition ; les actifs produits par l'entité sont comptabilisés à leur coût de production ; les actifs acquis à titre gratuit sont comptabilisés à leur valeur vénale ; les actifs acquis par voie d'échange sont comptabilisés à la valeur vénale », article Comptable du 6 juin 2014, http://www.easycompta.eu/actualites/comptabilite-actualites/le-principe-comptable-du-cout-historique.

se réaliser que dans le cadre d'une réévaluation légale ou dans les cas prévus par le PCEMF, doit être dûment justifiée dans l'annexe.

6. Le principe de prééminence de la réalité sur l'apparence[400]

Il indique la nécessité de présenter les transactions qui ont un impact significatif sur les comptes en considérant leur réalité économique plutôt que leur seule forme juridique. Le principe de la prééminence de la réalité économique et financière sur l'apparence juridique issue des normes comptables[401] internationales (International Financial Reporting Standards : IAS/IFRS)[402], bien que n'étant pas considéré comme générique, est néanmoins à la base de la comptabilisation des opérations de crédit-bail[403].

C. Les conventions de base

Elles portent sur trois points essentiels.

1. L'intangibilité du bilan d'ouverture

Il consacre la nécessaire correspondance du bilan de clôture de l'exercice précédent avec le bilan d'ouverture de l'exercice en cours. Ce principe, sacré en fiscalité[404], s'applique également en matière de droit de reprise de

---

[400]Le principe de la prééminence de la réalité économique et financière sur l'apparence juridique, issu des normes internationales (IAS/IFRS), bien que n'étant pas considéré comme générique, est néanmoins à la base de la comptabilisation des opérations de crédit-bail.

[401]http://www.trader-finance.fr/lexique-finance. « Les normes comptables sont des règles de comptabilité qui visent à l'amélioration des méthodes de tenue comptable et à la meilleure compréhension des comptabilités et de leur contrôle. Les normes comptables comportent des principes, des règles et des méthodes intégrés dans un référentiel comptable. »

[402] International Accounting Standards – IAS pour les plus anciennes. Les normes IFRS s'appliquent à tous les États qui le souhaitent. Le principal utilisateur de ces normes demeure l'Union européenne, puisque le règlement CE 1606/2002 de l'U.E. impose à toutes les sociétés cotées publiant des comptes consolidés d'établir des états financiers dès le 1er janvier 2005 en I.A.S. / I.F.R.S. L'application du référentiel comptable devient alors obligatoire dès le 1er janvier 2005 et le 1er janvier 2007 pour les sociétés ayant seulement des titres cotés autres que des actions.

[403] www.l-expert-comptable.com : « Un actif loué en crédit-bail n'appartient pas juridiquement à l'entreprise, mais elle en a l'usage économique permanent : il est donc légitime de retraiter cette opération en comptabilisant l'actif comme s'il appartenait à l'entreprise. Ceci matérialise l'application du principe comptable de prééminence de la réalité sur l'apparence ».

[404] LEFEBVRE Francis, ***Intangibilité** du bilan : pas de "droit à l'oubli" pour les provisions injustifiées :* « L''inscription non justifiée d'une provision pendant plusieurs exercices successifs constitue la répétition d'une même erreur qui ne peut pas être corrigée dans le bilan d'ouverture du premier exercice non prescrit, alors même qu'elle a été commise pour la première fois il y a plus de sept ans. Cette solution, défavorable au contribuable, conduit à une réintégration du montant de la provision dans le résultat imposable du premier exercice non prescrit ».

l'administration fiscale dans le cadre de prescription par suite des exercices comptables[405] dans le cadre d'une correction symétrique du bilan[406].

2. L'importance significative

Ce principe se rapporte à la notion de l'importance relative[407]. Elle concerne l'information dont l'omission ou la déformation influence significativement l'opinion du lecteur des états financiers.

3. La convention de non-compensation

Cette convention se rapporte au principe de non compensation qui stipule que, pour la présentation des comptes, aucune compensation ne doit être opérée entre les comptes d'actif et de passif, pas plus qu'entre les produits et les charges[408]. Sur le plan fiscal, on ne doit pas compenser les crédits d'impôt avec les dettes fiscales pour les impôts qui ne relèvent pas de la même nature. Toutefois, échappent à ce principe les comptes de la clientèle et de correspondants, sous réserve qu'ils appartiennent au même titulaire et qu'ils aient le même terme et soient exprimés dans la même monnaie.

---

405 MICHAUD Patrick, *Pratique de la correction symétrique des bilans et de l'intangibilité du bilan d'ouverture :* « Ces principes permettent donc à l'administration et au contribuable de corriger des erreurs commises au cours de l'établissement des bilans en relevant l'actif net, ou en diminuant le passif, en alliant les principes de la correction symétrique des bilans et de la prescription », cercle des fiscalistes, *www.avocatfiscaliste-paris.fr/media/00/01/3274175816.pdf.*

406 MICHAUD Patrick, *Pratique de la correction symétrique des bilans et de l'intangibilité du bilan d'ouverture :* « Lorsque les omissions ou erreurs qui entachent les écritures comptables retracées au bilan de clôture d'un exercice ou d'une année d'imposition et entraînent une sous-estimation ou une surestimation de l'actif net de l'entreprise se retrouvent dans les écritures de bilan d'autres exercices, la correction des écritures du bilan de clôture de cet exercice ou de cette année d'imposition doit de manière symétrique être opérée dans les écritures des bilans précédents », cercle des fiscalistes, *www.avocatfiscaliste-paris.fr/media/00/01/3274175816.pdf.*

407 FXPRO : « Le principe d'importance relative est un principe comptable qui qualifie le caractère significatif des informations contenues dans les états comptables et financiers présentés par les entreprises. Le principe d'importance relative stipule donc qu'un, ou des éléments d'information, qui peuvent avoir pour conséquence d'influencer ou de modifier une décision (actionnaires, créanciers…), doivent être communiqués », ttps://www.mataf.net.

408 LEXIQUE FINANCIER, *Non compensation – principe :* « Ce principe comptable interdit la compensation de postes d'actifs et de passifs entre eux, ou de postes de charges et de produits entre eux, sauf lorsque cela est explicitement prévu. Ainsi, dans le plan comptable, les rabais, remises et ristournes obtenus viennent en diminution des achats. Mais ceci est l'exception : une créance sur un client ne peut être annulée par une dette à l'égard de ce même client, etc. L'IAS prévoit un certain nombre de cas où la compensation est possible comme la présentation d'un élément exceptionnel sous déduction de son effet fiscal et des intérêts minoritaires », *www.lesechos.fr/finance-marches/.../definition_non-compensation-principe.html.*

D. Les assertions sous-tendant l'établissement des comptes des EMF

Les assertions sous-tendant l'établissement des comptes sont un ensemble de critères retenus dans la préparation des comptes afin que ceux-ci produisent une image fidèle de l'entité. Ils peuvent être regroupés comme suit :

1. L'existence

Les actifs et passifs figurant dans les états financiers à une date donnée doivent réellement exister. Cette assertion justifie l'exigence légale qui prescrit l'inventaire des actifs et passifs du bilan au moins une fois par exercice.

2. Les droits et obligations

Tout actif ou passif se rapportant à l'entité à une date donnée doit nécessairement figurer dans les états financiers de cette entité.

3. L'exhaustivité

L'ensemble des actifs, des passifs, des opérations ou des événements enregistrés de façon complète et tous les faits importants doivent être correctement décrits dans les états financiers.

4. L'évaluation

Lors de l'arrêté des comptes, la valorisation d'un actif ou d'un passif doit être effectuée à sa valeur d'inventaire, à moins que la continuité de l'exploitation ne soit remise en cause et qu'il soit alors nécessaire de retenir comme mode de valorisation des actifs et passifs, la valeur liquidative.

5. La mesure

Lors de leur entrée dans le bilan, les opérations ou événements constatés doivent être enregistrés à leur valeur de transaction.

6. La présentation et les informations données

Les informations doivent être présentées, classées et décrites selon les modalités retenues par le droit comptable en vigueur (référentiel comptable applicable).

Les objectifs visés par les principes comptables applicables aux EMF consistent à produire une comptabilité régulière[409], probante[410] et sincère[411] de manière à garantir l'image fidèle de l'entreprise ainsi que la bonne information pour une imposition équitable. Les principes généraux qui en découlent sont

---

[409] La régularité interpelle la tenue d'une comptabilité conforme aux règles du droit comptable OHADA et aux principes généralement admis.

[410] La comptabilité probante est celle acquise sur les pièces justificatives.

[411] La sincérité signifie l'enregistrement de l'ensemble des opérations effectuées par l'entreprise.

d'une part d'ordre général en ce sens qu'ils s'appliquent à toutes les organisations, et d'autre part, spécifiques du fait de la dérogation au principe de l'indépendance des exercices comptables qui veut que les produits sur les créances en souffrance ne soient imposés qu'au moment de leur encaissement. Pris globalement, ces principes comptables gouvernent la structure comptable des EMF ainsi que les moyens de contrôle des comptes pour une comptabilité probante.

II. LA STRUCTURE DU PLAN COMPTABLE DES EMF ET MOYENS DE CONTRÔLE FISCAL DES IMPUTATIONS

Le plan comptable des établissements de microfinance (PCEMF)[412] s'inspire du Plan Comptable des Établissements de Crédit (PCEC), en raison de la ressemblance et du caractère bancaire des opérations visées par ces deux textes. Ces deux référentiels ont pour source un texte d'envergure plus large, à savoir le plan comptable de l'Organisation pour l'Harmonisation en Afrique du Droit des Affaires (OHADA) qui constitue le cadre général et commun du droit comptable de l'espace OHADA, auquel appartiennent les six Etats de la Communauté Economique et Monétaire de l'Afrique Centrale (CEMAC). Le plan comptable des établissements de microfinance[413] (PCEMF) est organisé en :

- classes de comptes (un chiffre) ;
- comptes principaux (deux chiffres) ;
- comptes divisionnaires (trois chiffres et plus).

Toutefois, les problèmes fiscaux pouvant impacter la performance financière de ces entités naissent de la spécificité liée à la structure et à la nomenclature des comptes patrimoniaux (**A**) d'une part, et de la complexité du compte d'exploitation d'autre part (**B**). L'analyse des comptes des engagements hors bilan (**C**) qui traduit une fois de plus la particularité du plan des EMF, mérite d'être restituée. Ceci s'inscrit dans une perspective de répondre aux besoins d'une lisibilité des produits dont l'imposition ne tient plus compte du principe de l'indépendance des exercices comptables aux risques de redressement éventuel par application du principe de l'autonomie du droit fiscal.

---

[412]La Commission Bancaire de l'Afrique Centrale, réunie au cours de sa session du 1er avril 2009 à Bata en Guinée Équatoriale, a adopté, par règlement COBAC EMF-2010/01 relatif au Plan Comptable des Établissements de Microfinance, le Plan Comptable des Établissements de Microfinance (PCEMF).

[413] Article 1 du Règlement COBAC EMF 2002/01 relatif au champ d'application des règlements COBAC.

A. La structure des comptes patrimoniaux des EMF[414]

La structure patrimoniale[415] des EMF est constituée des biens et des dettes. Ces opérations sont donc organisées autour des comptes de la classe 1 à 5 qui en eux-mêmes, comprennent les capitaux permanents, les immobilisations, les opérations avec la clientèle, les opérations avec les autres tiers et la trésorerie. Tous ces éléments sont regroupés en deux grandes classes :

- les comptes de l'actif (les biens) ;
- les comptes du passif (les dettes).

1. Les comptes de l'actif des EMF

Ce sont les biens que détiennent les EMF à l'instar des immobilisations (classe 2), des créances sur la clientèle (classe 3), des autres créances (classe 4) et de la trésorerie-actif (classe 5).

1.1. Les immobilisations (classe 2)

Encore appelé Actif Immobilisé, les immobilisations sont des biens affectés de manière durable dans l'entreprise. Entrent dans cette catégorie plusieurs catégories d'immobilisations.

a. Les frais immobilisés[416]

Ce sont en principe les charges initialement engagées par l'entreprise[417] dont celle-ci aurait décidé de les répartir sur plusieurs exercices par le principe des amortissements directs[418]. Sont donc concernés, les frais relatifs au pacte social, les frais d'émission des emprunts, les frais d'acquisition des immobilisations, les frais à étaler sur plusieurs exercices et les primes de remboursement des emprunts obligataires.

---

[414]Commission bancaire de l'Afrique centrale, plan comptable des établissements de microfinance (PCEMF), édition : janvier 2010.

[415]http://fr.wikipedia.org/wiki/Patrimoine_%28finance%29: « Le patrimoine ou patrimoine net d'un individu, d'une famille ou d'un organisme est le patrimoine brut (ensemble des biens qu'il possède, évalués au prix du marché), moins ses dettes et autres engagements financiers (patrimoine net) ».

[416]Voir plan comptable des établissements de microfinance (PCEMF), édition : janvier 2010, page 93.

[417] Journal officiel OHADA, *Droit comptable et Système comptable OHADA :* « Les charges immobilisées sont préalablement comptabilisées dans un compte de charge par nature. En aucun cas, elles ne peuvent être portées directement au débit du compte 20, à l'exception les primes de remboursement des emprunts obligataires », 440 pages, page 87.

[418] Journal officiel OHADA, op. cit., « Les charges immobilisées doivent être amorties le plus tôt possible : 2 à 5 ans, à l'exception des primes de remboursement des obligations qui peuvent être réparties sur la durée de l'emprunt. Aucune distribution de bénéfice ne peut intervenir avant amortissement complet des frais d'établissement », page 88.

b. Les valeurs incorporelles immobilisées

Elles sont constituées des immobilisations incorporelles des EMF, à l'exemple du fonds de commerce, du droit au bail, des Brevets, des logiciels, licences, marques, procédés, modèles et dessins, des études et recherches immobilisables.

Sur le plan fiscal, ces comptes sont contrôlés sur la base des documents juridiques qui justifient leurs forces probantes tels que les factures, la décision de gestion, les bons de souscription des obligations.

c. Les immobilisations corporelles[419]

Elles sont constituées des terrains, des immeubles bâtis, des aménagements et installations, du matériel et mobilier de bureau, des immobilisations corporelles en cours (compte 23). Sont également inscrits en immobilisations, les grosses réparations en cours (compte 23)[420], les avances et les acomptes sur immobilisations (compte 24)[421].

Toutes ces immobilisations sont inscrites au bilan à leur coût d'achat en application du principe du coût historique. Cependant, ces valeurs peuvent être modifiées par suite d'une réévaluation [422] libre ou légale.

Sur le plan fiscal, les immobilisations inscrites au bilan des entreprises en général et celui des EMF en particulier sont contrôlées sur la base des documents probants tels que les factures, les contrats d'acquisition, les titres de propriété (titres fonciers), les contrats de crédit-bail. Toutefois, l'inscription de véhicules ou autres matériels à l'actif du bilan est conditionnée par l'existence d'une carte grise (pour les véhicules) ou des factures définitives d'achat (pour les autres matériels) établies au nom de l'EMF.

d. les immobilisations financières[423]

Elles regroupent les dépôts et cautionnements non commerciaux versés (compte 25) tels que les dépôts de garanties, les cautionnements, les titres de

---

[419]Voir plan comptable des établissements de microfinance (PCEMF), édition : janvier 2010, pages 94 à 101.

[420] La notion de grosses réparations est parfois délicate à distinguer de celle d'entretien ou de réparations courantes. On retiendra que les grosses réparations prolongent la vie de l'immobilisation et augmentent sa valeur. À titre d'exemple, sont considérées comme grosses réparations : la réfection des toitures, des murs extérieurs, la consolidation des soubassements, etc., le remplacement d'un moteur pour les véhicules.

[421] L'établissement de microfinance peut, dans le cadre de l'acquisition d'une immobilisation, effectuer des versements (avances ou acomptes) au profit des fournisseurs au moment des commandes ou au cours de l'exécution des contrats.

[422] La dernière réévaluation des immobilisations en date au Cameroun est celle instituée par la loi de Finances de l'exercice 2010 en son article 5, alinéa 4 et son décret d'application N° 2011/0975/PM du 4 avril 2011.

[423]Voir plan comptable des établissements de microfinance (PCEMF), édition de janvier 2010, pages 102 à 107.

participations et autres immobilisations (compte 26), les prêts, titres publics et assimilés (compte 27).

La force probante de ces immobilisations doit être justifiée par des bons de souscription, des ordres d'achat et de vente en bourse, des contrats de prêts, des reçus des dépôts et cautions, des certificats de propriété des titres et des reconnaissances des dettes, etc.

Les valeurs nettes des immobilisations peuvent être revues à la baisse par suite des amortissements (compte 28) ou de provision (compte 29). Dans ce cas, ces dépréciations économiques ou pertes probables doivent être accompagnées d'un tableau d'amortissement et/ou d'un état de provision assis sur des éléments justificatifs.

1.2. Les créances sur la clientèle (classe 3)

Contrairement aux entreprises commerciales dans lesquelles la classe 3 constate les stocks, cette classe enregistre dans les EMF les opérations liées aux créances sur la clientèle. C'est à ce niveau que les premières difficultés fiscales commencent. Ceci implique deux observations qu'il convient de mentionner : la première relève du fait qu'il n'existe pas en réalité de stock de marchandises dans les EMF qui n'ont pour activité que la collecte de l'épargne et la distribution de crédit. Ainsi, la classe 3 « comptes de stocks » dans les entreprises commerciales correspond aux « comptes de la clientèle » dans les EMF. Le deuxième constat consiste à noter que le compte client inscrit à l'actif du bilan des EMF ne représente pas les ventes non encaissées. Par contre, ce sont les comptes débiteurs de la clientèle qui génèrent sur le plan fiscal, des produits imposables (intérêts et agios) ainsi que la TVA pour les EMF assujettis. Les comptes débiteurs de la clientèle sont ainsi constitués de plusieurs subdivisions.

a. Les opérations liées au crédit avec la clientèle[424]

Elles constatent les crédits accordés à la clientèle ainsi que les impayés correspondants. On relève selon leurs échéances[425] : les crédits à long terme (compte 30), les crédits à moyen terme (compte 31), les crédits à court terme (compte 32) et les créances en souffrance[426] (compte 33) qui représentent des

---

[424]Ces opérations sont autorisées à titre principal conformément au Règlement N° 01/02/CEMAC/UMAC/COBAC du 13 avril 2002.

[425] Le classement des crédits à échéance dans les comptes de crédit à long terme (30), moyen terme (31) et court terme (32) repose sur la durée initiale des concours. Les crédits dont la durée de remboursement ne dépasse pas un an sont des crédits à court terme. Au-delà d'un an, sans excéder deux ans, les concours sont classés dans les engagements à moyen terme. Les crédits dont la période de remboursement est supérieure à deux ans sont répertoriés dans les crédits à long terme.

[426] Règlement COBAC R-98/03 relatif à la comptabilisation et au provisionnement des créances en souffrance et des engagements par signature douteux, « Les créances en souffrance sont

crédits non payés à l'échéance et dont les chances de remboursement sont plus ou moins compromises. Ces créances en souffrance sont constituées de créances immobilisées[427], impayées[428] ou douteuses[429]. Les crédits à la clientèle doivent être comptabilisés agios exclus. Cette disposition ne concerne pas les opérations d'escompte des effets commerciaux dès lors que les agios sont prélevés à la réalisation de la transaction. Lorsqu'un crédit est consenti par un ensemble d'établissements de microfinance et/ou de crédit (crédit consortial), chacun des participants au pool ne doit enregistrer que la part de l'engagement qu'il assume. Si la trésorerie est assurée en totalité par le chef de file, les autres n'intervenant qu'à titre de caution, le crédit doit apparaître intégralement dans ses livres. Le chef de file comptabilise, en outre, dans ses comptes hors bilan, les contre garanties reçues des confrères, ces derniers enregistrant les garanties données.

Les opérations de mise en place de crédit sont générées automatiquement par le logiciel informatique sans qu'il ne soit impératif de constituer une pièce comptable à cet effet. Seul l'avis de l'opération produit atteste de la mise en place effective du crédit. Cependant, lors d'un contrôle fiscal, chaque ligne de crédit doit être justifiée par le dossier physique de chaque client. Ce dossier physique encore appelé existant doit pouvoir contenir individuellement la demande du client signée de celui-ci, la décision du comité de crédit de l'EMF, la convention de prêt dûment enregistrée et les traites représentant les différentes échéances de remboursement signées du client ;

b. Les découverts[430] (compte 37)

Ce sont des facilités de caisse que les EMF accordent à leurs clients. Opérations comptables générées automatiquement par le système informatique, la seule pièce justificative reste l'avis de l'opération. Toutefois, un dépassement en compte est la suite logique d'une demande introduite par le client.

---

constituées des créances immobilisées, des créances impayées et des créances douteuses », Article 2.

[427]Règlement COBAC R-98/03 relatif à la comptabilisation et au provisionnement des créances en souffrance et des engagements par signature douteux, « Les créances immobilisées sont des créances échues depuis plus de trois mois, mais dont le recouvrement final, sans être compromis, ne peut être effectué immédiatement », article 3.

[428]Les créances impayées sont des concours qui n'ont pas été réglés à l'échéance

[429]Les créances douteuses sont des concours de toute nature, même assorties de garanties, qui présentent un risque probable de non-recouvrement total ou partiel (sans qu'il y ait nécessairement d'impayés).

[430] Plan comptable des établissements de microfinance, op.cit., « Par découvert (lorsque les comptes 371 et 372 sont débiteurs), il faut entendre, d'une part, l'avance en compte garantie ou non, résultant de l'octroi par l'EMF d'une ligne de crédit assortie d'une limite révisable périodiquement et destinée à faciliter les règlements courants du bénéficiaire et, d'autre part, la position débitrice accidentelle d'un compte de la clientèle. », page 122.

Globalement, les créances sur les clients (crédits et découverts) constituent des sources d'imposition substantielles en ce sens qu'elles génèrent périodiquement des intérêts en comptes débiteurs, des agios et des frais qui sont des produits imposables.

Les créances sur la clientèle peuvent connaître des dépréciations portées au compte 39 « provisions pour dépréciation des comptes de la clientèle » par suite de la constatation d'une provision. Il s'agit des pertes probables résultant des difficultés de remboursement des crédits accordés aux clients.

1.3. Les opérations de créances sur les autres tiers et de régularisation (classe 4)

Constituées des comptes de la classe 4, ce sont les créances sur les tiers autres que les clients des EMF. Ces créances sont matérialisées par les comptes débiteurs des tiers et de régularisation. Entrent dans cette catégorie, plusieurs comptes.

a. Les valeurs à l'encaissement [431](compte 41)

Ce sont les instruments de paiement à recouvrer qui comprennent notamment des chèques, effets et avis de virements concernant des fonds à recevoir ou à payer, au profit ou pour le compte de la clientèle. Ces opérations sont enregistrées dans les comptes 412 « Instruments de paiement à recouvrer » (411) ou dans les « Comptes d'encaissement. » On distingue les chèques et effets à recouvrer reçus de la clientèle ou des correspondants tirés sur l'établissement de microfinance lui-même, les chèques et effets reçus de la clientèle et des correspondants à recouvrer auprès des correspondants (EMF, banques et établissements financiers). Ces valeurs à recouvrer sont maintenues aux comptes 411 et 412 jusqu'à l'échéance. Toutefois, les valeurs en recouvrement chez les correspondants demeurent à ce poste jusqu'à réception de l'avis de sort, sauf dispositions contractuelles particulières.

La force probante de ces opérations est fondée sur les « bordereaux de remise des valeurs à l'encaissement. » La portée fiscale de ce compte relève du fait qu'il matérialise la relation entre l'EMF et les banques classiques dans le cadre de l'encaissement des valeurs. Ces opérations sont à la source des produits imposables que sont les commissions et autres frais.

b. Les opérations en liaison (compte 45)

Ce sont des opérations en débit d'une part, entre succursales et agences d'établissement de microfinance indépendant, et entre plusieurs services d'une même agence, et entre les EMF affiliés à un réseau et l'organe faîtier de ce réseau, d'autre part.

---

[431]Voir plan comptable des établissements de microfinance (PCEMF), édition : janvier 2010, pages 129 à 130.

Les opérations en liaison sont contrôlées à partir des ordres de la clientèle, les fiches d'affectation des biens entre les agences et les éléments de la comptabilité.

c. Les débiteurs divers (compte 46)

Ce sont les opérations non bancaires réalisées avec les tiers. Il s'agit en particulier des Sociétés d'Assurance et de Capitalisation[432], des créances sur cession d'immobilisation, des créances sur cession de valeurs mobilières, des autres débiteurs ou créditeurs et des débiteurs litigieux ou douteux.

Ces opérations sont justifiées par les factures, les bons de souscription du capital, des contrats de vente, des conventions.

d. Les régularisations des valeurs de l'actif (compte 47)[433]

Portées au débit du compte 47, ces opérations constatent en fin d'exercice des charges déjà comptabilisées, mais qui intéressent la ou les périodes suivantes (4711), par le crédit des comptes de la classe 6 concerné. Les produits non encore comptabilisés relatifs à la période en cours au débit du compte 4712, par le crédit des comptes de la classe 7 concerné. Les intérêts consolidés réellement payés au débit du compte 47223 par le crédit des comptes de produit et des pertes résultant de la réévaluation des positions de change hors bilan.

La portée fiscale de ce compte relève du fait qu'il permet de mettre en application le principe de l'indépendance des exercices comptables pour n'imposer que les charges et les produits qui se rattachent à l'exercice fiscal. Les documents justificatifs sont constitués des états de régularisation ainsi que les factures et autres documents qui matérialisent la charge ou le produit.

De même, les créances sur les tiers peuvent connaître des dépréciations par suite de provisions portées au compte 49 « provisions pour dépréciation des comptes des tiers. »

e. Les Créances diverses en souffrance (compte 48)

Ce sont les créances de toute nature, même assorties de garanties, relevant de la classe 4 qui représentent soit un risque probable de non recouvrement total ou partiel, soit un caractère contentieux (faillite, liquidation des biens, règlement judiciaire) ou donnent lieu à un recouvrement litigieux. Il peut s'agir des avances aux fournisseurs de biens et services en souffrance, des valeurs à l'encaissement en souffrance, des avances consenties au personnel en souffrance, des créances sur les débiteurs divers en souffrance et des opérations entre sièges et agences en souffrance.

---

432 PCEMF, op. cit., « Les comptes de sociétés d'Assurance et de Capitalisation sont débités du montant des indemnités et crédités de celui des primes », page 136.

433 Voir PCEMF, op. cit., pages 137 à 138.

Ces créances font l'objet de provisionnement porté au crédit du compte 49 « provisions pour dépréciation des comptes de tiers » lorsque le recouvrement de tout ou partie de la créance est jugé compromis.

1.4. Trésorerie-actif (classe 5)[434]

Les EMF ont pour autre activité la collecte de l'épargne. Les fonds peuvent être disponibles en interne ou déposés dans une banque classique sous forme de dépôt à vue ou à terme. Ces opérations portées au débit des comptes de la classe 5 sont constituées :

- des titres de placement et de transaction (compte 51) ;
- des opérations du marché financier (compte 52) ;
- des prêts et placements à terme et à vue (comptes 54 et 55) ;
- des placements à vue (compte 56) ;
- des mouvements de caisse (compte 57).

L'importance d'une telle analyse relève du fait qu'elle retrace l'origine des fonds collectés et leur placement dans les banques classiques. Les produits imposables qui en découlent sont constitués des intérêts de placement. Les valeurs disponibles des EMF peuvent générer des pertes probables dont il convient de constater la provision correspondante au crédit du compte 59 « provisions pour dépréciation des comptes de trésorerie. » C'est le cas spécifique des titres de placements et des comptes de correspondants. Toutefois, il convient de relever que les documents supports de ces opérations ne sont fondés que sur des avis d'imposition du fait du caractère automatique de leurs traitements. De manière synthétique, la structure des comptes d'actif des EMF peut être résumée dans le schéma ci-dessous.

[434]Voir PCEMF, op. cit.,, pages 138 à 141.

Schéma N° 16 : Structure résumée des comptes de l'actif des EMF.

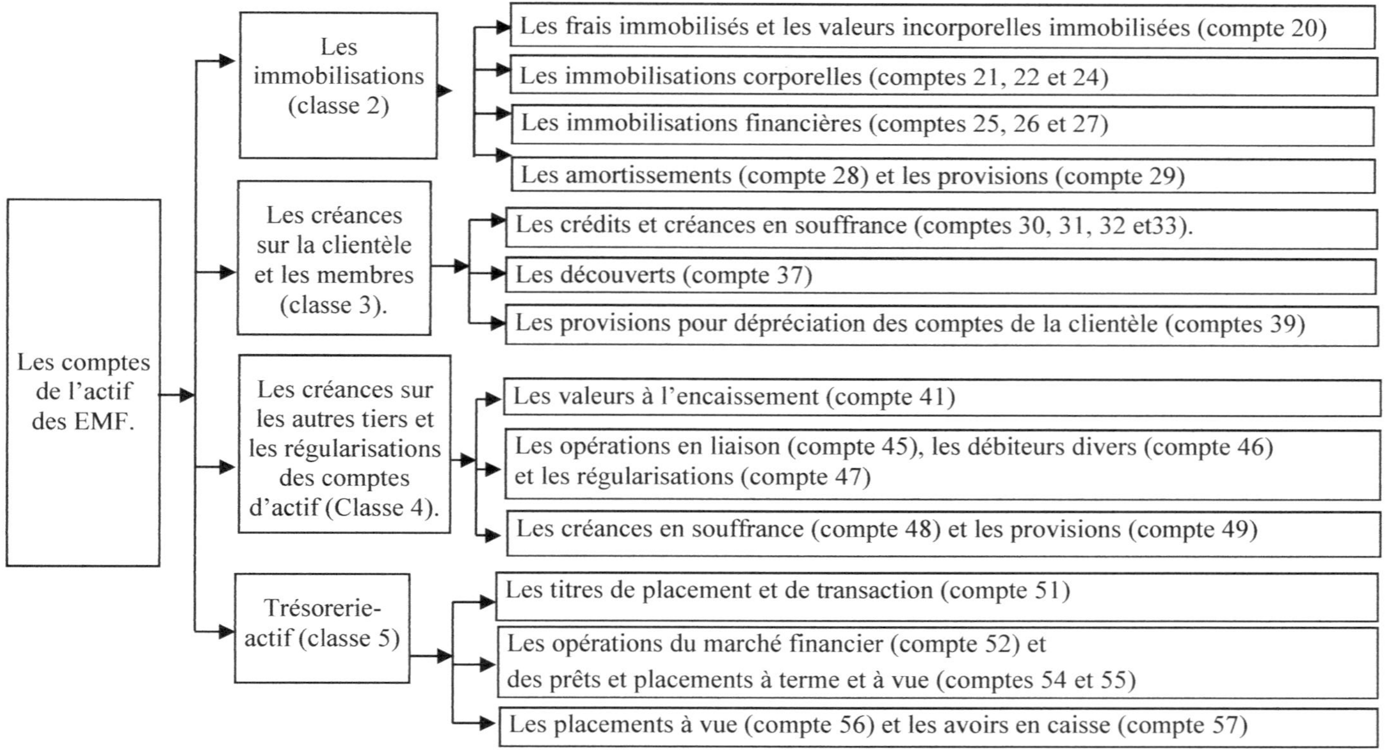

Sources : adapté par l'auteur à partir du PCEMF.

2. Les comptes du passif des EMF

Le passif des EMF est composé des capitaux permanents, des comptes créditeurs de la clientèle, des comptes de tiers et de régularisation et les comptes de la trésorerie-passif.

2.1. Les capitaux permanents[435] *(classe 1)*

Comme dans toutes les autres entreprises en général, les capitaux permanents des EMF représentent les ressources stables. Ils regroupent :

- les capitaux propres ;
- Les capitaux étrangers à long terme.

a. Les capitaux propres[436]

Ils sont composés des ressources qui appartiennent à l'entreprise. De façon algébrique, les capitaux propres sont constitués par la somme des apports en capital, des bénéfices non distribués, des pertes non affectées, des fonds d'affectation, des fonds de garantie ou affectés, des provisions spéciales, les réserves réglementées et des écarts de réévaluation.

Les capitaux propres sont déterminés par la différence entre l'expression comptable, d'une part, de l'ensemble des éléments actifs de l'entreprise et, d'autre part, de l'ensemble des éléments passifs (passif externe)[437]. Dans une optique fonctionnelle, les capitaux propres participent concurremment avec les éléments du passif externe, au financement de l'entreprise. Certains éléments de capitaux propres sont susceptibles d'être grevés de dettes fiscales. Entrent donc dans la structure des capitaux propres des EMF :

- le capital, parts sociales et dotations ;
- les réserves ;
- le report à nouveau ;
- le résultat de l'exercice ;
- les provisions et réserves réglementées ;
- les subventions d'investissement ;
- les fonds de financement et de garantie.

---

[435] LEXIQUE FINANCIER : « Les capitaux permanents sont constitués des ressources stables de l'entreprise. On y distingue les capitaux propres, les provisions pour risques et charges à caractère de réserves, la part à plus d'un an des dettes financières et les quasi-capitaux propres. ww.lesechos.fr/finance-marches/vernimmen/definition_capitaux-permanents .html.

[436] Voir PIH Dieudonné et al, op.cit, « Règlement COBAC EMF 2002/04 du 15 avril 2002 relatif aux fonds propres nets », article 1er, page 634.

[437] Acte uniforme OHADA portant organisation et harmonisation des comptabilités des entreprises, chapitre 6, section 11.

- **Les capitaux, parts sociales et dotations (Compte 10)**

L'organisation du capital social[438] (compte 10) relève d'une des particularités des EMF. Cette rubrique est organisée autour de quatre points. Le premier porte sur le compte **capital** (compte 100)[439] qui matérialise les apports en capital des EMF représentant des apports en numéraire ou en nature, c'est-à-dire de biens dont les actionnaires ou les sociétaires transfèrent la propriété ou la jouissance à l'EMF et, en contrepartie desquels ils reçoivent des actions ou des parts sociales. Le second concerne **le fonds de dotation** (compte 102) qui est constitué des fonds reçus par les EMF en provenance des organismes internationaux, des organismes publics et des collectivités publiques, la transformation des dettes des EMF en dons ou la contre-valeur des biens qui leur sont affectés de manière irrévocable. Le troisième se réfère **au capital souscrit non appelé** (compte 103) qui représente la créance de l'établissement de microfinance sur ses actionnaires. Il s'analyse du point de vue financier, comme un élément soustractif des capitaux propres. Le dernier point concerne **les primes liées au capital social** (compte 104) qui sont les primes d'émission, de fusion, d'apport et de conversion d'obligations en actions. Il s'agit d'une partie des apports purs et simples non représentés dans le capital social ou dans les parts sociales. Par exemple, la prime d'émission est constituée par l'excédent du prix d'émission sur la valeur nominale des actions ou des parts sociales attribuées au nouvel apporteur.

Les inscriptions en compte capital, parts sociales et dotations sont contrôlées à partir des documents tels que les statuts de la société, les virements et relevés bancaires, les procès-verbaux des assemblées, les conventions avec les partenaires bailleurs de fonds et les procès-verbaux de remise des biens en cas d'apport en nature.

---

[438] Le Bloc du business en Afrique, OHADA : Détermination du capital social : « La constitution des sociétés commerciales comporte notamment un élément fondamental : **le capital social**. Il est la somme des apports en nature ou en numéraire des associés ou actionnaires pendant la création d'une société ; il peut éventuellement être augmenté ou diminué ultérieurement », http://business-en-afrique.net

[439] Le Règlement n° 01/02/CEMAC/UMAC/COBAC précise que les établissements de microfinance peuvent, suivant la catégorie choisie, constituer deux types de capital social : d'une part, *le capital social variable ou parts sociales* pour les EMF de première et troisième catégories qui ont adopté la forme juridique associative, coopérative ou mutualiste, et d'autre part, *le capital social fixe* pour les EMF de deuxième catégorie dont la forme juridique exclusive est celle de Société Anonyme. Pour les EMF de première catégorie, la réglementation CEMAC n'exige pas de capital social minimum. En revanche pour les EMF de deuxième et troisième catégorie, le capital social minimum est fixé, respectivement, à 50 Millions et 25 Millions de francs CFA.

- **Les réserves[440] (compte 11).**

Les réserves sont, en principe, tout ou partie des bénéfices ou surplus de l'exercice, affectés durablement dans l'établissement de microfinance jusqu'à une décision contraire des organes compétents. Les réserves peuvent exceptionnellement avoir pour origine le virement d'un élément de la situation nette effectuée en application de dispositions légales, réglementaires, statutaires ou contractuelles. On distingue dans les EMF quatre catégories de réserves :

- **la réserve légale :** elle s'impose exclusivement aux EMF de deuxième catégorie en leur qualité de société anonyme. En application des dispositions légales[441], il doit être pratiqué sur le bénéfice de l'exercice diminué, le cas échéant, des pertes antérieures, une dotation égale à un dixième au moins affectée à la formation d'un fonds de réserve dit " réserve légale ". Cette dotation cesse d'être obligatoire lorsque la réserve atteint le cinquième du montant du capital social ;
- **les réserves obligatoires et réglementaires[442] :** ce sont celles prescrites par la Commission Bancaire de l'Afrique Centrale dans une optique prudentielle de renforcement des fonds propres des établissements de microfinance. Le Règlement COBAC EMF 2002/06 relatif à la constitution des réserves mentionne que les EMF de première catégorie sont tenus de constituer une réserve obligatoire de 20 % de l'excédent de l'exercice, sans limitation de durée et de montant. De même, les EMF de deuxième et troisième catégorie sont tenus de constituer, en plus de la réserve légale, une réserve obligatoire de 15 % des bénéfices à affecter sans limitation de durée et de montant ;
- **les réserves statutaires et contractuelles[443] :** ce sont les réserves dont la dotation, prescrite par les statuts de l'EMF, s'impose à l'assemblée générale ordinaire annuelle appelée à répartir les bénéfices sociaux de l'exercice écoulé. Ces réserves ne peuvent être utilisées ni pour une distribution aux actionnaires ou associés, ni pour un achat ou un remboursement de parts sociales ou d'actions de l'EMF. En revanche,

---

440 Voir PIH Dieudonné, et., op.cit, « Règlement COBAC EMF 2002/06 du 15 avril 2002 relatif à la constitution des réserves », page 636.

441 Article 346 de l'Acte uniforme OHADA relatif aux droits des Sociétés Commerciales et GIE.

442 Articles 1 et 2 du Règlement COBAC EMF 2002/06 du 15 avril 2002 relatif à la constitution des réserves.

443 FXORO : « Les réserves statutaires (dites également contractuelles) sont des réserves dont le montant de la dotation est rendu obligatoire par les statuts de la société. Les réserves statutaires sont inscrites dans les statuts déposés lors de la constitution de la société. Chaque société est susceptible de définir ses propres règles de calcul de réserves statutaires », https://www.mataf.net/fr/edu/glossaire/reserves-statutaires.

sauf disposition contraire des statuts, elles peuvent être affectées à l'apurement des pertes ou à une augmentation du capital social ;

- **les réserves facultatives :** elles sont constituées à l'initiative des sociétaires ou des actionnaires de l'EMF. Elles peuvent être utilisées selon les besoins de l'établissement, notamment être affectées à l'apurement des pertes, à la distribution des dividendes, à l'augmentation du capital ou au rachat d'actions propres.

Fiscalement, les réserves représentent la fraction du bénéfice investie dans l'entreprise et non mise en distribution. Leurs forces probantes sont assises sur les dispositions légales et règlementaires relatives aux sociétés commerciales en général et aux EMF en particulier, les statuts, les procès-verbaux des assemblées générales des associés portant répartition du bénéfice.

➢ **Le report à nouveau (R.A.N)**

Le report à nouveau **(compte 12)** est constitué du résultat extériorisé par l'établissement de microfinance ou de la fraction de résultat dont l'affectation a été renvoyée par l'Assemblée Générale Ordinaire des associés statuant sur les comptes de l'exercice. Le R.A.N peut être créditeur ou débiteur.

Dans le second cas, il s'agit des pertes, constatées à la clôture des exercices antérieurs, qui n'ont pas été imputées sur les réserves ni absorbées par une réduction du capital et qui devront être déduites du bénéfice de l'exercice suivant ou ajoutées au déficit dudit exercice.

➢ **Le résultat de l'exercice (compte 13)**

Le résultat traduit le niveau de performance financière de l'activité d'une entreprise pendant un exercice comptable ou fiscal. De manière algébrique, c'est la différence entre les produits et les charges d'un exercice ou encore, la différence entre le total de l'actif et celui du passif. Dans une certaine mesure, par application de la théorie du bilan[444], le résultat est la variation des éléments du patrimoine de l'entreprise sur deux exercices.

Le résultat de l'exercice peut être contrôlé à partir du recoupement des soldes de gestion, de la comparaison entre les situations nettes de la structure sur deux exercices successifs.

---

[444] ATANGA FONGUE Roland et TOCKE Adrien, *Éléments de la fiscalité des affaires au Cameroun*, l'Harmattan, 2011 : « La théorie du bilan est la théorie selon laquelle la détermination du résultat imposable est effectuée à partir de la comparaison de deux bilans successifs, celui de l'ouverture et celui de la clôture de la période d'imposition », 188 pages, page 21.

- **Les provisions et réserves réglementées (compte 14) qui sont composées de trois sous rubriques :**

- **les provisions réglementées :** elles sont constituées en vue des pertes probables ne correspondant pas à l'objet normal d'une provision (ou amortissement) et qui sont comptabilisées en application des dispositions légales, à l'exemple des amortissements dérogatoires, de la provision spéciale de réévaluation et des plus-values à réinvestir ;
- **les amortissements dérogatoires :** ils sont constitués par les amortissements ou fractions d'amortissements qui ne correspondent pas à l'objet normal d'un amortissement pour dépréciation ou à un amoindrissement de la valeur d'un élément d'actif résultant de l'usage, du temps, de changements techniques ou de toute autre cause dont les effets sont jugés irréversibles. Comptabilisés en application de textes particuliers, ils sont générateurs d'avantages fiscaux ;
- **la plus-value latente de réévaluation**[445] : pour le cas des immobilisations amortissables, il s'agit d'une provision spéciale qui est reprise au compte de résultat où elle vient compenser la majoration des dotations aux amortissements calculées sur les valeurs réévaluées. Pour les immobilisations non amortissables, il s'agit d'une réserve qui ne peut être ni distribuée ni utilisée pour compenser des pertes. Elle peut cependant être incorporée au capital.

La force probante des provisions et réserves réglementées s'apprécie à partir des écritures à la clôture de l'exercice, des tableaux d'amortissements comptables et fiscaux, des preuves de cession des immobilisations et des procès-verbaux des assemblées.

- **Les subventions d'investissement (compte 15)**

Les subventions d'investissement permettent aux EMF bénéficiaires d'acquérir ou de créer des valeurs immobilisées (équipement) ou de financer leurs activités à moyen et long terme. Les comptes de subventions d'investissement sont destinés à faire apparaître au bilan les montants des ressources obtenues, décaissées puis affectées à l'acquisition des équipements ou au financement d'activités à moyen et long terme. Ils permettent également à l'établissement subventionné d'échelonner sur plusieurs exercices, la constatation de l'enrichissement provenant de ces subventions.

Ce poste du bilan peut être contrôlé sur la base des décisions d'octroi de la subvention ou d'affectation à l'entreprise d'un bien de façon définitive et à titre gratuit, du tableau d'amortissement du bien acquis ou reçu, des écritures

[445] PCEMF, op. cit., « La *réévaluation* s'opère à la suite d'une décision légale ou réglementaire qui définit les conditions dans lesquelles cette opération doit être réalisée. Elle porte sur l'ensemble des immobilisations corporelles, à l'exception des cas de fusion où les immobilisations incorporelles font également l'objet de réévaluation », page 80.

de la reprise au résultat de la subvention au rythme de l'amortissement du bien pour être imposée à l'I.S.

- **Les fonds de financement et de garantie (compte 16)** qui relèvent d'une spécificité des EMF. Les textes qui les règlementent ont prévu quatre catégories de fonds :

- **le fonds de solidarité** : il relève d'une exigence du règlement COBAC[446]. En effet, les EMF de première catégorie sont tenus de constituer, dès leur création, un fonds de solidarité destiné à faire face aux déficits éventuels des premiers exercices. Ce fonds est alimenté au début de chaque exercice et à chaque adhésion des apports en numéraire par les membres de manière équitable. Il doit représenter en permanence 40 % du capital social variable. Enfin, il cesse d'être exigé et peut être distribué entre les membres lorsque les réserves obligatoires[447] (Règlement COBAC EMF 2002/06) atteignent 40 % du capital social variable ;
- **les fonds de financement :** ils sont constitués sur une base contractuelle et volontaire par les EMF à la fois de ressources propres issues de l'affectation des résultats (fonds affectés) et de ressources extérieures (fonds d'affectation). Leur caractère mixte les place à la charnière des fonds propres et des fonds d'emprunt ;
- **les Fonds de garantie et assurance mutuelle** qui enregistrent les souscriptions dont le caractère mutuel résulte de conventions expresses. Ils sont éventuellement remboursables sous certaines conditions aux clients ou aux sociétaires qui les ont constitués (par exemple, les fonds mutuels destinés à garantir le remboursement de crédits ou un pool de crédits) ;
- **les provisions pour risques généraux** : elles sont constituées au titre des risques éventuels dont se prémunissent les EMF en raison de leurs activités et des aléas pouvant découler de celles-ci.

b. Les capitaux étrangers à long terme

Sont ainsi considérés :

- les emprunts obligataires ;
- les autres ressources de financement ;
- les provisions pour risques et charges.

---

[446]Articles 1, 2 et 3 du règlement COBAC EMF 2002/05 du 15 avril 2002 relatif aux conditions de constitution du fonds de solidarité.

[447] Article 1er du Règlement COBAC EMF 2002/06, « Les EMF de première catégorie sont tenus de constituer une réserve obligatoire représentant 20 % de l'excédent de l'exercice à affecter sans limitation de durée et de montant.

- **Les emprunts obligataires (compte 17)**

Les EMF, en fonction de leur catégorie, peuvent émettre des emprunts obligataires. Par définition[448], c'est un emprunt à long ou moyen terme contracté par un établissement de microfinance, divisé en parts égales et représenté par des titres (obligations) dont le remboursement est échelonné sur la durée de l'emprunt.[449] Les opérations d'emprunt obligataire sont contrôlées sur la base des contrats, des avis des opérations bancaires, du tableau d'amortissement de l'emprunt et du calcul des intérêts courus.

- **Les autres ressources de financement (compte 18)**

Sont regroupées dans ces opérations et considérées comme permanentes, toutes les ressources étrangères autres que les emprunts obligataires (terme initial supérieur à deux ans). Les emprunts participatifs s'analysent comme des créances de dernier rang au même titre que les dettes subordonnées à durée indéterminée. Ils ne sont remboursables qu'après désintéressement de tous les autres créanciers.

Ces opérations sont contrôlées sur la base des contrats, des avis des opérations bancaires, du tableau d'amortissement de l'emprunt et du calcul des intérêts courus.

- **Les provisions[450] pour risques et charges (compte 19) qui regroupent trois catégories de provisions :**

- **les provisions pour charges** qui correspondent à des charges ou à des pertes probables à la clôture de l'exercice, nettement identifiées quant à leur nature, mais comportant un élément d'incertitude quant à leur réalisation ou à l'estimation de leur montant. Elles concernent notamment les litiges en cours, les pertes sur marchés à terme qui

[448]Voir site http://www.journaldunet.com http : « L'emprunt obligataire est une forme de financement à l'attention d'un État, d'une banque, d'une entreprise ou d'une organisation gouvernementale. L'emprunteur émet des obligations que des investisseurs achètent. Un intérêt est versé périodiquement, tandis que le capital sera remboursé à une date prévue. Le recours à l'emprunt obligataire permet de se financer en dehors du circuit bancaire classique. Il est notamment utilisé lorsque les conditions octroyées par les banques sont difficiles à satisfaire. Un emprunt obligataire peut offrir une rémunération à taux fixe ou à taux variable. Étant donné que le capital ne sera remboursé qu'en fin de prêt, le taux d'intérêt s'applique sur la totalité de l'emprunt. »

[449] L'émission d'obligations n'est permise qu'aux sociétés anonymes et aux GIE constitués de sociétés anonymes. Elle est interdite aux EMF de première catégorie au regard de leur forme juridique et aux EMF dont le capital social n'est pas intégralement libéré.

[450]Voir site http://bofip.impots.gouv.fr « Une provision est une déduction opérée sur les résultats d'un exercice en vue de faire face ultérieurement à une perte ou à une charge dont l'objet est nettement précisé. La réalisation, incertaine de cette perte ou de cette charge, est rendue probable en raison d'événements survenus au cours de l'exercice et qui existent toujours à sa clôture. »

évaluent les pertes prévues sur la liquidation des marchés à terme en cours à la clôture de la période, les pertes de change, les risques d'exécution de caution, d'aval ou d'autres engagements par signature, la couverture en qualité de propre assureur, les risques de grosses réparations et les risques relatifs au personnel ;

- **les provisions pour charges à répartir sur plusieurs exercices :** elles correspondent à des charges prévisibles qui, étant donné leur nature et leur importance, ne sauraient être affectées en totalité aux comptes de l'exercice au cours duquel elles seront engagées. C'est le cas des provisions pour grosses réparations, pour indemnités de départ à la retraite du personnel (compte 1917) ;
- **les provisions pour pertes latentes sur opérations de crédit-bail et assimilées** qui couvrent la différence, lorsqu'elle est négative, entre les encours financiers des contrats de crédit-bail ou de location avec option d'achat mis en force et la valeur comptable nette des biens loués.

Les provisions pour risques et charges sont contrôlées à partir de la vérification du calcul des provisions, des évènements ou documents qui justifient du risque probable (non de l'éventualité) de la charge, le tableau de la provision et la reprise comptable de la provision antérieurement constituée.

2.2. Les comptes créditeurs de la clientèle (classe 3)

Les opérations de collecte de l'épargne constituent, en grande partie, l'activité principale des EMF et posent un problème de sécurisation de l'épargne dans ces entités tel que relevé par NANDJIP MONEYANG Sara[451]. Les fonds collectés auprès des membres ou des tiers sont versés dans les comptes ouverts à cet effet sous forme de dépôts. On distingue donc les dépôts de la clientèle à vue, à terme, et les opérations en attente.

a. Les dépôts à terme

Ce sont les dépôts de la clientèle à échéances fixées au préalable. En d'autres termes, ce sont les dépôts qui ne peuvent être retirés qu'après un certain terme ou période de temps. On distingue dans les EMF, les dépôts à régime spécial (compte 35)[452], les dépôts à terme proprement dits (compte 36)

---

[451] NANDJIP MONEYANG Sara, *la protection du déposant des établissements de microfinance* : « Cette protection a été mise en place par les règlements CEMAC/UMAC/COBAC relatifs aux établissements de micro-finance et plus précisément, le règlement COBAC N° 01/02/CEMAC/UMAC/COBAC du 13 avril 2002 relatif aux conditions d'exercice et de contrôle de l'activité de microfinance dans la Communauté Economique et Monétaire de l'Afrique Centrale », *Revue de l'ERSUMA : Droit des affaires - Pratique Professionnelle* N° 3 - septembre 2013.

[452]Les comptes de dépôt à régime spécial enregistrent les ressources qui sont assorties de conventions particulières[452]. Entrent dans cette rubrique les bons de caisse, les certificats de dépôt, les comptes et plans épargne logement, les plans d'épargne retraite, les autres comptes d'épargne à régime spécial et les dettes rattachées.

qui sont les dépôts assortis d'une échéance et d'une rémunération. Ils sont ouverts par la clientèle des établissements de microfinance et les fonds demeurent bloqués jusqu'à l'expiration du délai fixé à la date d'ouverture.

Les dépôts à terme sont contrôlés sur la base des bordereaux de versement, des conventions entre les deux parties, des ordres de virement et du calcul des intérêts courus. De manière générale, ces dépôts génèrent au profit de la clientèle des EMF, des rémunérations encore appelées intérêts débiteurs qui sont des charges pour ces entités.

b. Les dépôts à vue (compte 37)

Ils sont constitués des fonds effectués par un agent économique (ménages, entreprises, etc.) sur un compte bancaire ouvert auprès d'une institution financière. Un dépôt à vue a pour caractéristique de pouvoir être restitué à tout moment sur simple demande de la personne déposante ou de son mandataire. On distingue dans cette catégorie deux types de comptes :

- les comptes d'épargne ou comptes sur livrets qui constatent l'épargne de la clientèle[453] ;
- les comptes chèques et comptes courants qui ont la particularité de présenter à tout moment, un solde créditeur ou débiteur[454].

Les opérations en compte d'épargne sont contrôlées sur la base des bordereaux de versement et les supports de retraits, les brouillards de contrôle et des arrêtés journaliers. Comme les dépôts à terme, les comptes d'épargne génèrent au profit de la clientèle des EMF des rémunérations encore appelées intérêts débiteurs qui sont des charges pour ces entités.

Les comptes chèques sont contrôlés sur la base des bordereaux de versement et les supports de retrait, les brouillards de contrôle et des arrêtés journaliers, des ordres de la clientèle, les dossiers de mise en place de crédit et les tableaux d'amortissement de crédit, etc.

453Ces comptes ne fonctionnent qu'en ligne créditrice et ne peuvent être mouvementés que pour les opérations de versement et de retrait espèces. Ces comptes génèrent au profit de la clientèle des EMF, des rémunérations encore appelées intérêts débiteurs qui sont des charges fiscalement déductibles.

454 Ces comptes sont utilisés pour recevoir les dépôts de la clientèle, la mise en place des crédits, la gestion des engagements par signature et les dépôts de garanties, etc. Contrairement aux comptes d'épargne, ces comptes produisent au profit des EMF, des agios et frais de tenue de comptes, des frais divers, des commissions et des intérêts qui sont des produits imposables.

c. Les autres opérations avec la clientèle (compte 38)[455]

Le compte 38 enregistre les opérations réalisées par les EMF avec la clientèle. Il s'agit des événements qui n'ont pas pu être définis dans les autres comptes de la classe 3. Ce sont :

- les **dispositions à paier,** dont les virements en instance et les chèques certifiés. Il s'agit aussi des sommes payées pour lesquelles l'EMF attend la couverture auprès d'un correspondant (transfert de fonds au profit de la clientèle) ;
- les **comptes bloqués** généralement frappés par une décision légale, judiciaire ou administrative, ainsi que les comptes des sociétés en formation assortis d'une convention de blocage ;
- les **valeurs non imputées** : ce sont des effets déplacés échus et représentatifs de crédits distribués en cours de recouvrement chez les confrères, mais dont le sort n'est pas encore connu. Les écritures enregistrées sous ce poste ne doivent y demeurer que pendant une très courte période avant leur imputation dans les comptes appropriés.

Ces opérations sont contrôlées sur la base des bordereaux de remise à l'encaissement des valeurs déplacées, des états des valeurs en suspens et des ordres de la clientèle.

2.3. Les comptes de tiers et de régularisation (classe 4)

Sont ainsi concernées, les opérations réalisées avec les tiers autres que la clientèle, l'Etat, les associés et les régularisations internes. Entrent dans la classe 4.

a. Les fournisseurs (compte 40)

Comme dans le plan comptable OHADA, le compte fournisseur enregistre les transactions réalisées par l'établissement avec des tiers pour l'achat des biens et services destinés à son exploitation.[456] Il ne doit être procédé à aucune compensation entre les sommes dues à un tiers en sa qualité de fournisseur et celles que celui-ci doit à l'EMF au titre de son activité de crédit[457]. Le compte Fournisseurs factures non parvenues (403) enregistre, entre autres, les factures à recevoir. Y figurent les dettes et avances liées à l'acquisition de biens ou des

---

[455]PCEMF, op. cit. : « L'établissement de crédit veillera à ce que les comptes d'attente ou à régulariser ne laissent pas subsister de solde important, sauf exceptionnellement en fin de période. Cela suppose que la régularisation des écritures en suspens intervienne avec toute la diligence requise. », Page 124.

[456]PCEMF,
, « La dette envers le tiers est constatée dès qu'elle est conforme à la commande et que le bien a été livré ou que le service est rendu », page 128.

[457] Principe de non compensation des créances et des dettes.

services. Ce compte doit être contrôlé sur la base des bons de commande, des bordereaux de livraison, des factures, des devis, des moyens de paiement, des lettres et rapports de mission.

b. Le personnel (compte 42)

Comme dans le plan comptable OHADA, le compte « Personnel » enregistre à son crédit, le montant de la rémunération brute à paier et à son débit, les retenues opérées, les sommes versées à titre d'avances et acomptes au personnel ainsi que les rémunérations après déduction de toutes les cotisations et des autres sommes à prélever. Il ne doit pas être effectué de compensation entre les sommes dues au personnel et celles éventuellement dues par le personnel.

Ce compte est contrôlé à partir des contrats de travail, des fiches de paie, des copies de DIPE, des états de déclarations mensuelles et annuelles, des contrats de prêts, des avis à tiers détenteur et des moyens de paiement du personnel.

c. Les personnes morales et organismes internationaux (compte 43)[458]

Ce sont des opérations qui matérialisent la relation entre les EMF et l'Etat, les collectivités publiques dans le cadre de la gestion des impôts, droits et taxes ainsi que les subventions diverses d'une part, et les organismes internationaux à l'instar des bailleurs de fonds, d'autre part.

Les opérations qui sont inscrites dans ce compte peuvent être contrôlées sur la base des déclarations mensuelles et annuelles, des quittances de paiement des impôts, droits et taxes, le détail des sources d'imposition, des avis d'imposition, des conventions de subvention, des avis de crédit bancaire, etc.

d. Les sociétaires et actionnaires (compte 44)

Ce compte enregistre les opérations effectuées par les sociétaires et actionnaires à l'exclusion de celles relatives à la souscription ou à la libération du capital, relevant du compte actionnaires, capital souscrit non appelé (103), et de celles effectuées en qualité de clients, imputées dans les comptes de la classe 3. Ce compte est contrôlé à partir du procès-verbal des assemblées, des bordereaux de souscription, les avis des opérations bancaires.

e. Les opérations en liaison (compte 45)

Ce sont les opérations entre succursales et agences d'établissements de microfinance indépendants d'une part, et entre plusieurs services d'une même

---

[458]Par rapprochement avec le plan comptable OHADA, ce compte à lui seul regroupe les opérations inscrites dans le compte 44 États et collectivités publiques et le compte 45 Organismes internationaux.

agence, entre les EMF affiliés à un réseau et l'organe faîtier de ce réseau[459], d'autre part.

Les opérations en compte liaison[460] sont contrôlées sur la base des ordres de la clientèle, des bordereaux de transmission des valeurs à l'encaissement, des avis des opérations et des « états des sorts » reçus des correspondants.

f. Les autres créditeurs (compte 46)

Ce sont des opérations non bancaires réalisées avec les tiers. Il s'agit en particulier des organismes de répartition (sécurité sociale, assurances, caisse de retraite), des obligataires, ainsi que la fraction non encore libérée des titres détenus. Entrent donc dans cette catégorie, les subventions et fonds de dotation à recevoir (autres que l'État et les organismes publics), les organismes de Prévoyance ou de Sécurité Sociale (cotisations sociales), les erreurs, vols et détournements[461], les obligataires, opérations sur les emprunts obligataires et les versements restant à effectuer sur des titres en portefeuille (créditeur).

Ces opérations sont contrôlées sur la base des accords de financement, des copies de DIPE, des états de déclarations mensuelles et annuelles, de tout document pouvant justifier les erreurs, vols et détournements, des bordereaux de souscription.

g. Les comptes de régularisation (compte 47)[462]

Les comptes de régularisation sont destinés à répartir dans le temps, les charges et les produits de manière à les rattacher à la période comptable qui

---

[459]Les comptes de liaisons doivent être regroupés par nature. :

- liaisons opérations avec la clientèle (mise à disposition, transferts, solde d'un compte, retraits déplacés, versements déplacés, virement déplacés, etc.) ;
- liaisons trésorerie (cas des approvisionnements, ou de transfert de fonds d'une agence à une autre) ;
- liaisons portefeuille (utilisées pour le recouvrement déplacé des instruments de paiement) ;
- liaisons opérations diverses (qui pourraient inclure les dépenses transférées ou effectuées pour le compte des autres agences, traitement des salaires et autres opérations manuelles).

[460] PCEMF, op. cit. : « Il est recommandé aux établissements de microfinance de procéder, avant de dresser leur situation, à l'apurement des suspens logés en comptes de liaison, au besoin à l'aide de journées comptables complémentaires. Cette prescription revient en pratique à ventiler sous les postes appropriés de la situation comptable, les écritures en instance qui ont une incidence notable sur la composition des différents éléments de l'actif et du passif, en particulier sur le recensement des crédits distribués, des dépôts de la clientèle, des avoirs auprès des correspondants et des dettes à leur égard ainsi que des charges et des produits.

[461] Les erreurs, vols et détournements sont inscrits dans ce compte en attente d'éventuelles recherches et enquêtes. Au terme des différentes recherches, ces opérations doivent faire l'objet d'un apurement.

[462] Voir PCEMF, op. cit., page 138.

les concerne effectivement[463]. Sont également inscrites dans ce compte, certaines opérations spécifiques au secteur financier à l'instar des opérations de change[464]. Entrent dans ces opérations :

- des charges non encore comptabilisées[465], relatives à la l'exercice comptable par le débit du compte de charge concerné ;
- des produits déjà comptabilisés, mais qui se rapportent aux périodes suivantes (4722), par le débit du compte de produit concerné ;
- des intérêts réservés sur créances en souffrance et repris lors de la consolidation par le débit des comptes de crédit consolidé (classe 3) ;
- les positions de change et contre-valeur position de change[466] : il s'agit dans les comptabilités en devises, des contreparties des comptes de bilan débités à l'occasion des opérations libellées en devises et dans la comptabilité en FCFA, des contreparties des comptes de bilan débités par des mouvements associés à des opérations de change ;
- les subventions et fonds de dotation obtenus non encore encaissés
- les fonds d'affectation obtenus non encore encaissés.

L'importance fiscale de cette analyse relève du fait que ce compte permet d'imputer à l'exercice fiscal, exclusivement les charges et les produits qui le concernent d'une part, et de matérialiser dans la comptabilité, les opérations en devise d'autre part. Ces opérations sont contrôlées sur la base des factures des prestations, des tableaux d'amortissement des emprunts et des prêts, des états de régularisation, des conventions, des états d'inventaire des stocks de consommables, des devises et des accords de financement.

2.4. La Trésorerie-Passif (classe 5)

Les comptes de la classe 5 reçoivent les dettes contractées à l'égard de l'Institut d'Émission, des correspondants locaux (banques, établissements financiers, autres établissements de microfinance) et de l'organe faîtier pour les EMF en réseau.

Ces comptes enregistrent également les encours des emprunts à terme et au jour le jour conclus avec les correspondants (banques, établissements financiers et EMF). Par leur nature, les opérations des Centres de Chèques

---

463 Application du principe de l'indépendance des exercices comptables.

464 Le compte « contre-valeur de la position de change » n'est ouvert que dans la comptabilité en FCFA. Il est subdivisé en autant de sous-comptes qu'il y a de devises utilisées par l'EMF.

465 Les écritures de régularisation des charges et des produits passées en fin de période dans ces comptes sont contrepassées en principe dès le début de la période suivante. Mais, elles peuvent demeurer dans ces comptes et être apurées au fur et à mesure de leur liquidation ou le règlement, par les comptes de tiers ou de trésorerie.

466 Les comptes de « position de change » et de « contre-valeur de position de change » permettent l'articulation entre la comptabilité en FCFA et les comptabilités en devises. Un compte « position de change » est ouvert pour chaque devise étrangère.

Postaux et des Caisses d'Épargne Postale relèvent, elles aussi, de la présente rubrique. En revanche, les opérations avec le Trésor Public font l'objet d'un enregistrement dans les comptes de la classe 3. Les comptes de correspondants locaux sont classés suivant les grandes rubriques ci-après :

- les institutions financières spécialisées[467] ;
- les banques associées[468] et non associées ;
- les chèques postaux ;
- les établissements financiers associés et non associés ;
- les caisses d'épargne postale ;
- les autres institutions financières ;
- les établissements de microfinance.

Les opérations de la Trésorerie-Passif des EMF sont contrôlées à partir des conventions avec les partenaires, les avis des opérations, les états de rapprochements bancaires et des historiques des comptes.

La structure des comptes du passif des EMF se rapproche de celle des entreprises commerciales. C'est le cas des capitaux permanents et des opérations avec les tiers. Cependant, il convient de noter quelques spécificités, à l'instar des opérations en comptes liaisons qui traduisent les relations entre plusieurs agences de la même unité. Toutefois, cette structure se distance du plan comptable OHADA dont il convient de tenir compte dans les relations fiscales. Il en est ainsi des comptes de la classe 3 qui, loin d'enregistrer les stocks, matérialisent plutôt les opérations avec les membres et la clientèle. Une telle analyse peut être résumée dans le schéma ci-dessous.

[467]Les institutions financières spécialisées sont les établissements de crédit dont la vocation est de concourir au développement d'un secteur déterminé de l'économie. Il s'agit notamment de banques agricoles ou de crédit rural participant à l'épanouissement du monde paysan, des crédits fonciers œuvrant pour la promotion de l'habitat individuel et du logement collectif.

[468]La notion de *« établissement associé »* s'appuie sur l'existence d'une participation ou la détention d'une fraction du capital de l'établissement déclarant par un correspondant ou vice versa. Par extension, l'appartenance à un même groupe découlant de la présence d'une même maison-mère dans le capital de deux établissements leur confère également la qualité d'établissements associés.

Schéma N° 17 : Structure résumée des comptes du passif des EMF.

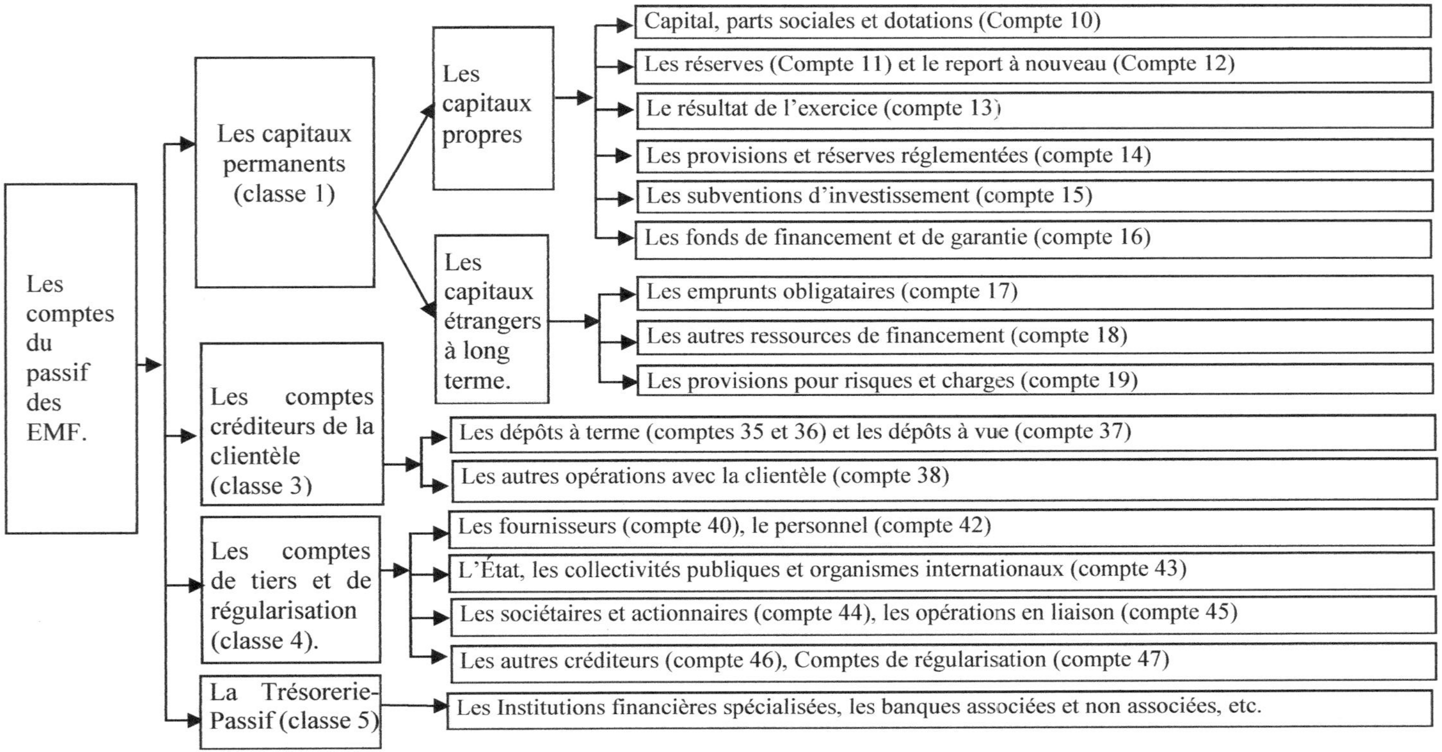

Sources : construction de l'auteur à partir du PCEMF.

Les comptes patrimoniaux des EMF sont organisés autour des comptes de la classe 1 à 5. Certaines opérations sont inscrites exclusivement à l'actif du bilan comme on peut le voir avec les éléments de la classe 2 ou au passif du bilan (classe 1). Par contre, d'autres opérations à l'exemple de ceux de la classe 3, 4 et 5 peuvent être portées à l'actif ou au passif, selon qu'elles représentent pour ces institutions, un bien ou une dette. Les activités courantes de ces entités génèrent au quotidien, des charges et des produits qui forment le compte d'exploitation.

B. L'analyse du compte d'exploitation des EMF

Pour les raisons de lisibilité fiscale, le compte d'exploitation des EMF est constitué de deux parties : d'un côté les charges (classe 6), de l'autre côté les produits (classe 7). De la différence entre les produits et les charges se dégagent les comptes de résultat (classe 8).

1. Les forces probantes de la structure des charges des EMF

À l'exemple des entreprises commerciales, les charges des EMF sont imputées dans les comptes de la classe 6. Cependant, contrairement au système comptable OHADA qui fait la différence entre les charges des activités ordinaires (A.O) et les charges hors activités ordinaires (H.A.O), la structure des charges des EMF peut être organisée ainsi qu'il suit :

- les charges des activités financières ;
- les charges liées aux activités accessoires ;
- les charges calculées.

Cette ventilation participe à la bonne lisibilité fiscale en ce sens qu'elle permet de mettre en évidence les charges à forte coloration fiscale, du fait de leur imputation automatique par le système informatique en l'absence des documents de base, des autres dépenses courantes liées à l'exploitation et les charges non décaissables. Ce sont celles qui découlent de l'activité principale des EMF.

1.1. Les charges des activités financières

Leurs particularités résident dans le fait qu'elles sont générées automatiquement par le système informatique sans qu'il ne soit possible de les identifier à partir d'un document juridique spécifique. Elles sont relatives aux opérations réalisées avec les correspondants, la clientèle, les actionnaires et les autres bailleurs de fonds. Entrent dans cette catégorie :

a. Les charges sur opérations de trésorerie et opérations interbancaires (compte 60)

Ce sont des charges qui découlent des relations qu'une microfinance entretient avec les banques classiques ou un autre EMF. Ces charges sont constituées :

- des intérêts et commissions liés aux opérations de refinancement sur le Marché Monétaire et auprès des correspondants469 ;
- des intérêts sur opérations interbancaires ;
- des intérêts sur emprunts et comptes à terme ;
- des intérêts sur emprunts au jour le jour ;
- des intérêts sur comptes à vue ;
- des commissions sur opérations de trésorerie et interbancaires ;
- des charges sur opérations de trésorerie réseau.

Sur le plan de leur justification fiscale et compte tenu de leur gestion automatique, ces charges n'ont pour seuls supports que les avis des opérations délivrés par les correspondants sans aucun support comptable préalable à la base. Cependant, pour les opérations d'emprunt, il convient de vérifier le dossier physique de financement ainsi que le tableau d'amortissement y relatif.

b. Les intérêts sur opérations avec la clientèle ou sociétaires (compte 61)

Ce sont des charges qui découlent de la rémunération par les EMF, des opérations liées aux dépôts de la clientèle ou les sociétaires selon le cas en comptes à vue (comptes d'épargne) ou à terme. Elles sont constituées des :

- intérêts sur dépôts à régime spécial ;
- intérêts sur dépôts à terme ;
- intérêts sur comptes sur livrets ;
- intérêts sur autres comptes à vue ;
- intérêts sur opérations avec EMF ;
- intérêts sur autres comptes de la clientèle.

Compte tenu de leur imputation automatique par le logiciel comptable, ces charges n'ont pour seuls supports que les avis des opérations générés par le système sans aucun support comptable préalable. Pour ce qui est des intérêts en comptes d'épargne, les seuls supports comptables ne sont constitués que des échelles d'intérêts[470] générés trimestriellement par le système

[469]PCEM, op.cit. : « Les commissions non liées à une opération de prêt interbancaire, du type, frais de tenue de compte, ou celles qui rémunèrent une prestation de service, du type courtage, relèvent du compte 62 - charges diverses sur opérations bancaires. Les emprunts contractés à moyen ou long terme auprès des correspondants aux fins de financement partiel ou total des immobilisations sont comptabilisés au compte « autres ressources permanentes (18) » ; les charges y afférentes sont imputées au compte 63. »

[470] http://www.banque-info.com/lexique-bancaire/e/echelle-d--intérêts « État comptable établi par une banque à l'appui des tickets d'agios sur les comptes d'entreprises. Cette échelle permet à l'entreprise de vérifier le calcul des agios retenus par la banque. » http://www.lesechos.fr/finance-marches/vernimmen/definition_echelle-d-interet.html « Une échelle d'intérêt est la fiche qui permet de calculer les agios d'un compte débiteur ou créditeur.

informatique. Ce qui rend complexe l'analyse de la véracité de ces informations facilement manipulables.

c. Les charges diverses sur opérations bancaires (compte 62)

Ce sont des charges qui naissent exclusivement des relations que les EMF entretiennent avec les banques classiques et les confrères à l'exception des opérations de refinancement. Sont ainsi concernés les :

- frais engagés et commissions sur instruments de paiement ;
- commissions et frais sur titres ;
- commissions, frais et pertes sur opérations de change effectuées à titre principal ;
- commissions et frais versés sur opérations de transfert de fonds ;
- commissions sur engagements par signature ;
- autres commissions et frais bancaires ;
- pertes sur titres de placement et de transaction ;
- charges diverses sur opérations avec les EMF.

Générées automatiquement par le système informatique en fonction des conditions générales de banques[471], ces charges n'ont pour seuls supports comptables que les avis d'opérations.

d. Les charges sur ressources permanentes (compte 63)

Les charges comptabilisées sous la présente rubrique sont celles générées par les ressources inscrites dans les comptes de capitaux permanents (classe 1). Elles sont constituées des :

- intérêts sur ressources permanentes tels que les intérêts sur emprunts obligataires, les intérêts sur emprunts participatifs et les intérêts sur dettes subordonnées ;
- intérêts sur comptes bloqués des actionnaires sociétaires tels que les intérêts sur autres comptes bloqués, les intérêts sur titres de créances négociables, les intérêts sur autres emprunts à moyen et long terme ;
- commissions sur : emprunts obligataires, emprunts participatifs, dettes subordonnées, comptes bloqués des actionnaires, autres comptes bloqués, titres de créances négociables, autres emprunts à moyen et long terme.

Toutes ces charges sont générées automatiquement par le système informatique en fonction des conditions générales de banques préalablement conçues. Ces charges n'ont pour seuls supports comptables que les avis

---

[471] http://www.comparabanques.fr/lexique/conditions-generales-de-banque.php, « Les conditions générales de banque permettent de définir les règles que l'usager d'un établissement bancaire doit respecter vis-à-vis de celui-ci, afin que les relations entre chacun d'eux puissent suivre leur cours normal, sans le moindre souci, ces textes définissant un cadre précis pour l'utilisation de chacun des produits distribués. »

d'opérations. Par comparaison avec le plan comptable OHADA, ce sont des charges relatives à l'achat des marchandises et matières ainsi que les charges locatives.

1.2. Les charges liées aux activités accessoires

Ce sont des charges relatives aux frais du personnel, aux impôts et taxes et aux pertes exceptionnelles.

a. Les charges du personnel (compte 651)

Il s'agit des rémunérations allouées au personnel ainsi que les avantages en nature[472] préalablement enregistrés dans les comptes de charges par nature. Ces opérations sont contrôlées sur la base des livres de paie, des copies de DIPE et des états de déclarations.

b. Les charges générales d'exploitation (compte 652)

Ce sont des charges liées aux consommations des services (travaux, fournitures et services extérieurs). Elles correspondent aux services extérieurs A et B du système comptable OHADA. Ces opérations sont contrôlées sur la base des contrats, des factures, des rapports de mission.

c. Les impôts et taxes (compte 66)

Ce sont des charges relatives aux impôts professionnels des EMF au profit de l'État[473]. Sont donc concernés :

- les impôts et taxes directs ;
- les impôts et taxes indirects ;
- les droits d'enregistrement ;
- les pénalités et amendes fiscales ;
- les autres impôts et taxes.

Ces opérations sont contrôlées sur la base des quittances de paiement, des états de déclaration et des avis d'imposition.

d. Les pertes exceptionnelles sur exercices antérieurs/valeurs nettes des éléments d'actif (compte 67)

Ce sont les charges à caractère exceptionnel ou relevant des exercices antérieurs. Le caractère exceptionnel peut être transposé à la notion de hors activité ordinaire du système comptable OHADA. La particularité de ce

---

[472] Les avantages en nature représentent des consommations de fournitures et services. Au cours de l'exercice, ils sont inscrits au débit des comptes des charges concernées. En fin d'exercice, ils sont transférés au débit du compte 651 par le crédit du compte 754- Récupération et refacturation des charges d'exploitation non bancaires

[473] PCEMF, op.cit. : « L'établissement de microfinance doit être en mesure de distinguer les impôts et les taxes versés à l'État, de ceux versés à des organismes internationaux. », page 167.

compte relève du fait qu'il permet d'imputer sur l'exercice, les charges qui se réfèrent à l'exercice antérieur. Entrent donc dans ces opérations :

- les charges d'exploitation bancaire sur exercices antérieurs ;
- les charges générales d'exploitation sur exercices antérieurs ;
- les autres charges sur exercices antérieurs ;
- les valeurs nettes comptables des éléments d'actif immobilisé cédés474 ;
- les subventions accordées ;
- les dons et libéralités accordés ;
- les pertes exceptionnelles.

Ces opérations sont contrôlées sur la base des avis des opérations, des chèques, des ordres de virement émis et des contrats de cession des immobilisations.

1.3. Les charges calculées.

Ce sont les charges qui ne génèrent pas pour les EMF, des décaissements. Elles portent sur les dotations de l'exercice.

a. Les dotations aux amortissements (compte 68)

Ce sont les dotations aux amortissements de l'exercice constatées sur les éléments de l'actif immobilisé tels que des frais et valeurs incorporelles immobilisés (sous compte 680) et les immobilisations corporelles (sous compte 682).

Les dotations aux amortissements de l'exercice sont contrôlées sur la base de l'état d'inventaire physique des immobilisations de l'exercice, du tableau d'amortissement de l'exercice, des mouvements créditeurs du compte 28, « amortissement des immobilisations » pour les immobilisations incorporelles et corporelles, des comptes 201 « frais immobilisés » et 2013 « frais d'acquisition des immobilisations » en application du principe de l'amortissement direct.

b. Les dotations aux provisions et pertes sur créances irrécouvrables (compte 69)

Ce sont des pertes probables constatées à la clôture de l'exercice en application du principe de prudence ainsi que les pertes définitives constatées sur les créances. Sont donc concernées :

---

[474]Pour les besoins d'analyse, il convient de distinguer les pertes exceptionnelles des valeurs nettes comptables des immobilisations cédées.

- les dotations aux provisions pour : risques et charges[475], dépréciation des valeurs immobilisées[476], dépréciation des comptes de clientèle, dépréciation des autres comptes de tiers, dépréciation des comptes de trésorerie, les comptes d'EMF, dépréciation des stocks ;
- les pertes sur créances irrécouvrables[477] ;
- les dotations aux provisions pour risques généraux ;
- les dotations aux provisions réglementées ;
- les autres dotations aux provisions.

Les opérations inscrites en charge dans les EMF se distinguent par la nature de l'activité d'une part, et part le caractère décaissable ou non de la charge d'autre part. Pour les besoins d'une bonne lecture fiscale, une telle analyse est condensée dans le schéma ci-dessous.

[475]Les risques et charges nettement précisés quant à leur objet ainsi que les événements survenus ou en cours, ou rendus probables, entraînent la constitution de provisions pour risques et charges. Ces risques effectifs ou probables sont provisionnés même en cas de résultats déficitaires ou lorsqu'ils sont connus entre la date de clôture de l'exercice et celle de l'établissement des comptes.

[476] La dépréciation des immobilisations corporelles, amortissables ou non, induite par des causes dont les effets ne sont pas jugés irréversibles (exemple : déprime du marché de l'immobilier) peut être couverte par des provisions

[477] L'abandon de créances irrécouvrables est assimilé à une dotation aux provisions. Lorsque l'abandon porte sur des créances déjà couvertes par des provisions, le montant de la créance abandonnée est malgré tout inscrit au compte 692- Pertes sur créances irrécouvrables tandis que la provision existante est reprise au crédit du compte 791- Reprises de provisions.

Schéma N° 18 : Structure résumée des comptes de charges des EMF.

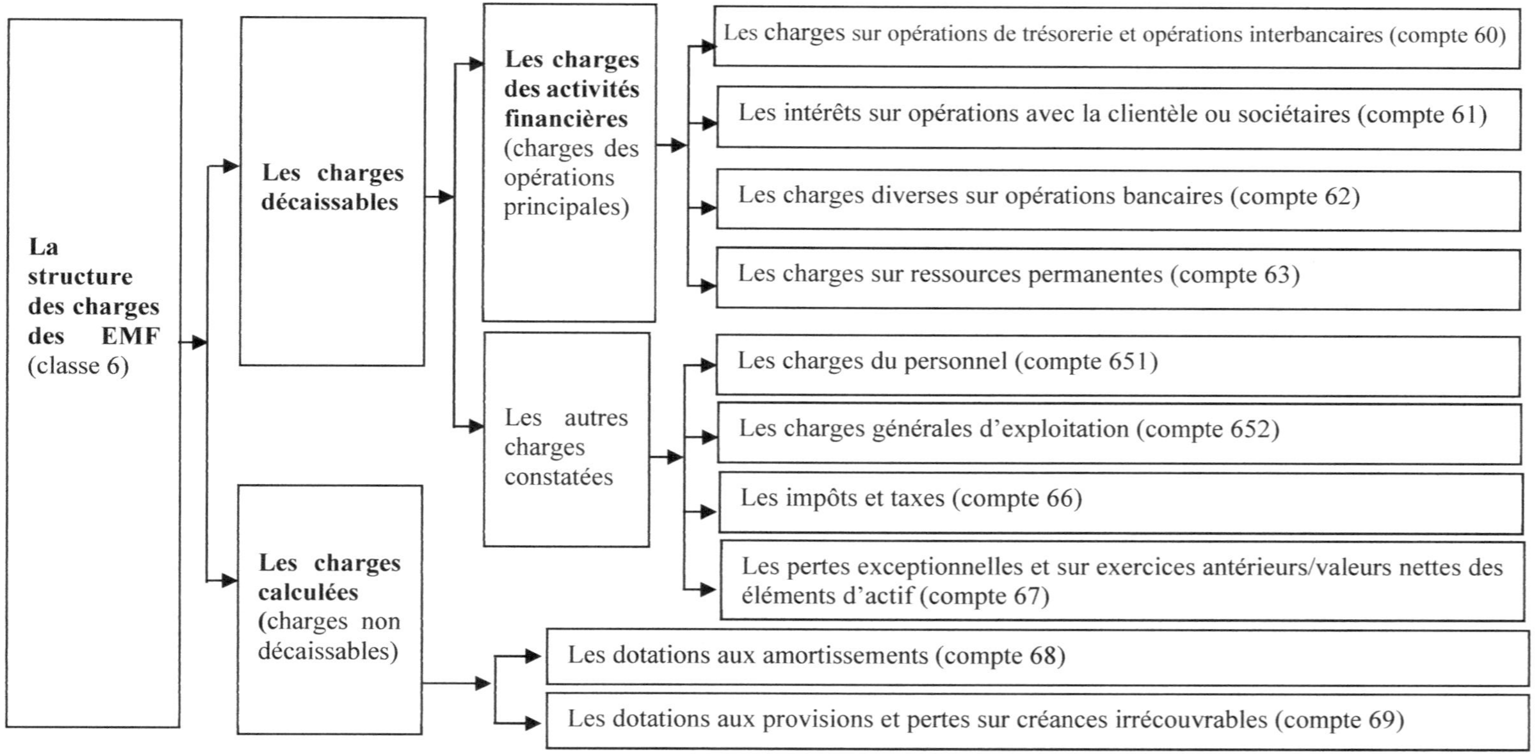

Sources : construction de l'auteur à partir de la littérature relative au PCEMF.

2. La structure organisationnelle des comptes de produits des EMF

L'analyse des produits bien qu'ayant déjà été évoquée dans le cadre d'un recentrage des sources d'imposition des EMF ne semble pas assez édifiante pour une lisibilité des imputations comptables. En effet, il s'agit ici de restituer l'organisation comptable des comptes des produits et de décrypter pour les besoins d'un contrôle fiscal, les documents juridiques pouvant justifier leurs inscriptions dans les comptes. Les comptes de produits des EMF sont structurés ainsi qu'il suit :

- les comptes des produits des activités financières ;
- les comptes des produits accessoires ;
- les comptes des autres produits encaissables ;
- les comptes des produits non encaissables.

2.1. Les comptes des produits des activités financières

Les comptes des produits des activités financières sont ceux qui constituent en grande partie, le montant du chiffre d'affaires des EMF. Ils enregistrent les produits qui se rattachent à leurs activités principales. Leurs spécificités relèvent du fait qu'ils sont générés, à l'exception des produits de participation, automatiquement par le système informatique sans qu'il ne soit possible de les rattacher à des supports juridiques ou comptables précis. Sont donc concernés :

a. Le compte des produits sur opérations de trésorerie et interbancaire (Compte 70)

Ce sont les intérêts et commissions qui rémunèrent les placements effectués sur le marché monétaire et auprès des correspondants[478]. En fin d'exercice, il convient de procéder à l'évaluation des intérêts courus et non perçus[479], mais afférents à ladite période, par le débit des comptes « créances rattachées » lié aux comptes de trésorerie et aux opérations interbancaires. Il faut noter que les seuls supports comptables de ces opérations sont constitués des avis des opérations sans qu'il ne soit possible de les identifier à partir d'un document manuel.

b. Le compte des produits sur opérations avec la clientèle ou sociétaires (compte 71)

Ce compte enregistre les intérêts et commissions qui rémunèrent les crédits et avances consentis à la clientèle ainsi que les produits des opérations de crédit-bail (lorsque l'EMF est bailleur) ou assimilés (location avec option

---

[478]PCEMF, op.cit. : « Les intérêts sur créances en souffrance non perçus, à enregistrer en hors bilan au compte 9841- Intérêts sur créances en souffrance. Ils ne sont portés au compte 70 qu'après leur perception effective. », Page 173.

[479] Il s'agit de l'application du principe de l'indépendance des exercices comptables.

d'achat). A l'occasion de chaque transfert de créances saines en créances en souffrance, les produits s'y rapportant antérieurement enregistrés au compte 71, mais non effectivement perçus sont extournés puis enregistrés en hors-bilan.

Ces opérations qui sont générées automatiquement par le système informatique ne nécessitent aucun document de base, à l'exemple des factures ou des factures d'avoir pour les extournes des produits non effectivement encaissés.

Remarque : les intérêts sur créances en souffrance, portés au crédit des comptes 70 et 71, mais non effectivement perçus, doivent être extournés et enregistrés en hors bilan au compte 9841- Intérêts sur créances en souffrance[480].

c. Le compte des produits sur opérations diverses (compte 72)

Ce compte recense :

- l'ensemble des commissions qui rémunèrent les services financiers rendus à la clientèle ;
- les profits sur titres de transactions (les plus-values constatées) sur les titres de transaction au cours de leur détention ou à l'occasion de leur cession ;
- les récupérations et refacturations des charges d'exploitation bancaire acquittées par l'établissement pour le compte de la clientèle au titre de débours ;
- les produits sur moyens de paiement.

Ces opérations sont également générées automatiquement par le système informatique avec pour seul support, les avis des opérations à l'exception des profits sur titre qui sont fondés sur les actes qui matérialisent les ventes des titres, les débours qui doivent être justifiés par les supports comptables des charges initialement engagées ainsi que les tickets comptables d'imputation.

d. Le compte des produits du portefeuille titres et des prêts à souscription obligatoire (compte 73)[481]

Ce compte recense l'ensemble des produits générés par le **portefeuille titres** de l'EMF, à l'exception des écarts de réévaluation du portefeuille de transaction et des plus-values de cession qui relèvent respectivement des comptes 726- Profits sur titres de transaction et 779- Profits exceptionnels sur exercices antérieurs – prix de cession d'éléments d'actif. Il s'agit des :

---

[480] Voir PCEMF, op.cit., pages 173 et 174.

[481] Voir PCEMF, op.cit., pages 177 et 178.

- **revenus du portefeuille de participation** qui comprennent les revenus **:** des actions propres détenues, d'actions et parts d'EMF, d'actions et parts d'autres sociétés, des titres publics immobilisés, des titres privés immobilisés et des titres en souffrance ;
- **revenus des prêts et titres à souscription obligatoire** tels que les revenus : des bons d'équipement et assimilés ; des créances titrisées sur l'État, des autres prêts et titres à souscription obligatoire, des prêts et titres impayés ;
- **revenus du portefeuille de placement tels que les revenus :** d'actions et parts d'établissements de crédit, de bons du trésor, d'autres actions et parts négociables, etc. ;
- **revenus du portefeuille de transaction tels que les revenus :** d'actions et parts d'établissements de crédit ; de bons du trésor, etc.

La force probante de ces opérations doit être fondée sur les actes d'acquisition des titres cédés ainsi que les documents qui matérialisent leurs cessions.

2.2. Le compte des produits accessoires (compte 74)

Ce compte enregistre les produits extériorisés par l'établissement de microfinance et qui ne se rapportent pas aux opérations autorisées à titre principal[482] (épargne, crédits, placements financiers, transferts de fonds). Sur cette base, ces produits proviennent des opérations autorisées à titre accessoire telles que :

- les ventes de devises et de chèques de voyage ;
- les ventes de marchandises ;
- les opérations de crédit-bail ;
- la location de coffres ;
- les actions de formation.

Ces opérations doivent être portées sur des actes juridiques et supports comptables qui les matérialisent, à l'exemple des conventions, des factures, des contrats, des ordres de virement et autres moyens de paiement.

2.3. Les autres produits encaissables

Ce sont des produits non liés à l'activité principale ou accessoire des EMF, mais qui sont susceptibles de générer un mouvement de trésorerie. Sont donc concernés :

---

[482] Conformément à l'article 9 du Règlement CEMAC N° 01/02/CEMAC/UMAC/COBAC

a. Les autres produits (compte 75)

Ce sont des produits non bancaires résiduels, non considérés comme produits accessoires. On distingue :

- les jetons de présence ;
- les études cédées ;
- la production immobilisée ;
- les récupérations et refacturations des charges d'exploitation non bancaires (débours) ;
- les autres produits d'opérations avec la clientèle ou sociétaires ;
- les autres produits d'opérations EMF.

Pour être comptabilisés, ces produits doivent porter sur des supports juridiques et comptables tels que les ordres de virement, les chèques, les bordereaux d'imputation et de transfert des charges immobilisées, les factures, les contrats et les conventions.

b. Les subventions d'exploitation et d'équilibre[483] (compte 76)

Ce sont des aides qui consistent en la remise d'espèces ou de biens à fonds perdu au profit de l'établissement de microfinance de la part :

- des pouvoirs publics nationaux (collectivités locales, Etat, Caisse de stabilisation) ;
- ou d'organismes étrangers, publics ou privés (Coopération et Assistance).

c. Les profits exceptionnels et sur exercices antérieurs – prix de cession des éléments d'actif (compte 77)

Ce compte enregistre les produits à caractère exceptionnel, les produits qui se rapportent aux exercices antérieurs et les prix de cession des valeurs d'actif immobilisé. Entrent dans cette catégorie :

- les produits d'exploitation bancaire sur exercices antérieurs ;
- les produits divers sur exercices antérieurs ;
- les indemnités d'assurance ;
- les provisions spéciales et réserves de réévaluation reprises ;
- les subventions d'investissement reprises ;
- les prix de cession des éléments d'actif immobilisé ;
- les transferts de charges exceptionnelles et sur exercices antérieurs ;
- les salaires et indemnités abandonnés ;
- les divers profits exceptionnels.

---

[483]PCEMF, op.cit. : « La subvention d'exploitation est destinée à compenser une insuffisance de prix (taux d'intérêt et de commissions), ou des charges jugées trop lourdes (personnel expatrié, maintien d'agences non rentables). En revanche, la subvention d'équilibre vise à compenser un résultat d'exploitation déficitaire. », Page 182.

Ces opérations doivent être justifiées par les conventions, les contrats d'assurance, les ordres de virement, les contrats et autres moyens de paiement bancaires. Les comptes des produits non encaissables sont des opérations relatives aux reprises de provisions et amortissements.

2.4. Les produits non encaissables

Ce sont des produits qui ne gèrèrent aucun mouvement de trésorerie. Entrent dans cette catégorie :

a. Les reprises des amortissements (compte 78)

Ce sont des produits qui se rapportent aux opérations de reprises d'amortissements concernant des périodes antérieures, par le débit des comptes d'amortissements concernés.

b. Les reprises de provisions et récupérations sur créances irrécouvrables (sous comptes 791, 794, 797, 798, 799)[484]

Ces opérations ont pour documents supports, les tableaux des amortissements et des provisions des exercices antérieurs, les justificatifs des amortissements annulés.

Comptabilisés au crédit des comptes de la classe 7, les produits des EMF sont relatifs aux activités principales et accessoires d'une part, et aux autres activités qu'ils réalisent, d'autre part. Ces produits dans leurs analyses peuvent générer des encaissements ou non. Dans le second cas, il s'agit des reprises aux amortissements et provisions. Tout compte fait, une telle analyse peut être synthétisée dans le schéma ci-dessous.

[484]Voir PCEMF, op.cit., page 185.

Schéma N° 19 : Structure résumée des comptes de produits des EMF.

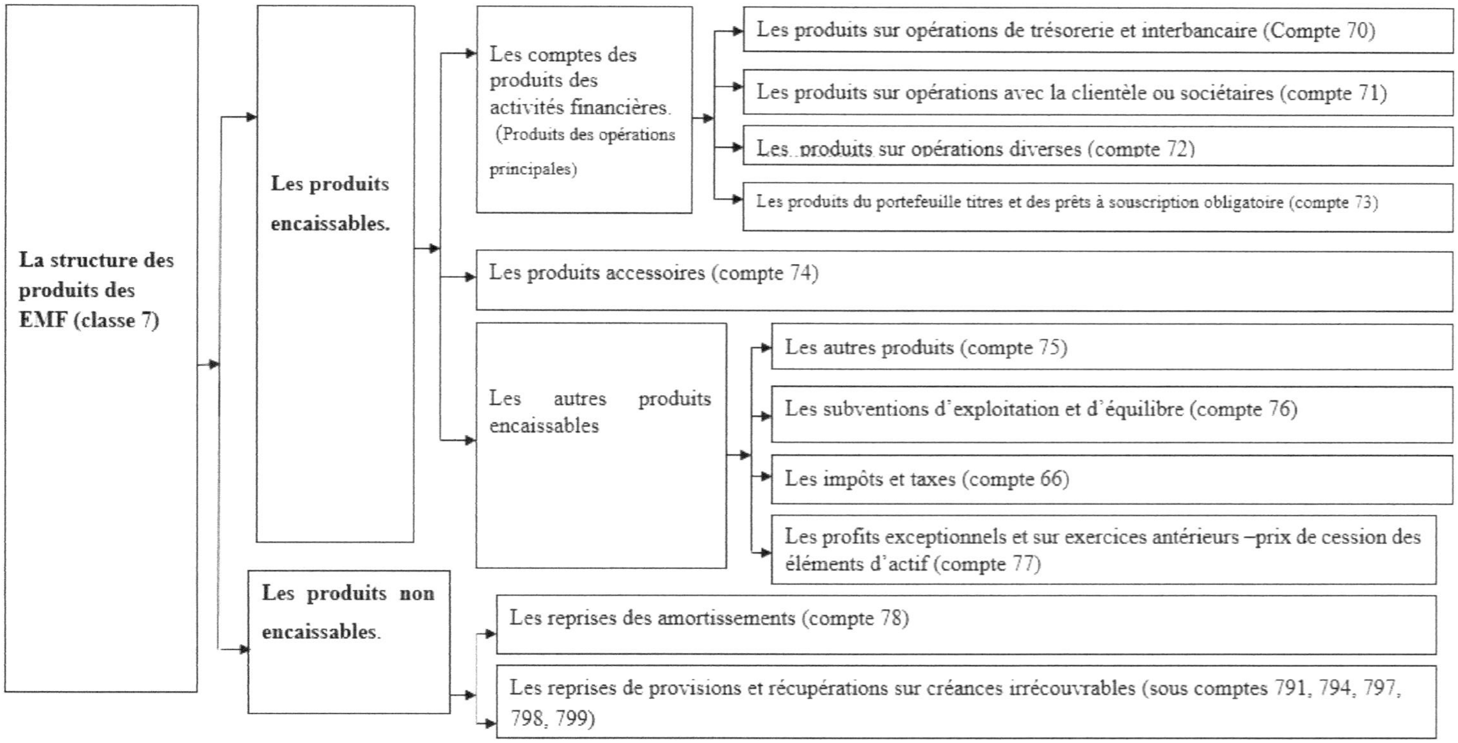

Sources : Nous-mêmes à partir du PCEMF.

3. Les comptes de résultat (classe 8)

Encore appelée soldes intermédiaires de gestion, cette classe de comptes permet d'analyser le niveau de rentabilité des EMF, objet de la deuxième partie de ce travail. Les soldes de gestion permettent de vider les comptes de charges et de produits et débouchent ainsi sur la détermination de manière successive et progressive du résultat de l'EMF. On distingue les soldes intermédiaires suivants :

- le compte 80 – Produit Net Financier (PNF) ;
- le compte 81 – Produit Global d'Exploitation (PGE) ;
- le compte 82 – Résultat d'Exploitation (RE) ;
- le compte 83 – Résultat Courant (RC) ;
- le compte 84 – Résultat Exceptionnel (Re) ;
- le compte 85 – Résultat Avant Impôt (RAI) ;
- le compte 86 – Impôts sur le Résultat ;
- le compte 87 – Résultat Net (RN).

C. Les comptes des engagements hors bilan (classe 9)

Les opérations de crédit et de caution sont des risques financiers que les EMF prennent au profit de la clientèle ou des sociétaires. Ainsi, un accord de financement constitue un engagement donné dont il convient de matérialiser en hors bilan, le risque financier au profit des tiers. De même, ces entités reçoivent des bailleurs de fonds, des promesses de financement sous forme de subventions ou des prêts. Ces promesses constituent des engagements reçus des tiers à porter également en hors bilan. Dans l'ensemble, les supports comptables des engagements hors bilan sont constitués des accords de financement donnés ou reçus des tiers. Entrent donc dans cette catégorie :

- les engagements donnés aux correspondants locaux ;
- les engagements reçus des correspondants locaux ;
- les engagements en faveur de la clientèle ;
- les engagements reçus de la clientèle ;
- les engagements de crédit-bail ;
- les opérations sur titres et valeurs affectées en garantie ;
- les opérations du marché monétaire ;
- les engagements reçus de l'État et des organismes publics ;
- les opérations en devises ;
- les engagements par signature douteux ;
- le compte général des engagements hors bilan.

1. Les engagements donnés aux correspondants locaux (compte 90)

Ce compte enregistre à son débit par le crédit du compte 990, le montant des concours financiers que l'EMF s'est irrévocablement engagé à mettre à la disposition d'autres établissements financiers, ainsi que les cautions et aval lorsque ceux-ci en feront la demande. Ces accords de refinancement doivent faire l'objet d'un engagement écrit et peuvent prendre la forme de filet de sécurité, lignes d'escompte, crédits stand-by ou d'engagements de refinancement.

L'examen fiscal de ce compte permet d'évaluer la masse des placements effectués par une microfinance au cours d'un exercice ainsi que les engagements par signature émis au profit d'autres établissements financiers aux fins d'évaluer sur la base des conditions des banques, le montant du revenu imposable.

2. Les engagements reçus des correspondants locaux (compte 91)

Ce compte enregistre à son crédit et par le débit du compte 991, les concours que les correspondants se sont irrévocablement engagés à mettre à la disposition de l'établissement de crédit à la première demande de celui-ci. Ces accords de refinancement doivent être matérialisés par un engagement écrit.

3. Les engagements en faveur de la clientèle (compte 92)

Ce compte permet de constater à son débit par le crédit du compte 992 :

- l'ensemble des engagements par trésorerie (crédits amortissables) qu'un EMF s'est irrévocablement engagé à mettre à la disposition de la clientèle sur sa demande et sur la base d'un accord de financement ;
- les engagements par signature (de caution ou d'aval) donnés sur ordre de la clientèle comprennent notamment les cautions immobilières, fiscales, douanières, sur marchés publics, obligations cautionnées, etc.

L'analyse de ce compte est d'une importance significative sur le plan fiscal en ce sens qu'elle permet d'évaluer globalement, le montant du crédit mobilisé au cours d'un exercice ainsi que les engagements par signature au profit de la clientèle. Ce qui permet d'estimer sur la base des conditions de banque, le montant du revenu imposable correspondant.

4. Les engagements reçus de la clientèle[485] (compte 93)

Ce compte constate à son crédit par le débit du compte 993, l'engagement émis par la clientèle ou les sociétaires au profit de la microfinance. Il en est ainsi des hypothèques, des nantissements, des gages, des avals et cautions, etc.

5. Les engagements de crédit-bail (compte 94)

Ce compte est :

---

[485] Lexique Financier, « Engagements hors bilan, « Les principaux engagements hors bilan peuvent concerner les opérations de crédit-bail, les instruments de gestion des risques de taux et de change et les garanties d'actif et de passif lors d'une cession d'entreprise», http://www.lesechos.fr/finance-marches/vernimmen/definition_engagements-hors-bilan.html.

- débité par le crédit du compte 994 lors de la conclusion du contrat de crédit-bail, lorsque l'EMF est preneur et partant, donne l'engagement de paier le montant total ;
- crédité par le débit du compte 994 lors de la conclusion du contrat de crédit-bail, lorsque l'EMF est bailleur et partant, donne l'engagement de mettre à la disposition du preneur le bien.

6. Les opérations sur titres et valeurs affectées en garantie des opérations du marché monétaire (compte 95)

Ce compte enregistre à son débit et par le crédit du compte 995, les engagements donnés par les EMF en garantie des opérations du marché monétaire. Les effets publics sont représentés par les bons d'équipement, les bons du Trésor et les obligations émises par les États de la Zone d'Émission.

7. Les engagements reçus de l'État et des organismes publics (compte 96)

Ce compte enregistre à son crédit par le débit du compte 996, à la réception de l'engagement émis, les engagements par signature (cautions, avals, etc.) reçus de l'État et des organismes publics.

8. Les opérations en devises (compte 97)

Ce compte permet de comptabiliser au débit ou au crédit en contrepartie du compte 997, les engagements libellés en devises.

9. Les engagements par signature douteux

Sont repris dans les comptes 98 :

- les engagements de toute nature pour lesquels l'établissement de crédit encourt le risque de ne pas honorer sa signature. Ils font l'objet de constitution de provisions dans le compte 1934- « Provisions pour exécution d'engagements d'avals et cautions » ;
- les loyers de crédit-bail ou de location avec option d'achat non échu, dont est redevable tout locataire sur lequel l'établissement de crédit porte des impayés de plus de trois mois. Afin d'éviter une surévaluation de la réserve latente, des provisions doivent être constituées en fonction des perspectives de recouvrement de ces loyers. Elles sont portées au compte 1942- « Provisions pour risque de non perception de loyers ».

Le compte 98 est d'une importance significative sur le plan fiscal en ce sens qu'il permet de comptabiliser en hors bilan au crédit du compte 984- Produits et taxes à recouvrer sur créances en souffrance et engagements par signature douteux, les intérêts, commissions et TVA sur les créances en souffrance.

10. Le compte général des engagements hors bilan (compte 99)

Il joue la contrepartie des autres comptes d'engagement. Il est crédité pour constater les engagements émis et débité pour matérialiser les engagements reçus. Toutefois, les comptes d'engagements doivent être extournés au fur et à mesure de l'épuisement des opérations qui les matérialisent.

L'organisation comptable des EMF s'articule autour des comptes de la classe 1 à 9. On distingue à cet effet, trois groupes de comptes. Premièrement, les comptes de la classe 1 à 5 qui enregistrent les événements qui matérialisent le patrimoine, ensuite, les comptes de gestion qui comprennent la classe 6,7 et 8. Enfin, les comptes des engagements hors bilan dont la classe 9 qui relève de la spécificité du secteur bancaire. Sur le plan de la force probante des opérations, ce secteur d'activité est d'une particularité remarquable. Ainsi, pendant que certaines opérations sont générées automatiquement par le logiciel comptable sans aucun document support, d'autres sont imputées manuellement et nécessitent alors, un document de base. Cette démarcation par rapport aux entreprises commerciales se doit d'être suffisamment intégrée dans la gestion et le respect des obligations fiscales.

SECTION 2 : LE RÉGIME D'IMPOSITION ET LES OBLIGATIONS FISCALES DES EMF

Comprendre les obligations fiscales des EMF suppose la maîtrise de leurs régimes d'imposition (**I**) et, ensuite, la prise en compte des obligations d'ordre général et spécifique qui en découlent (**II**).

I. L'APERÇU DU RÉGIME D'IMPOSITION DES EMF

S'interroger sur le régime d'imposition des EMF revient à restituer au préalable, les critères d'imposition des contribuables au Cameroun (**A**). Une telle analyse nous permet de comprendre comment les contribuables sont assujettis aux différents impôts, droits et taxes en général et d'en déduire le cadre d'imposition propre aux EMF (**B**).

A. Le critère d'imposition des contribuables

Les variables permettant de déterminer le régime d'imposition des contribuables au Cameroun ont connu une évolution avec le temps. Mieux les comprendre consiste à s'appesantir sur les dispositions anciennes d'une part, et les dispositions nouvelles, d'autre part.

1. Les dispositions fiscales anciennes

Jusqu'au 31 décembre 2011, les contribuables étaient imposés selon quatre régimes d'imposition[486], à savoir :

[486]Articles 61 et 63 du CGI supprimés par la loi de finances de l'exercice 2012.

- le régime de l'impôt libératoire ;
- le régime de base ;
- le régime du simplifié ;
- le régime du réel.

Dans le cadre de leurs classifications, trois critères étaient retenus pour déterminer le régime d'imposition :

- la forme juridique des contribuables ;
- la nature spécifique de l'activité ;
- le montant du chiffre d'affaires hors taxe annuel déclaré.

1.1. La forme juridique

Cette variable permettait de distinguer les entreprises sociétaires des entreprises individuelles. Ainsi, les entreprises sociétaires étaient d'office imposées selon le régime du réel alors que les entreprises individuelles étaient imposées en fonction du montant du chiffre d'affaires annuel hors taxes réalisé.

1.2. L'imposition selon l'activité du contribuable

Faisaient partie de cette catégorie et imposées au régime du réel d'imposition quel que soit le montant de leur chiffre d'affaires annuel, les personnes physiques qui exerçaient certaines activités à l'instar des :

- exploitants forestiers ;
- officiers publics ministériels ;
- professions libérales ;
- entreprises pétrolières.

1.3. L'imposition selon le montant du chiffre d'affaires hors taxes annuel

Ce critère concernait en particulier les entreprises individuelles classées en fonction de leur chiffre d'affaires hors taxes annuel déclaré. Ainsi, étaient imposés selon le régime :

- de l'impôt libératoire : les entreprises individuelles qui réalisaient un chiffre d'affaires hors taxes annuel inférieur à 15 millions de francs CFA ;
- de base : les entreprises individuelles qui réalisaient un chiffre d'affaires annuel hors taxes compris entre 15 et 50 millions de francs CFA. Toutefois, les contribuables soumis à ce régime pouvaient opter pour le régime simplifié. L'option étant irrévocable pour une période de trois ans et emportait également l'option pour le même régime à la Taxe sur la Valeur Ajoutée ;
- du simplifié : les entreprises individuelles qui réalisaient un chiffre d'affaires annuel hors taxes compris entre 50 millions et 100 millions

de francs. Toutefois, les contribuables soumis à ce régime pouvaient opter pour le régime du réel.

- du Réel : les entreprises individuelles qui réalisaient un chiffre d'affaires annuel hors taxes au moins égal à 100 millions de francs CFA.

Au regard des différents régimes d'imposition antérieurement applicables, la hiérarchie des normes voulait qu'on s'interroge d'abord sur la forme juridique du contribuable[487]. Ensuite, intervenait le critère d'activité spécifique. Et enfin, la notion du chiffre d'affaires qui peut varier d'une année à l'autre[488].

2. Les dispositions nouvelles

La loi de finances de l'exercice 2012 consacre la suppression du régime de base et retient comme seul critère d'imposition au Cameroun, le montant du chiffre d'affaires hors taxes annuel déclaré. Ainsi, à partir du 1er janvier 2012, on distingue trois régimes d'imposition[489] à savoir :

- le régime de l'impôt libératoire qui s'applique exclusivement aux personnes physiques490 ;
- le régime simplifié qui s'applique aux entreprises individuelles et aux entreprises sociétaires ;
- le régime du réel qui s'applique aux entreprises individuelles et aux entreprises sociétaires.

B. Le critère d'imposition des EMF au Cameroun

Les EMF sont des personnes morales. Et à ce titre, ils doivent être imposés selon le régime simplifié ou du réel.

1. Les EMF vus comme contribuables du régime du simplifié

Relèvent du régime simplifié[491], les entreprises individuelles et les personnes morales qui réalisent un chiffre d'affaires annuel égal ou supérieur à 10 millions et inférieur à 50 millions, à l'exception des transporteurs de personnes et des entreprises de jeux de hasard et de divertissement[492]. Les EMF étant des personnes morales, ils sont donc imposés comme contribuables

---

[487]Personnes physiques ou personnes morales.

[488] L'article 62 du CGI actuellement supprimé précisait que les entreprises individuelles dont le chiffre d'affaires passe au-dessous des limites du seuil étaient maintenues dans leur régime initial pendant une période de deux ans.

[489]'Article 93 ter du CGI (L.F. 2012)

[490] 'Article 93 ter Al. 1 du CGI, « Relèvent du régime de l'impôt libératoire, à l'exception des exploitants forestiers, des officiers publics ministériels, et des professions libérales, les entreprises individuelles qui réalisent un chiffre d'affaires annuel inférieur à 10 millions. Les EMF étant des personnes morales, ils ne peuvent en aucun cas être imposés selon le régime de l'impôt libératoire. »

[491]Article 93 quater Al. 2 du CGI.

[492] Ces contribuables sont identifiés aux articles 93 septies et 93 octies du CGI.

du régime simplifié dès lors qu'ils répondent à ce critère du chiffre d'affaires et selon deux catégories :

- la première catégorie sans distinction de la forme juridique et de l'activité est constituée des EMF dont le chiffre d'affaires est supérieur à 10 millions et inférieur à 30 millions ;
- la deuxième catégorie sans distinction de la forme juridique et de l'activité est constituée des EMF dont le chiffre d'affaires est supérieur à 30 millions et inférieur à 50 millions. Jusqu'au 31 décembre 2013, ces contribuables pouvaient solliciter auprès du chef de Centre compétent, avant le 1er février de l'année d'imposition, une option pour le régime du réel. Depuis le 1er janvier 2014 (L.F. 2014), cette option est levée et le seul critère d'imposition applicable reste le montant du chiffre d'affaires hors taxes annuel.

2. Les EMF vus comme contribuables de régime du réel[493]

Relèvent du régime du réel, les entreprises individuelles et les personnes morales qui réalisent un chiffre d'affaires annuel hors taxes égal ou supérieur à 50 millions de francs. Les EMF étant des personnes morales, ils sont imposés comme contribuables du régime du réel dès lors que le chiffre d'affaires hors taxes annuel est compris dans cette tranche.

Les entreprises dont le chiffre d'affaires passe en-dessous des limites visées ci-dessus sont maintenues dans leur régime initial pendant une période de deux ans[494].

On retient globalement que les habitudes fiscales ont basculé au Cameroun pour ce qui est du régime d'imposition depuis le 1er janvier 2012. Le seul critère d'imposition étant le chiffre d'affaires hors taxes annuel réalisé, les EMF peuvent être imposés au simplifié ou au réel. Une telle classification conditionne l'application et le respect des obligations fiscales qui s'imposent à tous les contribuables.

II. LES OBLIGATIONS FISCALES DES EMF

Les institutions de microfinance sont des personnes morales qui exercent une activité économique. Ainsi entendues, elles sont tenues sur le plan fiscal des obligations qui relèvent du droit commun. On distingue à cet effet, les obligations d'ordre général et comptable (**A**), les obligations de déclaration et de paiement des impôts, droits et taxes (**B**).

---

[493] Article 93 quater Al. 3 du CGI.

[494] Article 93 quinquies du CGI, (L. F. 2012).

A. Les obligations d'ordre général et comptable

Elles sont liées au respect des dispositions fiscales communes à toutes les entreprises, ainsi qu'à la tenue d'une comptabilité en fonction du régime d'imposition de rattachement.

1. Les obligations d'ordre général

Ce sont des obligations de droit commun qui s'imposent à tous les contribuables. Elles portent sur l'immatriculation de l'entreprise, la localisation, la communication et la conservation des documents.

1.1. L'obligation d'immatriculation[495]

Tout EMF, quelle que soit la catégorie à laquelle il appartient, en sa qualité de redevable réel ou légal, est tenu de souscrire une demande d'immatriculation auprès de son centre des impôts de rattachement au plus tard 15 jours après le début de ses activités. Cette formalité permet qu'il lui soit attribué un Numéro d'Identification Unique (N.I.U).

1.2. L'obligation de localisation

Les EMF sont également astreints à l'obligation de souscrire une attestation de localisation auprès des services fiscaux, ce qui est le gage de la connaissance de leurs locaux et adresse par l'administration fiscale.

1.3. L'obligation de communication des documents ou des informations en vertu du droit de communication[496]

Les EMF sont tenus de fournir sur demande aux agents des impôts ayant au moins le grade de contrôleur, les documents ou les informations qu'ils sollicitent dans le cadre du contrôle des déclarations des contribuables, sans pouvoir leur opposer le secret professionnel[497].

1.4. Les obligations de conservation des documents

Les EMF comme tous les contribuables, doivent conserver leurs documents comptables, notamment les livres, les registres, etc., afin de pouvoir les présenter à toute réquisition de l'administration.

---

[495] Article L1 du LPF.

[496] Article L 42 du LPF.

[497] Au terme de l'article 45 alinéa 1er de l'ordonnance de 1985, il ressort qu'il est interdit au banquier de révéler à des tiers des faits non publics dont il a eu connaissance à l'occasion ou dans l'exercice de son activité professionnelle. Cependant, en respect du droit de communication, ce secret professionnel n'est pas opposable à l'administration fiscale.

2. Les obligations comptables[498]

Il s'agit des obligations liées à l'organisation et à la procédure comptable qui s'imposent à toutes les autres entreprises.

2.1. La tenue d'une comptabilité conforme au PCEMF

Pour les besoins d'asseoir leur base fiscale, les EMF quelle que soit leur catégorie, ont l'obligation de tenir une comptabilité conforme au Plan Comptable des Établissements de Microfinance (PCEMF). Cependant, les EMF de première catégorie qui réalisent les opérations avec les membres et les non membres[499], doivent tenir deux comptabilités séparées. Ainsi, les opérations réalisées avec les membres et les usagers non adhérents doivent être comptabilisées séparément[500].

2.2. Les obligations d'information[501]

Les EMF doivent publier périodiquement leur situation financière et comptable et afficher les conditions applicables à la clientèle.

B. Les obligations de déclaration et de paiement des impôts, droits et taxes

Le système fiscal camerounais étant déclaratif, les EMF, comme tous les autres contribuables exerçant au Cameroun, sont soumis aux obligations de déclaration des impôts, droits et taxes de divers ordres auxquels ils sont assujettis. Cette déclaration leur est imposée même quand ils sont exonérés de certains impôts et taxes. Il convient donc d'examiner les déclarations spontanées et les déclarations de suite de notification fiscale d'une part, et les sanctions liées à l'absence de déclarations d'autre part.

1. Les déclarations spontanées et les déclarations de suite de notification fiscale

Les EMF sont astreints aux obligations de déclarations. Celles-ci peuvent être mensuelles, annuelles ou par suite d'une notification fiscale.

1.1. Les déclarations spontanées

C'est lorsque le contribuable souscrit personnellement, sans contrainte et dans les délais[502] à sa déclaration fiscale. Il porte par cet acte, à la connaissance

---

[498] Articles 38 et 39 de la loi N° 92/006 du 14 août 1992.

[499] Article 43 nouveau de la loi N° 92/006 du 14 août 1992 relative aux sociétés coopératives et aux groupes d'initiative commune.

[500] Article 38 Al. 2 de la loi N° 92-006 du 14 août, op.cit.

[501] Article 65 du règlement N° 01/02/CEMAC/COBAC du 13 avril 2002, op.cit.

[502] Les délais de déclarations en matière fiscale sont de trois ordres :

- au plus tard le 15 du mois suivant pour les retenues à la source et acomptes de l'impôt sur les revenus ;

des services des impôts, le montant des impôts, droits et taxes dont il est redevable. Cette opération exonère l'assujetti des pénalités de déclaration. Entrent dans cette catégorie :

- l'acompte mensuel d[503]'I.S calculé sur le montant du chiffre d'affaires hors taxe mensuel au taux de 1,1 % pour les EMF qui relèvent du régime du réel ou de 5,5 % pour ceux du régime simplifié en leur qualité de prestataire de service ;
- la TVA pour les EMF de deuxième catégorie qui relèvent du régime du réel504 ;
- les autres retenues à la source en leur qualité de redevable légal ;
- les déclarations pour dépôt de DSF à la fin de chaque exercice.

1.2. Les déclarations de suite de notification fiscale

C'est lorsque le contribuable n'a pas déclaré ses impôts, droits et taxes dans les délais. Il reçoit donc de l'administration fiscale, une mise en demeure de déclarer[505] qui représente une lettre de relance. Il dispose donc de 15 jours pour s'exécuter à compter de la réception de cette lettre.

2. Les obligations de paiement des impôts, droits et taxes

La spontanéité du paiement exigée aujourd'hui à la suite de la déclaration rend ces deux actions quasiment concomitantes et intimement liées sous peine des sanctions prévues dans les dispositions des articles L 95 et suivants du CGI. Le paiement des impôts et taxes susvisés se fait suivant les modalités ci-après [506]:

- en espèces ou par voie électronique pour les montants inférieurs à cent mille (100 000) FCFA ;
- par chèque certifié, par virement bancaire ou par voie électronique pour les montants d'au moins cent mille (100 000) FCFA ;
- par virement bancaire ou par voie électronique pour les entreprises relevant d'une unité de gestion spécialisée[507].

- au plus tard le 15 mars de l'exercice fiscal suivant pour le paiement du solde de l'impôt sur le revenu.

[503]Article 21 Al. 1 du CGI.

[504]Article 132 (nouveau) (L. F. 2012).

[505] Voir article L 3 du LPF.

[506] L'article L 7 du LPF (L. F. 2014).

[507]D'après la décision No 00000432 sur le reclassement des contribuables par le MINFI, sont concernées, les entreprises qui relèvent de la Direction des Grandes Entreprises (DGE) constituées des contribuables qui réalisent et déclarent un chiffre d'affaires annuel hors taxes au moins égal à trois milliards de FCFA et celles qui relèvent des Centres des Impôts des Moyennes Entreprises (CIME) composées des entreprises dont le chiffre d'affaires déclaré est inférieur à trois milliards de FCFA et supérieur ou égal à cinquante millions de FCFA.

L'organisation comptable des EMF obéit à un cadre particulier notamment, le Plan Comptable des Établissements de Microfinance (PCEMF) et non du système comptable OHADA propre aux entreprises commerciales. Cette spécificité doit être prise en compte dans les relations fiscales aux fins de procéder à une bonne lecture de leurs obligations fiscales.

La première partie de ce travail s'est fixée pour ambition de monter que le système fiscal apparaît comme un moyen perceptible de performance financière des EMF. Pour y parvenir, elle procède à la restitution des fondamentaux du concept de la microfinance aux fins de fixer l'Administration fiscale et les acteurs de la microfinance sur les particularités juridiques, règlementaires, institutionnelles et fiscales de ce secteur d'activité. Dans le souci de lever l'équivoque qui pourrait exister entre les deux parties, elle renseigne sur les aspects liés à l'exercice de la profession ainsi que sur les mutations dont sont susceptibles ces entités dans la perspective de décrypter les implications fiscales qui en découlent. Ensuite, elle s'interroge sur la forme juridique même des EMF et les sources d'imposition qui leur sont propres. Au regard de la particularité du secteur de la microfinance, une relation avec l'administration des impôts suppose la prise en compte de son contexte spécifique, c'est pour répondre à cette interpellation que ce travail fait la lumière sur le cadre comptable propre aux EMF ainsi que les obligations fiscales qui en découlent. Une telle approche constitue un préalable à une évaluation de la performance financière et fiscale de ces entités débouchant ainsi sur des analyses contributives.

SECONDE PARTIE :

LE SYSTÈME FISCAL COMME PROCÉDÉ PERFECTIBLE DE PERFORMANCE FINANCIÈRE DES ETABLISSEMENTS DE MICROFINANCE

Comme toutes les autres organisations économiques, les EMF sont constamment en quête de rentabilité de leur activité en termes de profit maximum et de pérennité. Mission qui ne leur est pas toujours aisée à réaliser au regard des difficultés propres au secteur d'activité d'une part et du contexte fiscal des affaires, d'autre part. Sur le plan du secteur d'activité, la concurrence exacerbée exercée par les confrères et même les banques classiques[508] ne constituerait pas un indicateur favorable à la stabilité financière en termes de collecte de l'épargne et la rentabilité des placements. Se greffe à cette situation, la qualité de la clientèle pour laquelle les opérations de crédit sont fondées sur la confiance aux risques d'insolvabilités démesurées aux conséquences multiples. Dans cet ordre d'idées, on peut souligner l'exemple de la qualité du portefeuille[509] qui, à tout moment, peut renseigner sur le niveau élevé des créances compromises d'une part, et de l'impossibilité pour l'EMF de rembourser les dépôts de la clientèle, d'autre part. Cette première approche explique la nécessité pour qu'il soit procédé à une évaluation des indicateurs de performance financière des EMF (**chapitre 1**) pour répondre aux ambitions d'une analyse de la situation financière antérieure d'une part et postérieure, d'autre part. Ces indicateurs de performance intègrent à suffisance, la notion de charges et de produits, y compris les charges fiscales. Situation qui induit la pertinence d'une évaluation des dispositions fiscales sur les indicateurs susceptibles d'expliquer la performance de ces entités (**chapitre 2**).

Ces leviers de performance déterminés pour la plupart sur la base des données comptables propres à ces entités, découlent d'un plan comptable n'ayant pas de lien avec les dispositions fiscales applicables, et met ainsi en péril ces entreprises. C'est le cas, par exemple, des conditions de dotation aux provisions et de constatations des pertes sur créances, de la gestion des produits sur les créances compromises et bien d'autres aspects qui échappent aux réalités des dispositions fiscales avec le risque de déclencher un redressement éventuel. Ces insuffisances fiscales qui sont à l'origine des contentieux divers, justifient donc qu'il soit pris en compte dans la gestion

---

[508] MOULIN Bertrand, TEUWA NKEUWO M. Hugues, *Articulations entre banques commerciales et institutions de microfinance en Afrique subsaharienne : cas du Cameroun :* « Si les banques et certaines IMF ont pu se trouver en situation de concurrence dans certaines régions, aujourd'hui un consensus assez large voit le jour sur la complémentarité possible entre les deux types d'institutions pour faire face à la diversité et à un volume de besoins de financement non couvert estimé à plus de 200 milliards de dollars (Daley-Harris, 2009 ; Swanson, 2008 ; Wampfler et al, 2003) », February 2011, Online at http://mpra.ub.uni-muenchen.de/33015/.

[509] LE BAZAR AUX INFOS, *les qualités essentielles pour assurer la gestion d'un portefeuille client :* « Savoir gérer un portefeuille de clients n'est pas donné à tout le monde. En effet, il faut développer certaines qualités commerciales, comme de la rigueur de gestion de la réactivité, et aussi de l'écoute. Ces atouts s'inscrivent dans les domaines de la gestion, de la vente, et de la force de proposition », site : http://barbichoute.over-blog.com/article-qualites-essentielles-pour-assurer-gestion-d-un-portefeuille-client-85850141.html.

prévisionnelle de la performance, la portée fiscale de la structure patrimoniale (**Chapitre 3**) aux fins de s'assurer que les impôts, droits et taxes générés par les imputations comptables ont été déclarés et acquittés. De même, les conditions de déductibilité des charges et le traitement fiscal des produits des EMF relèvent des dispositions propres à la législation fiscale et non des principes du PCEMF. Dans cette logique, l'ambition consiste également à s'appesantir sur l'appréhension fiscale du compte de résultat des EMF (**Chapitre 4**). L'aboutissement de cette démarche étant de mettre à la disposition des différents acteurs, cette modeste contribution pour qu'ils puissent en permanence s'en servir.

CHAPITRE 1 :

L'ÉVALUATION DES INDICATEURS DE PERFORMANCE FINANCIÈRE DES ÉTABLISSEMENTS DE MICROFINANCE

La notion de performance correspond à l'atteinte des objectifs ou des résultats attendus, et plus largement, à la création de valeur. Plusieurs indicateurs permettent de nos jours de mesurer le niveau de performance des entreprises[510]. Si dans le monde de l'entreprise, la création de valeur est généralement associée à l'accroissement du profit, elle doit être entendue dans le secteur de la microfinance comme une optimisation de l'activité. L'analyse des facteurs de performance financière des EMF peut se rapprocher à une étude comparée de la forme juridique de ces entités. En effet, une étude comparative du lien entre la forme juridique et la performance des EMF réalisée par TCHAKOUTE TCHUIGOUA Hubert[511]a démontré que les EMF de première catégorie sont moins performants que ceux de la deuxième au regard du volet associatif et des aspects commerciaux qui sont mis en concurrence. Une telle comparaison ne relève pas des perspectives de notre approche, tout compte fait, quelles que soient leurs catégories, l'un des objectifs de la microfinance consiste à assurer un niveau de performance financière suffisant pour garantir sa pérennité. La question centrale consisterait à s'interroger sur les indicateurs susceptibles d'assurer l'efficacité immédiate et à long terme. Dans cette logique et à première vue, les indicateurs les plus explorables sont ceux qui découlent des états comptables (**section 1**) permettant ainsi de mettre en éveil, les agrégats qui résultent du compte d'exploitation d'une part et de la situation patrimoniale, d'autre part. De même, l'intégration des grandes masses du patrimoine combinées avec les autres indicateurs propres au secteur de la microfinance permet d'avoir une clarté sur la santé financière à vue et à terme de ces entreprises. Dans cette approche, la COBAC a édicté des ratios de prudence qui répondent aux préoccupations de contrôle de l'activité. En marge de ces agrégats préalablement codifiés, d'autres pistes des indicateurs spécifiques à l'activité de microfinance (**section 2**) méritent d'être explorées aux fins d'examiner les difficultés inhérentes à la qualité du portefeuille, de solvabilité, de rentabilité et d'efficacité pourtant non normalisés, mais aux contributions significatives sur l'évaluation de la santé financière de ces entreprises.

---

510 JDN, *Les indicateurs de performances d'une entreprise* : « De nombreuses entreprises mettent en place des indicateurs de performance à tous les échelons. On distingue les indicateurs financiers, les indicateurs organisationnels, les indicateurs commerciaux et les indicateurs responsabilité sociétale de l'entreprise. » http://www.journaldunet.com.

511 TCHAKOUTE TCHUIGOUA Hubert, *Groupe ESC Troyes, op.cit.*

SECTION 1 : LES INDICATEURS COMPTABLES DE MESURE DE PERFORMANCE FINANCIÈRE DES EMF

L'analyse des facteurs de performance des EMF peut renvoyer à une étude de la rentabilité économique fondée sur certains indicateurs à l'instar du choix des investissements, de la méthode P.E.R.T (Program Evaluation and Research)[512], de la politique de dividende[513] et bien d'autres théories financières dévouées beaucoup plus aux entreprises commerciales et industrielles. Notre ambition consiste plutôt à restituer sans exhaustivité, les critères de performance financière spécifiques aux contributions significatives à l'évaluation de la rentabilité de ces institutions. À ce titre, les premiers éléments identifiables sont constitués des charges et des produits de ces entités condensés dans un document dénommé « compte de résultat » qui constitue un outil d'analyse de performance au regard des marges qui en découlent (**I**). Le second document qui rentre dans la production des situations périodiques obligatoires est le bilan en grande masse qui permet, à tout moment, de procéder à un diagnostic financier à l'aide des agrégats spécifiques (II).

I. LES INDICATEURS DE PERFORMANCE FINANCIÈRE ISSUS DU COMPTE DE RÉSULTAT DES EMF

Le compte de résultat offre de précieuses informations concernant la profitabilité, la solvabilité et la rentabilité de l'entreprise. La performance financière peut donc être mesurée par des indicateurs de profitabilité issus de ce document[514] qui renseigne sur les possibilités de réaliser des marges positives. À cet effet, l'actionnaire n'a qu'un seul but, la maximisation du bénéfice. Dans les coopératives de microfinance, l'objectif primaire antérieurement fondé sur la recherche de la performance sociale semble de nos jours relayé au second plan, pour céder la place à la recherche de profit. L'intérêt d'une telle analyse se justifie sur le double plan des aspects spécifiques et fiscaux. Par leurs spécificités, la méthode de détermination des différentes marges, leurs interprétations ainsi que les éléments constitutifs se distancent largement des sociétés commerciales. Sur le plan fiscal, les marges issues du compte de résultat constituent pour ces entités, la valeur ajoutée

---

[512512] VIZZAVONA Patrice, op.cit., page 465, « Celle-ci a été mise au point par l'U.S. Navy en 1958, pour la fabrication des fusées polaris ».

[513]Lexique financier : « La politique de dividende ou politique de distribution constitue la première source de rémunération des actionnaires avant la plus-value lors de la cession. De manière générale, une politique de dividende doit s'apprécier par rapport à la rentabilité marginale de l'actif économique. Si elle est supérieure au coût moyen pondéré du capital, le dividende pourra être faible, voire nul car l'entreprise en réinvestissant ses bénéfices créera de la valeur. Dans le cas inverse, il vaut mieux qu'elle distribue tous ses résultats à ses actionnaires »,
http://www.lesechos.fr/finance-marches/vernimmen/definition_politique-de-dividendes.html.

[514]BERK Jonathan – DEMARZO Peter, *Finance d'entreprise*, Nouveaux horizons, 2e édition, p. 42.

générée par l'activité et imposée à la TVA en fonction du régime d'imposition d'une part, et le résultat fiscal imposable à l'impôt sur les sociétés d'autre part. Les actionnaires ont pour principal regard, le montant du résultat net aux fins de scruter sur le dividende qui pourra leur être versé. Les différents agrégats qui en découlent retracent successivement, le résultat comptable qui mesure la capacité de couverture des charges par les produits (**A**) d'une part, et le montant de l'impôt sur le résultat ainsi que le résultat net (**B**) d'autre part. Pour une bonne lisibilité de la capacité contributive de ces entités, l'ambition consiste en l'illustration de la démarche schématique qui conduit à la détermination de ces différents agrégats financiers.

A. La mesure de performance financière par le résultat comptable de l'exercice

Le résultat comptable est un indicateur de performance financière en ce sens qu'il renseigne sur la capacité globale de l'entreprise, pour un exercice précis, à couvrir ou non la totalité de ses charges par l'ensemble de ses produits. En effet, la comptabilité en tant que système de mesure nous fournit plusieurs indicateurs de rentabilité dont le plus connu et le plus exposé en raison de sa position centrale est le résultat net comptable. Ce solde final fait l'objet de toutes les attentions lors des assemblées générales, mais aussi des publications financières. Son influence est telle que nombre de décisions majeures dépendent de son montant constaté ou attendu (embauches ou licenciements, investissement ou abandon d'activité, restructuration, acquisition, fusion). De manière globale, le résultat comptable reste la mesure phare en matière de performance financière dégagée par l'entreprise[515]. Pour le cas spécifique des EMF, ce résultat est déterminé successivement de manière à spécifier la contribution des différents agrégats qui le composent. Les différentes marges sont constituées du :

- produit net financier ;
- produit global d'exploitation ;
- résultat brut d'exploitation ;
- résultat courant ;
- résultat exceptionnel ;
- résultat avant impôt.

1. Le produit Net Financier (PNF)

C'est le solde du compte 80 du PCEMF. Il se définit comme la différence entre les produits et les charges d'exploitation exclusivement financières. Sur le plan de son importance significative, ce résultat décrit la marge réalisée sur les activités principales, objet même du cycle d'exploitation de la

---

[515]Amblard Marc, *La mesure comptable de la performance financière : évolution des normes, stabilité des principes*, voir site : https://halshs.archives-ouvertes.fr/halshs-00522287Submitted on 30 sept 2010.

microfinance. En d'autres termes, c'est la marge brute dégagée sur l'ensemble des activités d'exploitation financières. Il permet de mesurer la contribution des activités financières principales dans la formation du résultat d'exploitation. Par analogie, cet agrégat qui représente pour les entreprises commerciales[516] la valeur ajoutée[517] est déterminé par rapprochement des produits et des charges bancaires.

Schéma N° 20 : Évaluation de la performance financière des EMF par le Produit Net Financier.

Produit net financier (PNF)

Somme du solde des comptes :

- 70- Produits sur opérations de trésorerie et opérations avec les établissements de crédit ;
- 71- Produits sur opérations avec la clientèle ;
- 72- Produits sur opérations financières diverses ;
- 73- Produits du portefeuille titres et des prêts à souscription obligatoire.

Moins

Somme du solde des comptes :

- 60- Charges sur opérations de trésorerie et opérations avec les établissements de crédit ;
- 61- Charges sur opérations avec la clientèle ;
- 62- Charges sur opérations financières diverses ;
- 63- Charges sur ressources permanentes.

Sources : adapté par l'auteur à partir du PCEMF.

[516] La valeur ajoutée (VA) est un indicateur financier qui exprime la création de richesse brute d'une entreprise ou l'accroissement de valeur qu'elle a généré, du fait de ses activités courantes. Elle représente donc une traduction de l'activité de l'entreprise : différence entre le chiffre d'affaires et les consommations intermédiaires. Elle est calculée dans le tableau des soldes intermédiaires de gestion (SIG), voir site : http://www.compta-facile.com/valeur-ajoutee-va-definition-calcul-interet.

[517] Lexique Financier, *Produit net bancaire*, « Le Produit Net Bancaire ou PNB représente pour une banque l'équivalent de la valeur ajoutée créée par l'activité.

2. Le produit Global d'Exploitation (PGE)

Il représente le solde du compte 81 du PCEMF. Le Produit Global d'Exploitation (PGE) est la marge dégagée sur l'ensemble des opérations d'exploitation financières (principales et accessoires). Il permet de mettre en évidence, la contribution des activités accessoires dans la formation du résultat d'exploitation. Si le PGE est supérieur au PNF alors, les opérations accessoires contribuent positivement, dans le cas contraire elles contribuent négativement, à la formation du résultat d'exploitation.

Schéma N° 21 : Évaluation de la performance financière des EMF par le Produit Global d'Exploitation

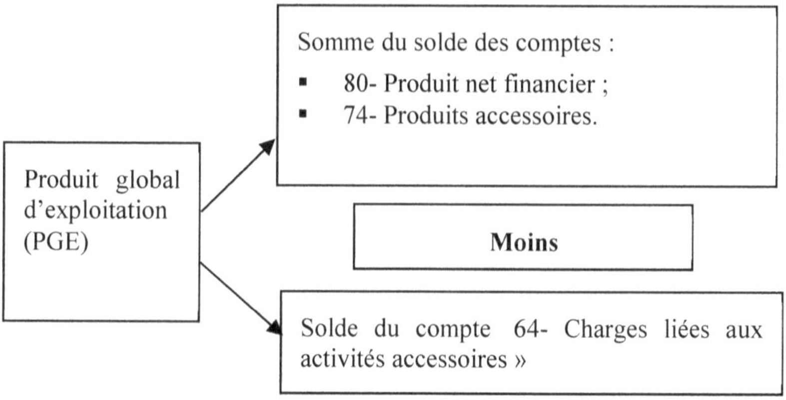

Sources : adapté par l'auteur à partir du PCEMF.

3. Le Résultat Brut d'Exploitation (RBE)

Solde du compte 82, c'est la marge dégagée sur l'ensemble des activités courantes après prise en compte des frais généraux[518]. Les frais généraux comprennent les charges générales d'exploitation, les frais de personnel et les impôts et taxes. Ce résultat permet de mesurer pour les EMF, la capacité de couvrir les charges du personnel, les services extérieurs et les impôts professionnels à partir du produit global d'exploitation augmenté des autres produits de l'exercice. Par comparaison au plan comptable OHADA, il s'apparente à l'excédent brut d'exploitation[519] sans pourtant contenir les mêmes éléments d'analyse.

---

[518] Le RBE (Résultat Brut d'Exploitation) exprime le montant des ressources que l'entreprise réalise lors de son exercice d'exploitation avant coût de financement associé. Il correspond au résultat d'exploitation avant amortissements et provisions, augmenté de la part dans le résultat courant des sociétés et des revenus financiers hors intérêt. Le RBE correspond donc à l'EBE (Excédent Brut d'Exploitation), http://www.becompta.be/dictionnaire/resultat-brut-exploitation.

[519] C'est la différence entre la valeur ajoutée et les charges du personnel.

Schéma N° 22 : Évaluation de la performance financière des EMF par le Résultat Brut d'Exploitation.

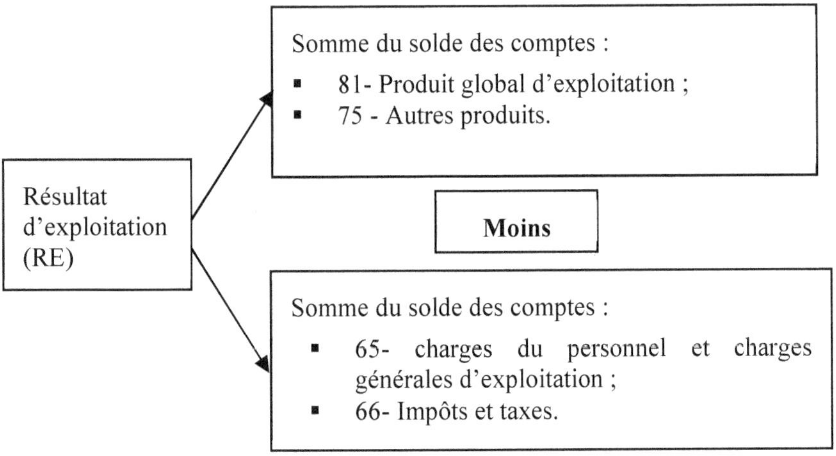

Sources : nous-mêmes à partir du PCEMF

4. Le Résultat Courant (RC)

Solde du compte 83, ce résultat correspond à la marge dégagée après déduction du résultat brut d'exploitation, des dotations aux provisions et amortissements de l'exercice auxquels s'ajoute la constatation au cours de l'exercice des pertes sur créances irrécouvrables, augmentés des reprises sur provisions et amortissements de l'exercice[520]. Cet agrégat permet de mesurer la contribution des charges et des produits non décaissables sur le résultat de l'exercice des EMF. Par rapprochement aux autres secteurs d'activité, plusieurs approches de définition sont proposées pour signifier la même chose[521].

---

[520]Par rapprochement au plan comptable OHADA, il s'agit tout simplement du résultat d'exploitation de l'exercice.

[521] Lexique Financier, *Résultat courant* : « Le résultat courant est le solde entre le **résultat** d'exploitation et les **charges financières** nettes des **produits financiers**. Il peut être calculé avant ou après impôt », http://www.lesechos.fr/finance-marches/vernimmen/definition_resultat-courant.html.

Schéma N° 23 : Évaluation de la performance financière des EMF par le Résultat Courant

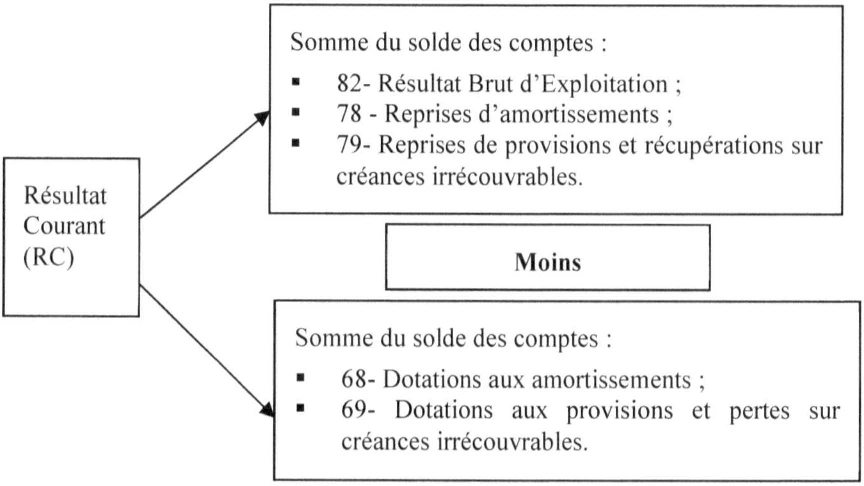

Sources : conception de l'auteur à partir du PCEMF

5. Le Résultat Exceptionnel (RE)

Solde représentatif du compte 84 du PCEMF, c'est le seul agrégat déterminé de manière non cumulative du fait qu'il ne reprend pas le résultat courant. Il s'agit du résultat particulier des charges et produits provenant des exercices antérieurs ou qui ont eu, au cours du même exercice, un caractère non courant qualifié d'exceptionnel[522]. On isole ainsi leur incidence sur la gestion courante[523]. Ce résultat met en évidence, l'impact des charges et produits exceptionnels dans la formation du résultat de l'exercice, par comparaison aux activités dites ordinaires.

---

[522] JNC, *Résultat exceptionnel* : « Le résultat exceptionnel se compose des produits exceptionnels auxquels sont soustraites les charges exceptionnelles. Il s'agit du résultat réalisé par une entreprise en raison d'événements exceptionnels et non récurrents. Constitue par exemple un produit exceptionnel, le recouvrement inattendu d'une créance ou le produit de la vente d'un actif. Les charges exceptionnelles peuvent être des coûts liés à une restructuration, par exemple. Le résultat exceptionnel s'ajoute au résultat d'exploitation et au résultat financier pour déterminer le résultat net comptable d'une entreprise », www.journaldunet.com.

[523] Une telle analyse du PCEMF fait référence au plan comptable OHADA qui isole le résultat des activités financières de l'entreprise représentatif du solde du compte 136 – Résultat financier déterminé sans cumul du résultat d'exploitation. Algébriquement, ce résultat n'est que la différence entre les produits financiers et les charges financières de l'entreprise. Pour plus de détails, voir le compte de résultat du plan comptable OHADA.

Schéma N° 24 : Évaluation de la performance financière des EMF par le Résultat Exceptionnel.

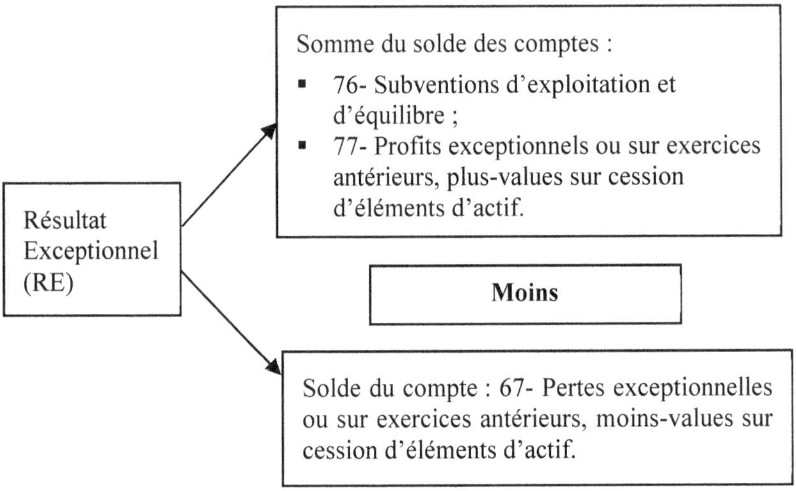

Sources : adapté par l'auteur à partir du PCEMF.

6. Le résultat Net Avant Impôt (RNAI)

Le résultat net avant impôt (solde du compte 85) représente la marge après prise en compte de tous les produits et charges enregistrés au cours de l'exercice avant déduction de l'impôt sur le résultat[524]. Considéré comme un indicateur déterminant de performance financière[525], c'est la somme du résultat courant et du résultat exceptionnel. Toutefois, un EMF peut organiser sa comptabilité de manière à produire périodiquement les résultats d'exploitation et hors exploitation avant la fin de l'exercice fiscal. Il utilisera à cet effet, un sous-compte du compte principal 85. L'importance du résultat comptable est indéniable. Ainsi, il permet sur le plan financier de décrypter les différents compartiments de l'entreprise, de procéder à une étude analytique débouchant ainsi sur la prise des décisions. Sur le plan fiscal, il permet la reconstitution des bases d'imposition débouchant ainsi sur la détermination du résultat fiscal de l'exercice.

[524] Par rapprochement au plan comptable OHADA, il s'agit pour les entreprises commerciales, de la somme du résultat des activités ordinaires (solde du compte 137) et du résultat des hors activités ordinaires (solde du compte 138).

[525] Le calcul du résultat courant avant impôt est un indicateur de gestion particulièrement indispensable pour l'analyse de l'activité et de la rentabilité d'une entreprise. Comme il l'indique, le résultat courant avant impôt permet de recenser toutes les charges et les produits d'une société juste avant le calcul de l'impôt. L'analyse de l'évolution du résultat courant avant impôt sur plusieurs années est également déterminante. Voir site : https://www.l-expert-comptable.com/a/51956-le-resultat-courant-avant-impot.html.

Schéma N° 25 : Évaluation de la performance financière des EMF par le Résultat Net Avant Impôt.

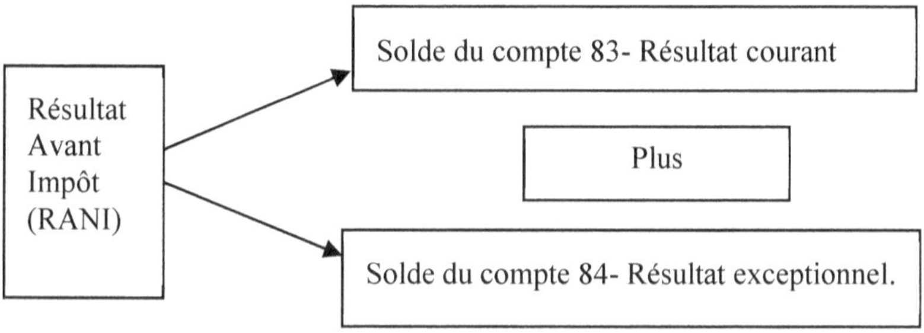

Sources : adapté par l'auteur à partir du PCEMF.

B. L'impôt sur le résultat et le résultat net de l'exercice

L'impôt sur le résultat (solde du compte 86) correspond à l'impôt effectivement dû par un EMF à la fin d'un exercice fiscal. Au regard de l'assujettissement de toutes les microfinances sans distinction de catégorie et de formes juridiques [526]à l'impôt sur les sociétés au Cameroun, ce compte doit être ouvert dans tous les EMF pour constater le montant de l'impôt personnel de l'entreprise. Toutefois, il faut noter que les impôts professionnels sont comptabilisés au débit du compte 66. L'État étant perçu comme l'un des partenaires des entreprises, les EMF doivent, au terme de chaque exercice fiscal, verser au trésor public la part de bénéfice découlant de leurs activités sous la forme d'une contribution fiscale appelée impôt sur le résultat. Ainsi, la différence entre le résultat comptable et le montant de l'impôt ainsi calculé représente le résultat net après impôt qui sera affecté conformément à la loi et aux statuts.

1. L'impôt sur le résultat

La détermination du montant de l'impôt sur le résultat à porter au débit du compte 86 revêt une importance significative sur la gestion fiscale, voire financière des EMF. Une insuffisance pourrait être à la base des risques de redressement aux conséquences fâcheuses sur la trésorerie de ces entités. La détermination de l'impôt sur le résultat en fin d'exercice est une émanation successive :

- des acomptes mensuels ;
- des travaux de fin d'exercice.

[526] Loi de finances de l'exercice 2015, article 3 Al. 5 du CGI.

1.1. Les acomptes mensuels

À l'exemple des autres contribuables, les EMF sont tenus de déclarer et de s'acquitter au plus tard le 15 du mois suivant, d'un acompte calculé sur le montant du chiffre d'affaires mensuel d'après les modalités ci-après[527] :

- pour les EMF assujettis au régime du réel, le taux de l'acompte est de **2 %** du chiffre d'affaires réalisé au cours du mois majoré de 10 % au titre des centimes additionnels communaux[528] ;
- pour les EMF assujettis au régime du simplifié, le taux de l'acompte est de 5 % du chiffre d'affaires réalisé au cours du mois majoré de 10 % au titre des centimes additionnels communaux.

Au moment du paiement, l'acompte est porté au débit du sous compte 439.- « État, Acomptes sur impôt » par le crédit d'un compte de trésorerie, matérialisant ainsi la preuve de l'opération.

1.2. La régularisation de fin d'exercice

À la clôture de l'exercice comptable, la situation fiscale de l'entreprise en matière de l'impôt sur le résultat doit suffisamment être clarifiée dans le souci d'éviter à l'entité, des situations désagréables d'une part, et de bénéficier des crédits d'impôt éventuels, d'autre part. Ce qui contribuerait à la gestion de leur performance financière. Dans tous les cas, le montant minimal de l'impôt ne peut être inférieur à la somme mensuelle des acomptes versés au cours de l'exercice fiscal. Ce minimum à paier est appelé « Minimum de Perception »[529]. De cette lecture, deux situations sont envisageables selon que le résultat fiscal est inférieur ou égal à zéro ou qu'il est supérieur à zéro.

Première situation : le résultat fiscal est inférieur ou égal à zéro.

Dans ce cas, le montant de l'impôt sur le résultat à inscrire au débit du compte 86 n'est autre que le minimum de perception. On créditera le sous-compte 430.- « État, Impôts et Taxes ». Le solde d'impôt à paier étant égal à zéro, la seconde opération consistera à débiter le compte 430.- « État, Impôts et Taxes » par le crédit du compte 439.- « État, Acomptes sur impôt » pour solde de tout compte.

Seconde situation : le résultat fiscal est supérieur à zéro.

La première étape consiste à déterminer le montant de l'impôt qui représenterait l'application sur le Résultat Fiscal (RF), le taux de l'impôt sur les sociétés au taux de T% (T% x RF) d'une part, et le montant du Minimum de Perception (MP), d'autre part. La deuxième étape consiste à procéder à une analyse comparée entre les deux montants (T% x RF) et (MP). Au bout de ce

[527]Article21CGI.
[528] Loi de finances de l'exercice 2015, article 21 du CGI.
[529]Article22 du CGI.

rapprochement, le montant de l'impôt est représenté par la somme la plus élevée. Ainsi :

- si T% x RF > MP, alors l'impôt sur le résultat à porter au débit du compte 86 est le résultat de l'application du taux de l'impôt sur le résultat fiscal ;
- si MP > T% x RF, alors l'impôt sur le résultat à porter au débit du compte 86 est représenté par le minimum de perception.

L'importance d'une telle analyse qui relève des travaux extracomptables suppose une parfaite maîtrise des grandes articulations des différents tableaux de la Déclaration Statistique et Fiscale (DSF). Ce qui permet le passage du résultat comptable au résultat fiscal d'une part, et la détermination de la situation fiscale définitive de l'entité, d'autre part. Pour plus de lisibilité, le schéma ci-dessous donne une lecture synthétisée du travail à faire.

Schéma N° 26 : Processus de détermination de la situation fiscale définitive de fin d'exercice en matière d'IS des EMF.

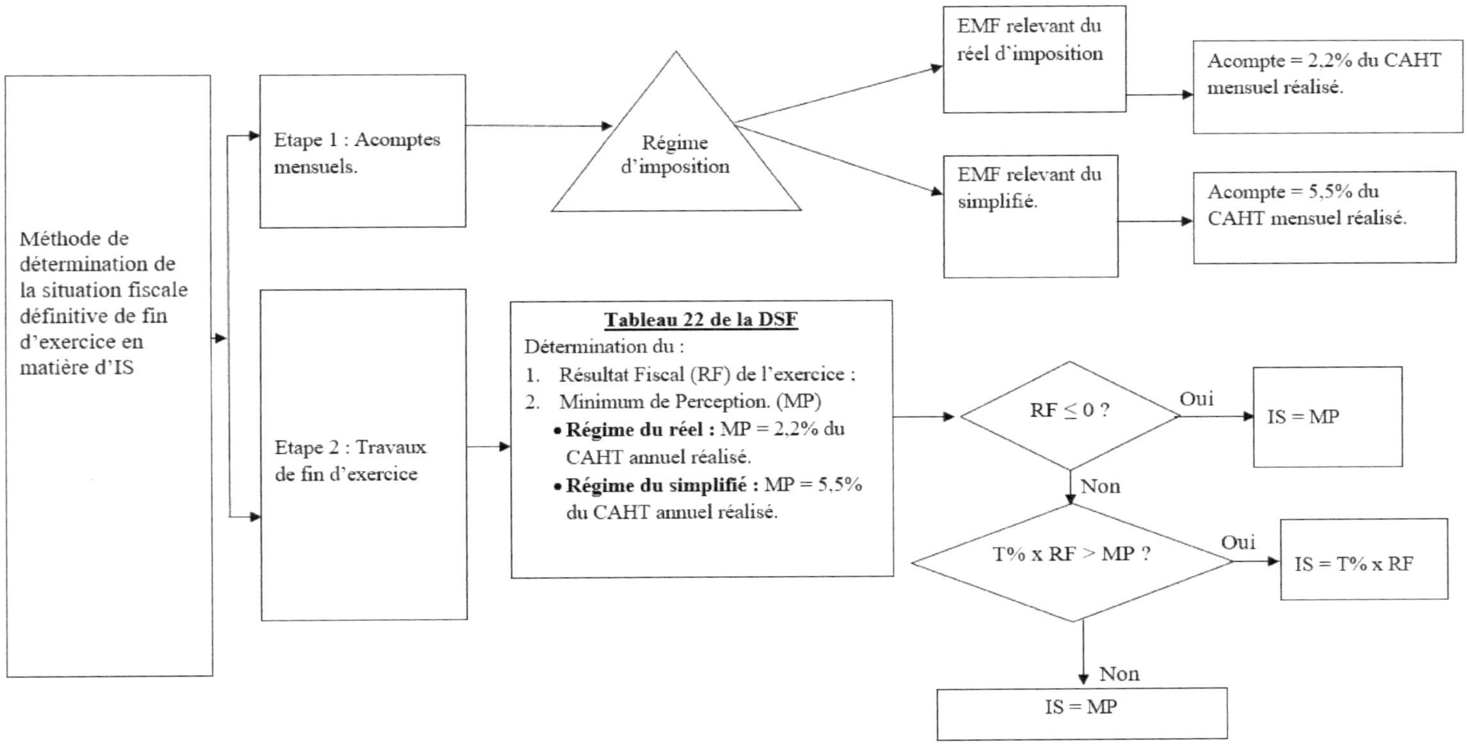

Sources : construction de l'auteur à partir de la littérature.

2. Le résultat Net après impôt (RNApI)

Dans les EMF, le résultat net après impôt doit être soumis à deux étapes de traitement : d'abord avant la certification des comptes, ensuite après la certification des comptes. Ainsi :

- le Résultat Net Avant Certification (87) est net d'impôt, mais déterminé à la suite d'évaluation avant la certification des états financiers par le commissaire aux comptes[530]. En effet, l'Administration fiscale peut exiger le paiement de l'impôt sur le résultat avant l'achèvement des travaux du commissaire aux comptes. Pour marquer cette différence, le résultat net restera dans le compte 87 tant que le commissaire aux comptes n'aura pas procédé à leur certification ;
- après la prise en compte des ajustements apportés par le commissaire aux comptes, les nouveaux agrégats sont déterminés et le compte 13 « Résultat net de l'exercice après certification » est alimenté en lieu et place du compte 87. Cette distinction met en exergue l'importance des travaux des auditeurs externes agréés. Ainsi, aucun résultat ne peut être porté dans les capitaux propres de l'EMF tant qu'il n'a pas été certifié par le commissaire aux comptes.

L'analyse du niveau de performance financière des EMF par le compte de résultat permet de restituer le processus de détermination des différentes marges qui découlent de l'activité de l'entreprise au cours d'un exercice fiscal. Elle permet également de dégager à chaque étape, l'écart sur de la différence entre les produits et les charges pour chaque segment d'activité débouchant ainsi sur la détermination du résultat comptable de l'exercice. Le chef d'entreprise a besoin de savoir le montant de sa contribution fiscale au titre de l'impôt sur le résultat, pour se mettre en marge des contentieux fiscaux aux incidences fâcheuses sur la rentabilité financière. Pour les associés, il est opportun d'avoir connaissance du montant de résultat net après impôt pour se prononcer sur le niveau de profitabilité de l'activité et scruter sur le montant du dividende qui reviendrait à chacun. Une telle analyse, qui ne tient compte que des charges et des produits de l'entreprise, ne semble pas apporter plus de lisibilité sur la lecture des grandes masses issues du patrimoine social dont la contribution sur l'appréciation des agrégats financiers mérite d'être examinée.

---

[530] DJILA Rose, op. cit., « La mission du commissaire aux comptes est de certifier en justifiant de leurs appréciations, que les comptes annuels des entités contrôlées sont réguliers, sincères, et donnent une image fidèle de la société. Cette mission de certification est une des diligences traditionnelles de ce professionnel, dont le principe de la régularité est le fondement intellectuel. La certification des états financiers est par conséquent l'expression d'une opinion qualifiée. Techniquement, elle est assortie d'observations qui permettent de suppléer aux insuffisances d'informations du rapport que les dirigeants font à leurs associés », Revue de l'ERSUMA, numéro 06, nouvelle édition 2016, p. 370.

II. LES INDICATEURS DE PERFORMANCE FINANCIÈRE ISSUS DE LA SITUATION PATRIMONIALE DES EMF

La situation patrimoniale résumée en actif et passif d'un EMF, arrêtée à la clôture d'un exercice précis est un outil d'analyse de sa performance. Ainsi, à partir du bilan et éventuellement d'autres données, il est possible d'évaluer la situation financière de l'EMF en incluant les concepts de pérennité, de solvabilité[531], de liquidité[532] et d'équilibre financier[533]. L'examen des agrégats pourra permettre aux dirigeants, aux bailleurs de fonds et aux prêteurs de prendre les décisions confortables qui découlent des états comptables de l'EMF. Pour atteindre ces objectifs, il convient d'intégrer dans les différentes phases d'analyse, la maîtrise des déterminants d'évaluation de la situation financière des institutions de microfinance (**A**) aux fins de procéder, à partir des indicateurs disponibles, à un diagnostic de la performance financière de ces entités (**B**).

A. Les déterminants d'évaluation de la situation financière des EMF

La structure du bilan et les moyens de financement des EMF sont des facteurs déterminants qui permettent de comprendre l'approche analytique de la performance financière de ces entités à partir de leur situation patrimoniale. L'intérêt d'une telle approche puise son fondement de l'organisation

---

531 Lafinancepourtous.com, *Ratio de solvabilité bancaire* : « Les banques se doivent d'être d'une grande solidité financière compte tenu des effets d'une faillite éventuelle d'une banque sur la stabilité de tout le système financier et, au-delà, de l'économie tout entière. Cette solidité financière est essentiellement mesurée par le montant des fonds propres de la banque qui détermine sa capacité à faire face aux risques éventuels liés à ses activités (non remboursement de crédits distribués ou autres pertes de valeur de ses actifs). Les banques doivent être en permanence solvables, c'est-à-dire pouvoir faire face à leurs engagements à tout moment. En effet, si les clients de la banque qui ont déposé chez elle leur argent (dépôts à vue) doutent de sa solidité financière, ils risquent de perdre confiance et de retirer leurs dépôts, précipitant la banque (et tout le système s'il s'agit d'une banque importante) dans des difficultés majeures. C'est pourquoi La Banque des Règlements Internationaux (BRI) dont le siège est à Bâle (Suisse) a établi des ratios de solvabilité que toutes les banques doivent respecter », http://www.lafinancepourtous.com/Decryptages/Mots-de-la-finance/Ratio-de-solvabilite-bancaire.

532 VALLA Natacha, SAES-ESCORBIAC Béatrice, TIESSET Muriel, *Liquidité bancaire et stabilité financière :*
« La liquidité bancaire est généralement considérée comme étant la capacité à faire face à ses obligations de trésorerie suivant leur échéance », Banque de France. Revue de la stabilité financière • N° 9, décembre 2006, https://acpr.**banque**-france.fr/.../200612-**liquidite**-bancaire-et-stabilite-financiere.pdf.

533 MEUNIER-ROCHER Béatrice, *le diagnostic financier :* « Une technique très simple permet de visualiser, en un coup d'œil, l'équilibre financier de la société : elle consiste à schématiser sur une balance les trois notions fondamentales de fonds de roulement, de besoin en fonds de roulement et de trésorerie », Quatrième édition, http://www.eyrolles.com/Chapitres/9782708136458/Chap2_Meunier.pdf, p. 68.

spécifique de ces entreprises ainsi que des moyens de financement diversifiés aux implications fiscales qui leur sont propres.

1. La structure du bilan des EMF

La situation des biens et des dettes des EMF résumée à la clôture de chaque exercice dans un document dénommé bilan, se distance de celle des autres organisations à l'instar des entreprises commerciales. Une telle approche suppose le décryptage des particularités patrimoniales de ces organisations.

1.1. Le bilan[534]

Le bilan est un tableau relevant en signe monétaire, la valeur du patrimoine d'une entreprise ainsi que ses créances à un moment donné. Le bilan est formé de deux parties dont il convient d'en présenter brièvement :

- l'actif (la partie gauche) est constitué des biens et des avoirs de l'entreprise. Encore appelés emplois, les postes d'actifs sont rangés au bilan suivant l'ordre de liquidité croissante[535]. L'actif se subdivise en deux grandes masses, à savoir : les valeurs immobilisées ou les actifs permanents ainsi que les actifs circulants ou cycliques ;
- le passif (la partie droite) est composé des ressources disponibles pour financer les actifs. Ces ressources sont composées des capitaux permanents et des exigibles à court terme qui sont des dettes de l'entreprise envers l'extérieur, remboursables à moins d'une année.

Il faut indiquer cependant que pour faciliter les opérations du diagnostic financier, il est utile de condenser le bilan en regroupant par grandes rubriques et selon leur nature, les différents comptes du bilan afin de permettre une visualisation des éléments de comparaison de deux ou plusieurs bilans qui se succèdent.

1.2. Les particularités patrimoniales des EMF

Outre la diversité des formes juridiques et des activités qui expliquent les spécificités des EMF, la dissemblance par rapport aux entreprises commerciales est également exprimée par la particularité de leur bilan dont la structure diffère en fonction de la catégorie d'activité. Pour les raisons d'une analyse de performance, il est toujours préférable d'obtenir la structure bilancielle des EMF en grande masse sous la forme résumée dans les tableaux ci-dessous.

---

534 MEUNIER-ROCHER Béatrice, op. cit. : « Le bilan est un document fondamental en gestion dans la mesure où il permet de connaître le contenu détaillé du patrimoine d'une entreprise. Cependant, outre cette information utile, le bilan constitue une vraie mine de renseignements ».
535 BERK Jonathan – DEMARZO, op.cit, page 26.

Tableau N° 5 : Structure du bilan Actif des EMF en grande masse

Classes et N° de comptes	INTITULES DE COMPTES	Montants bruts	Amortis-sements et provisions	Montants nets
Classe 2	I. ACTIF IMMOBILISE			
20	**A. Frais et valeurs incorporelles immobilisés**			
201	1. Frais immobilisés			
202	2. Valeurs incorporelles immobilisées			
	B. Immobilisations corporelles			
21	1. Terrains			
22	2. Autres immobilisations corporelles en service			
23	3. Autres immobilisations corporelles en cours			
24	4. Avances et acomptes sur commandes d'immobilisations			
	C. **Immobilisations financières**			
25	1. Dépôts et cautionnements non commerciaux versés			
26	2. Titres de participations et autres immobilisations financières			
27	3. Prêts et titres publics et assimilés			
	II. ACTIF CIRCULANT			
Classe 3	**A. Comptes débiteurs de la clientèle**			
30,31 et 32	1. Crédits à long, moyen et court terme			
33	2. Créances en souffrance			
34	3. Autres opérations engagées pour le compte de la clientèle			
37	4. Découverts et comptes créditeurs à vue			
38	5. Autres comptes de la clientèle			
Classe 4	B. **Comptes de tiers et de régularisation**			
41	**1.** Instruments de paiement à l'encaissement			
45	**2.** Comptes de liaison			
46	**3.** Autres débiteurs et créditeurs			
47	**4.** Comptes de régularisation			
48	**5.** Créances diverses en souffrance			
Classe 5	C. **Comptes de trésorerie et d'opérations interbancaires**			
51	**1.** Titres de placement et de transaction			
52	**2.** Marché monétaire			
53	**3.** Autres valeurs reçues ou données			
54	**4.** Prêts, emprunts et comptes à terme des correspondants			
55	**5.** Prêts et emprunts au jour le jour des correspondants			
56	**6.** Comptes à vue des correspondants			
57	**7.** Caisse			
58	**8.** Créances en souffrance sur les correspondants			

Sources : construction de l'auteur à partir de la littérature.

Tableau N° 6 : Structure du bilan Passif des EMF en grande masse

Classes et N° de comptes	INTITULES DE COMPTES	Montants
Classe 1	**I. CAPITAUX PERMANENTS**	
	A. Capitaux propres	
10	1. Capital, parts sociales et dotations	
11	2. Réserves	
12	3. Report à nouveau	
13	4. Résultat net de l'exercice	
14	5. Provisions et réserves réglementées	
15	6. Subventions d'investissement	
16	7. Fonds de financement et de garantie	
	B. Dettes à Long terme	
17	1. Emprunts obligataires	
18	2. Autres ressources permanentes	
19	3. Provisions pour risques et charges	
	II. PASSIF CIRCULANT	
Classe 3	**A. Comptes créditeurs de la clientèle**	
35	1. Comptes de dépôts à régime spécial	
36	2. Comptes de dépôts à terme	
37	3. Découverts et comptes créditeurs à vue	
38	4. Autres comptes de la clientèle	
Classe 4	**B. Comptes de tiers et de régularisation**	
40	1. Fournisseurs	
42	2. Personnel	
43	3. État, collectivités publiques et organismes internationaux	
44	4. Sociétaires et actionnaires	
45	5. Comptes de liaison	
46	6. Autres débiteurs et créditeurs	
47	7. Comptes de régularisation	
Classe 5	**C. Comptes de trésorerie et d'opérations interbancaires**	
52	1. Marché monétaire	
53	2. Autres valeurs reçues ou données	
54	3. Prêts, emprunts et comptes à terme des correspondants	
55	4. Prêts et emprunts au jour le jour des correspondants	
56	5. Comptes à vue des correspondants	

Sources : construction de l'auteur à partir de la littérature.

2. L'analyse des moyens de financement des EMF

Le financement traditionnel des EMF est structuré autour de trois composantes principales que sont, l'autofinancement, les fonds propres et l'endettement. Les fonds propres sont constitués d'une part de subventions et, d'autre part des apports réalisés par les investisseurs sociaux (donateurs, organisations non gouvernementales, fondations, agences de coopération multilatérale, sommet stratégique des réseaux d'EMF). L'endettement est constitué des dépôts et emprunts bancaires à court terme[536]. De l'exploitation de la situation patrimoniale des EMF, une analyse orientée vers la rentabilité financière suppose qu'on s'interroge sur l'origine des ressources qui ont

[536]TCHAKOUTE TCHUIGOUA Hubert - KOUAO Guy Serge, *Les déterminants de la structure financière des institutions de microfinance, HAL, Archives-ouvertes.*

permis de financer les emplois inscrits à l'actif du bilan. Pour assurer leur pérennité et leur indépendance financière, la question du financement est centrale dans le secteur de la microfinance. Ainsi, au démarrage de l'activité, il faut prendre en charge les missions d'assistance technique nécessaires à la mise en place de l'institution tout au long de leur développement. Il faut aussi financer une croissance souvent rapide et consommatrice en ressources financières. Pour atteindre ces objectifs, plusieurs sources de financement sont explorables :

2.1. Les capitaux propres

Ils correspondent à une partie de la classe 1 du plan comptable des EMF. Fortement contrôlés par les normes COBAC[537], ils expriment pour ces entités, la capacité d'autofinancement qui leur permet d'assurer leur indépendance financière. Tout EMF a besoin de capitaux propres conséquents pour pouvoir mobiliser l'épargne du public et lever des fonds supplémentaires auprès de prêteurs nationaux ou internationaux, et par ce biais obtenir les ressources nécessaires pour développer son portefeuille.

2.2. Les bailleurs de fonds[538]

Historiquement, les bailleurs de fonds ont joué un rôle très important au niveau de l'émergence et de l'accompagnement des EMF. En marge des actions de la banque mondiale[539] qui revêtent un caractère général, on peut noter à titre d'exemple sur le plan international, le cas de l'AFD (Agence

[537] Voir normes prudentielles des EMF.

[538]Voir site : http://www.memoireonline.com.

[539] http://www.banquemondiale.org/fr/about, la Banque mondiale est composée de cinq institutions :

- la Banque Internationale pour la Reconstruction et le Développement (BIRD), qui prête aux pays à revenus intermédiaires et aux pays pauvres solvables ;
- l'Association Internationale de Développement (IDA), qui accorde des prêts ou des crédits sans intérêt et des dons aux pays les plus pauvres de la planète ;
- la Société Financière Internationale (IFC), qui finance des prêts, des fonds propres et des services-conseil pour stimuler l'investissement privé dans les pays en développement ;
- l'Agence Multilatérale de Garantie des Investissements (MIGA), qui offre aux investisseurs des garanties contre les pertes associées aux risques non commerciaux dans les pays en développement ;
- le Centre International pour le Règlement des Différends Relatifs aux Investissements (CIRDI), qui offre des mécanismes internationaux de conciliation et d'arbitrage des différends liés aux investissements.

Française de Développement)[540], la KfW (Kreditanstaltfür Wiederaufbau)[541], le CIDR[542] (Centre International de Développement et de Recherche), le Fonds International de Développement Agricole (FIDA)[543]. La quasi-totalité des institutions aujourd'hui matures ont bénéficié à leur démarrage et dans leur développement de l'appui des bailleurs de fonds. Le financement de la croissance du portefeuille de crédit peut être couvert soit par les subventions, soit par des prêts à des taux bonifiés. Cependant, les bailleurs de fonds privilégient à ce jour d'autres modes d'intervention que les subventions à l'exemple des prêts aux EMF et des participations à des fonds d'investissement. Ces instruments sont par nature réservés à des institutions ayant atteint un certain degré de maturité. Ce sont, pour la plupart, des organismes internationaux qui accordent des subventions aux EMF, à l'exemple de l'ACDI (Agence Canadienne de Développement International)[544], les banques de développement (Banque Africaine de

---

[540]AFD (Agence Française de Développement) : établissement public au cœur du dispositif français de coopération, l'Agence Française de Développement agit depuis soixante-dix ans pour lutter contre la pauvreté et favoriser le développement dans les pays du Sud et d'Outre-mer. Au moyen de subventions, de prêts, de fonds de garantie ou de contrats de désendettement et de développement, elle finance des projets, des programmes et des études et accompagne ses partenaires du Sud dans le renforcement de leurs capacités. Voir site http://www.afd.fr/home

[541] La KfW est une institution de droit public allemande qui fait partie des quinze premières banques d'Allemagne. Elle a pour vocation de mettre en œuvre les missions d'intérêt public telles que le soutien aux PME et à la création d'entreprises, la mise à disposition de crédits d'investissement aux PME ainsi que le financement de projet de création d'infrastructures et de logements, le financement de techniques permettant d'économiser l'énergie et le financement d'infrastructures communales.

[542] Créé en 1961, le CIDR (Centre International de Développement et de Recherche) et ses partenaires conduisent leurs programmes de développement grâce au soutien de nombreux bailleurs de fonds publics. Le CIDR intervient dans des secteurs clés du développement en Afrique : développement local et décentralisation, développement d'entreprises en milieu rural et en milieu urbain ; systèmes financiers décentralisés ; assurance maladie et prévoyance sociale. Au Cameroun, en particulier, le CIDR est à l'origine de la mise en œuvre de la reconfiguration des réseaux de Caisses Villageoises d'Épargne et de Crédit Autogérées (CVECA). Voir site http://www.cidr.org/-Presentation-generale-.html.

[543] http://www.agriculture-biodiversite-oi.org, FIDA, « Le Fonds International de Développement Agricole (FIDA), agence spécialisée des Nations Unies, est une institution financière internationale créée en 1977 suite à la Conférence alimentaire mondiale de 1974, organisée en réponse aux crises alimentaires des années 1970 (ayant surtout touché les pays sahéliens de l'Afrique). La conférence a décidé qu'un Fonds international de développement agricole devrait être établi immédiatement pour financer des projets de développement agricole, principalement pour la production alimentaire dans les pays en développement. Le FIDA compte aujourd'hui 165 pays membres ».

[544] Voir site http://www.acdi-cida.gc.ca : « Depuis sa création, l'ACDI finance des activités de microfinance partout dans le monde. Ces dernières années, l'ACDI a cherché à se donner des politiques cohérentes pour guider ses interventions dans ce domaine. Ce travail a débouché sur le Plan d'action institutionnel de l'Agence pour le développement de la microfinance et de la micro entreprise. Nous avons aussi joué un rôle actif à l'échelle internationale dans la promotion des pratiques optimales de ce domaine en constante évolution. Nous avons notamment participé au Sommet sur le microcrédit et au Groupe consultatif d'assistance aux plus pauvres (GCAP) ».

Développement, Banque Asiatique de Développement, Banque Interaméricaine de Développement). Sur le plan national, les actions de la microfinance sont soutenues par le Projet d'Appui au Développement de la Microfinance Rurale (PADMIR), fruit de la coopération entre la République du Cameroun et le FIDA.

2.3. Les banques commerciales locales

Ce sont des concours financiers reçus des banques commerciales sous forme de prêts classiques dans le cadre d'un partenariat financier[545]. On constate de plus en plus cependant que les banques commerciales explorent d'elles-mêmes les possibilités ouvertes par la microfinance, certaines s'implantant sur ce marché parce qu'elles estiment qu'il offre des perspectives de profit et de croissance durables. Ces institutions bancaires ne s'intéressent pas au secteur de la microfinance au même titre. De la mise en place d'un département interne de microfinance au simple financement d'EMF, le spectre d'intervention est large. Les banques qui décident de s'implanter sur ce marché ont le choix entre diverses approches. On distingue actuellement deux grands types d'approches directes et indirectes suivant la manière dont la banque établit le contact avec la clientèle. Certaines banques pénètrent le marché directement en développant leurs opérations de détail pour atteindre un « micro-niveau »[546]. Pour ce faire, elles créent une unité interne ou une entreprise distincte comme une société de services ou une institution financière spécialisée. D'autres choisissent une approche indirecte en travaillant avec des prestataires de microfinances existants dans le cadre d'un partenariat technique[547]. Situation qui a tendance à fragiliser la compétitivité, voire la performance financière des EMF.

2.4. Les dépôts des membres/clients

Ils correspondent à la classe 3 du passif du bilan des EMF. Ce sont des ressources substantielles des EMF. Ces dépôts pourraient constituer une énorme source de placement et de revenu pour les EMF, mais ils sont constitués éventuellement des dépôts à vue, ce qui limite leur capacité de transformation. En ce qui concerne ces dépôts, on peut énumérer :

---

545 Pour plus de détails, lire MOULIN Bertrand, TEUWA N Hugues M., op.cit, p. 7.

546 C'est l'exemple EB ACCION d'ECO BANK, ADVANS de la BICEC, ACEP de la SGBC, MC^2 de l'AFRILAND.

547 MOULIN Bertrand, TEUWA N Hugues M., op.cit. : « Le partenariat technique est fondé sur la prestation de services de la banque au profit de l'IMF. Cette prestation de services peut porter sur la formation aux techniques bancaires, le transfert de fonds, l'audit et le contrôle, la mise à disposition par la banque de son infrastructure à l'IMF, etc. Une autre formule de partenariat technique consiste pour une banque à assurer à ses guichets, la collecte de l'épargne et l'octroi de crédits pour l'IMF. En retour, l'IMF se concentre sur un rôle d'intermédiation (constitution de groupes, analyse des demandes de crédit, validation des dossiers, suivi des dossiers, etc. »

- les dépôts à vue[548] ;
- les dépôts à terme[549] ;
- les autres dépôts ;
- les dettes rattachées.

La structure patrimoniale des EMF qui débouche sur l'analyse des moyens de financement des actifs permet également d'examiner quelques agrégats financiers aux fins de se prononcer sur la santé financière à vue ou à terme de ces entités.

B. Le diagnostic de la performance à partir des états financiers

Le diagnostic financier consiste à faire le point sur la situation financière de l'entreprise de façon à détecter les symptômes révélateurs de phénomènes en évolution susceptibles d'entraver à plus ou moins brève échéance, la poursuite des objectifs et des buts qu'elle s'est donnés d'une part, et de mettre en péril ses prévisions, d'autre part. Ce qui permet de prendre des décisions correctives ou de modifier les objectifs et les prévisions. Faire alors du diagnostic suppose de porter une appréciation, de développer une analyse, de rendre un verdict et de faire des propositions. C'est pourquoi le diagnostic financier se fonde inévitablement sur l'analyse financière[550]. Ainsi, il existe des méthodes permettant d'apprécier ou de suivre l'évolution de la situation financière d'une entreprise. Ces méthodes consistent à faire des rapports existants entre les postes du bilan ou groupe des postes du bilan ou encore entre ces postes et les résultats. Cette démarche regroupe les deux pôles de l'analyse financière : l'équilibre financier d'une part, la rentabilité et l'évaluation d'autre part. S'agissant de l'approche à partir des postes du bilan, nous analyserons, en particulier, les équilibres financiers qui permettent de porter un premier jugement sur la liquidité et la solvabilité de l'entreprise. Il s'agit donc de comparer les ressources aux emplois (actifs) et de savoir

---

[548] FxPro, « Un dépôt à vue est un dépôt de fonds effectué par un agent économique (ménages, entreprise) sur un compte bancaire ouvert auprès d'une institution financière. Un dépôt à vue a pour caractéristique de pouvoir être restitué à tout moment sur simple demande de la personne déposante ou de son mandataire », www.mataf.net/fr/edu/glossaire/depot-a-vue.

[549] JDN, « Le dépôt à terme désigne une somme d'argent mise en dépôt et bloquée sur un compte bancaire. Cette somme ne peut être retirée par son propriétaire qu'après un certain laps de temps fixé à l'avance dans un contrat, signé par les personnes concernées par le dépôt. Le dépôt à terme se différencie par cet aspect du dépôt à vue, qui permet de retirer l'argent à n'importe quel moment. En contrepartie du blocage de l'argent, le dépôt à terme fait bénéficier son détenteur d'un taux d'intérêt plus élevé. Le taux d'intérêt qui régit ce type de dépôt est librement fixé par les établissements bancaires ; il peut ou non être indexé au marché monétaire. Si le contrat de dépôt à terme est rompu avant l'échéance, des pénalités peuvent être appliquées », http://www.journaldunet.com.

[550] Voir site : http://www.memoireonline.com/07/09/2297/Determinants-de-la-Performance-Financiere-des-Firmes-Bancaire.html.

comment à un instant donné, les actifs sont financés. Les principaux indicateurs de l'équilibre financier retenus dans nos analyses sont :

- le fonds de roulement (FR) ;
- le besoin en fonds de roulement (BFR) ;
- la trésorerie nette (TN).

1. Le fonds de roulement (FR)

Il peut être défini comme l'excédent (lorsqu'il est positif) ou l'insuffisance (lorsqu'il est négatif) des capitaux permanents par rapport au besoin de financement des actifs immobilisés (Valeurs nettes)[551]. Il constitue une ressource structurelle essentielle qui doit permettre de financer le cycle d'exploitation de l'entreprise. Il se calcule comme suit :

- Fonds de roulement = Ressources stables - Actifs immobilisés[552]
- Fonds de roulement = Actif Circulant (Net) – Passif circulant

Tableau N° 7 : Regroupement en grande masse des éléments du bilan de la microfinance ALPHA (en F.CFA).

ACTIF	Exercices		
	2012	**2013**	**2014**
Actif immobilisé	70 995 600	110 436 730	102 416 107
Actif circulant	48 544 115	216 519 404	118 712 472
Trésorerie - Actif	11 265 515	121 807	5 400 674
TOTAL	**130 805 230**	**327 077 941**	**226 529 253**

551 VIZZAVONA Patrice, op.cit., page 305.

552 MEUNIER-ROCHER Béatrice, op.cit. : « La question devient : Les immobilisations de l'entreprise sont-elles financées par des ressources stables et sûres (telles que les capitaux et/ou les emprunts de la société) ? Si OUI : F.R. > 0 (Ressources permanentes > Actif stable). Si NON : F.R. < 0 (Ressources permanentes < Actif stable) », p. 57.

PASSIF	Exercices		
	2012	**2013**	**2014**
Capitaux permanents	122 252 808	198 040 026	153 259 936
Passif circulant	7 200 000	55 694 124	72 000 000
Trésorerie - Passif	1 352 422	73 343 791	1 269 317
TOTAL	**130 805 230**	**327 077 941**	**226 529 253**

Sources : d'après les collectes des données.

Tableau N° 8 : Détermination du FR (en F.CFA).

ACTIF	Exercices		
	2012	**2013**	**2014**
Ressources stables (A)	122 252 808	198 040 026	153 259 936
Actif circulant (B)	70 995 600	110 436 730	102 416 107
Fonds de Roulement (FR) : (A) – (B)	51 257 208	87 603 296	50 843 829
Variations (en valeurs absolues)	-	36 346 088	-36 759 467
Variations (en valeurs relatives)	-	70,91 %	-41,96 %

Sources : construction de l'auteur à partir des données du tableau N° 8.

L'observation du tableau indique que durant la période de l'étude, les fonds de roulement sont positifs[553]. Ainsi, le principe de l'équilibre financier minimum a été atteint par l'EMF ALPHA. Notons par ailleurs que le fonds de roulement s'est accru de 2012 à 2013 de 70,91 % puis, s'est abaissé en 2014 de 42 %. Cet accroissement peut être dû à une augmentation des primes et réserves alors que la baisse en 2014 est due à la diminution des capitaux propres. Cependant, le cas d'un fond de roulement négatif peut être envisagé[554].

2. Le besoin en fonds de roulement (BFR)

Le besoin en fonds de roulement (BFR) est la mesure des ressources financières qu'une entreprise doit mettre en œuvre pour couvrir le besoin financier résultant des décalages des flux de trésorerie correspondant aux décaissements (dépenses et recettes d'exploitation nécessaires à l'exploitation) et aux encaissements (commercialisation des biens et services) liés à son activité[555]. Le besoin en fonds de roulement est généralement appelé « ressource en fonds de roulement » lorsqu'il est négatif. Encore perçu comme le besoin de financement global, il représente la part des créances inscrites à l'actif (comptes débiteurs de la clientèle augmentés des autres créances) non financée par les dettes inscrites au passif (comptes créditeurs de la clientèle augmentés des autres dettes). C'est également la différence entre les emplois et les ressources d'exploitation, il correspond aux fonds dont une entreprise a besoin pour financer son cycle d'exploitation[556]. Le BFR peut être positif, négatif ou nul[557].

---

553 MEUNIER-ROCHER Béatrice, op.cit. : « Un fonds de roulement positif signifie que l'entreprise dégage un surplus de ressources permanentes par rapport à l'actif stable, qui pourra être utilisé pour financer d'autres besoins de l'entreprise », p. 57.

554 MEUNIER-ROCHER Béatrice, op.cit. : « On parle d'insuffisance en fonds de roulement, car il manque des fonds (des ressources) pour financer les immobilisations », p. 58.

555 CALADRIS, *Compréhension Intuitive Du Besoin En Fonds De Roulement (BFR),* « le Besoin en Fonds de Roulement (BFR) est la liquidité dont l'entreprise a besoin simplement pour faire rouler son activité. En effet, l'entreprise doit commencer à payer ses fournisseurs et certains frais généraux (par exemple le loyer) avant même de commencer sa production. Puis, au fur et à mesure de sa production, elle doit payer d'autres frais et son personnel. Enfin, lorsque les produits sont fabriqués, elle peut les vendre et facturer le client. Dans de nombreuses activités, le client bénéficie d'un délai pour payer ses factures. C'est donc seulement à ce moment que l'entreprise bénéficie des premières rentrées financières. L'argent qu'elle a dû débourser, avant que les premières factures soient payées, constitue ce Besoin en Fonds de Roulement (BFR) », http://www.caladris.com/wiki/tresorerie/BFR1.html.

556 BERK Jonathan - DEMARZO Peter, op.cit., p. 963.

557 VIZZAVONA Patrice, op.cit. : « l'objet du calcul du fonds de roulement normatif est de déterminer le montant de ce besoin de fonds de roulement de manière à mieux en administrer le financement… On ne peut en déduire si l'entreprise est solvable ou non, bien ou mal gérée. Pour en savoir plus, il faut comparer son fonds de roulement avec celui qui serait sien si elle était parfaitement gérée. », p. 307.

- si BFR > 0, l'entreprise a des besoins à couvrir[558] ;
- si BFR < 0, il y a dégagement de ressources dans l'entreprise[559] ;
- si BFR = 0, il n'y a ni besoins à couvrir, ni dégagement de ressources.

Tableau N° 9 : Détermination du BFR (en F.CFA).

ACTIF	Exercices		
	2012	2013	2014
Actif circulant (A)	48 544 115	216 519 404	118 712 472
Passif circulant (B)	7 200 000	55 694 124	72 000 000
BFR = (A) – (B)	41 344 115	160 825 280	46 712 472
Variation (en valeurs absolues)		119 481 165	- 114 112 808
Variation (en valeurs relatives)		288,99 %	-70,95 %

Sources : construction de l'auteur à partir des données du tableau N° 8.

Le BFR est resté positif sur la période d'étude. Ce qui signifie que la microfinance ALPHA a un vrai besoin de financement au cours des trois années. Le besoin le plus important est constaté au cours de l'exercice 2013. Mais, on remarque une régression de 70,95 % du BFR en 2014, ce qui peut s'expliquer par le recouvrement d'une partie des créances.

Entendu que l'actif et le passif circulant des EMF sont le plus constitués des opérations avec la clientèle qui s'expriment par les crédits et les découverts d'une part et, les dépôts d'autre part, cette approche par le BFR permet d'évaluer les besoins de l'entité sous forme de ressources financières (remboursement des crédits, collecte de l'épargne) pour couvrir les demandes de la clientèle (opérations de retrait de fonds).

---

[558] MEUNIER-ROCHER Béatrice, op.cit. : « On parle alors de **BESOINS** en fonds de roulement (B.F.R.) puisqu'il y a un surplus de besoins par rapport aux ressources », p. 62.

[559] MEUNIER-ROCHER Béatrice, op.cit. : « On parle alors de RESSOURCES en fonds de roulement (R.F.R.), car les ressources excèdent les besoins », p. 63.

3. La trésorerie nette (TN)[560]

La trésorerie est le montant des disponibilités à vue ou facilement mobilisables possédées par une entreprise de manière à pouvoir couvrir sans difficulté, les dettes qui viennent à échéance. Une trésorerie importante représente un capital oisif qu'il faut gérer (investissement, règlement des dettes, placement), mais une trésorerie négative est un signe d'insuffisance de liquidité. Pour faire face aux remboursements des dépôts de la clientèle, les EMF doivent à tout moment disposer d'une trésorerie satisfaisante. L'objectif étant de bien gérer sa trésorerie[561]. La trésorerie nette d'une entreprise peut être déterminée à partir des formules suivantes :

- Trésorerie nette = Fonds de roulement - Besoin en fonds de roulement ;
- Trésorerie nette = Trésorerie Actif - Trésorerie Passif

Tableau N° 10 : Détermination de la TN (en F.CFA)

ACTIF	Exercices		
	2012	**2013**	**2014**
FR (A)	51 257 208	87 603 296	50 843 829
BFR (B)	41 344 115	160 825 280	46 712 472
TN = (A) – (B)	9 913 093	-73 221 984	4 131 357
Variation (en valeurs absolues)		-83 135 077	77 353 341
Variation (en valeurs relatives)		-838,64 %	-105,64 %

Sources : construction de l'auteur à partir des données du tableau N° 9

[560] BERK Jonathan - DEMARZO Peter, op.cit., page 977.

[561] MEUNIER-ROCHER Béatrice, op.cit. : « Mais que signifie (gérer sa trésorerie) ? Sous cette apparente simplicité, cette expression recouvre souvent une réalité très complexe à laquelle il est difficile d'apporter des remèdes efficaces à court terme. En effet, il ne faut pas chercher à masquer la réalité en réinjectant régulièrement des fonds pour donner l'apparence d'un équilibre financier. Il faut trouver l'origine des maux de l'entreprise. La situation peut se comparer à celle d'un adulte aux prises avec une acné rebelle : les soins superficiels tels que lotions ou pommades vont certes améliorer ponctuellement la situation, mais n'empêcheront pas les nouvelles poussées. Là encore, il faut chercher l'origine du mal : est-il dû à une mauvaise alimentation, à un état de stress permanent, à un dérèglement hormonal... ? La cause exacte des troubles décelée, il sera alors possible de mettre en œuvre un traitement de fond et de venir à bout des phénomènes cutanés. Pour l'entreprise, il importe de localiser les causes des problèmes de trésorerie. La trésorerie est la résultante de maintes stratégies, car son état est étroitement lié à celui du fonds de roulement et du besoin en fonds de roulement », p. 67.

Au vu du Tableau, la trésorerie nette est positive sur les périodes 2012 et 2014, mais négative en 2013. Ce déficit de la trésorerie nette en 2013 s'explique par l'importance d'une part des créances, et par l'insuffisance de FR pour couvrir le besoin de financement impliqué par le BFR, d'autre part.

SECTION 2 : LES INDICATEURS DE PERFORMANCE FINANCIÈRE PROPRES AU SECTEUR DES EMF

Du moment où la plupart des EMF sont des entreprises non cotées pour les raisons de leurs formes juridiques de coopérative, les indicateurs de performance de ces entités sont les plus orientés vers l'exploitation des informations comptables. Au regard du grand nombre de ces organisations qui de nos jours ont fait faillite et ont été mises en liquidation[562], il s'ensuit que certaines étaient en cessation de paiement soit du fait du poids des encours de crédit impayés, soit pour absence de liquidités. Ces aspects relèveraient de la qualité du portefeuille d'une part, et du niveau de l'efficacité et de la productivité, d'autre part (**I**), dont les indicateurs lorsqu'ils sont cernés, permettent de délimiter les garde-fous. De même, les difficultés liées à la gestion financière et la rentabilité des EMF méritent d'être analysées (**II**).

I. LES INDICATEURS DE LA QUALITÉ DU PORTEFEUILLE, DE L'EFFICACITÉ ET DE LA PRODUCTIVITÉ DES EMF

Le portefeuille clientèle se révèle comme un facteur de mesure de performance financière des EMF. La qualité du portefeuille (**A**) est un indicateur indéniable de mesure de performance. En effet, bien gérer son portefeuille et mieux le faire constitue l'une des préoccupations quotidiennes des chefs d'entreprise de microfinance qui ont besoin des ressources financières aux fins de les rentabiliser aux moyens des placements. Pour atteindre ces objectifs, les EMF doivent élaborer une stratégie d'utilisation efficiente des actifs et du personnel qui s'exprime par le niveau de maîtrise de la productivité (B).

A. La qualité du portefeuille des EMF

Performance financière et qualité du portefeuille de crédit sont intimement liées dans les institutions financières. En effet, les microentreprises, principaux clients des EMF ne fournissent pour la plupart, ni garanties matérielles, ni informations financières et comptables fiables à ces entités. Ainsi, la sélection entre les micro-entrepreneurs (sans tomber dans un mécanisme d'anti-sélection) et la mise en place de contraintes très fortes au remboursement sont des problèmes cruciaux auxquels les EMF doivent faire face pour atteindre la performance financière. Par conséquent, ces entités

---

[562]Voir journal Cameron Tribune du mardi 30 décembre 2014, « Retrait d'agrément à 28 EMF en cessation d'activité ou de paiement ou ne remplissant plus les conditions normales d'exploitation », page III.

doivent inventer des mécanismes d'incitation spécifiques pour distinguer les bons clients des mauvais[563]. Pour plus de lisibilité, une analyse rapprochée de la masse de crédit accordé à la clientèle par rapport aux impayés doit être menée de manière périodique aux fins de mettre en place une politique de recouvrement fiable. En effet, pour toute institution financière dont les prêts ne sont généralement pas protégés par une garantie négociable, à l'instar des EMF, la qualité du portefeuille est absolument cruciale. Elle dépend fortement de la méthodologie de collecte de l'épargne, de la politique de crédit et de la gestion du risque. Toutefois, plusieurs ratios permettent d'évaluer et de se prononcer sur la qualité du portefeuille sur une période précise.

1. La collecte de l'épargne

Les EMF recherchent de l'épargne stable pour pouvoir recycler l'argent en faisant des prêts. Les produits d'épargne sont simples et peu diversifiés : ils sont à vue et à terme. La collecte de l'épargne représente pour la microfinance, l'équivalent de l'importance du carburant pour un véhicule. Du volume des sommes collectées par un établissement de crédit en général et un EMF en particulier, découle le niveau de confiance de la clientèle qui se mesure par le montant du chiffre d'affaires confié. En effet, l'épargne collectée est placée :

- sous forme de crédit au profit des adhérents ou de la clientèle moyennant intérêts de remboursement à l'échéance ;
- dans les banques classiques sous forme de dépôts à vue ou à terme moyennant les intérêts.

1.1. Le coût de collecte de l'épargne

Pour les EMF, les frais de collecte représentent un coût parfois élevé qui interpelle la gestion fiscale en matière de l'IRPP au risque de redressement déplaisant[564]. Les opérations de collecte d'épargne posent un problème de gestion de risque éminent : que ce soit du fait des collecteurs qui se déplacent chez les épargnants, du fait de la manipulation de très petites sommes en espèces ou du fait de la grande fréquence des opérations de versements et des

---

563EL KHARTI CREAM Lahcen, EA4702 Université de Rouen, *Déterminants de la performance financière des institutions de microfinance (IMF) au Maroc : une analyse empirique, site :* www.erudite.univ-paris-est.fr/ : « Un des mécanismes est le prêt fréquentiel (Chowdhury, 2007). L'espoir d'obtenir au cours des périodes suivantes de nouveaux crédits, pour soutenir la croissance de sa micro-entreprise, et donc l'amélioration de son bien-être social, est un mécanisme qui permet non seulement de séparer les micro-entrepreneurs aux possibilités de remboursement douteux des bons, mais aussi d'améliorer la qualité du portefeuille à risque. Ce mécanisme de sélection des micro-entrepreneurs douteux des bons permet d'éviter le phénomène de contagion perverse qui pourrait se répandre chez les emprunteurs à risque faible qui trouveront qu'il est stupide de rembourser leur crédit alors que les autres ne le font pas. Ceci a pour conséquences d'accélérer la détérioration de la qualité du portefeuille et de contribuer à une dégradation de la performance financière de l'IMF.

564Voir articles 50, 52 (3) et 93 bis du CGI, « IRPP à retenir à la source sur les sommes versées aux agents commerciaux non-salariés ».

retraits résultant de la perception de l'EMF par la clientèle comme un garde monnaie, sont associés de nombreux risques comme des erreurs de comptage, des malversations et aussi des attaques des collecteurs[565].

1.2. La notion de l'épargne

Au sens de l'activité même des EMF, l'épargne est représentée par le dépôt des membres ou de la clientèle dans un compte ouvert à cet effet. Ne sont généralement pas considérés comme épargne :

- les dépôts d'argent nécessaire à l'obtention de crédits appelés « dépôts obligatoires » ;
- les sommes reçues en garantie du remboursement des crédits alloués appelés « dépôts de garantie », ces fonds ne sont déposés par la clientèle auprès de l'institution de Microfinance qu'après la décision d'octroi de crédit ;
- les sommes d'argent mises à la disposition de l'institution de Microfinance par les bailleurs de fonds aux fins d'octroi de crédit.

2. La politique de crédit

Les conditions d'octroi et de suivi de crédit sont des facteurs susceptibles d'impacter le niveau de performance des EMF. En effet, il doit être mis en place, un comité de crédit chargé de l'examen et de la validation des dossiers de crédit ainsi que des propositions des gestionnaires de portefeuille. Les insuffisances relevées à ce niveau génèrent des créances en souffrance qui induisent la constatation soit des provisions pour créances douteuses, soit des pertes sur créances qui sont des charges aux conditions de déductibilité particulière sur le plan fiscal. En effet, une politique de crédit doit prendre en compte le suivi du portefeuille et les méthodes fiables de recouvrement des créances.

2.1. Le suivi du portefeuille crédit

Considérant la taille de la clientèle des EMF constituée en majorité des petits épargnants, la politique de crédit doit intégrer dans ces institutions, celle du suivi du portefeuille. La gestion de portefeuille consiste essentiellement dans le suivi des clients solvables et retardataires après décaissement du prêt. Pour se donner des chances de recouvrement, la détection des retards dans le remboursement doit être immédiate. Les créances en souffrance (immobilisées, contentieuses, douteuses ou litigieuses) font l'objet de déclassements. L'EMF doit savoir calculer les indicateurs de portefeuille à risque.

---

[565] http://www.ecole-de-la-microfinance.com/, *Analyse financière des institutions de microfinance.*

2.2. La problématique du remboursement des crédits et le recouvrement

Une fois le retard détecté, l'EMF met en œuvre un programme de recouvrement. Les sanctions, en cas de retard, prévues sur les contrats des prêts doivent être appliquées de façon systématique. Pour le cas des EMF de première catégorie ayant une forte vocation sociale, l'agent de recouvrement n'hésitera pas à se montrer imaginatif pour trouver des solutions conciliantes envers les emprunteurs qui ne peuvent pas rembourser de bonne foi. Les procédures de recouvrement par voie judiciaire ne sont généralement pas adaptées pour obtenir le remboursement par les emprunteurs. Tout compte fait, une telle approche devrait intégrer au préalable, une analyse approfondie du risque lié à la politique de crédit.

3. L'analyse du risque crédit

En principe, l'élément déterminant pour une saine gestion du portefeuille consiste à n'accorder des prêts qu'aux personnes ou aux entités qui présentent les capacités de remboursement suffisantes. L'étude attentive du risque de crédit par l'EMF revêt alors un caractère fondamental. Compte tenu des caractéristiques spécifiques de la clientèle cible, l'analyse du risque est constituée essentiellement par une évaluation informelle des emprunteurs. La décision d'octroi du prêt est prise par le comité des crédits[566], seul organe compétent pour statuer en assemblée tenue à cet effet qui délivre une attestation motivée d'octroi ou de refus à la clientèle demanderesse. Pour plus de lisibilité, une analyse rapprochée de la masse de crédit accordé à la clientèle par rapport aux impayés doit être menée de manière périodique, aux fins de mettre en place une politique de recouvrement fiable. Les manquements constatés en la matière peuvent expliquer le risque de non recouvrement d'une part et fiscal, d'autre part.

3.1. Le risque[567] de non recouvrement

La principale source de risque dans les EMF est le portefeuille de prêts. Non seulement ce portefeuille représente pour ces entités, l'actif le plus important, mais en outre un facteur qualitatif déterminant et donc le risque

---

[566] Voir site : http://www.ecole-de-la-microfinance.com/tag/gestion-de-lepargne-et-du-credit.

[567] NDJANYOU Laurent, *Risque, l'Incertitude, et Financement Bancaire de la P.M.E. camerounaise : l'exigence d'une analyse spécifique du risque :* « On parle de risque lorsque l'univers dans lequel se déroulent les transactions économiques est probabilisable, c'est-à-dire qu'on admet de façon globale comme hypothèse de départ que le comportement stochastique est gouverné par des distributions de probabilité stable, que ces distributions de probabilité sont observables par les agents, que la distribution est indépendante des actions des agents (Dymsky, 1993, p.49) », CERAF, Faculté des sciences économiques et de gestion Université de Dschang, février 2001, site : https://msuweb.montclair.edu/~lebelp/CERAFRM066Ndjanyou2000.pdf, p. 6.

qu'il pose pour l'institution, est assez difficile à mesurer[568]. Pour les institutions de microfinance dont les crédits ne sont pas couverts par des garanties facilement réalisables, la qualité du portefeuille est absolument cruciale. Un EMF est généralement considéré comme étant en situation de risque, s'il présente un retard de paiement de plus de trente (30) jours, soit deux (2) mois d'échéances impayées. Cette règle est bien plus sévère que les pratiques des banques commerciales, mais ceci est justifié par le manque, en microfinance, des garanties facilement réalisables. En effet, un portefeuille développé sur la base de la méthodologie des caisses villageoises présentera certaines caractéristiques qui différeront totalement de celles d'un portefeuille qui se compose de microcrédits individuels. De la même manière, les microcrédits destinés à des commerçants urbains auront également des caractéristiques de risques très différentes de ceux accordés à des agriculteurs ruraux. Dans le même ordre d'idée, il est par exemple maladroit de financer un projet d'acquisition des imperméables en saison sèche. Une telle activité présente des risques éventuels de mévente et donc, de difficultés de recouvrement pour l'EMF qui accepterait un tel engagement par trésorerie. De même, il est risquant de financer un contribuable insolvable envers l'Administration des impôts en ce sens que les sommes reçues serviront au paiement des dettes fiscales, au risque de voir l'entreprise scellée.

3.2. Le risque fiscal

Les créances en souffrance inscrites à l'actif du bilan induisent dans le compte de résultat des produits fictifs à double coloration. D'abord, un résultat qui ne traduit pas la réalité de l'activité. Ensuite, le coût de l'impôt sur le plan de la TVA et de l'I.S devrait connaître une augmentation générant ainsi des charges marginales aux conséquences négatives sur la performance financière de ces entités.

[568] MicroRate, *Indicateurs de Performance pour les Institutions de Microfinance,* 2e Édition, Traduction réalisée par ADA : « La mesure la plus couramment utilisée pour la qualité du portefeuille dans l'industrie de la microfinance est le Portefeuille à Risque (PaR), qui mesure en fait la partie du portefeuille qui est « contaminée » par les impayés, en pourcentage du portefeuille total. En plus de l'indicateur Portefeuille à Risque, cette publication présente trois autres indicateurs relatifs à la qualité du portefeuille et les risques qui y sont associés : le ratio Perte sur Créances, le ratio Dotation aux Provisions et le ratio Couverture de Risque ».

4. La prise en compte des ratios[569] d'appréciation de la qualité du portefeuille[570] dans les EMF

L'analyse de la qualité du portefeuille des EMF peut être faite sur la base des ratios. La donnée la plus couramment utilisée pour la qualité du portefeuille dans l'industrie de la microfinance est le Portefeuille à Risque (PàR). En plus de cet indicateur, trois autres ratios peuvent être associés à l'instar du ratio perte sur créances, ratio dotation aux provisions et le ratio couverture de risque.

4.1. Le ratio du portefeuille à risque

Le Portefeuille à Risque (PàR) se calcule en divisant l'encours de tous les crédits présentant des arriérés de paiement excédant 30 jours, plus l'encours des crédits rééchelonnés (restructurés)[571], par l'encours total du portefeuille de crédits arrêté à une date. Vu que ce ratio est souvent utilisé pour mesurer les crédits affectés par des arriérés de paiement de plus de 60, 90, 120 voire 180 jours, le nombre de jours doit alors être clairement mentionné, par exemple PàR (30 jours).

Ratio du portefeuille à risque : PàR (30 jours) = (Encours des crédits ayant des impayés excédant trente (30) jours + Encours des crédits rééchelonnés (restructurés) / Encours total du portefeuille brut de crédits[572].

Encore appelé communément « ratio de l'encours contaminé » ou « ratio de prêts en retard », cet indicateur est déterminant pour la santé financière (pérennité) des EMF[573]. Ce ratio montre la partie du portefeuille de crédit

[569] Les ratios financiers sont des indicateurs utilisés pour conduire une analyse financière d'entreprise. Ils sont le plus souvent utilisés par le dirigeant pour suivre son entreprise (souvent via les tableaux de bord) ou par les repreneurs d'entreprises, notamment dans le cadre d'une évaluation. On obtient un ratio financier en effectuant un rapport entre deux valeurs, par exemple : bénéfice/chiffre d'affaires.
Voir site : http://www.compta-facile.com/ratios-financiers-calculs-et-explications.

[570] LAFOURCADE Anne-Lucie, ISERN Jennifer, MWANGI Patricia, BROWN Matthew, *Étude sur la portée et les performances financières des institutions de microfinance en Afrique :* « Le portefeuille de prêts est l'actif le plus important d'une IMF. La qualité du portefeuille reflète le risque de défaut de paiement sur les prêts et détermine les produits futurs et donc la capacité d'une institution à accroître sa portée et à être au service de ses clients existants. Pour la présente étude, la qualité du portefeuille est mesurée en tant que portefeuille à risque de plus de 30 jours », avril 2005, http://www.microfinancegateway.org.

[571] La renégociation d'un crédit est un moyen par lequel l'emprunteur résout ses difficultés de paiement, et le créditeur de récupérer les crédits qui lui auraient été impayés. Quand un EMF restructure un crédit, il en rééchelonne l'encours à un plus long terme, de manière que les paiements soient plus supportables pour l'emprunteur. En fait, un EMF refinance un crédit en finançant ses échéances par un autre nouveau crédit au client.

[572] MicroRate, *Guide Technique Indicateurs de Performance pour les Institutions de Microfinance*, 2e Édition, site : www.microrate.com.

[573] Voit site : www.memoireonline.com, *gestion de risque dans les institutions de microfinance.*

« contaminée » par les impayés et présentant donc un risque de ne pas être remboursé. Plus la durée du retard de paiement est grande, moins le prêt a de chances d'être remboursé. De manière générale, tout portefeuille à risque excédant 10 % doit être préoccupant, car à l'opposé des crédits commerciaux, la plupart des microcrédits camerounais ne sont pas couverts par des garanties facilement réalisables, à l'instar des titres, du matériel, le mot d'ordre étant la confiance.

Le ratio de portefeuille à risque est un évaluateur utile, mais qui ne montre pas tout sur les risques encourus. Comme toute mesure de performance, ce ratio peut être manipulé. La forme de manipulation la plus courante est de passer en perte les prêts en retard. Le portefeuille à risque doit dès lors toujours être analysé conjointement avec le quatrième indicateur de qualité de portefeuille, à savoir le ratio pertes sur créances. Un portefeuille de prêts avec une forte concentration de prêts sérieusement en retard (prêts affectés par des arriérés de plus de 90 ou 180 jours) sera nettement plus risqué qu'un portefeuille affecté par des retards limités à 30 ou 60 jours.

4.2. Le ratio de dotation aux provisions

Le ratio de dotation aux provisions se calcule en divisant les dotations aux provisions pour créances douteuses effectuées sur la période par l'encours moyen du portefeuille brut.

Ratio dotation aux provisions = Dotation aux provisions pour créances douteuses / Encours moyen du portefeuille brut de crédits[574].

Cette mesure donne une indication sur les provisions effectuées par l'EMF pour anticiper les futures pertes sur prêts. Il faut s'attendre à ce que cette charge augmente de manière concomitante avec la croissance du portefeuille des crédits[575]. Tous les EMF se doivent de constituer une provision pour mauvaises créances qui soit réaliste en fonction des performances passées. Ainsi, si une microfinance connaît historiquement une performance de 3 % au chapitre de pertes sur prêts, elle devra prévoir une provision de 3 % pour créances douteuses[576].

---

[574]MicroRate, op.cit.

[575]Les règlements locaux bancaires et fiscaux prescrivent un taux minimum de dotation aux provisions pour couvrir les pertes sur prêts. Par contre, les ONG ont un grand choix de pratiques, pouvant être de ne faire aucune provision (ceci est rarement le cas), provisionner un certain pourcentage des nouveaux prêts octroyés, ou bien lier les provisions à la qualité du portefeuille. Le niveau de dotations aux provisions doit être analysé de concert avec le ratio Couverture de Risque (voir ci-après). Si les réserves pour créances douteuses au bilan sont faibles comparativement au Portefeuille à Risque, cela signifie que la dotation aux provisions est probablement trop faible.

[576]Voit site : www.memoireonline.com, op.cit.

4.3. Le ratio de couverture de risque

Le ratio de couverture de risque se calcule en divisant les réserves pour créances douteuses par l'encours des crédits présentant des échéances impayées de plus de 30 jours ajoutés à l'encours des crédits rééchelonnés.

Ratio de couverture de risque = Réserves pour créances douteuses / (Encours des Crédits ayant des impayés excédant 30 jours + Encours des crédits rééchelonnés)[577].

Ce ratio montre le pourcentage du portefeuille à risque qui est couvert par les réserves pour créances douteuses. Il donne une indication sur la manière dont est préparée une institution pour affronter le pire scénario[578].

4.4. Le ratio pertes sur créances

Le ratio de pertes sur créances est calculé en divisant le total des créances passées en pertes sur la période par l'encours moyen du portefeuille brut de crédits.

Ratio pertes sur créances = Créances passées en pertes / Encours moyen du portefeuille brut de crédits

Cet indicateur représente simplement les prêts qu'une institution a décidé de rayer de son actif en raison d'un doute important concernant leur remboursement[579]. La passation en perte affecte de manière identique le portefeuille brut des crédits et les réserves pour créances douteuses. Ainsi, à moins que les réserves de provision ne soient insuffisantes, l'écriture n'affectera pas la valeur totale des actifs, ni le portefeuille net des crédits, ni les charges ou le revenu net.

---

[577]MicroRate, op.cit.

[578]Pour les institutions de microfinance, les réserves pour créances douteuses représentent habituellement 80 à 120 % du Portefeuille à Risque. Ces niveaux sont bien plus élevés que ceux pratiqués par les banques commerciales. Dans une certaine mesure, ces niveaux élevés reflètent une attitude qui pourrait se résumer à : « en situation de doute, soyons conservateur ». La microfinance est encore un domaine assez nouveau, et le profil des risques des portefeuilles de microcrédits n'est pas encore tout à fait bien compris. Mais des réserves élevées sont également constituées pour tenir compte du fait que les portefeuilles de microcrédits ne sont généralement pas couverts par des garanties.

[579] Le passage de crédits en pertes est une écriture comptable qui évite que les actifs soient gonflés de manière non représentative par des prêts qui ne pourront pas être récupérés. Le passage en perte d'un crédit ne signifie en aucune manière l'abandon des efforts de l'institution pour récupérer sa créance ou l'obligation de remboursement du client.

B. Les indicateurs décisifs de l'efficacité et de la productivité des EMF

Les indicateurs relatifs à la productivité permettent de mesurer les performances des EMF sur la base de la manière dont ils utilisent leurs ressources, notamment leurs actifs et leur personnel, pour proposer leurs services. Un EMF peut être qualifié productif lorsqu'il parvient à minimiser[580] le coût de la prestation de ses services.[581]

Ces indicateurs sont des mesures de performance qui montrent la manière dont les institutions rationalisent le traitement de leurs opérations. Les indicateurs de productivité[582] reflètent la quantité d'output par unité d'input, alors que les indicateurs d'efficacité prennent en compte en plus le coût des inputs et/ou le prix des outputs[583]. Plusieurs coefficients permettent d'exprimer l'efficacité et la productivité des EMF. On peut ainsi énumérer le ratio : charges d'exploitation, coût par emprunteur, productivité du personnel et productivité des agents de crédit.

1. Les ratios justifiant l'efficacité des EMF

Un EMF peut être qualifié d'efficace et d'efficient lorsqu'il parvient à minimiser le coût de la prestation de ses services. L'efficience a ici été analysée sur la base de deux indicateurs, à savoir, les ratios de charges d'exploitation et coût par emprunteur.

1.1. Le ratio charges d'exploitation

Ce ratio s'obtient en divisant l'ensemble des charges nécessaires pour assurer les opérations de l'institution (incluant toutes les charges administratives et salariales, les amortissements des immobilisations et les rémunérations des administrateurs) par l'encours moyen du portefeuille brut de crédits sur la période observée. Les intérêts payés, les provisions passées, ainsi que les charges exceptionnelles, ne doivent pas être inclus.

Ratio charges d'exploitation = Charges d'exploitation / Encours moyen du portefeuille brut de Crédits[584].

---

[580] LAFOURCADE Anne-Lucie, ISERN Jennifer, MWANGI Patricia, BROWN Matthew, op.cit. : « Une institution efficiente est une institution qui minimise les coûts de prestation des services ».

[581]African Microfinance Transparency (AMT), *Analyse Transversale des performances des IMF africaines*, 3e édition, NOV. 10.

[582] LAFOURCADE Anne-Lucie, ISERN Jennifer, MWANGI Patricia, BROWN Matthew, op.cit. : « Souvent mesurée en termes d'emprunteur par effectif du personnel, la productivité est combine l'étendue de la portée et l'efficience. Les IMF productives maximisent leurs services avec un niveau minimum de ressources, tant en matière de personnel que de fonds ».

[583]MicroRate, op.cit.

[584584]African Microfinance Transparency (AMT), Op.cit

Ce ratio fournit le meilleur indicateur d'efficacité d'une institution de crédit. Pour cette raison, il mesure les coûts nécessaires à l'institution pour fournir ses services de crédit. Plus le ratio de charges d'exploitation est faible, meilleure est l'efficacité de l'institution.

1.2. Le ratio coût par emprunteur

Ce ratio s'obtient en divisant l'ensemble des charges nécessaires pour assurer les opérations de l'institution (incluant toutes les charges administratives et salariales, les amortissements des immobilisations et les rémunérations des administrateurs) par le nombre total des emprunteurs actifs de l'institution[585].

> **Ratio coût par emprunteur** = Charges d'exploitation / Nombre moyen d'emprunteurs actifs (exclusion faite des crédits à la consommation et des crédits sur gage)[586].

Cet indicateur fournit une mesure très parlante de l'efficacité de l'institution en montrant le coût moyen sur l'année pour servir un client. Étant donné que cet indicateur ne prend pas en compte la taille moyenne des prêts, les institutions octroyant en moyenne de grands prêts n'apparaissent pas automatiquement comme plus efficaces, comme cela est le cas avec le ratio des charges d'exploitation. Ainsi, le ratio coût par emprunteur représente un indicateur plus « juste » que le ratio charges d'exploitation.

2. Les ratios valorisant la productivité des EMF

Plusieurs indicateurs permettent de mesurer la productivité, mais nous en privilégions ici deux : la productivité du personnel et la productivité des gestionnaires de crédit.

2.1. Le ratio productivité du personnel

La productivité du personnel d'un EMF s'obtient en divisant le nombre des emprunteurs actifs par le nombre total de ses employés[587]. Ainsi, un prêt solidaire impliquant quatre membres sera considéré comme quatre emprunteurs. Plusieurs crédits accordés au même emprunteur ne représentent qu'un seul emprunteur. Ce sont les emprunteurs qui sont pris en compte au numérateur et non les prêts, vu que c'est davantage le nombre de personnes servies qui détermine la charge de travail que le nombre de prêts. Deux prêts

---

[585]Les intérêts payés, provisions passées, ainsi que les charges exceptionnelles ne doivent pas être incluses. Les crédits sur gage et crédits à la consommation sont généralement exclus de ce calcul étant donné qu'ils nécessitent beaucoup moins d'efforts dans le cadre de l'identification et d'analyse.

[586] MicroRate, op.cit.

[587] Le nombre d'emprunteurs actifs étant défini comme les emprunteurs identifiables individuellement et qui ont au moins un prêt en cours auprès de l'institution.

simultanés octroyés à une même personne ne requièrent pas deux fois plus d'effort que pour accorder un seul prêt. Les prêts sur gage[588] ainsi que les crédits à la consommation ne doivent pas être pris en considération, vu qu'ils nécessitent beaucoup moins de travail de sélection et d'analyse. Le nombre total d'employés est défini comme étant le nombre total de personnes qui travaillent à plein-temps dans l'EMF. Il inclut les contrats temporaires, par exemple des consultants, du moment où ils travaillent à temps plein. Si l'institution emploie un nombre significatif de personnes à temps partiel, alors celles-ci doivent être ajustées à des unités plein-temps. Par exemple, deux personnes travaillant à mi-temps sont considérées comme équivalant à un employé plein-temps.

Ratio productivité du personnel = Nombre d'emprunteurs actifs (exclusion faite des Crédits à la consommation et des Crédits sur gage)/ Nombre total du personnel

Ce ratio cerne la productivité du personnel de l'EMF. Plus le ratio est élevé, meilleure est la productivité de l'institution. De manière indirecte, ce ratio donne aussi une indication sur la manière dont l'EMF a adapté ses méthodes et procédures à ses activités de crédits. Une productivité faible n'indique pas automatiquement que le personnel travaille moins, mais est plutôt révélateur de procédures inefficaces ou excessivement administratives.

2.2. Le ratio de productivité des agents de crédit

Ce ratio s'obtient en divisant le nombre d'emprunteurs actifs d'une institution par le nombre total de ses agents de crédit[589]. Cela inclut les agents de terrain ou les commerciaux qui interagissent avec le client, mais pas le personnel administratif ou les analystes qui traitent les crédits sans contact direct avec les clients. Dans les agents de crédit, il faut aussi inclure les employés temporaires qui sont engagés régulièrement en qualité d'agent de crédit.

---

[588] Le gage est un contrat par lequel une personne remet à son créancier un objet mobilier ou une valeur pour assurer l'exécution de ses engagements, par exemple le remboursement d'un prêt d'argent. Le contrat se forme par la remise de l'objet sur lequel porte le gage. Le gage est défini par le code civil comme étant une convention par laquelle le constituant accorde à un créancier le droit de se faire payer par préférence à ses autres créanciers sur un bien mobilier ou un ensemble de biens mobiliers corporels, présents ou futurs, étant précisé que les créances garanties peuvent être présentes ou futures, à condition cependant d'être déterminables. Voir site http://www.dictionnaire-juridique.com/definition/gage.php.

[589]Les emprunteurs actifs sont définis de la même manière que pour le ratio de Productivité du Personnel. Les Agents de Crédit sont définis comme le personnel dont l'activité principale est directement liée à la gestion d'une partie du portefeuille de crédits.

Ratio de productivité des agents de crédit = Nombre d'emprunteurs actifs (exclusion faite des crédits à la consommation et des crédits sur gage/ Nombre d'agents de crédit.

Ce ratio indique la productivité des agents de crédit de l'EMF. Plus le ratio est élevé, meilleure est la productivité de l'institution. Il s'agit de l'un des ratios de performance les plus reconnus dans l'industrie de la microfinance. De la même manière que pour le ratio de productivité du personnel, le ratio de productivité des agents de crédit indique la façon dont l'EMF est parvenue à adapter ses méthodes et procédures pour mener ses activités de crédit.

Le présent paragraphe s'est fixé pour ambition d'analyser les indicateurs permettant d'apprécier le niveau de la qualité du portefeuille, de l'efficacité et la productivité des EMF. Pour ce qui est du premier objectif, il s'agit d'évaluer la microfinance sur sa capacité à gérer un portefeuille saint et rentable de manière à assurer sa rentabilité, mieux sa pérennité. La qualité du portefeuille peut être perçue sur la base du chiffre d'affaires confié par les épargnants, sur la base de la politique du crédit et de la gestion du risque inhérente aux opérations d'engagement. Quant à l'efficacité et la productibilité, l'objectif global visé consiste à vendre ses services avec efficacité et efficience. L'ensemble de ces indicateurs peut être formulé sur la base des ratios déterminés à partir des agrégats comptables ainsi résumés dans le schéma qui suit.

Schéma N° 27 : Les ratios qui expliquent la qualité du portefeuille et la productivité des EMF.

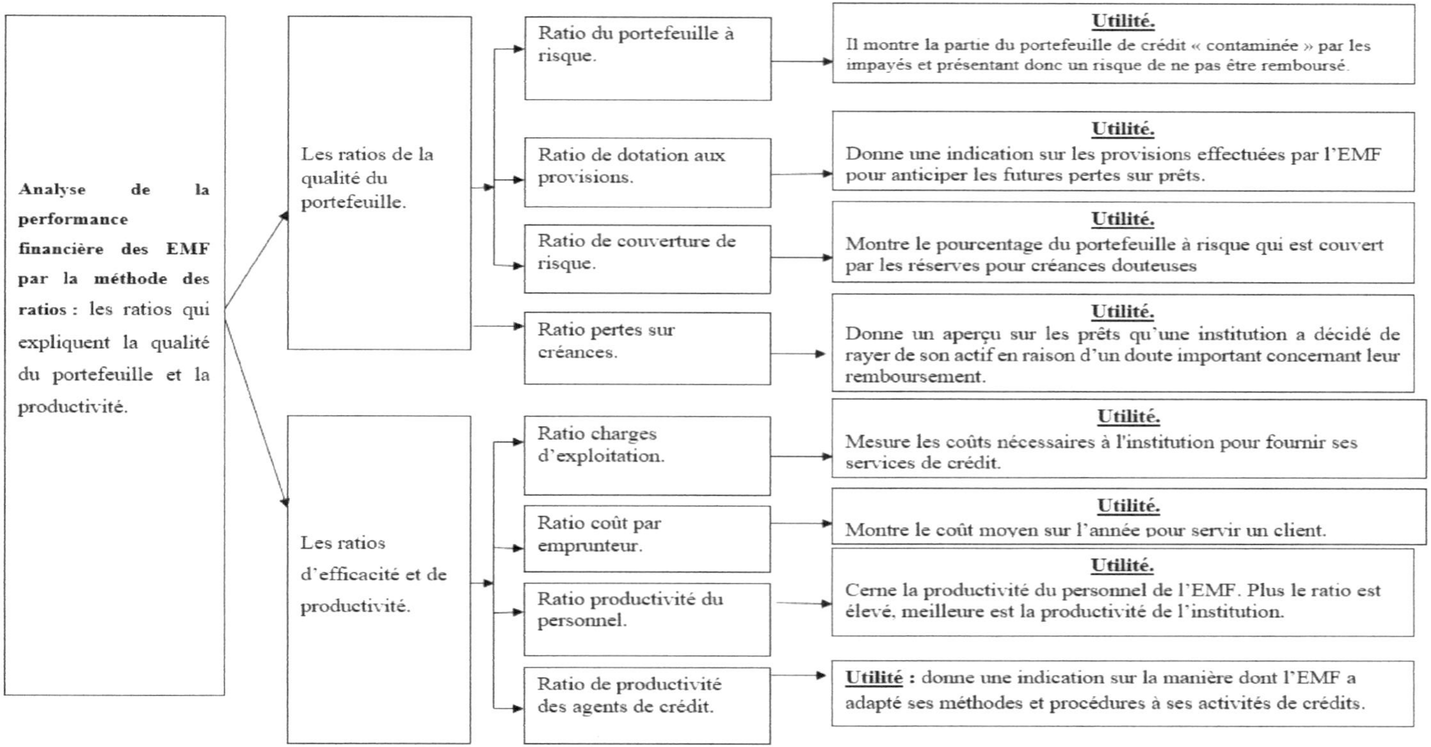

Sources : construction de l'auteur à partir de la littérature

II. LES INDICATEURS EXPLIQUANT LA GESTION FINANCIÈRE ET LA RENTABILITÉ DES EMF

De la notion de gestion financière se dessine à première vue les travaux de G. CHARREAUX[590] dans lesquels l'auteur de cet article nous entretient sur les évolutions profondes des approches théoriques en finances, aux fins de faire l'inventaire des apports actuels et potentiels d'une analyse financière, ainsi que les dangers d'une recherche éloignée de toute préoccupation normative dans les organisations en général et les EMF en particulier. En référence à la somme des enseignements y relatifs, l'ambition consiste à identifier les indicateurs pouvant expliquer le niveau de gestion financière des EMF (**A**), compte tenu de la spécificité du secteur. Les indicateurs de rentabilité (**B**), quant à eux, reflètent la performance de l'ensemble des domaines de l'institution. Mis ensemble, ces indicateurs renseignent sur la qualité des gestionnaires et la rentabilité de ces entités.

A. Les leviers d'appréciation de la gestion financière des EMF

La gestion financière s'emploie à garantir un niveau de liquidités suffisant afin de couvrir les obligations d'un EMF en termes de décaissement des crédits à ses emprunteurs et de remboursement des emprunts à ses créanciers. Des manquements constatés se traduisent au quotidien par l'insuffisance de trésorerie pouvant permettre le remboursement de l'épargne sollicitée. La gestion financière est une fonction de back-office, les décisions dans ce domaine peuvent directement influer le résultat financier d'une institution. Des erreurs dans la gestion des liquidités ou du change peuvent aisément compromettre une institution qui possède un traitement opérationnel efficace et une gestion saine. L'importance des liquidités et leurs méthodes de gestion, la gestion des risques de change sont des domaines à risque potentiels importants pour un EMF. En effet, le Guide technique[591] cerne trois indicateurs qui permettent d'évaluer la gestion financière d'une institution de microfinance :

- le ratio Charges de financement ;
- le ratio coûts des ressources ;
- le ratio dettes/fonds propres.

1. Le ratio charges de financement

Ce ratio mesure le total des intérêts payés par l'EMF pour financer son portefeuille de crédits. La différence entre le rendement du portefeuille (revenus générés par le portefeuille) et le ratio charges de financement

[590] G. CHARREAUX, Théorie financière et stratégie financière, août 1992, site : http://leg.u-bourgogne.fr/wp/0920801.pdf.

[591] MicroRate, Guide technique Indicateurs de Performance pour les Institutions de Microfinance, op.cit.

(charges financières encourues par l'institution pour se financer) constitue la marge d'intérêts nette[592]. Cette mesure est utilisée pour connaître le taux minimum que l'institution doit charger à ses clients afin de compenser tous les coûts encourus[593]. Le ratio de charges de financement se calcule en divisant les intérêts et les commissions payés sur les fonds empruntés par l'encours moyen du portefeuille brut de crédits.

Ratio charges de financement = Charges d'intérêts et de commissions / Encours moyen du portefeuille brut de crédits

2. Le ratio coût des ressources financières

Ce ratio mesure le coût moyen des fonds empruntés par l'institution. En comparant les EMF, ce ratio montre si l'institution a pu accéder à des fonds bon marché tels les dépôts d'épargne. Les EMF qui arrivent à récolter de l'épargne ont généralement des coûts de financement de fonds moins élevés. Mais en contrepartie, la récolte de l'épargne exige un coût administratif plus élevé. Ce ratio s'obtient en divisant les intérêts et les commissions payés sur les ressources financières par la valeur moyenne des ressources financières (dettes)[594]. Le dénominateur inclut toutes les ressources financières de l'institution, y compris les dépôts d'épargne, les dettes commerciales contractées, les fonds subsidiés ainsi que le quasi capital.

Ratio coûts des ressources financières= Charges d'intérêts et de commissions / Valeur moyenne des ressources financières.

3. Le ratio dettes/fonds propres

Le ratio Dettes/Fonds propres est la mesure la plus simple et la plus connue de l'adéquation des fonds propres d'un EMF, étant donné qu'il oriente sur son effet de levier total. Ce ratio est regardé avec grand intérêt par les prêteurs parce qu'il indique le degré de sécurité (sous forme de fonds propres) que possède une microfinance pour couvrir d'éventuelles pertes.

Ratio dettes/fonds propres = Total des dettes / Total des fonds propres

---

592 Il ne faut pas confondre le ratio Charge de financement avec l'écart entre les taux d'emprunt et de prêt pratiqués par l'institution ni avec le taux moyen auquel elle emprunte (pour ceci, voir le ratio de coût des ressources).

593Le taux minimum sur les crédits est ainsi déterminé en additionnant les trois ratios Charges de Provision, Charges d'Exploitation et Charges de Financement.

594 Sont exclues, les autres formes de dettes, telles que les comptes et les effets à payer ou les emprunts hypothécaires que l'EMF aurait obtenus pour financer par exemple l'acquisition de ses bureaux.

Ce ratio s'obtient en divisant le total des dettes de l'EMF par le total de ses fonds propres. Le total des dettes comprend tout ce que l'EMF doit tel que les dépôts effectués auprès d'elle, les emprunts contractés, les comptes à paier de même que tout autre compte d'engagement. Le total des fonds propres représente le total des actifs moins le total des dettes.

B. Les indicateurs de rentabilité ou de viabilité financière des EMF

La rentabilité d'un établissement de microfinance est sa capacité à couvrir ses charges d'exploitation par ses produits d'exploitation pour dégager des excédents. Les produits d'exploitation proviennent, pour l'essentiel, des intérêts et commissions reçus sur les crédits accordés aux clients. Pour ce qui est des charges d'exploitation, l'on peut citer les charges financières, les frais généraux, les dotations aux amortissements et aux provisions. Un établissement de microfinance est donc rentable quand ses produits d'exploitation dépassent ses charges d'exploitation de façon continue. Dans ce cas, il affiche un résultat net positif. La rentabilité est évaluée à partir de six (06) principaux indicateurs[595] :

- la rentabilité des fonds propres (ROE) ;
- la rentabilité des actifs (ROA) ;
- l'autosuffisance opérationnelle ;
- l'autosuffisance financière ;
- la marge bénéficiaire ;
- le coefficient d'exploitation.

1. Le ratio de rentabilité sur fonds propres (rentabilité financière)

La rentabilité ROE[596] indique la rentabilité de l'institution. Cet indicateur est particulièrement important pour les EMF de deuxième catégorie ayant des actionnaires recherchant le profit. Pour ces investisseurs, il est d'une importance primordiale, puisqu'il mesure le retour sur leur investissement effectué dans l'institution. Pour les établissements de microfinance à but non lucratif, ce ratio est par contre utilisé comme un indicateur alternatif pour mesurer la viabilité commerciale.

---

[595]Réseau des Institutions de Microfinance au Burundi (RIM), rapport *sur les indicateurs de performances des établissements de microfinance membres du RIM*, édition 2012, site : http://www.rimburundi.org/pdf/rapport_indicateurs_performances2012.pdf.

[596]TENDANCE, Retour Sur Actifs (ROA) VS Retour Sur Capitaux Propres (ROE) : « A l'opposé du ROE, le ROA évalue la capacité ou l'incapacité de l'entreprise à faire des bénéfices avec ses propres moyens matériels. Personnellement. Tout d'abord, il élimine l'effet de levier, car le ROA est dépendant de la marge nette et de la rotation des actifs. Ensuite, un ROA élevé permet à l'entreprise d'avoir une marge de manœuvre pour augmenter ses prix donc d'améliorer ses marges et cela permet d'avoir la main sur sa clientèle », http://www.tendance.com/retour-sur-actifs-roa-vs-retour-sur-capitaux-propres-roe.htm.

Ratio de rentabilité sur fonds propres = Résultat net / Fonds propres moyens.

Ce ratio exprime le taux de rendement du montant moyen des capitaux propres pour la période. En raison de l'exclusion, au niveau du numérateur, des éléments hors exploitation (tels que les subventions). En général, le ratio de rendement des fonds propres est calculé net d'impôts sur le résultat ou le revenu. Les EMF qui n'utilisent pas le montant moyen des capitaux propres pour le dénominateur doivent préciser la nature du dénominateur utilisé.

2. La rentabilité des actifs (ROA)

Le ratio de Rentabilité des Actifs (ROA)[597] est un indicateur général de rentabilité qui reflète aussi bien la marge de profit que l'efficacité de l'institution. Plus simplement, elle renseigne sur la façon dont l'institution utilise ses actifs.

Ratio de rentabilité des actifs = Résultat net / Actifs moyens

3. L'autosuffisance opérationnelle

L'autosuffisance opérationnelle est la mesure la plus élémentaire de la pérennité. Elle indique si les produits d'exploitation sont suffisants pour couvrir toutes les charges d'exploitation à l'aide de ses revenues opérationnelles. Les charges financières et dotations aux provisions pour créances douteuses sont incluses dans ce calcul parce qu'elles constituent des coûts normaux (et significatifs) d'exploitation. En se concentrant sur la couverture des coûts, cet indicateur de viabilité traduit la capacité de l'EMF à poursuivre ses opérations sans subventions futures. Ainsi, les institutions qui ne peuvent pas couvrir leurs coûts nécessitent des injections périodiques de fonds extérieurs pour être en mesure de continuer à opérer. Le ratio explication

---

[597]TENDANCE, op. cit. : « Pour mesurer la rentabilité d'une entreprise cotée, la communauté financière se concentre sur le ROE. Par définition, il évalue la performance finale pour l'actionnaire après déduction des intérêts. Cependant, un problème se pose dans l'interprétation de ce ratio parce que l'effet de levier n'est pas pris en compte. Appelé (effet boomerang), il est censé utiliser l'endettement pour augmenter les profits de l'entreprise. Par exemple, si celle-ci emprunte 100 millions d'euros à 5 % et cela vous rapporte 12 %, cela signifie que l'entreprise gagne 7 % de plus que le coût du prêt et 7 millions d'euros seront injectés au résultat net puis au ROE grâce à cette astuce comptable », http://www.tendance.com/retour-sur-actifs-roa-vs-retour-sur-capitaux-propres-roe.htm.

d'après les normes de la Banque Centrale des États de l'Afrique de l'Ouest (BCEAO)[598], doit être au-dessus de 130 %.

Ratio d'autosuffisance opérationnelle = *Produits/charges d'exploitations + charges financières + dotations aux provisions pour créances douteuses.*

4. L'autosuffisance financière

Le ratio d'autosuffisance financière est important pour les établissements de microfinance dans la mesure où il indique dans quelle proportion l'établissement peut assurer le financement de ses coûts en tenant compte de plusieurs retraitements apportés aux produits et charges d'exploitation (le retraitement est fait au titre soit de l'inflation, soit du coût commercial des ressources et/ou des subventions). Ce ratio permet de mesurer la capacité de l'établissement de microfinance à assurer le financement de ses coûts, si l'absence de subventions de ses activités le contraignait à recourir à un endettement à des taux commerciaux pour financer sa croissance. Ce ratio est toujours inférieur à 100 %, borne inférieure pour un établissement de microfinance pérenne financièrement.

5. La marge bénéficiaire

La marge bénéficiaire indique la proportion des produits qui est traduite en excédent d'exploitation.

Ratio de Marge bénéficiaire = Résultat Net d'Exploitation / Produits d'Exploitation.

6. Le coefficient d'exploitation

Le coefficient d'exploitation mesure la proportion des produits financiers nets qui est absorbée par les frais généraux.

Coefficient d'exploitation = Frais Généraux / Produits Financiers Nets

Regroupées autour de deux grandes composantes, la gestion financière et la rentabilité sont déterminées sur la base de la situation patrimoniale et du compte d'exploitation arrêtés à la fin d'un exercice comptable précis. La vision globale de ces ratios peut être résumée dans le schéma ci-après :

[598] LUSAKU Rigaud, *Une Institution de Micro Finance (IMF) dans la lutte durable contre la pauvreté, cas de la CAMEC/LUKALA,* Mémoire online, site : http://www.memoireonline.com/09/09/2674/m_Une-Institution-de-Micro-Finance-IMF-dans-la-lutte-durable-contre-la-pauvrete-cas-de-la-CA24.html

Schéma N° 28 : Les ratios de gestion financière et de rentabilité des EMF.

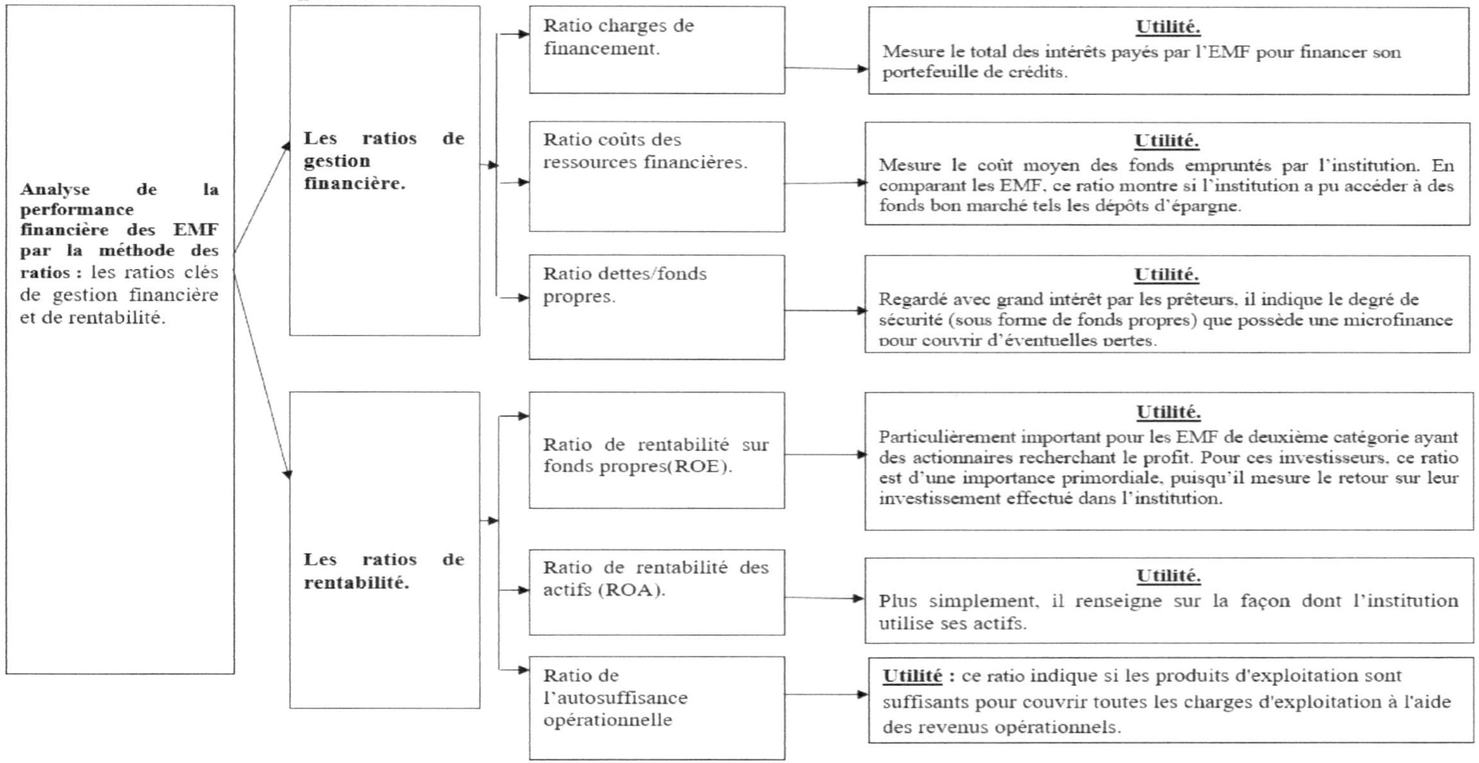

Sources : construction de l'auteur à partir de la littérature

Examiner les indicateurs qui expliquent la gestion financière et la rentabilité des EMF revient à s'interroger sur les outils et leurs importances. Pour ce qui est de la première préoccupation, l'analyse doit être menée à partir des agrégats découlant des états comptables. Quant à leur utilité, certains ratios propres à ce secteur d'activité renseignent sur la bonne santé financière, tels que les ratios qui expliquent la qualité du portefeuille et la productivité d'une part, et ceux qui décrivent la maîtrise du pilotage en termes de critères de gestion et le niveau de rentabilité de ces entreprises, d'autre part.

Les indicateurs de performance financière des EMF peuvent être analysés à partir de la situation comptable de ces entités ou sur la base des données spécifiques à ce secteur d'activité. Toutefois, force est de relever que l'ensemble de ces outils d'analyse découlent des activités quotidiennes des EMF qui exercent dans un environnement fiscalisé. Ainsi, dans un système où les microfinances sont désormais perçues comme des contribuables de droit commun, de tels indicateurs qui ne prendraient pas en compte l'environnement fiscal de ces entités ne semblent pas fournir les résultats escomptés.

CHAPITRE 2 :

L'ÉVALUATION DES DISPOSITIONS FISCALES SUR LES INDICATEURS DE PERFORMANCE DES EMF

L'environnement fiscal des EMF est un facteur déterminant dont il convient de tenir compte pour analyser et apprécier son niveau de performance. Ainsi, le pilotage doit pouvoir intégrer au quotidien, les aspects fiscaux liés à l'activité et à la personne même de ces entités. Les impôts, droits et taxes visés par l'étude portent sur les contributions fiscales et parafiscales pour lesquelles, les EMF sont assujettis soit en leur qualité de redevables[599] réels, soit de redevables légaux. L'ambition dans ce travail consiste à montrer comment ces entités sont imposées d'une part et l'impact de ces dispositions applicables sur la performance financière de ces organisations, d'autre part. Ainsi, plusieurs critères peuvent être retenus pour clarifier les responsabilités fiscales d'une entreprise en application de la technique fiscale[600]. Dans cette logique, on peut retenir :

- l'approche administrative qui se fonde sur le fait de savoir si un impôt alimente le budget de l'État ou des collectivités ;
- l'approche économique qui est basée sur l'origine de la richesse : mouvement du capital ou du patrimoine, perception d'un revenu, etc. Elle permet de définir l'élément sur lequel la contribution est assise ;
- l'approche juridique qui fait la distinction entre les impôts directs d'une part, et les impôts indirects, d'autre part.

---

599 Le choix du contribuable permet de désigner les personnes (physiques ou morales) qui vont supporter l'impôt. À cet effet, il convient de distinguer le redevable légal et le redevable effectif. Le redevable légal est la personne qui supporte la **charge juridique** de l'impôt et qui doit l'acquitter pour le compte d'un tiers. Le redevable effectif (réel) est la personne qui supporte **le poids de l'impôt (charge fiscale)**, alors même que cet impôt sera payé par un autre que lui (redevable légal). Ainsi, en matière d'impôt sur le revenu (IR), la même personne est à la fois redevable légal et redevable effectif. Mais en matière de taxe sur la valeur ajoutée (TVA), le redevable légal est le commerçant, alors que le redevable effectif est le consommateur.

600 L'impôt dû par les contribuables obéit à un processus logique qui comprend trois étapes : l'assiette, la liquidation et le recouvrement.

- L'assiette peut être définie comme la détermination de la matière imposable. En pratique, deux questions vont se poser au législateur, seul compétent en matière fiscale : qui va être contribuable ? Quelle va être la matière imposable ? Cette dernière pourra porter soit sur le revenu, soit sur la dépense ou la consommation, soit sur le capital ou la fortune.
- La liquidation va permettre de calculer la note d'impôt due par chaque contribuable. Ce calcul va s'effectuer en deux étapes : dans un premier temps il convient d'évaluer l'assiette ; dans un second temps, il convient d'évaluer le montant de la dette fiscale.
- Une fois l'impôt liquidé et le montant de la note d'impôt calculé, il reste à faire payer le contribuable. C'est le recouvrement.

Au regard de cette classification, deux préoccupations majeures interpellent au quotidien les contribuables. La première consiste à inscrire dans ses comptes, exclusivement les charges fiscales propres à son activité en termes des impôts directs qu'il convient de circonscrire (**section 1**), au regard de leur forte sensibilité sur la gestion financière des organisations. Le second problème porte sur la localisation des impôts indirects pour lesquels l'entreprise n'intervient qu'en qualité d'intérimaire fiscal (**section 2**).

SECTION 1 : L'ÉVALUATION DES IMPÔTS DIRECTS SUR LA RENTABILITÉ DES EMF

Les impôts directs [601]sont des contributions fiscales et parafiscales pour lesquelles le contribuable est le redevable réel. En d'autres termes, les impôts directs sont payés et supportés par la même personne. Le redevable, celui qui verse le montant de l'impôt, est alors également le contribuable, c'est-à-dire celui qui supporte effectivement la charge fiscale. Comme toutes les autres entreprises, les EMF sont astreints à l'obligation de déclaration spontanée et de paiement de ces différents impôts, droits et taxes à leurs charges et pour leurs propres comptes. Inscrite dans la rubrique des charges de l'entreprise et donc dans le compte de résultat, la contribution sur la gestion financière des entreprises diffère selon qu'il s'agit des impôts professionnels (**I**) qui découlent de l'activité même de l'entreprise ou de l'impôt personnel de la microfinance (**II**) en sa qualité de personne morale. Il est question ici de se fixer les idées sur la position des EMF au regard des dispositions applicables et d'examiner pour chacune d'elles, l'existence d'un régime de faveur éventuel.

I. LES IMPÔTS ET TAXES PROFESSIONNELS DES EMF

Ce sont les impôts, droits et taxes pour lesquels les EMF sont habilités à inscrire la dépense en charges déductibles sous réserve d'en justifier le paiement effectif sur la base d'une quittance faisant foi. Ces impôts sont portés en charges dans les microfinances en comptabilité dans les comptes 66 « impôts et taxes. » Par rapprochement à la méthode administrative, on peut les circonscrire en deux catégories : Les impôts, droit et taxes de l'État (**A**) pour ceux qui financent le budget de l'État et les impôts et taxes locaux (**B**) pour identifier ceux qui financent le budget des Collectivités Territoriales Décentralisées (CTD).

---

[601]NOTRE AVIS : « Les impôts directs (exemple : impôt sur le revenu, impôt BIC), sont payés et supportés par la même personne appelée contribuable. Le redevable, celui qui verse le montant de l'impôt au Trésor Public, est alors également le contribuable, c'est-à-dire celui qui supporte effectivement l'impôt », http://www.notreavis.org/article-difference-entre-impots-directs-et-impots-indirects-payes-a-l-etat-43520677.html.

A. Les impôts, droits et taxes de l'État

Même si le législateur n'a pas établi les points de démarcations entre ces différentes notions de la fiscalité, entrent dans cette catégorie, les impôts[602], les droits d'enregistrement ainsi que les taxes[603] directes qui sont perçues dans le secteur de la microfinance ayant pour but, le financement du budget de l'État comme le droit d'enregistrement, les charges patronales sur salaire. Les EMF peuvent également faire l'objet d'une contribution à la redevance[604] qui se distance des impôts et taxes.

1. Les droits d'enregistrement[605]

Les droits d'enregistrement portent sur les mouvements des capitaux. En respect des dispositions des articles 265 et suivants du CGI, ce sont des droits

---

602 LE DROIT FACILE, *Quelle est la différence entre taxe, impôt et redevance ?* « La notion d'impôt a été définie grâce à la jurisprudence du 21 novembre 1958 du Conseil d'État (Syndicat national des transporteurs aériens). Cette jurisprudence a tiré cinq caractéristiques permettant de définir un impôt :

- caractère pécuniaire de l'impôt (évalué en Euros). L'impôt est prélevé sur une valeur convertible en terme monétaire ;
- il est effectué par voie d'autorité ;
- il est opéré à titre définitif ;
- l'impôt sert à financer les personnes publiques ;
- Enfin l'impôt s'effectue sans lien avec le fonctionnement du service. L'impôt ne constitue pas le coût d'un service rendu et n'implique pas de contrepartie.

On trouve parmi les impôts, l'impôt sur le revenu, la taxe d'habitation, la taxe foncière, l'impôt sur les sociétés ou bien l'impôt sur la fortune. Vous pouvez remarquer que la taxe foncière, bien que portant le nom de taxe, est un impôt et non une taxe », http://pointdroit.com/difference-taxe-impot-redevance.

603 LE DROIT FACILE, op. cit. : « Les taxes sont intimement liées à une prestation de service (public). Elles sont perçues lors du fonctionnement d'un service public ou de l'utilisation d'un ouvrage public. Le montant de la taxe n'est pas proportionnel au service rendu. Même si un contribuable ne bénéficie pas du service, il doit s'acquitter de cette taxe fiscale. La taxe sur l'enlèvement des ordures ménagères est une taxe, par conséquent, **tout** le monde doit la payer, même s'ils ne bénéficient pas du service. De plus, le montant de cette taxe sera toujours le même, peu importe l'importance des déchets. Au contraire, *la taxe sur la valeur ajoutée* (TVA) ne constitue pas une taxe, c'est un impôt, puisque non perçu en raison d'un fonctionnement d'un service public.

604 LE DROIT FACILE, op. cit. : « La redevance est la somme versée par un usager d'un service ou d'un ouvrage public. Cette somme trouve sa contrepartie directe dans les prestations fournies par ce service public ou dans l'utilisation de l'ouvrage public. Seuls les usagers paient la redevance. Le montant est proportionnel au service rendu. Le montant correspond au coût du service. Le produit récolté sert uniquement au service. Une commune peut, par exemple, instaurer une redevance sur enlèvement des ordures ménagères (REOM), dans ce cas, seuls ces usagers vont payer la redevance ».

605 MATAF, *Définition Droit d'enregistrement*, « Les droits d'enregistrement sont un impôt perçu par l'Etat à l'occasion de l'enregistrement d'un acte ou d'un écrit auprès d'un service spécialisé de l'administration fiscale. Les droits d'enregistrement portent notamment sur les actes notariés (droits de mutation, succession, donation) ou aussi, les arrêts et les jugements des tribunaux », https://www.mataf.net/fr/edu/glossaire/droit-d-enregistrement.

fixes, proportionnels, progressifs ou dégressifs. Au regard des activités propres aux EMF, le domaine du droit d'enregistrement qui peut les concerner porte couramment sur :

- les opérations sur le capital ;
- les ouvertures de crédit ;
- les conventions de compte courant ;
- le bail à usage professionnel ;
- les droits de timbre.

1.1. Les opérations de constitution et d'augmentation du capital

Déjà développées dans la première partie, il s'agit des opérations qui portent sur la constitution des EMF, l'augmentation du capital, les évènements liés aux fusions et scissions de ces entités.

En ce qui concerne les EMF de première catégorie, ce sont des sociétés à capital variable pour lesquelles les mouvements qui se rapportent au capital social ne génèrent aucune incidence fiscale.

Pour ce qui est des EMF de deuxième catégorie, le régime de faveur prévue en matière de constitution des sociétés commerciales et d'augmentation du capital[606] sont de nature à ne générer aucune charge fiscale supplémentaire, lorsque les textes y relatifs sont maîtrisés et mis en application. Pris globalement, le régime fiscal des opérations sur le capital social est favorable à l'amélioration du résultat comptable, voire au compte d'exploitation de ces entités.

1.2. Les ouvertures de crédit

Dans les EMF de type coopérative, les crédits accordés aux membres se font pour la plupart sur la base de la confiance et présentent, à cet effet, un risque élevé d'insolvabilité. Pour ce qui est des non-membres des coopératives financières et les clients des EMF de la deuxième catégorie, les opérations de crédit sont soumises aux conditions préalables des garanties de remboursements qui portent sur :

- la caution[607] ;
- le nantissement [608];
- l'Hypothèque[609].

---

[606]Article 546 (A) Al. 6 du CGI, « sont enregistrés gratis : les actes de constitution et de prorogation de société ainsi que les actes portant augmentation du capital ».

[607] La caution bancaire relève des règles de cautionnement telles qu'elles sont visées aux articles 2001 et suivant du Code civil : « Celui qui se rend caution d'une obligation se soumet envers le créancier à satisfaire cette obligation si le débiteur ne la satisfait pas lui-même ».

[608] Le nantissement tel que défini par l'article 46 du droit commercial, porte sur la mise en garantie d'un fonds de commerce

[609] L'hypothèque porte sur la mise en garantie d'un bien immeuble. Le gage quant à lui porte sur les biens meubles.

Les crédits accordés aux clients par la microfinance ainsi que les emprunts reçus des banques commerciales sont des actes notariés. Ces actes doivent être présentés à l'enregistrement dans un délai d'un mois. Sur le plan fiscal, l'enregistrement était soumis à la perception des droits de timbre gradués. Depuis le 9 avril 2008[610], les prêts sur hypothèque et sur nantissement passés avec les EMF ainsi que les mains levées, cautionnements et garanties qui s'y rapportent sont au même titre que ceux des établissements de crédit, enregistrés gratis[611], avec perception du seul timbre de dimension[612].

Sur le plan de la rentabilité financière de ces entités, les dispositions fiscales en la matière sont de nature à contribuer favorablement à l'amélioration du résultat comptable ainsi qu'au compte d'exploitation de ces entités.

1.3. Les conventions de comptes courants[613]

À la différence des comptes chèques qui ne sont destinés uniquement qu'à recevoir les fonds déposés par les clients et ne peuvent fonctionner qu'en ligne créditrice, les comptes courants ont cette particularité de pouvoir aussi enregistrer les avances consenties par les banques classiques aux EMF ainsi que ces derniers aux clients inscrits dans leurs livres.

Sur le plan fiscal, les conventions de comptes courants étaient soumises au droit fixe de 20 000 FCFA jusqu'en décembre 2006. Cependant, la loi de finances de 2007 supprime[614] les droits d'enregistrement sur ces opérations, contribuant ainsi à une réduction des charges fiscales qui s'exprime à travers l'amélioration favorable de la performance financière des EMF.

1.4. Le bail[615] à usage professionnel

Le contrat de bail dont il est question ici porte sur la location des immeubles par les EMF, soit pour les besoins de leurs activités, soit alors pour le logement du personnel employé. Les EMF, dès qu'ils sont locataires des immeubles, sont assujettis au droit d'enregistrement sur le contrat de bail, quelle que soit la catégorie à laquelle ils appartiennent. Les contrats de location ou mutations de jouissance relèvent de la catégorie des conventions sous seing privé qui doivent être rédigées en cinq exemplaires dont trois dûment timbrés (un timbre par feuille). Comme tels, ces contrats doivent être

---

610 Circulaire N° 125/MINFI/DGI/LCL du 9 avril 2008 précisant les modalités d'enregistrement des prêts dans les EMF.

611 En application des dispositions de l'article 546 A (5) du CGI.

612 Les tarifs des timbres de dimensions figurent dans les dispositions de l'article 547 du CGI.

613 Article 545 (b) du GGI.

614 Voir article 546 (B), Al. 5 du CGI.

615 GATSI Jean, op. cit. : « Le contrat de bail à usage professionnel est un contrat qui confère au preneur un droit de créance portant sur la jouissance des lieux loués moyennant le paiement d'un loyer. À ce titre, il est régi par l'Acte uniforme du 17 avril 1997 relatif au droit commercial général qui précise les dispositions quant aux locaux et aux personnes », p. 23.

présentés aux formalités d'enregistrement dans un délai de trois mois. Les problèmes fiscaux pouvant impacter négativement et de manière substantielle sur la performance financière de ces entités naissent de l'inobservation des obligations fiscales qui sont de plusieurs ordres. En effet :

- les contrats de bail sont assujettis aux droits proportionnels prévus dans les dispositions des articles 340, 344 et 543[616] du CGI ;
- la base d'imposition est constituée du montant du loyer mensuel multiplié par la durée du bail mentionnée dans le contrat, augmenté des dépenses inhérentes à la mise en valeur de l'immeuble incombant au bailleur, mais imposée au locataire ;
- pour ce qui est des obligations de déclaration et de paiement du bail commercial, sous peine de redressement fiscal suivi des sanctions en la matière, la responsabilité incombe aux deux parties au contrat.[617]

1.5. Les droits de timbre[618]

Ce sont des droits auxquels sont soumis tous les établissements de microfinance dans leurs activités courantes. On distingue :

- les timbres de dimension ;
- les timbres divers.

Globalement, les droits de timbre relèvent des obligations fiscales du droit commun qui greffe les charges des EMF et participent négativement à la formation du résultat. Cependant, ce sont des charges déductibles lorsqu'elles sont justifiées.

2. Les charges patronales sur salaire

Les charges patronales sur les salaires relèvent de la parafiscalité.[619] Les établissements de microfinance, quelle que soit la catégorie à laquelle ils

---

[616] Les taux qui sont fonction de la situation géographique de l'immeuble se présentent ainsi qu'il suit :

- urbain commercial : 10 % ;
- urbain d'habitation : 5 % ;
- rural commercial : 5 % ;
- rural d'habitation : 2 % ;
- loyers à usage d'habitation consentis aux entreprises et sociétés en vue de loger le personnel employé : 10 %.

[617] Article 310 du CGI, « En matière de baux et locations quelconques, bailleur et preneur sont, nonobstant toute clause contraire, solidaires pour les droits simples et le cas échéant pour les pénalités. »

[618] Voir Articles 547 et suivants du CGI.

[619] La parafiscalité est constituée des taxes versées à certains organismes publics ou semi–publics à vocation économique pour les approvisionner en ressources financières. On distingue :

- la cotisation salariale à la CNPS pour PVID ;
- la taxe communale ;

appartiennent, sont tenus des obligations parafiscales sur les salaires qu'ils versent aux employés à l'instar :

- des charges patronales fiscales ;
- des charges patronales sociales.

2.1. Les charges patronales fiscales[620]

Ce sont des contributions parafiscales des EMF en leur qualité d'employeur au profit des entreprises d'État à vocation sociale. Sont donc concernés :

- la contribution patronale au Crédit Foncier du Cameroun ;
- la contribution au Fonds National de l'emploi.

a. La contribution patronale au Crédit Foncier du Cameroun (CFC)[621]

C'est la quote-part que l'employeur paie chaque mois pour alimenter la caisse destinée à soutenir financièrement la réalisation des projets de promotion de l'habitat. En effet, l'article 2 de la loi N° 77/10 du 13 juillet 1997 énonce que « la contribution au crédit foncier est destinée à alimenter le Crédit Foncier du Cameroun dont l'objet est d'apporter un concours financier à la réalisation des projets de promotion de l'habitat[622] ».

b. La contribution au Fonds National de l'Emploi (FNE)623

Le Fonds National de l'Emploi est un organisme public camerounais chargé de la promotion de l'emploi sur l'ensemble du territoire camerounais. En 1988, le Cameroun doit suivre un programme d'ajustement structurel comportant un volet « Dimension Sociale », afin d'atténuer les effets sociaux de ce programme. Ce volet prévoit notamment la création d'un organisme visant à faciliter le retour à l'emploi des chômeurs. Le Fonds National de l'Emploi est donc créé le 27 avril 1990[624]. Ses missions sont les suivantes :

- l'intermédiation entre les chercheurs d'emploi et les entreprises ;

- la retenue au profit du crédit foncier du Cameroun ;
- la redevance audiovisuelle.

[620] Pour le calcul du Crédit Foncier et du Fonds National de l'Emploi, les avantages en nature devront être retenus pour leur montant réel. Si le logement appartient à l'employeur, l'avantage en nature est égal au montant de l'amortissement. Lorsque l'amortissement est entièrement réalisé, aucun avantage n'est pris en compte pour le calcul de cette contribution.

[621] La contribution patronale au Crédit Foncier du Cameroun a été instituée par la loi N° 77/10 du 13 juillet 1977 et modifiée par la loi N° 90/050 du 19 décembre 1990. Voir CGI 2008, p 323.

[622] MBADIFFO KOUAMO (R), *Droit fiscal camerounais, le traitement des redressements fiscaux appliqué au système comptable OHADA*.

[623] Elle a été instituée par la loi N° 90/050 du 19 décembre 1990, modifiant la loi N° 77/10 du 13 juillet 1977 portant institution d'une contribution au crédit foncier et fixant la part de cette contribution destinée au fonds national de l'emploi. Voir CGI 2008, page 331.

[624] Voir site : http://fr.wikipedia.org/wiki/Fonds_national_de_l%27emploi.

- la formation professionnelle ;
- la création d'activités (promotion de l'auto emploi et de la micro-entreprise) ;
- la diffusion de l'information sur le marché du travail.

Le FNE est financé par une taxe à la charge de l'entreprise de 1 % sur les salaires bruts. Sont donc concernés, les employeurs des secteurs publics, parapublics et privés y compris les EMF.

Toutefois, les problèmes fiscaux pouvant impacter sur la performance financière de ces entités naissent des redressements fiscaux inhérents au non-respect des dispositions relatives à la base d'imposition, au taux d'imposition, aux personnes imposables et aux exonérations en matière du CFC et FNE. Ainsi :

- la **base d'imposition**est constituée dc l'ensemble des salaires bruts, avantages en nature, indemnités de préavis, primes de fin de carrière y compris les salaires de moins de 62 000 FCFA qui n'entrent pourtant pas dans la base des retenues sur salaire au titre du CFC (charges incombant à l'employé) ;
- les **taux d'imposition sont** de 1,5 % pour le CFC et 1 % pour le FNE. Soit un taux global de 2,5 % ;
- Sont **assujettis** au paiement de la contribution au CFC et du FNE, tous les employeurs du secteur public et privé y compris les EMF.
- Sont **exonérés** du paiement[625] :
  - l'État et les collectivités locales ;
  - les chambres consulaires ;
  - les missions diplomatiques ;
  - les associations et organismes à but non lucratif (ONG) ;
  - les particuliers utilisant les domestiques pour leurs services privés ;
  - les établissements d'enseignement privé qui pratiquent les tarifs homologués ;
  - les établissements hospitaliers confessionnels lorsqu'ils ne poursuivent pas un but lucratif ;
  - les syndicats professionnels ;
  - les exploitants agricoles et éleveurs industriels ;
  - les établissements sociaux confessionnels et laïcs à but non lucratif.

[625] Voir CGI, page 331.

2.2. Les charges patronales sociales[626]

Les charges patronales sociales représentent les sommes versées par les employeurs à la CNPS en vue de se prémunir contre les évènements heureux ou malheureux qui gouvernent la vie d'un individu. On distingue les cotisations pour :

a. Les Allocations Familiales (AF)[627]

La base de calcul est constituée de l'ensemble des salaires bruts, avantages en nature, indemnités de préavis versées au personnel[628]. Cette base antérieurement plafonnée à 300 000 FCFA par mois et par employé a été portée mensuellement par Décret du 15 février 2016 [629] à 750 000 FCFA. Soit un plafond de 9 000 000 FCFA par an. Les taux sont de 7 % pour le régime général (applicable aux EMF)[630], 5,65 % dans l'agriculture et 3,7 % dans l'enseignement.

b. Les Pensions Vieillesses, Invalidité et Décès (PVID)631

Son taux est de 4,2 % applicable sur l'ensemble des salaires bruts, avantages en nature, indemnités de préavis. Il s'agit d'une base plafonnée qui passe de 300 000 FCFA[632] à 750 000 FCFA par mois[633], depuis la mise en application au Cameroun en mars 2016 du décret N° 2016/072 et son annexe,

---

[626] Les cotisations à la CNPS ont été instituées au Cameroun par l'ordonnance N° 72-17 du 22 mai 1793 et modifiées par la loi n° 84/006 du 4 juillet 1984.

[627] Les Prestations familiales sont une émanation de la loi n° 67-LF du 12 juin 1967 instituant un code des prestations qui est complété par le décret N° 90/1198 du 3 août 1990 fixant le taux et l'assiette des cotisations dues à la CNPS.

[628] Les Prestations familiales étant une charge exclusivement patronale, l'article premier de la loi n° 67-LF du 12 juin 1967 précise que la cotisation est faite au profit de tous les travailleurs visés à l'article 1er du Code du travail exerçant leur activité professionnelle au Cameroun sous la direction et l'autorité d'une autre personne physique ou morale, publique ou privée considérée comme employeur (notion de lien de subordination), moyennant une rémunération dont ils tirent leurs moyens normaux d'existence et ayant à leur charge un ou plusieurs enfants résidant au Cameroun.

[629] Décret N° 2016/072 du 15 février 2016 fixant les taux des cotisations sociales et la rémunération applicables dans les branches des prestations familiales, d'assurances – pensions de vieillesse, d'invalidité et de décès, des accidents du travail et des maladies professionnelles gérées par la Caisse Nationale de Prévoyance Sociale

[630] Article 5 (1) du décret N° 90/1198 du 3 août 1990.

[631]Instituée par la loi n° 69/LF/18 du 10 novembre 1969 et modifiée par la loi n° 84/007 du 04 juillet 1994 et le décret N° 90/1198 du 3 août 1990 fixant le taux et l'assiette des cotisations dues à la CNPS.

[632] Il s'agit d'un plafond des cotisations établi à 300 000 FCFA depuis 1989, lequel imposait à la CNPS le paiement d'une pension de 90 000 FCFA pour 15 ans d'activité ; 150 000 FCFA pour 30 ans d'activité et une pension moyenne de 67 000 FCFA. Faible, de l'avis des observateurs.

[633] L'article 5 (1) du décret N° 90/1198 du 3 août 1990 précise bien que les prestations à liquider seront calculées sur la base des rémunérations réellement perçues. Ce qui semble exclure les salaires impayés.

signée par le Président de la République le 15 février 2016, fixant les taux des cotisations sociales et les plafonds des rémunérations applicables dans les branches des prestations familiales, d'assurances-pension de vieillesse, d'invalidité et de décès, des accidents de travail et des maladies professionnelles gérés par la CNPS.

c. L'Accident de Travail et Maladie Professionnelle (AT)634.

La base de calcul est constituée de l'ensemble des salaires bruts, avantages en nature, indemnités de préavis[635]. Il s'agit d'une base non plafonnée. Il existe trois taux de contribution à la CNPS dans la catégorie de cotisation pour accident de travail :

- 1,75 % pour les entreprises du groupe A à risques faibles (comme les EMF) ;
- 2,5 % pour les entreprises du groupe B à risque moyen ;
- 5 % pour les entreprises du groupe C à risque élevé.

Sur le plan de l'impact sur la performance financière des EMF, les problèmes naissent des redressements issus de la base de détermination de ces différentes contributions auxquels sont soumis de manière récurrente, les entreprises en général et les EMF en particulier. Pour une gestion optimale, les cotisations sociales comprennent, l'ensemble des salaires bruts, avantages en espèces et/ou en nature accordés aux salariés. Sont seules exclues :

- les indemnités et primes spéciales destinées à couvrir des frais inhérents à la fonction ou à l'emploi et les primes de fin de carrière ;
- la prime ou l'indemnité de transport.

Les obligations fiscales en matière des impôts et taxes professionnels qui s'imposent aux EMF dans le cadre du financement du budget de l'État, sont en grande partie constitués des droits d'enregistrement. Ceci s'explique par la spécificité de leur activité articulée davantage sur les mouvements des capitaux. Pour les besoins d'une lecture synthétisée, le schéma peut être proposé ainsi qu'il suit :

---

[634] Instituées par Décret n° 78-283 du 10 juillet 1978.

[635] Au sens des dispositions de l'article 2 de l'ordonnance n° 73-17 du 22 mai 1973 portant organisation de la CNPS, les cotisations sont assises sur l'ensemble des sommes versées aux travailleurs en contrepartie ou à l'occasion du travail, notamment les salaires proprement dits, les indemnités, primes, gratifications et tout autre avantage en espèces ainsi que les ceux en nature.

Schéma N° 29 : Les impôts professionnels de l'État et leurs contributions sur la rentabilité financière des EMF.

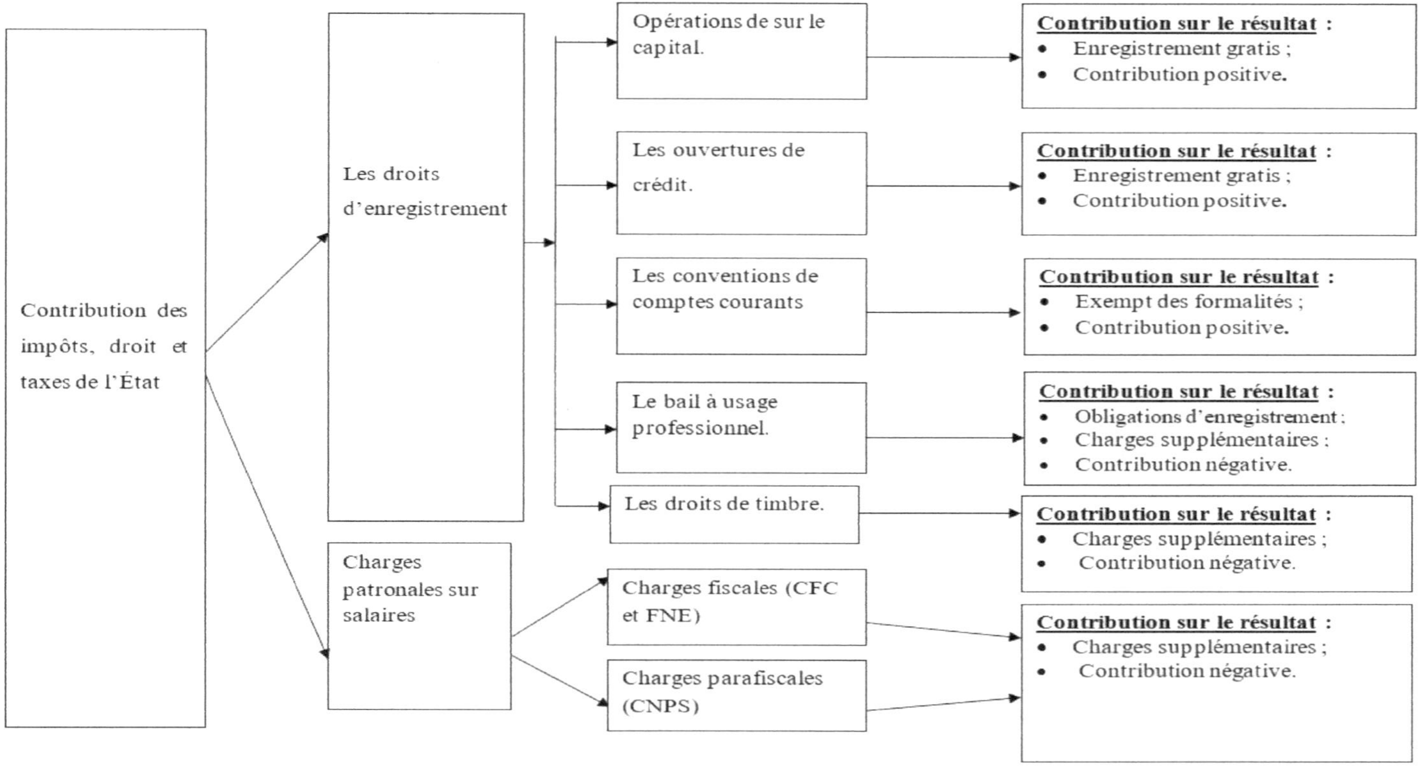

Sources : contributions de l'auteur après analyse des données du terrain.

B. Les impôts et taxes locaux qui financent le budget des Collectivités Territoriales Décentralisées

Encore appelés impôts et taxes locaux[636], il s'agit des recettes qui financent les activités des communes et communautés urbaines dont les EMF sont redevables au même titre que les autres organisations assujetties. Ces impôts et taxes sont, pour la plupart, perçus par l'État pour le compte des Collectivités Territoriales Décentralisées. De manière générale, ces contributions dont aucune disposition de faveur n'est prévue à l'exemption du cas de la patente génèrent des charges fiscales qui participent négativement à la rentabilité des EMF en termes de niveau de profitabilité. Pour le cas spécifique de ces entreprises de microfinance, en rapprochement avec leurs activités, il s'agit de :

- la contribution des patentes ;
- la taxe foncière sur les propriétés immobilières ;
- le droit de timbre automobile ;
- le droit de timbre sur la publicité.

1. La contribution des patentes[637]

L'exigibilité de la contribution de patente est conditionnée par l'exercice d'au moins un des critères ci–après :

- l'exercice effectif et habituel d'une activité commerciale ou industrielle ;
- le but lucratif de la profession ;
- la non-exemption de l'activité par la loi à l'exception des EMF nouvellement constitués.

La collecte de l'épargne, les opérations de crédit, les placements financiers et les prestations para-bancaires qui relèvent du secteur de la microfinance sont des activités de commerce d'argent et de valeur. En outre, leurs activités ne sont pas exemptées par la loi.[638] Les EMF, quelle que soit la catégorie à laquelle ils appartiennent, sont redevables de la contribution de patente. De même, la patente doit être renouvelée au début de chaque exercice et au plus tard le 28 février, sous peine des pénalités prévues dans les dispositions des articles C29 et suivants du CGI générant ainsi les charges marginales.

---

[636] Voir article C7 du CGI.

[637] Voir articles C8 et suivant du CGI.

[638] Voir la liste des exemptions à l'article 162 du CGI.

2. La taxe foncière sur les propriétés immobilières[639]

Certaines institutions de microfinance, à l'exemple de la Coopérative d'Épargne et de Crédit des Artisans du Wouri (CECAW), sont propriétaires de fait ou de droit des immeubles bâtis ou non bâtis situés dans les agglomérations, bénéficiant d'infrastructures ou de services urbains[640]. De ce fait, ils sont tenus de s'acquitter auprès de la recette des impôts dès le 1er janvier de chaque année, ceci au plus tard le 15 mars de l'exercice fiscal[641], de la taxe foncière[642] calculée sur la valeur de l'immeuble au taux de 0,1 % sans majoration des Centimes Additionnels Communaux (C.A.C)[643].

3. Le droit de timbre automobile[644]

Comme toutes les autres entreprises, les EMF propriétaires de véhicules automobiles ainsi que les engins à moteurs en circulation sur le territoire camerounais[645] doivent s'acquitter dans les délais prévus par les dispositions de l'article 598 du CGI[646] et conformément aux taux applicables[647], de la vignette automobile.

4. Le droit de timbre sur la publicité

Pour pénétrer le marché et accroître leur rendement, les EMF engagent au quotidien, des actions de publicité sous des formes diverses et aux conséquences fiscales particulières sur le plan du contexte de cette taxe et des modalités de leur recouvrement.

4.1. Le contexte du droit de timbre sur la publicité

Prévu dans les dispositions des articles 591, 592 C7, C52 bis et C116 du CGI, le taux du droit de timbre sur la publicité est de 3 % pour ce qui est de la

---

639 Article C48 du CGI : « le produit de la taxe foncière sur les propriétés immobilières prévu par le code général des impôts est affecté en totalité à la commune du lieu de situation de l'immeuble. »

640 Article 577 du CGI : « Par infrastructures et services urbains, il faut entendre les réseaux de voies carrossables ou bitumées, d'adduction d'eau, d'électricité et/ou de téléphone.

641 Article 579 du CGI.

642 Article 579 (1) du CGI, « Le fait générateur de la taxe sur la propriété foncière est constitué par la propriété de droit ou de fait d'un immeuble ».

643 Article 581 du CGI supprimé par la loi de finances de l'exercice 2014.

644 La loi de finances de l'exercice 2013 ayant supprimé l'article 103 du CGI relatif à la taxe sur la publicité.

645 Article 594 du CGI.

646 Les délais prévus sont ainsi fixés en matière de vignette automobile :
- dans le mois qui suit le début de l'année fiscale pour le renouvellement ;
- au moment de la mise en circulation pour les véhicules nouvellement mis en circulation ;
- à la fin de la période d'exonération pour les véhicules acquis sous le régime de l'admission temporaire.

647 Voir article 597 du CGI.

publicité sur supports imprimés localement ou importés. S'agissant de la publicité sur les tabacs et les boissons alcoolisées, le taux du droit de timbre sur la publicité est de 10 %. Pour ce qui est de la publicité sur véhicules avec diffuseurs, le tarif applicable est de 30 000 FCFA par mois. Pour les véhicules sans diffuseur, ce tarif est de 20 000 FCFA par mois.

Il est à noter que ces taux et tarifs n'intègrent pas les centimes additionnels communaux et s'appliquent sur le coût facturé de la publicité (Facture de la régie chargée d'exécuter la publicité). En prévision d'un contrôle fiscal éventuel, sont désormais considérés comme de la publicité depuis la loi de finances de l'exercice 2013,

- des affiches, tracts et prospectus ;
- des panneaux publicitaires ;
- la publicité par voie de presse ;
- la publicité par radio et télévision ;
- la publicité par cinéma ;
- la publicité par véhicule muni de haut – parleur ou non ;
- la publicité par support immatériel.

Les enseignes placées sur les façades des établissements commerciaux et industriels ayant pour but unique de les localiser ne sont pas visées par le droit de timbre sur la publicité. C'est le cas des simples écriteaux ayant pour but d'identifier et de localiser l'établissement. Toutefois, lorsque l'enseigne est assortie d'effet ou d'artifice tendant à attirer l'attention des clients, le droit de timbre sur la publicité devient exigible.

4.2. Les modalités de recouvrement

Le recouvrement du droit de timbre sur la publicité peut faire l'objet de la retenue à la source par l'annonceur (EMF) au moment du paiement de la facture de son fournisseur ou mis sous la responsabilité de la régie chargée d'exécuter la publicité en sa qualité de redevable légal. Ainsi :

- **si l'annonceur (EMF) relève d'une unité de gestion spécialisée[648] :** le droit de timbre sur la publicité fait l'objet d'une retenue à la source et reversé dans les caisses des impôts dans les quinze (15) jours qui suivent le mois au cours duquel les droits sur la publicité ont été payés ;
- **si l'annonceur ne relève pas d'une unité de gestion spécialisée :** le redevable légal des droits de timbre sur la publicité est la régie chargée d'exécuter la publicité, conformément à la loi régissant la publicité au Cameroun. À cet égard, les annonceurs déclarent et paient auprès de la régie de publicité, en même temps que les frais de publicité, le montant du droit de timbre exigible. La régie de publicité a l'obligation

---

[648] DGE (Division des Grandes Entreprises) et CIME (Centre des Impôts des Moyennes Entreprises).

d'effectuer le reversement des droits ainsi prélevés dans les quinze (15) jours suivants le mois au cours duquel est intervenu le paiement.

Les impôts et taxes locaux auxquels sont assujettis les EMF obligent ces organisations, en leurs qualités de redevables réels, de procéder spontanément à la déclaration et aux versements desdits impôts et taxes au Trésor Public dans les délais prévus à cet effet. Ces contributions peuvent être schématisées ainsi qu'il suit :

Schéma N° 30 : Les impôts et taxes locaux applicables aux EMF et leurs contributions au compte de résultat.

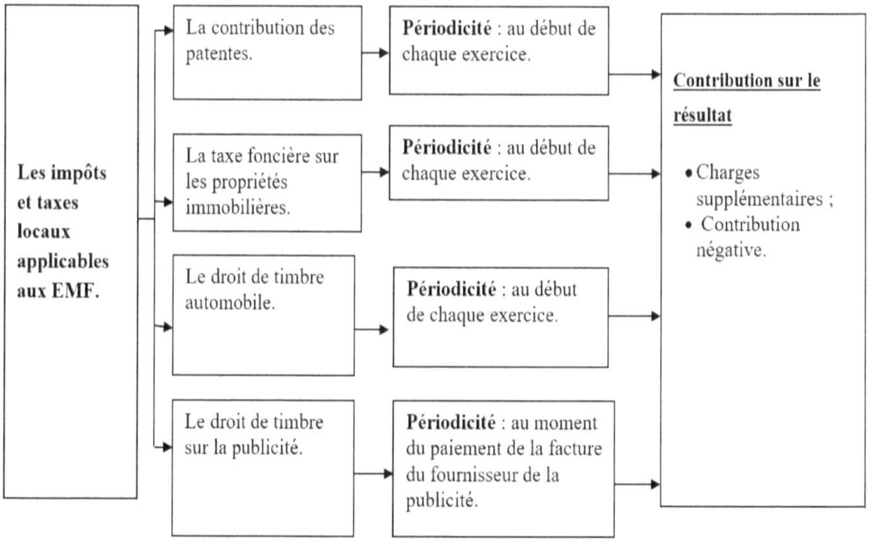

Sources : adapté par l'auteur après analyse des données du terrain.

Les impôts et taxes professionnels des EMF peuvent donc faire l'objet d'un classement en deux grandes catégories. Le premier groupe est constitué des impôts qui financent le budget de l'État, à l'instar du droit d'enregistrement et des charges patronales sur salaires. Le second groupe, quant à lui, recense les sources de financement des communes et communautés urbaines contenues dans la partie du CGI qui traite de la fiscalité locale au Cameroun. À côté de ces obligations fiscales qui gouvernent le quotidien des EMF se greffent les impôts générés par la personne même de l'entreprise.

II. LES IMPÔTS PERSONNELS DES EMF

Il s'agit des impôts prélevés sur le revenu ou du résultat généré par l'activité de la microfinance en sa qualité de personne morale au terme d'un exercice fiscal. La remarque qu'on pourrait formuler pour ce qui est de l'imposition du revenu de ces entités s'articule autour des dispositions légales qui les régissent en matière de leur transparence fiscale (**A**) d'une part et de leur opacité fiscale (**B**), d'autre part.

A. La transparence fiscale des EMF

Jusqu'au 31 décembre 2010, les EMF de première catégorie de forme coopérative, et conformément aux textes toujours en application[649] qui les régissent, n'étaient que de simples mandataires de leurs membres. À cet effet, les revenus réalisés par ces entités ne subissaient aucune diminution pour ce qui est de l'impôt sur les sociétés[650], seule la part revenant aux membres était imposée à l'IRPP. L'EMF n'ayant pour seule obligation que de retenir ledit impôt à la source et d'en assurer le versement aux services des impôts en sa qualité de redevable légal. Cette situation avait pour conséquence immédiate, la gestion efficace de performance de ces entités par la dotation des réserves subséquentes améliorant ainsi leurs surfaces financières et leurs fonds propres, voire leur autofinancement. Cependant, depuis la loi de finances de l'exercice 2011, ces EMF sont désormais assujettis à l'impôt sur les sociétés. Une telle contribution mérite d'être relevée pour qu'il soit tenu compte dans ces entités lors des missions de vérification de comptabilité, du principe de l'indépendance des exercices comptables pour une gestion rationnelle des impôts à contrôler aux fins de se fixer les idées sur les impositions à contrôler : IRPP ou IS.

B. L'opacité fiscale des EMF en matière de l'impôt sur le revenu

La loi de finances de l'exercice 2011 abroge les dispositions règlementaires [651]antérieures applicables aux EMF et impose désormais ces entités à l'IS quelle que soit leur catégorie. Situation qui semble contradictoire au cadre juridique propre à ces entités[652] à l'instar des articles 10 et 77 de la loi N° 92/006 du 14 août 1992 qui disposent en substance que les EMF de la première catégorie ayant la forme mutualiste, ne sont pas imposés à l'IS. En conséquence, la transparence fiscale cède la place à l'opacité fiscale[653]. Pour confirmer la primauté et l'autonomie du droit fiscal, la loi de finances de l'exercice 2015 soumet à l'IS, les établissements de microfinance quelles que soient leurs formes juridiques et leurs natures[654]. Pour le cas particulier de ces entités, par souci de se mettre à l'abri des contentieux fiscaux, il est judicieux de cerner quelques notions propres au régime de l'impôt sur les sociétés. Concepts qui seraient pour plusieurs de ces entités, la source même de

---

[649] Voir article 10 de la loi N° 92/006 du 14 août 1992.
[650]L'article 77 de la loi N° 92/006 du 14 août 1992 précise bien que les sociétés coopératives et les Groupes d'Initiative Commune (GIC) sont exonérés de l'impôt sur les sociétés.
[651]Circulaire N° 134/MINEFI/DI/LC/L du 6 novembre 2000 du Directeur des Impôts, intitulée « Fiscalité spécifique des COOPEC ».
[652]Certes en application de l'autonomie du droit fiscal,
[653] L'opacité fiscale vise l'imposition de la société et non l'associé.
[654] Article 3 Al.5 du CGI.

quelques incompréhensions fiscales génératrices des préjudices pouvant influer sur leur performance financière. Il en est ainsi :

- des personnes imposables ;
- des exemptions ;
- du bénéfice imposable.

1. Les personnes imposables

Il s'agit de s'interroger sur les personnes qui sont concernées par ce type d'impôt. On distingue les assujettis obligatoires, les assujettis partiels et les assujettis par option.

1.1. Les assujettis obligatoires

Relèvent de cette catégorie, les personnes morales dont les activités génèrent un bénéfice. Elles sont alors imposées de plein droit au régime de l'impôt sur les sociétés. On distingue :

- les S.A, les SARL et les SAS, même unipersonnelles, les sociétés de fait, les sociétés coopératives et leur union, quel que soit leur objet ;
- les établissements publics et organismes d'État jouissant de l'autonomie financière ayant un but lucratif ;
- les sociétés civiles se livrant à une activité industrielle et commerciale ;
- les établissements de microfinance, quelles que soient leurs formes juridiques et leurs natures[655].

1.2. Les assujettis partiels[656]

Il s'agit des personnes morales dont l'objet n'est pas de tirer un bénéfice de leur activité, mais qui peuvent en réaliser. Ce sont :

- les sociétés en commandite simple[657] dans lesquelles les parts des commanditaires sont imposées non à l'IRPP, mais à l'I.S ;
- les associés non indéfiniment responsables ou dont les noms et adresses n'ont pas été communiqués à l'administration dans les SNC[658] ;
- les membres des sociétés en participation qui sont assujettis à l'I.S pour la fraction de leur bénéfice correspondant aux droits des participants non indéfiniment responsables.

---

[655] Article 3 Al.5 du CGI.

[656] L'article 4 (10) nouveau du CGI précise : jusqu'au 31 décembre 2007, les clubs et cercles privés étaient exonérés de l'impôt sur les sociétés pour leurs activités autres que le bar et la restauration. À partir du 1er janvier 2008, cette exonération est levée.

[657] Les commandités sont imposés à l'IRPP sur le revenu versé à chaque membre.

[658] La SNC est une société fiscalement transparente.

1.3. Les assujettis facultatifs[659]

Ils peuvent opter pour leur imposition à l'I.S. Cette option est volontaire et irréversible pendant un délai de 3 ans.

L'option est signée par tous les associés et notifiée à l'inspecteur des impôts du lieu d'imposition de l'entreprise dans les 3 mois du démarrage de l'exercice fiscal. Il s'agit des :

- sociétés en commandite simple (SCS) ;
- SNC ;
- sociétés en participation ;
- syndicats financiers.

1.4. Les exemptions[660]

Sont affranchies de l'I.S :

- les associations à but non lucratif et présentant un intérêt économique et social certain (ONG) ;
- les établissements privés d'enseignement et coopératives ne poursuivant pas un but lucratif ;
- les coopératives d'approvisionnement et d'achat fonctionnant conformément aux dispositions qui les régissent ;
- les caisses de crédit agricole, les mutuelles ;
- les collectivités locales ;
- etc.

2. Le bénéfice imposable[661]

Il s'agit uniquement des bénéfices obtenus dans les entreprises, y compris les EMF exploités ou sur les opérations réalisées au Cameroun sous réserve des dispositions des conventions internationales. C'est le bénéfice net déterminé d'après les résultats d'ensemble des opérations de toute nature effectuées par les entreprises au cours de la période servant de base à l'impôt[662], y compris les cessions d'élément d'actif, soit en cours, soit en fin d'exploitation.[663]

Au regard du paragraphe qui précède, la loi de finances de l'exercice 2011 met fin à la transparence fiscale en matière de l'imposition des revenus par les EMF et consacre l'assujettissement de ces entités à l'impôt sur les sociétés,

---

[659] Il s'agit des contribuables qui sont imposables de plein droit au régime de l'IRPP, mais qui peuvent choisir en lieu et place, une imposition à l'I.S.

[660] Article 4 du CGI.

[661] Articles 5 et 6 du CGI.

[662] Notion de l'exercice fiscal.

[663] Les plus-values de fusion, de cession de fonds de commerce, d'apport partiel d'actif.

quelles que soient leurs catégories et leurs formes juridiques. La notion de l'IRPP est désormais localisable dans ce secteur d'activité comme un impôt indirect auxquels viennent s'ajouter bien d'autres qu'il convient de mettre en relief.

SECTION 2 : L'ÉVALUATION DES IMPÔTS INDIRECTS SUR LA RENTABILITÉ DES EMF

Les impôts indirects[664] sont des obligations fiscales et parafiscales pour lesquelles le contribuable est le redevable légal. Dans cette catégorie, celui qui paie l'impôt en sa qualité d'intermédiaire est distinct du redevable réel qui supporte, au final, la charge fiscale. Comme toutes les autres entreprises, les EMF sont astreints à l'obligation de retenir à la source certains impôts, de les déclarer spontanément et d'en assurer leur versement au trésor public dans les délais prescrits par la loi. Parmi ces obligations fiscales, figure l'impôt sur la consommation dans la catégorie de la Taxe sur la Valeur Ajoutée (**I**) dont le niveau de sensibilité sur la rentabilité financière des EMF en particulier mérite d'être analysé. Ceci, compte tenu de la complexité sur le triple plan de l'assujettissement, de la facturation et de la déductibilité de cet impôt. Toutefois, les autres impôts indirects pour lesquels les EMF sont tenus d'opérer la retenue à la source sont sujets aux sanctions en cas de manquement et aux conséquences fiscales désagréables sur le compte d'exploitation de ces entités (**II**).

I. L'IMPACT DE LA RENTABILITÉ FINANCIÈRE DES EMF EN MATIÈRE DE LA TAXE SUR LA VALEUR AJOUTÉE (TVA)

La Taxe sur la Valeur Ajoutée (TVA) est un impôt indirect sur la consommation institué dans son principe en France[665] par la loi du 10 avril 1954 à l'instigation de Maurice LAURE, haut fonctionnaire de la direction générale des Impôts[666]. Dans son concept, La TVA vient en remplacement des anciens impôts indirects sur la consommation avec une différence proprement révolutionnaire qui fait le génie de son concepteur :

---

[664] L'assujetti paie les impôts pour son propre compte et les enregistre dans ses charges.

[665]Le 10 avril 1954, l'Assemblée nationale française vote la *Taxe sur la Valeur Ajoutée* (TVA). Cet impôt sur la consommation va très vite s'imposer en France et aussi dans le reste du monde, à l'exception notable des États-Unis qui sont l'un des rares pays à ne jamais s'être laissé séduire par la TVA. Les taxes locales à la consommation y sont toujours en vigueur et varient selon les États. Les prix sont pour cette raison affichés hors taxe, la taxe étant ajoutée à la caisse. La raison n'est pas à chercher dans le caractère forcément diabolique d'une invention française, mais dans les avantages trop manifestes de cet impôt d'apparence indolore. Le Sénat américain n'a jamais voulu consentir à l'État fédéral un impôt aussi facile à collecter et à augmenter. Voir site : http://www.herodote.net/10_avril_1954-evenement-19540410.php.

[666]Voir site : http://fr.wikipedia.org/wiki/Taxe_sur_la_valeur_ajout%C3%A9e.

- l'entrepreneur ne se contente plus de déclarer et payer une taxe sur son chiffre d'affaires (ses ventes) ;
- il déclare aussi le montant de ses achats et se fait rembourser par le service des impôts les taxes qui pèsent sur ceux-ci.

En effet, la Taxe sur la Valeur Ajoutée (TVA) est un impôt indirect sur la consommation. Inventé dans les années 1950 pour remplacer les impôts sur la consommation (taxe sur le prix de vente payé par les consommateurs ou, ce qui revient au même, taxe sur le chiffre d'affaires des entreprises). La TVA est un impôt assis sur la valeur ajoutée réalisée par l'entreprise, mais qui s'applique sur le montant des ventes.

La valeur ajoutée s'entend comme l'accroissement de valeur que l'entreprise apporte aux biens et services en provenance des tiers dans ses activités professionnelles courantes[667]. L'assiette de celle-ci est par construction plus rationnelle puisque chaque stade de la filière production-consommation n'est imposé que sur « la seule valeur ajoutée constituée à ce stade ».

Cet impôt moderne n'est mis en œuvre que timidement. Dans les débuts, ce n'est qu'une taxe à la production des biens avec un régime de déduction, c'est en 1958 qu'elle est appliquée progressivement à l'ensemble des biens et services. On peut dater l'achèvement de cet impôt sophistiqué sur la consommation à 1967. N'ayant pas pour ambition de restituer le contexte général de la TVA, l'objectif consiste à regarder de près le principe de la TVA (**A**) aux fins d'évaluer le cadre de son application dans le secteur de la microfinance et d'en déduire la contribution de cet impôt sur le niveau de profitabilité de ces institutions (**B**). L'intérêt d'une telle étude particulière de la TVA peut se justifier par la diversité de formes juridiques des microfinances d'une part, et la vision duale que pouvait présenter la TVA dans ce secteur d'activité comme à la fois un impôt direct et indirect d'autre part.

A. L'examen des principes de base de la TVA

Le principe général de la TVA est d'éviter les impositions cumulatives dites « en cascade ». En effet, taxer la dépense à chaque stade de la commercialisation d'un bien ou d'un service sur la base de la valeur dépensée, revient à intégrer dans l'assiette de l'impôt la valeur de la taxe déjà récoltée au stade précédent. Vue comme telle, la TVA doit être perçue comme un impôt indolore, non inflationniste, mais aux insuffisances multiples.

1. La TVA comme impôt indolore et rentable pour l'État

Dans cette vision, la TVA a été conçue comme un impôt qui ne provoque pas de douleur. Il s'agit donc d'un impôt proportionnel fixe sur la

[667]MBADIFFO KOUAMO RAYMOND, *Système comptable OHADA Comptabilité fiscale, Tome 1, La taxe sur la valeur ajoutée*, édition 2012, 524 pages, page 29.

consommation, qui frappe les prix des produits et des services. En principe, le prestataire de service, l'industriel, le commerçant, le vendeur doivent calculer et facturer une TVA qui s'ajoute au prix de vente. Puis ils doivent reverser au Trésor Public, la différence entre la TVA qu'ils ont eux-mêmes encaissée (TVA collectée) après facturation et celle qu'ils ont payée à leurs fournisseurs lors de l'acquisition de biens et de services (TVA déductible). En tout état de cause, au bout du circuit, c'est le consommateur final qui va supporter le coût de la TVA grâce au régime des paiements fractionnés, et ce, sans considération de sa capacité contributive, de sa situation de famille et/ou de sa fortune. Au bout du compte, l'État pourra accroître ses recettes fiscales par encaissement de la TVA sur l'ensemble des valeurs ajoutées produites par les contribuables[668].

2. TVA comme impôt non inflationniste

Comme telle, la TVA dans son principe de base ne devrait pas contribuer à l'augmentation du coût de revient des biens et services. Ainsi, la TVA ne constitue ni une charge ni un produit, pour l'entreprise lorsqu'elle est générée par un évènement qui contribue à la réalisation d'opérations taxables ou bénéficiant d'un régime d'exception[669]. Seule la valeur ajoutée générée par l'exploitation devrait constituer à elle seule, la base d'imposition. Ce qui s'expliquerait par les cas de figure ci-après :

Figure N° 1 : Situation de la TVA en amont sur le coût de financement de la Nouvelle Financière Africaine (NOFIA)[670] acquis auprès d'Afriland First Bank.

Principal de l'emprunt	Intérêt hors taxes (H.T)		TVA (19,25 %)	Intérêt TTC	Coût total de l'emprunt
	Taux annuel	Montant			
250 000 000	15 %	37 500 000	7 218 750	44 718 750	294 718 750

Sources : données du terrain

[668] Voir site : http://www.avocats-picovschi.com/la-tva-un-impot-indolore-et-rentable-pour-l-etat_article_327.html

[669] MBADIFFO KOUAMO RAYMOND, *Système comptable OHADA Comptabilité fiscale, Tome 1, La taxe sur la valeur ajoutée*, op. cit., page 30.

[670] EMF de deuxième catégorie installé dans la ville de Douala.

Figure N° 2 : Situation de la TVA en aval sur le placement des fonds reçus d'Afriland First Bank par la NOFIA sous forme de crédit à la clientèle.

Principal du crédit	Intérêt hors taxes (H.T)		TVA (19,25 %)	Intérêt TTC	Remboursement reçu.
	Taux annuel	Montant			
250 000 000	18 %	45 000 000	8 662 500	53 662 500	303 662 500

Sources : données du terrain

Figure 3 : Situation de la TVA due à l'issue des opérations réalisées par la NOFIA.

Éléments	Remboursement reçu.
TVA facturée et collectée	8 662 500
TVA Récupérable et déductible	7 218 750
TVA à payer	1 443 750

Sources : adapté par l'auteur à partir de la figure N° 1.

De la figure N° 3, il ressort que la **NOFIA** au bout de l'opération n'est redevable de la TVA que de la différence entre la TVA encaissée sur ses produits et celle facturée par ses fournisseurs. C'est la TVA générée par la valeur ajoutée.

Figure 4 : Illustration de la TVA sur la valeur ajoutée.

Éléments	Montant	TVA	
		Taux	Montant
Produit de placement	45 000 000		
Charges de financement	(37 500 000)		
Valeur ajoutée	7 700 000	19,25 %	1 443 750

Sources : adapté par l'auteur à partir de la figure N° 1.

Il s'ensuit donc que la TVA, par principe, n'est générée que par la valeur ajoutée réalisée par l'assujetti (**NOFIA**) sur les opérations économiques qu'il réalise. Par principe, cet impôt est indolore et non inflationniste. Cependant, quelques réserves émises et fondées sur la base des informations pratiques du terrain justifient des insuffisances des assertions premières du mécanisme de la TVA.

3. Approche de quelques insuffisances

Du point de vue de son géniteur Maurice LAURE, la TVA est perçue comme un impôt moderne, indolore et véritable instrument de la politique fiscale pour les États modernes. Toutefois, cette approche affiche certaines insuffisances qui ont été soulignées par quelques analystes. Au nombre de ces observations, on peut noter :

- qu'il s'agit d'un impôt particulièrement injuste puisqu'elle n'exonère pas les plus pauvres alors que son impact sur les classes aisées est négligeable.[671] Dans cette logique, les Brasseries du Cameroun, par exemple, ne ressentent pas le coût de la TVA sur leurs consommations compte tenu de leur éligibilité à la déduction comparativement à une petite microfinance de première catégorie qui croupirait sous le poids du même impôt considéré comme non déductible ;
- qu'à la fin, c'est quand même le consommateur final constitué en majorité des ménages qui supportent le coût total de la TVA et s'aperçoivent du montant de la taxe qui pèse sur leurs revenus. Situation qui met en doute, le caractère indolore de cet impôt. De même, un produit affecté à l'exportation est imposé au taux zéro alors que celui destiné à la consommation locale est soumis au taux général de cet impôt. Réalité qui favoriserait les montages juridiques pour soustraire les mouvements des biens du champ d'imposition de cet impôt[672] en organisant, par exemple, des exportations frauduleuses ;
- que la TVA relève d'un système trop compliqué à gérer et ne serait pas toujours rentable pour l'État. Également, sur le plan pratique, il est injuste et inefficace. À ce titre, beaucoup de commerçants et autres contribuables collectent la TVA pour leurs propres comptes et non au profit de l'État. Comportement qui renchérit le coût des biens et services aux rentabilités insignifiantes pour l'État[673].

---

[671] LEAUX Jacques, voir site : http://www.herodote.net/10_avril_1954-evenement-19540410.php.
[672] WERLING Jean Jacques, École Centrale Paris, voir site : http://www.herodote.net/10_avril_1954-evenement-19540410.php.
[673] AVIGNON Fabienne, Université Paris 1 Panthéon-Sorbonne, voir site : http://www.herodote.net/10_avril_1954-evenement-19540410.php.

Du concept initial de la TVA, il ressort que cet impôt n'a pas été conçu pour influencer le coût d'acquisition des biens et services des entreprises en général. Cependant, au regard de quelques insuffisances qui ont été relevées, il semble que les EMF ne sont pas épargnés du poids de cet impôt qui constituerait une charge marginale pour bon nombre de ces entités.

B. La contribution de la TVA sur le niveau de profitabilité des EMF

En référence aux dispositions fiscales applicables au Cameroun, certains contribuables ne sont éligibles ni à la facturation ni à la déductibilité de la TVA du fait de leur régime d'imposition. Pour ce qui est du secteur de la microfinance en particulier, la situation en matière de la TVA met en concurrence, la variable de la catégorie d'activité d'une part, et celle du régime d'imposition, d'autre part.

1. Le rappel des conditions d'éligibilité au champ d'application de la TVA au Cameroun

À l'image des autres entreprises, les EMF ne sont éligibles à la facturation de la TVA[674] sur les prestations qu'ils offrent aux clients et à la déductibilité de la TVA[675] en amont contenue dans les factures des fournisseurs, qu'à la seule condition de relever du régime du réel d'imposition. En d'autres termes, toutes les entreprises, personnes physiques ou morales relevant du régime de l'impôt libératoire ou du simplifié, sont exclues du champ d'application de la TVA. À ce titre, ils ne peuvent ni facturer ni déduire la TVA.

2. La situation spécifique des EMF

La situation fiscale des EMF en matière de TVA est fonction de leur forme juridique et de leur régime d'imposition. Ainsi, une telle analyse interpelle la distinction entre les EMF de première catégorie et ceux de la deuxième catégorie.

2.1. Le cas des EMF de première catégorie

On distingue dans cette catégorie, deux groupes de contribuables : ceux qui ne traitent qu'avec leurs membres et ceux qui reçoivent et rémunèrent l'épargne perçue des non adhérents. Selon cette classification, on relève les opérations imposables et les opérations exonérées. Sont considérés comme imposables à la TVA dans les EMF de première catégorie et rentrent de plein droit dans les éléments de facturation de la prestation :

- les intérêts rémunérant les crédits consentis par les EMF aux tierces personnes n'ayant pas la qualité de membre, lorsque ces EMF relèvent du régime du réel d'imposition ;

---

674 Article 150 (4) du CGI.

675 Article 143 (1) du CGI.

- les intérêts rémunérant les placements financiers effectués par les EMF auprès des banques commerciales ;
- les intérêts rémunérant les dépôts effectués par les EMF auprès d'un réseau ou d'un organe faîtier, qu'il en soit membre ou non ;
- toutes les opérations réalisées à titre accessoire par les EMF au profit des personnes non membres de l'établissement, lorsque ces EMF relèvent du régime du réel d'imposition ;
- les acquisitions de biens corporels par les EMF auprès des fournisseurs du réel d'imposition ;
- les prestations de services faites au profit des EMF par les fournisseurs du réel d'imposition.

***a. Les opérations exonérées de la TVA*[676].**

Il s'agit de l'application des instructions relatives à la circulaire N° 134/MINEFI/DI/LC/L du 6 novembre 2000 du Directeur des impôts,[677] intitulée : « Fiscalité spécifique des COOPEC », qui précise bien que les EMF de cette catégorie sont exonérés de la TVA sur les opérations qu'ils réalisent avec leurs adhérents ou membres. Ce sont :

- les intérêts rémunérant les crédits octroyés à leurs propres membres par les EMF ;
- les intérêts rémunérant les dépôts opérés par leurs propres membres ;
- les intérêts rémunérant les dépôts opérés par les tierces personnes non adhérentes de l'EMF ;
- les intérêts rémunérant les emprunts consentis par un réseau ou un organe faîtier à un EMF qui fait partie intégrante dudit réseau.

***b. La situation fiscale particulière des EMF qui traitent avec les membres et les non-membres*[678]**

Pour cette catégorie de microfinance, en application des dispositions spécifiques qui leur sont applicables, ils sont dans l'obligation de tenir deux comptabilités[679] :

- la première qui récapitule les opérations ne concernant que les membres. Ces opérations seront exonérées de la TVA ;

[676] La pratique fiscale.

[677] Circulaire en annexe.

[678] Article 43 (1) de la loi N° 92-006 du 14 août 1992, op.cit. : « Une société coopérative d'épargne et de crédit peut recevoir et rémunérer des dépôts d'épargne provenant d'usagers non adhérents… ».

[679] Article 38 (2) de la loi N° 92-006 du 14 août 1992, op.cit. : « Toutefois, les opérations réalisées avec les membres et celles réalisées avec des usagers non adhérents doivent être comptabilisées distinctement ».

- la seconde qui centralise les opérations réalisées avec les non-membres. Ces opérations sont assujetties à la TVA.

Compte tenu de cette particularité, ces institutions sur le plan de la TVA sont des assujettis partiels.[680] Ainsi, leur chiffre d'affaires total comprend :

- les opérations réalisées avec les membres qui ne collectent pas la TVA ;
- les opérations réalisées avec les non-membres qui collectent la TVA.

La TVA en amont facturée par les fournisseurs n'est déductible que sous deux conditions cumulatives :

- la microfinance est immatriculée au régime du réel d'imposition ;
- le prorata de déductibilité[681] obtenu par application de la formule ci-dessous est au moins de 10 %.

$$\text{Prorata} = \frac{\text{CAHT des opérations de l'année qui donnent droit à déduction}}{\text{CAHT global de l'année}}$$

La TVA facturée aux EMF de première catégorie représente pour ces entités, une charge fiscale qui contribue négativement à leur rentabilité financière au regard du poids de cet impôt pour lequel ces entités pour la plupart, ne sont pas éligibles à la déductibilité.

2.2. Le cas des EMF de deuxième catégorie à la TVA

Ces EMF ont le statut des sociétés commerciales. À ce titre, ils rentrent dans le champ visuel de la TVA en fonction de leur régime d'imposition. Ainsi, sont imposables de plein droit à la TVA, les EMF qui relèvent du régime du réel[682] tel que prévu dans les dispositions de l'article 132 du CGI.

De manière générale, la situation fiscale des EMF en matière de la TVA est tributaire de leurs formes juridiques et de leur régime d'imposition. Situations qui peuvent être résumées dans le schéma ci-dessous :

[680]Article 147 du CGI.
[681]Article 147 du CGI.
[682] Voir article 125 du CGI qui traite des personnes imposables à la TVA.

Schéma N° 31 : Situation des EMF en matière de TVA et contribution de cet impôt sur la performance de ces entités.

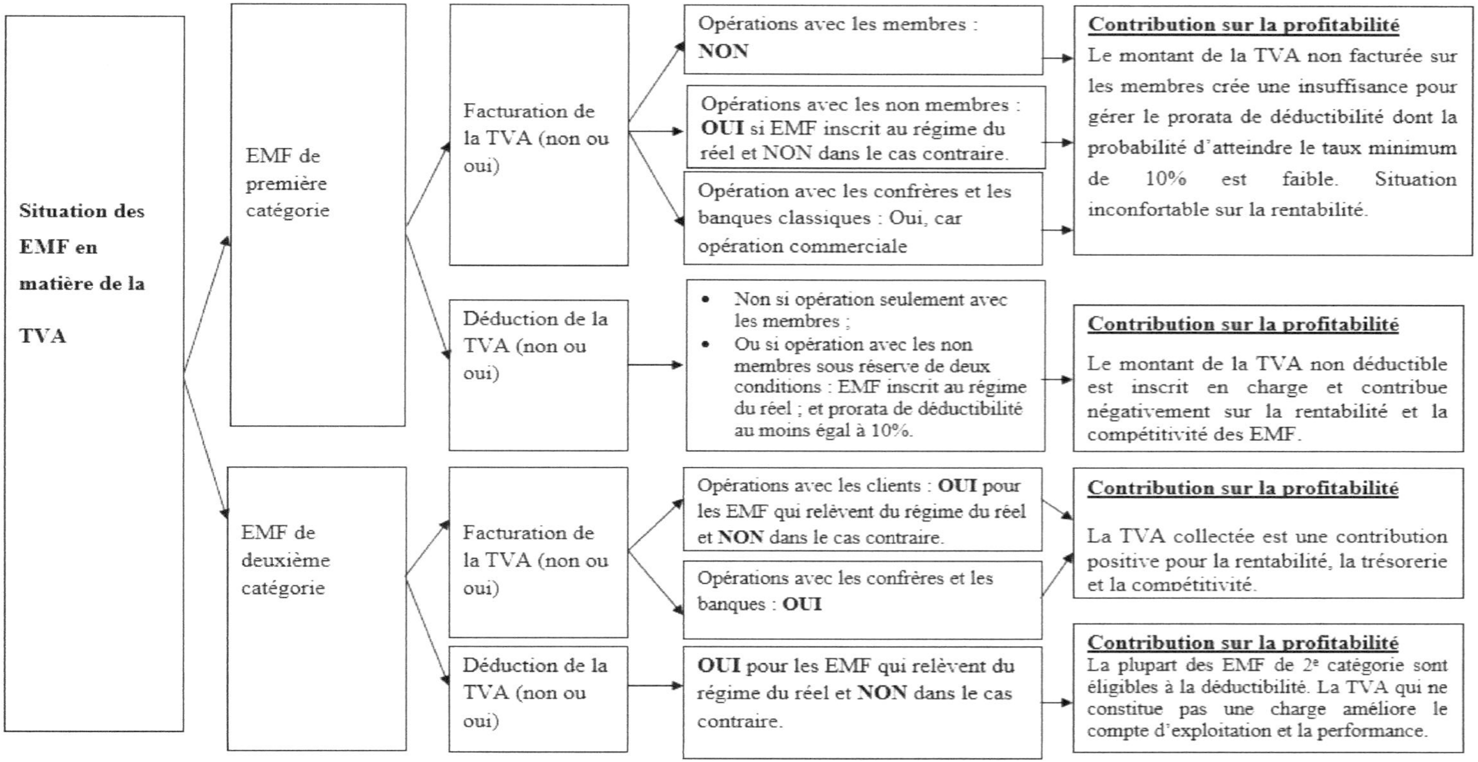

Sources : adapté par l'auteur à partir des dispositions fiscales applicables.

En résumé, la TVA, dans son principe, est un impôt indirect du fait de son caractère non inflationniste. Comme tel, il ne devrait pas constituer pour le contribuable une charge. C'est également un impôt indolore en ce sens que le paiement de l'impôt ne devrait pas influencer la sensibilité du redevable. Cependant, par application de ce principe, les réalités du terrain sont distantes du concept initial. Ainsi, la TVA pour les EMF de première catégorie qui paient cet impôt et supportent intégralement la charge fiscale, s'apparente à un impôt direct. Pour cette catégorie de contribuable, la TVA est un facteur défavorable à la réalisation de leur objectif sur le double plan de la compétitivité et de la rentabilité. Pour les microfinances de deuxième catégorie, la condition de rentrer dans le champ visuel de cet impôt est tributaire du régime d'imposition. À cet effet, il faudrait capitaliser au moins 50 000 000 FCFA de chiffre d'affaires annuel pour être éligible aux conditions de déductibilité[683]. En somme, la TVA n'est pas favorable à la gestion de performance des EMF. Cependant, les autres impôts indirects qui ne sont pas de nature à influencer le compte d'exploitation influencent également sur la gestion fiscale de ces institutions.

II. LES AUTRES IMPÔTS INDIRECTS

En marge de la TVA dont la gestion fiscale interpelle pour les microfinances l'examen simultané des notions de catégorie d'activité et du régime d'imposition, d'autres impôts indirects sont opérationnels dans ce secteur d'activité et obligent les EMF à procéder à la retenue à la source en leur qualité de redevable légal. La pertinence d'établir une telle démarcation relève d'un constat du terrain. En effet, par rapport à la TVA qui peut à tout moment devenir une charge pour ces entités avec des conséquences sur le niveau de leur profitabilité, les autres impôts indirects ont pour spécificité qu'ils ne constituent pas pour les entreprises en général, une charge. Cependant, ils le deviendraient aux termes d'un contrôle fiscal au cas où le contribuable aurait failli à ses obligations fiscales. Dans cette perspective, il est prudent de gérer au mieux les retenues aux sensibilités fiscales élevées à l'instar de l'impôt sur le Revenu des Personnes Physiques (**A**) au regard de la densité de son champ d'application par comparaison aux autres retenues à la source (**B**) en particulier pour une bonne lisibilité des évènements fiscaux.

A. L'Impôt sur le Revenu des Personnes Physiques (IRPP)

La loi de finances pour l'exercice 2004 a consacré la réforme de l'Impôt sur le Revenu des Personnes Physiques (IRPP) au Cameroun. L'innovation majeure qu'elle introduit tient compte d'une part du remplacement du système de taxation antérieur caractérisé à la fois par l'imposition cédulaire du revenu, l'application de la surtaxe progressive à l'ensemble des revenus catégoriels et de la suppression de la règle de l'imposition par foyer, d'autre part. L'IRPP

683 Voir article 43 du CGI.

est dû chaque année (principe de l'annualité de l'IRPP), à raison des bénéfices que le contribuable réalise ou dont il a disposé au cours de la même année (principe du revenu acquis.) L'IRPP est un impôt qui frappe exclusivement les revenus réalisés par les personnes physiques. La spécificité de l'IRPP relève du fait qu'il est à la fois un impôt direct et un impôt indirect.

Comme impôt direct, l'IRPP est inscrit dans la catégorie des impôts pour lesquels, le contribuable est le redevable réel. Entrent dans cette catégorie :

- les personnes physiques bénéficiant des revenus fonciers684 ;
- les entreprises individuelles réalisant les Bénéfices Artisanaux685, Industriels et Commerciaux (B.A.I.C)686, les bénéfices agricoles687 ;
- les personnes physiques réalisant les Bénéfices des Professions Non Commerciales (B.N.C)688.

Dans la catégorie des impôts indirects, l'IRPP est perçu comme des contributions fiscales pour lesquelles le contribuable est le redevable légal. Sont donc concernés :

- les traitements, salaires, pensions, et rentes viagères ;
- les revenus des capitaux mobiliers ;
- les prélèvements à la source sur les revenus fonciers ;
- les revenus des mandataires ou agents commerciaux non-salariés ;
- les rémunérations dans le cadre de la vente directe par réseau ;
- etc.

Traitant du cas spécifique des EMF en relation avec leurs activités afin de se mettre en marge des risques de redressements fiscaux pouvant impacter leur niveau de profitabilité et leur rentabilité, les EMF doivent retenir à la source et reverser au Trésor Public dans les délais requis :

---

[684]Article 46 du CGI.

[685] Les instructions du Directeur des Impôts N° 0002/MINFI/DI/LC/L du 4 février 2004 précisent que sont considérés comme artisans et assujetties à l'IRPP, les personnes physiques ci-après :

- les fabricants et ouvriers travaillant chez eux, avec ou sans force motrice, à façon ou non, utilisant le concours de cinq employés, compagnons ou apprentis au maximum et ne vendant que le produit de leur travail ;
- les mariniers, chauffeurs ou cochers n'ayant qu'un bateau ou véhicule qu'ils conduisent eux -mêmes ;
- les pêcheurs se livrant personnellement à la pêche sans autre concours que celui de deux aides.

[686] L'instruction du Directeur des Impôts N° 0002/MINFI/DI/LC/L du 4 février 2004 précisant les modalités d'application de l'IRPP : il est désormais fusionné et imposé en une catégorie unique dénommée « bénéfices artisanaux, industriels et commerciaux » B.A.I.C.

[687] Voir article 53 du CGI.

[688] Voir article 56 du CGI.

- l'IRPP sur les salaires versés au personnel salarié et non-salariés ;
- l'IRCM au titre de l'impôt sur le revenu des capitaux mobiliers ;
- le prélèvement spécial sur les loyers versés aux bailleurs (PSL).

1. L'IRPP sur les salaires versés au personnel salarié et non salariés

Sous peine de redressement fiscal, en leur qualité de redevables légaux, les EMF sont astreints à l'obligation de la retenue à la source de l'IRPP sur l'ensemble des revenus versés au personnel salarié ou non.

1.1. Le cas du personnel salarié

Les établissements de microfinance, quelle que soit la catégorie à laquelle ils appartiennent, dans le cadre de leurs activités, emploient une main-d'œuvre constituée :

- selon leur niveau de décision : des ouvriers, des agents de maîtrise et des cadres ;
- selon leur nationalité : des étrangers et des nationaux.

Les frais engagés au titre de la rémunération du travail de cette main-d'œuvre constituent les charges de personnel dont les éléments constitutifs sont : le salaire de base, les indemnités et primes, les différents avantages en nature accordés aux salariés par l'employeur d'une part, et les charges sociales, fiscales ou parafiscales supportées par ces institutions du fait de son personnel d'autre part.

Ces institutions sont donc tenues de retenir à la source, sur les salaires qu'elles versent aux employés, l'IRPP. L'impôt ainsi retenu à la source doit être acquitté au plus tard le 15 du mois qui suit celui au cours duquel les salaires ont été effectivement payés[689]. Notre contribution porte sur la maîtrise :

- de la base d'imposition ;
- des exonérations ;
- du fait générateur et de l'exigibilité ;

a. La base de calcul de l'Impôt sur les Revenus Salariaux (IRS)

L'impôt sur les revenus salariaux est facile à calculer dès lors qu'on a déterminé :

- le **salaire de référence** qui est constitué des éléments imposables à 100 %. Entrent dans son assiette : le salaire de base, les heures supplémentaires, les primes, les salaires exceptionnels ;

[689] Voir article 68 du CGI qui traite de l'exigibilité de l'IRPP sur les salaires.

- le **salaire brut imposable** qui est constitué du salaire de référence augmenté des avantages en nature réévalués[690] ainsi qu'il suit :
  - logement : 15 % de la base d'évaluation ;
  - domestique : 5 % par tête de la base d'évaluation ;
  - électricité : 4 % de la base d'évaluation ;
  - eau : 2 % de la base d'évaluation ;
  - véhicule : 10 % l'unité de la base d'évaluation ;
  - nourriture : 10 % par personne avec pour plafond total mensuel de 50 000 FCFA. Les enfants de moins de 15 ans comptent pour moitié.
- **le salaire net imposable annuel :** Il est constitué du salaire brut imposable annuel diminué :
  - des cotisations versées à l'État ou à la CNPS au titre de la retraite obligatoire[691] ;
  - d'un abattement forfaitaire de 30 % pour frais professionnels[692] ;
  - d'un abattement forfaitaire pour charges familiales de 500 000 FCFA[693].

b. Les exonérations[694]

Il s'agit des éléments du salaire qui ne sont pas imposables à l'IRPP dans la catégorie de l'Impôt sur le Revenu Salarial (IRS), soit parce qu'ils représentent :

- des allocations à caractère familial telles que les indemnités de maternité ; les indemnités de maladie, les indemnités d'accident ;
- des indemnités qui ont soit un caractère de réparation de préjudice causé à l'employé, soit un caractère de remboursement des frais inhérents à la fonction.

---

690 Voir article 33 du CGI.
691 Voir article 34 du CGI.
692 Voir article 34 du CGI.
693 Voir article 29 du CGI.
694 Voir article 31 du CGI.

c. *Le fait générateur et l'exigibilité de l'IRPP sur salaire*[695]

Le fait générateur d'un impôt s'entend comme l'événement qui donne naissance à cet impôt. Pour le cas spécifique de l'IRPP sur le revenu salarial, le fait générateur est le revenu acquis.[696]

L'exigibilité de l'impôt sur salaire tel que défini par l'article 68 du CGI intervient au moment de la mise à disposition[697]. Ce qui signifie que l'administration fiscale ne peut réclamer les impôts sur salaire que si les salaires ont été effectivement versés aux employés.[698].

1.2. Le cas du personnel non salarié

Outre le personnel lié aux EMF par un contrat de travail, ces entités utilisent au quotidien, les services du personnel non contractuel à l'instar des collectrices, sans qu'il ne soit pour certains, procédé ni à la déclaration de ce revenu, ni à la retenue à la source de l'IRPP et le versement dans les délais au Trésor Public tel que consacré par la loi de finances de l'exercice 2009. Un tel manquement représente sur le plan fiscal, des distributions occultes aux conséquences excessivement fâcheuses sur la trésorerie des entreprises et aux contributions désagréables sur le niveau de profitabilité des EMF. Aux fins d'éviter le redressement fiscal qui découlerait de cette situation, les EMF doivent discerner :

- les personnes imposables ;
- les modalités de calcul ;

Par mandataires et autres agents commerciaux non-salariés, il faut entendre des personnes physiques qui agissent comme intermédiaires de commerce indépendants et qui réalisent des actes juridiques pour le compte de leurs mandants. Ce sont :

- des mandataires et agents commerciaux non-salariés des compagnies d'assurance, à l'instar des prospecteurs et vendeurs de produits d'assurance, des bureaux de souscription d'assurance et d'intermédiaires d'assurance. Situation qui s'apparente aux collectrices d'épargne dans les EMF ;
- des distributeurs intermédiaires de la vente directe ou par réseau, à l'exemple des distributeurs des compléments alimentaires ou des produits diététiques et d'amaigrissement.

---

[695] Article 67 du CGI.

[696]Le revenu acquis s'entend comme le revenu dont le bénéficiaire peut se prévaloir d'un droit certain même si le fait qui le rend disponible ne s'est pas encore produit

[697] Article 68 du CGI.

[698] Le non-paiement n'exclut pas les obligations de déclaration.

a. Le revenu imposable[699]

Il s'agit des revenus perçus par les mandataires et autres agents commerciaux non-salariés imposables à l'IRPP dans la catégorie des bénéfices artisanaux, industriels et commerciaux.

b. Les modalités de calcul

Il s'agit de déterminer la base d'imposition et le montant de l'impôt à retenir à la source. Ainsi :

- le revenu net imposable annuel est le montant de revenu brut annuel diminué d'un abattement de 30 % pour frais professionnels[700] ;
- l'IRPP sur les revenus perçus par les mandataires et autres agents commerciaux non-salariés est retenu à la source par application des dispositions de l'article **Article 93 bis du CGI**. Il s'agit de l'application d'un taux de 11 % (10 % + CAC) sur le revenu net imposable.

2. L'IRCM au titre de l'impôt sur le revenu des capitaux mobiliers

Au sens des dispositions de l'article 35 du CGI, sont considérés comme des revenus des capitaux mobiliers et passibles de plein droit à l'IRCM au taux libératoire de 16,5 % :

- les produits des actions, parts de capital et revenus assimilés ;
- les revenus des obligations ;
- les revenus des créances, dépôts, cautionnements et comptes courants ;
- les gains réalisés à l'occasion de la cession d'actions, d'obligations et autres parts de capital ;
- le remboursement des sommes mises à la disposition de l'entreprise par un associé ou gérant, au titre d'avances ou de prêts, lorsque l'apport (ou l'avance) consenti à la société a été effectué en espèces (L.F. 2014) ;
- les rémunérations allouées aux membres des Conseils d'Administration des sociétés anonymes, à l'exclusion des salaires et des redevances de propriété industrielle (L.F. 2015).

De l'examen des activités spécifiques des EMF, il s'ensuit que les revenus pour lesquels ces organisations sont astreintes à l'obligation de la retenue à la source au titre de l'IRCM au risque d'un redressement subséquent, méritent d'être relevés pour une lisibilité fiscale à savoir :

---

[699] Article 50 du CGI.

[700] Article 52 du CGI.

- les produits des actions ;
- les revenus des créances, dépôts, cautionnements et comptes courants ;
- le remboursement des sommes mises à la disposition de l'entreprise par un associé ou gérant, au titre d'avances ou de prêts ;
- les rémunérations allouées aux membres des Conseils d'Administration des sociétés anonymes.

2.1. Les produits des actions

Au sens des dispositions de l'article 36 du CGI[701], il doit être retenu à la source et reversé aux services des impôts dans les délais, l'IRCM sur les dividendes versés aux actionnaires et adhérents des EMF.

2.2. Les revenus des créances, dépôts et comptes courants

Entrent dans cette catégorie et passibles de la retenue à la source au titre de l'IRCM :

- les intérêts de compte courant associés pour les placements effectués par les associés au profit de la microfinance ;
- les intérêts de compte d'épargne pour les placements dépassant dix (10) millions[702].

2.3. Le remboursement des sommes mises à la disposition de l'entreprise par un associé ou gérant

La loi de finances de l'exercice 2014 consacre la retenue à la source au titre de l'IRCM, le remboursement aux associés, y compris ceux des EMF, des prêts lorsque ceux-ci ont fait l'objet d'un versement en espèces lors de leur placement.

2.4. Les rémunérations allouées aux membres des Conseils d'Administration (CA) des sociétés anonymes

Les administrateurs des EMF de deuxième catégorie, ayant la forme de sociétés anonymes, perçoivent habituellement des jetons de présence et des indemnités de fonction. Il doit être retenu à la source sur ces rémunérations, l'IRCM conformément aux dispositions de l'article 36 (3) du CGI[703].

3. Le prélèvement spécial sur les loyers versés aux bailleurs (PSL)

Bon nombre d'EMF exploitent leurs activités dans les locaux pris en bail. Pratiquement, il se pose dans ces entités, le problème de retenue à la source des précomptes sur les loyers. En effet, les dispositions de l'article 87 du CGI

---

[701] Sont considérés comme revenus distribués, tous les bénéfices qui ne demeurent pas investis dans l'entreprise.

[702] Voir article 43 du CGI.

[703] Loi de finances de l'exercice 2015.

précisent le taux, les personnes habilitées à effectuer ladite retenue et les entreprises pour lesquelles la retenue ne doit pas être opérée.

3.1. Les habilitations

Sont habilités à opérer la retenue à la source :

- l'administration et les établissements publics ;
- les personnes morales et les entreprises individuelles soumises au régime du réel et au régime simplifié.

3.2. Les exonérations

Les loyers versés aux entreprises du régime du réel et relevant exclusivement des unités de gestion spécialisées ne subissent pas ladite retenue[704].

Au regard de ces dispositions fiscales, les EMF en leur qualité de personnes morales immatriculées soit au régime du simplifié ou au régime du réel sont éligibles à la retenue à la source du PSL sous peine de sanction. Cependant, ne doivent pas subir ladite retenue, les loyers qu'ils versent aux entreprises immatriculées au régime du réel et inscrites dans le fichier du CIME ou de la DGE. Pour la gestion harmonieuse de cette situation, le dossier fiscal du bailleur doit être réclamé et exploité en amont.

B. Les autres retenues à la source

Sont particulièrement visés, les autres impôts et taxes auxquels s'exposent fiscalement les EMF du fait de leurs obligations de redevables légaux à l'instar de la Taxe Spéciale sur le Revenu (TSR) et des retenues parafiscales sur salaire.

1. La retenue au titre de TSR

Conformément aux dispositions de l'article 225 du CGI, les EMF, quelle que soit leur catégorie, doivent retenir à la source lors du paiement des factures des prestataires des personnes (morales ou physiques) domiciliées hors du Cameroun au titre des rémunérations pour études, consultations, assistance technique, financière et comptable, la TSR au taux[705] de 15 %. Toutefois, pour les personnes domiciliées en France, le taux de la retenue est de 7,5 %.

2. Les retenues parafiscales sur les salaires

Par salaire, il faut entendre ici, la rémunération versée aux employés liés aux EMF par un contrat de travail. En leur qualité d'employeur, les microfinances sont redevables envers la CNPS, des cotisations pour Pension Vieillesse, d'Invalidité et de Décès (PVID). Envers le Trésor Public, le Crédit

---

[704] Modifications loi de finances de l'exercice 2011.

[705] Le taux de la TSR n'est pas majoré des CAC.

Foncier du Cameroun (CFC), la Taxe de Développement Local (TDL) et la Redevance Audio Visuelle (RAV).

2.1. La Pension Vieillesse, d'Invalidité et de Décès (PVID)

Elle constitue la participation des salariés à la caisse de retraite gérée par le Trésor Public pour les fonctionnaires, la CNPS pour les salariés du secteur privé. Elle concerne essentiellement l'assurance pension vieillesse, d'invalidité et de décès. En effet, le décret N° 2016/072 du 15/02/2015 fixant les taux des cotisations sociales et les plafonds des rémunérations applicables dans les branches des PVID, porte le plafond de cotisation part salariale à 750 000 FCFA/mois. Soit 9 000 000 FCFA l'année. Le même décret porte le taux de cotisation à 4,2 % pour les employés.

2.2. Le crédit Foncier du Cameroun (CFC)

Le crédit Foncier est né de la loi N° 77-10 du 13 juillet 1977. Il concerne tous les salariés à l'exception de ceux visés à l'article 5 de la loi N° 77-10 du 13 juillet 1977. La base de calcul pour les salariés est constituée du salaire brut imposable mensuel et son taux est de 1 %. Ne donnent pas lieu au prélèvement[706] :

- les prestations familiales ;
- les pensions et rentes viagères ;
- les salaires du personnel domestique ;
- les salaires ouvriers travaillant dans les exploitations agricoles ou pastorales individuelles ;
- les salaires de moins de 52 000 FCFA[707].

2.3. La Taxe de Développement Local (TDL)[708]

Il est institué au profit des communes, une taxe communautaire appelée Taxe de Développement Local. Cette taxe est perçue en contrepartie des services de base et des prestations rendus aux populations tels que l'éclairage public, l'assainissement, l'enlèvement des ordures ménagères, le fonctionnement des ambulances, l'adduction d'eau, l'électrification. Les taux maxima de la taxe de développement local sont fixés ainsi qu'il suit :

[706]Article 5 de la loi N° 77-10 du 13 juillet 1977

[707]Voir Recueil de Doctrine Administrative fiscale, (Note N° 610/MINFI/DGI/LC/C du 29 septembre 2007) et (Note N° 688/MINFI/DGI/LC/C du 17 octobre 2007).

[708] Loi 2009//019 du 15 décembre 2009 portant fiscalité locale.

Tableau N° 17 : Tranches de salaire et taux de la TDL

Tranches de salaire de base	Taux annuel
62 000 et 75 000	3 000
75 001 et 100 000	6 000
100 001 et 125 000	9 000
125 001 et 150 000	12 000
150 001 et 200 000	15 000
200 001 et 250 000	18 000
250 001 et 300 000	24 000
300 0001et 500 000	27 000
Supérieur à 500 000	30 000

2.4. La Redevance Audio Visuelle (RAV)

Instituée par l'Ordonnance N° 89/001 du 1er juillet 1989 portant loi de finances pour l'exercice 1989-1990, elle sert au financement de l'Office de Radiodiffusion Télévision Camerounaise (CRTV). La base de calcul est le salaire imposable brut mensuel et son prélèvement dépend d'un barème fixé par les autorités fiscales. Sont exonérés de la RAV :

- les prestations familiales ;
- les pensions et rentes viagères ;
- les salaires du personnel domestique ;
- les salaires ouvriers travaillant dans les exploitations agricoles ou pastorales individuelles ;
- les salaires de moins de 50 000 FCFA par mois ;
- les personnes physiques ou morales exonérées de la contribution des patentes par les dispositions de CGI.

Tableau N° 17 : Barème de la RAV.

Salaires Taxables de base Mensuels en F.CFA	RAV
De 0 à 50 000	0
De 50 001 à 100 000	750
De 100 001 à 200 000	1 950
De 200 001 à 350 000	3 250
De 350 001 à 400 000	4 550
De 400 001 à 500 000	5 850
De 500 001 à 600 000	7 150
De 600 001 à 700 000	8 450
De 700 001 à 800 000	9 750
800 001 à 900 000	11 050
900 001 à 1 000 000	12 350
Au-dessus de 1 000 000	13 000

Sources : Ordonnance N° 89/001 du 1er juillet 1989

De manière résumée, en marge de la TVA, les autres impôts indirects applicables aux EMF peuvent être synthétisés dans le tableau ci-dessous.

Schéma N° 32 : Situation résumée des EMF en matière des autres impôts indirects.

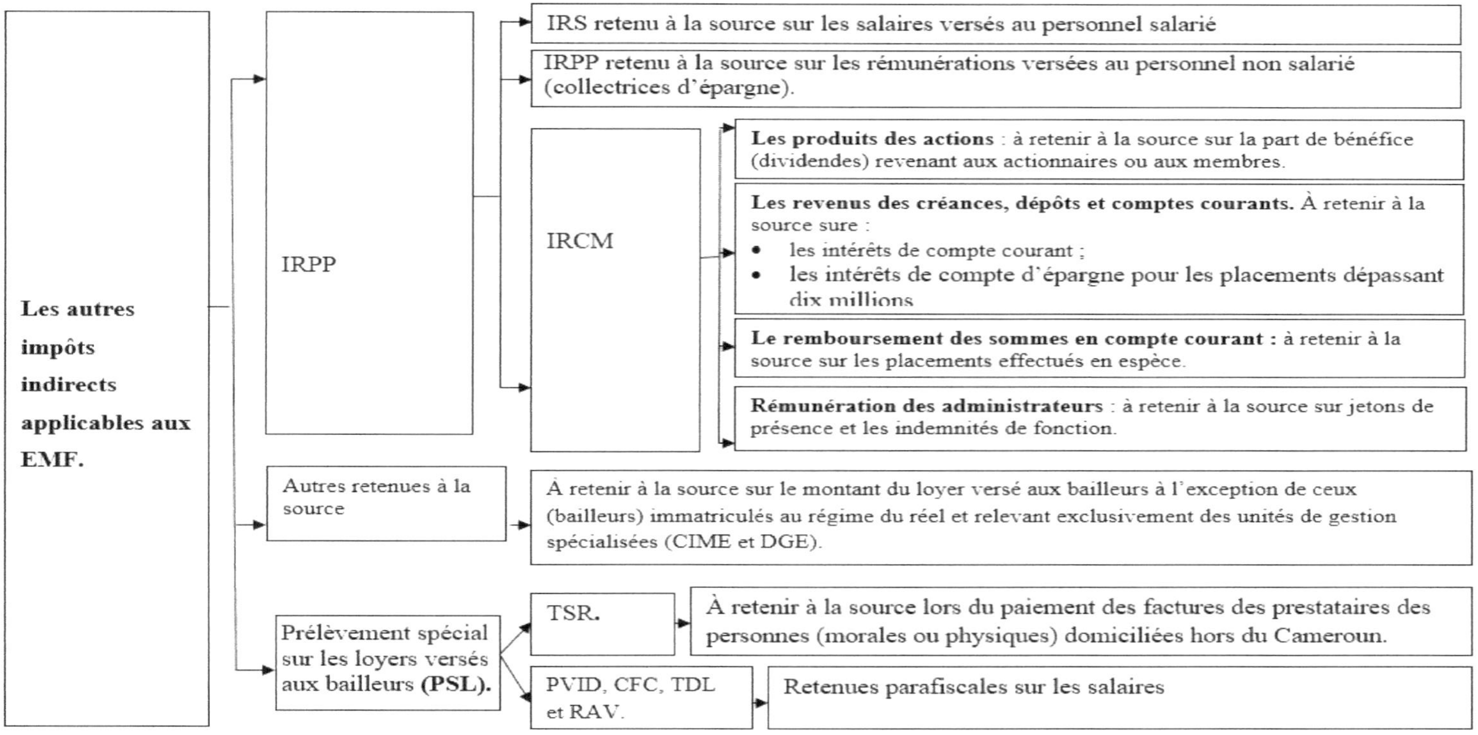

Sources : construction de l'auteur à partir de la littérature.

Globalement, le contexte fiscal des EMF est articulé autour des impôts directs qui constituent des charges pour ces entités d'une part, et les impôts indirects pour lesquels ces entreprises ne sont que des redevables légaux, d'autre part. En principe, ces impôts indirects ne sont pas pour les EMF des charges de manière à influencer le compte de résultat. Cependant, ils peuvent l'être au cas où ces entreprises n'auraient pas assumé leur responsabilité fiscale de retenue à la source et du reversement des sommes correspondantes au Trésor Public dans les délais prévus par les dispositions en la matière. S'y ajoute à cette situation, la position des EMF en matière de TVA dont les conditions d'éligibilité au champ d'application sont tributaires de la forme juridique et du régime d'imposition de ces entités, rendant bon nombre de ces institutions, consommatrices de cet impôt en termes de charges fiscales. Situations qui génèrent des charges fiscales marginales aux implications désagréables sur la performance financière de ces entités.

Au regard de tout ce qui précède, il s'ensuit que la performance financière des EMF et la maîtrise du contexte fiscal applicable sont intimement liées. Pour assurer leur équilibre, voire leur pérennité, les EMF doivent élaborer des prévisions de performance qui épousent simultanément la portée fiscale des différentes actions à entreprendre. Ce qui suppose pour les acteurs (Administration fiscale et promoteurs des EMF) une évaluation fiscale de la structure comptable des EMF pour une imposition équitable. Une telle proposition constitue l'objet de notre apport contributif qui s'inscrit dans une perspective fiscale de gestion prévisionnelle de performance financière des EMF.

CHAPITRE 3 :

L'IDENTIFICATION DES RISQUES FISCAUX SUR LA STRUCTURE PATRIMONIALE DES ETABLISSEMENTS DE MICROFINANCE

L'assujettissement des EMF à l'impôt sur les sociétés (IS) quelles que soient leur catégorie et leur forme juridique[709], semble avoir bouleversé leurs habitudes fiscales. En effet, dans un contexte où la culture fiscale n'est pas assez développée, la contribution la plus perceptible pour laquelle il faut minimiser le coût et le risque de redressement n'est rien d'autre que le montant de l'IS. Dans cette logique, plusieurs de ces entreprises vont organiser leur gestion fiscale autour d'une comptabilité tendant à minimiser leur base d'imposition en oubliant un aspect fiscal important qui découlerait d'une comptabilité à partie double[710]. En d'autres termes, un mouvement intervenu dans un compte de gestion[711] entraîne, en contrepartie, le même mouvement dans un compte patrimonial ou du bilan[712]. Cette imputation duale qui implique le patrimoine de l'entreprise génère d'autres impôts, droits et taxes aux implications sur la rentabilité financière de ces entités et qu'il convient d'intégrer dans les prévisions de gestion. En considérant le cas particulier de l'impôt sur le revenu, si le résultat imposable d'un exercice est la différence

---

[709] Loi n° 2010/015 du 21 décembre 2010 portant loi de finances de la République du Cameroun pour l'exercice 2011, article 3, alinéa 5.

[710] VIZZAVONA Patrice, op.cit. : « Contrairement à la comptabilité à partie simple qui tient lieu d'une comptabilité de caisse pour enregistrer les encaissements et les décaissements, la comptabilité à partie double porte en premier lieu sur une comptabilité d'engagement. Elle permet la transition entre les notions de recettes-dépenses à celles de produits à charges. Une opération comptable désormais mouvemente simultanément deux comptes : un débité et l'autre crédité du même montant. », pages 4 et 5.

[711] COMPTA-FACILE, *les comptes de bilan et les comptes de gestion : «* Un compte de gestion tient compte d'un emploi ou d'une ressource définitive. Il peut s'agir d'un emploi qui sera consommé immédiatement (achat de matières premières par exemple) ou d'une ressource qui n'aura pas à être restituée (ventes de marchandises à un client). Les comptes de gestion vont nourrir le compte de résultat, tableau reprenant les comptes de la classe 6 (appelés « charges ») et les comptes de la classe 7 (appelés produits). À la différence des comptes de bilan, les comptes de gestion vont permettre de mesurer la valeur de l'accroissement de la richesse d'une entreprise », http://www.compta-facile.com/comptes-bilan-comptes-gestion.

[712] COMPTA-FACILE, op. cit. : « Un compte de bilan est, par nature, un emploi ou une ressource qui n'est mis à la disposition d'une entreprise que de manière temporaire. Cela signifie qu'ils seront susceptibles de disparaître à un horizon plus ou moins lointain (matériel revendu par exemple, emprunt remboursé, fournisseurs payés, etc.). Les comptes de bilan vont alimenter le bilan comptable : il s'agit des comptes de la classe 1 à la classe 5, appelés comptes d'actifs et comptes de passif. Ils vont traduire les opérations qui affectent le patrimoine de l'entreprise ».

entre les produits et les charges, le même résultat représente de manière simultanée et sans différence de centime, le total de l'actif et de celui du passif du même exercice. Ainsi, les informations inscrites à l'actif (**section 1**) sont scindées en deux grandes masses : les immobilisations et l'actif circulant. Sur le plan fiscal, les biens qu'elles décrivent doivent satisfaire aux conditions juridiques de l'appartenance à l'entreprise pour être acceptés comme tels. En sus, les impositions qui en découlent à l'instar de la TVA, du droit d'enregistrement, de la taxe foncière et bien d'autres, doivent être suffisamment prises en compte, sous peine des corrections et sanctions prévues en la matière. De même, les informations portées au passif (**section 2**) du bilan décrivent la situation des capitaux propres de l'entité d'une part et de ses dettes, d'autre part. Pour satisfaire aux exigences de la législation fiscale, les éléments constitutifs doivent justifier de leurs forces probantes sous peine d'être qualifiés de passif fictif. Les différents impôts qui en découlent sont inhérents soit au revenu, soit au mouvement du patrimoine et bien d'autres critères d'imposition.

SECTION 1 : LE RISQUE FISCAL DES INFORMATIONS INSCRITES A L'ACTIF DU BILAN DES EMF

Les valeurs inscrites à l'actif du bilan sont d'un risque fiscal élevé en ce sens qu'elles décrivent l'ensemble des biens appartenant à l'entreprise. Entendu que le résultat comptable est la différence entre le total de l'actif et celui du passif, il s'ensuit qu'une diminution de l'actif suppose également une réduction du résultat imposable de l'exercice fiscal. Un simple contrôle sur pièce réalisé par l'Administration fiscale peut faire l'objet d'un redressement aux conséquences substantielles sur la performance des EMF qui n'auraient pas évalué à priori, la cohérence juridique, comptable et fiscale des postes de l'actif. Ainsi, la portée fiscale des valeurs immobilisées (**I**) sur le triple plan des conditions d'acquisition, de leur sortie du patrimoine et de la constatation des dépréciations par suite des amortissements et des provisions est indéniable. Également, les biens cycliques portés au bas du bilan encore appelés actifs circulants présentent un risque fiscal particulier en raison de la spécificité de l'organisation comptable des EMF (**II**).

I. LA PORTÉE FISCALE DES VALEURS IMMOBILISÉES

Aux risques de redressements éventuels, les immobilisations inscrites à l'actif du bilan présentent une sensibilité fiscale assez élevée. Ainsi, les acquisitions (**A**) et les sorties de l'actif (**B**) génèrent des impositions sur le triple plan de conditions de déductibilité de la TVA en amont, des obligations des formalités d'enregistrement et des taxes diverses. Certaines de ces immobilisations sont susceptibles des dépréciations économiques par suite d'usage ou de perte de valeur sur le marché (**C**) pour lesquelles les conditions de déductibilité des amortissements et des provisions qui en découlent sont soumises aux dispositions fiscales particulières.

A. Les aspects fiscaux des acquisitions des immobilisations

D'après le système comptable OHADA, les immobilisations sont constituées des biens ou valeurs destinées à rester durablement dans l'entreprise. A priori, leur durée de vie est supérieure à une année. Il est important de noter, afin que nul n'en ignore que, pour figurer à l'actif du bilan et être admises comme telles sur le plan fiscal, les immobilisations doivent être la propriété de l'entreprise. Ainsi, les biens utilisés qui ne lui appartiennent pas ne doivent pas en principe être portés au bilan, sauf[713] :

- les biens concédés par un service public ;
- les biens grevés d'une clause de réserve de propriété[714] ;
- les biens acquis dans le cadre d'un contrat de crédit-bail ou leasing[715].

Dans la rubrique des immobilisations, le PCEMF distingue quatre grands groupes : les frais immobilisés, les immobilisations incorporelles, les immobilisations corporelles et les immobilisations financières. Le risque fiscal est spécifique à chaque élément inscrit à l'actif du bilan.

1. Les frais immobilisés

Entrent dans cette rubrique, les charges immobilisées et les primes de remboursement des emprunts obligataires.

1.1. Les charges immobilisées

Ce sont des charges inscrites à l'origine selon leur nature dans les comptes de gestion au moment de leur engagement. Par suite de décision de gestion, elles peuvent être portées en immobilisation pour être réparties sur plusieurs

---

[713] SAMBE Oumar & DIALO Mamadou Ibra, *système comptable OHADA (SYSCOHADA)*, 3e Édition, Éditions Comptables et juridiques, 1055 pages, page 87.

[714] La "réserve de propriété" est une disposition contractuelle destinée à assurer au vendeur qui a consenti à l'acheteur un crédit qu'il sera payé du prix de la chose vendue, sans avoir à courir le risque d'avoir à subir le concours d'éventuels créanciers de l'acquéreur. Pour parvenir à un tel résultat, acheteur et vendeur conviennent que la chose vendue restera la propriété de ce dernier jusqu'à complet paiement, et ce, nonobstant les acomptes versés. La clause qui contient une telle convention porte le nom de "clause de réserve de propriété ". Voir site : http://www.dictionnaire-juridique.com/definition/clause-de-reserve-de-propriete.php

[715] Il s'agit d'une opération financière par laquelle une entreprise donne en location des biens d'équipement, un fonds de commerce, de l'outillage, une voiture, un parc automobile ou des biens immobiliers à un preneur qui à un moment quelconque du contrat, mais le plus souvent à l'échéance, peut décider de devenir propriétaire du ou des biens qui en ont été l'objet. Le contrat contient donc de la part du bailleur, une promesse unilatérale de vente dont la réalisation reste subordonnée au paiement du prix fixé à l'avance augmenté des intérêts et des frais. Voir site : http://www.dictionnaire-juridique.com/definition/credit-bail.php

exercices par le principe de l'amortissement direct. Les charges immobilisées posent sur le plan fiscal les problèmes suivants :

- sur le plan des conditions de déductibilité du résultat fiscal, les charges en elles-mêmes doivent être justifiées par les documents probants et remplir les autres conditions de fond et de forme prévues dans les dispositions des articles 7 et 8 du CGI. Les manquements constatés seront sanctionnés par la réintégration de ces dépenses, passibles d'IS et d'IRCM sans préjudice des pénalités[716] ;
- sur le plan de la TVA, ces charges peuvent avoir fait l'objet d'une facturation en amont. Ainsi, pour être déductible, l'EMF doit appartenir à la deuxième catégorie et relever en sus du régime du réel d'une part, et la TVA doit satisfaire aux conditions de déductibilité prévues dans les dispositions de l'article 143 du CGI, d'autre part.

1.2. Les primes de remboursement des emprunts obligataires

Portées directement en immobilisation, les primes de remboursement des obligations correspondent à la différence entre le prix de remboursement et le prix d'émission de ces obligations. Au plan comptable, elles compensent à l'actif, la différence entre ce que la société a enregistré en dettes et ce qu'elle a reçu comme liquidités. Les opérations de cette nature ne sont justifiées que par l'émission des emprunts obligataires réalisée par un EMF. Toutefois, dans la catégorie des personnes morales de droit privé, ne sont éligibles à l'émission des emprunts obligataires que les sociétés de capitaux. Les EMF de première catégorie étant des mutuelles, une telle information portée dans le patrimoine de ces entités constitue un actif fictif et sujet au redressement et aux conséquences fiscales déplorables.

Globalement, les charges immobilisées doivent être amorties le plus tôt possible : 2 à 5 ans à l'exception des primes de remboursement des obligations qui peuvent être réparties sur la durée de l'emprunt. Aucune distribution de bénéfice ne peut intervenir avant amortissement complet des frais d'établissement. Pour cette raison, il sera admis qu'en cas de bénéfices suffisants, le plan d'amortissement initial ne soit pas mené à son terme et qu'à l'issue d'un exercice, la totalité des charges non encore amorties le soit globalement et intégralement pour permettre la distribution de dividendes.

[716] Voir articles L 95 et suivants du CGI.

2. Les immobilisations incorporelles

Ce sont des immobilisations immatérielles[717]. Sont ainsi visés sur le plan fiscal, le fonds de commerce, le droit au bail, les brevets, les logiciels, les licences, les marques, les procédés, les modèles, les dessins, les études et les recherches immobilisables. Les impositions qui découlent d'une telle information peuvent porter sur :

2.1. Le droit d'enregistrement

C'est le cas particulier du fonds de commerce. Cette information signifie que l'entreprise a fait l'acquisition d'un fonds de commerce qui, sur le plan fiscal[718], oblige l'acquéreur à s'acquitter des droits au taux[719] de 15 % applicable sur la valeur de l'immobilisation.

2.2. La TVA collectée[720]

Il s'agit des immobilisations incorporelles produites par les entreprises en général et les EMF en particulier. Sont ainsi visées, les productions faites pour soi-même à l'instar des logiciels, les études et recherches.

2.3. TVA déductible

L'acquisition de certaines immobilisations incorporelles à l'exemple des logiciels peut faire l'objet d'une facturation de la TVA en amont. Cet impôt ne sera déductible que sur l'emprise des conditions simultanées suivantes :

- l'EMF est de la deuxième catégorie ;
- l'EMF est immatriculée au régime du réel ;
- la TVA remplit les conditions des dispositions de l'article 143 du CGI.

3. Les immobilisations corporelles

Elles sont constituées des biens matériels. Leur sensibilité fiscale diffère selon qu'il s'agit des installations et aménagements, des immeubles, du matériel de transport et des autres matériels.

---

[717] Acte uniforme portant organisation et harmonisation des comptabilités des entreprises : « Les immobilisations incorporelles sont des immobilisations immatérielles et tous les autres éléments susceptibles de générer des avantages futurs. Elles ont la nature de biens acquis ou créés par l'entreprise, vendus ou transformés, mais pour être utilisés de manière durable, directement ou indirectement, pour la réalisation des opérations professionnelles ou non ».

[718] Article 341 (1) du CGI, « Sont soumis au taux élevé ou au taux intermédiaire, les mutations à titre onéreux de fonds de commerce ou de clientèle ».

[719] Article 543 (a) du CGI, « sont soumis au taux élevé de 15 % : Les actes et mutations de fonds de commerce prévus à l'article 341 premier alinéa du présent Code, à l'exclusion des marchandises neuves qui sont soumises au taux réduit de 2 % lorsque les conditions fixées par ledit alinéa sont remplies. »

[720] Voir Article 127 du CGI.

3.1. Les installations, agencements et aménagements

Les installations se réfèrent aux immobilisations par destination. Les agencements et aménagements sont des travaux destinés à mettre en état d'utilisation les diverses immobilisations de l'entreprise qui sont constitués essentiellement des terrains et des bâtiments[721].

Dans la pratique, plusieurs EMF exercent leurs activités dans les immeubles bâtis pris en location dans le cadre d'un contrat de mutation à titre de jouissance. Ainsi, la qualité et la spécificité de l'activité exigent que soient engagées des dépenses supplémentaires relatives à la transformation de l'immeuble pris en location et aux installations techniques (chambre forte, cloisonnement des bureaux, installations des compteurs, etc.). Cependant, ces investissements qui, portés à l'actif du bilan pour une valeur importante, constituent sur le plan fiscal des suppléments à prendre en compte au moment de la déclaration et de la liquidation du droit d'enregistrement sur le contrat de bail[722]. Cette disposition qui échappe constamment aux EMF est couramment prise en compte dans les redressements fiscaux aux conséquences désagréables sur la trésorerie de ces entités. Un tel investissement se doit de prendre en compte les implications fiscales dans le cadre d'une gestion prévisionnelle de performance.

3.2. Les immeubles

Entre dans cette catégorie, l'inscription à l'actif du bilan d'une valeur qui se rapporte aux immeubles non bâtis (terrains) et immeubles bâtis (bâtiment). Sur le plan fiscal, plusieurs pistes sont à explorer en fonction des incidences fiscales :

- **la taxe sur la propriété foncière** : une telle information, qui renseigne sur la qualité de propriétaire d'un immeuble, entraîne sur le plan fiscal, l'obligation pour la microfinance de s'acquitter de la taxe sur la propriété foncière conformément aux dispositions fiscales[723] et règlementaires[724] en la matière ;
- **le droit d'enregistrement** : les immeubles inscrits au bilan peuvent être le produit : d'un contrat de mutation à titre de propriété (contrat de vente) acquis auprès d'un non professionnel, d'un contrat de crédit-bail ou d'un acte de constitution sur les biens acquis à titre

[721]Voir Lexique de la Comptabilité. Site : http://www.lexique-comptable.info/lcab.html

[722]Article 281 du CGI, « Pour les baux, les sous-baux, cessions et rétrocessions, prorogations de baux de biens meubles, fonds de commerce et immeubles, la valeur servant d'assiette à l'impôt est déterminée par le prix annuel exprimé, en y ajoutant les charges imposées au preneur et incombant normalement au bailleur ».

[723] Voir articles 577 et suivants du CGI.

[724] Voir Décret N° 2014/1881/PM du 6 juillet 2014 fixant les modalités d'évaluation administrative des immeubles en matière fiscale.

onéreux. Toutes ces opérations sont astreintes aux obligations de formalités d'enregistrement[725].

- **La TVA** : les immeubles peuvent avoir été acquis auprès d'un professionnel en la matière éligible à la facturation de la TVA. Tel est le cas de l'achat d'un terrain auprès de la Mission d'Aménagement et d'Équipement des Terrains Urbains et Ruraux (MAETUR)[726] dont l'incidence fiscale portera sur la TVA et non le droit d'enregistrement, au regard du caractère commercial de l'opération. La microfinance pourra déduire cette TVA en amont dans les conditions de fond et de forme.

3.3. Le matériel de transport

De manière générale, en l'absence d'un contrat de crédit-bail, ne peut être inscrit à l'actif du bilan qu'un véhicule dont la carte grise porte le nom de l'entreprise. La gestion fiscale d'acquisition du matériel de transport pose d'énormes difficultés. Les problèmes relevés sont inhérents à la distinction entre les véhicules de tourisme et les véhicules utilitaires pour la gestion de la TVA en amont d'une part, et la qualité du fournisseur qui permet de faire la lumière sur les autres obligations fiscales, d'autre part.

- Pour ce qui est de la déductibilité de la TVA en amont, sont considérés comme matériel de tourisme, les véhicules conçus pour le transport des personnes ou à usage mixte. Il en est ainsi notamment du matériel de transport à plus de deux places assises, outre celle du conducteur. Cette catégorie intègre en particulier les voitures de type berline et les pick-up double cabine. Cette catégorie telle que définie ci-dessus est exclue du droit à déduction de la TVA, conformément aux dispositions de l'article 143 (3) (d) du Code général des Impôts. Par opposition, les véhicules utilitaires sont ceux exclusivement conçus pour le transport de marchandises, ainsi que ceux utilisés pour le transport du personnel d'une entreprise, ou pour le transport public de passagers. Pour cette dernière catégorie, la TVA en amont est déductible dans les conditions de fond et de forme[727].
- En matière du droit d'enregistrement, il s'agit de l'acquisition locale des véhicules en occasion réalisée auprès d'un non professionnel. Le contrat de mutation est soumis aux obligations d'enregistrement en

---

[725] Voir article 543 du CGI.

[726] Créée en 1977, la MAETUR est un établissement public à caractère industriel et commercial (EPIC) sous la tutelle technique du Ministère des Domaines, du Cadastre et des Affaires Foncières (MINDCAF) et sous la tutelle financière du Ministère des Finances (MINFI).

[727] Recueil de Doctrine Administrative fiscale, op. cit., Lettre n° 0291/MINFI/DGI/LC/L du 13 janvier 2009, page 46.

application des dispositions de l'article 295 du CGI et de la doctrine administrative fiscale[728].

- Le droit de timbre sur les automobiles : prévu dans les dispositions des articles 594 et suivants, C48 du CGI, c'est un impôt annuel généré par le titre de propriété d'un véhicule automobile.

3.4. Les autres matériels

Pour le cas spécifique des EMF, sont prioritairement inscrits dans cette rubrique, le matériel et mobilier de bureau, le matériel informatique, le matériel et outillage. Les documents justificatifs de leurs inscriptions à l'actif du bilan sont constitués des factures. Toutefois, les problèmes fiscaux naissent des conditions de déductibilité de la TVA en amont au regard de la catégorie d'activité d'une part, et des dispositions de l'article 143 du CGI d'autre part.

4. Les immobilisations financières

Elles correspondent aux actifs financiers d'utilisation durable possédés par l'entreprise. Pour le cas spécifique des EMF, il s'agit notamment des dépôts et des cautions, des titres de participation, des prêts et titres publics et assimilés.

4.1. Les dépôts et cautionnements non commerciaux versés

Ce sont des sommes versées à des tiers à titre de garantie ou de cautionnement (eau, téléphone, électricité...). Elles sont indisponibles et généralement à durée indéterminée ou supérieure à un an. Sur le plan fiscal, une telle inscription au bilan génère les droits d'enregistrement au taux super réduit[729] de 1 %.

4.2. Les titres de participation

Les titres de participation sont des parts sociales ou des actions détenues durablement par les établissements de microfinance en raison de leur utilité. Ces entités peuvent prendre des participations dans les conditions précisées par le Règlement COBAC EMF 2002/16 qui stipule que chaque prise de participation ne peut excéder 5 % des fonds patrimoniaux ou des fonds propres nets de l'EMF assujetti. En plus, l'ensemble des participations doit demeurer inférieur ou égal à 15 % des fonds patrimoniaux ou fonds propres nets. Sur le

---

728 Recueil de Doctrine Administrative fiscale, op. cit., Lettre n° 4379/MINFI/DGI/LC/L du 22 octobre 2007, « la cession de véhicules d'occasion ne donne lieu à perception de TVA que lorsqu'elle est faite par un professionnel du secteur. A contrario, le non-professionnel qui cède un véhicule d'occasion n'est pas en droit de facturer la TVA sur ce type de transaction. En conséquence, seuls les droits d'enregistrement sont dus au taux de 5 %.

729 Voir article 344 (7) et 543 (e) du CGI.

plan fiscal, l'acquisition des titres de participation donne lieu aux obligations d'enregistrement au taux réduit[730] de 2 %.

4.3. Les prêts et titres publics et assimilés

Sont ainsi concernées, les créances financières dont l'échéance s'étend au-delà d'un an. Sur le plan juridique, ces créances sont matérialisées par les conventions de prêts qui, fiscalement sont soumises au droit d'enregistrement au taux réduit de 2 %.

B. La gestion fiscale de sortie d'actif d'immobilisation

Les immobilisations inscrites à l'actif des EMF peuvent faire l'objet de sortie d'actif, soit par suite de mise au rebut, soit alors à l'occasion d'une cession. Les querelles fiscales naissent couramment des cessions des immobilisations et sont inhérentes à la gestion de la TVA et de la plus-value réalisée.

1. Gestion de la TVA sur les cessions d'immobilisations

La gestion fiscale de la TVA par les EMF pose le problème de la facturation d'une part et de la régularisation d'autre part.

1.1. La facturation de la TVA

Le principe de base met en concurrence les personnes assujetties et les professionnels d'immobilier. À première vue, sont seuls éligibles à la facturation de la TVA, les EMF de la deuxième catégorie relevant du régime du réel d'imposition. Cependant, ces entités, dans leur ensemble, ne sont pas des professionnels d'immobilier en ce sens qu'elles n'effectuent pas à titre habituel les opérations y relatives. Par conséquent, les cessions d'immobilisations réalisées par ces entreprises ne sauraient collecter la TVA. Un projet de redressement initié dans ce sens serait non fondé conformément à la loi[731]. Toutefois, il convient de s'interroger sur la portée des dispositions de l'article 127 (7) du CGI qui impose à la TVA, les cessions d'immobilisations corporelles qui ne sont pas comprises dans la liste des biens exonérés visés à l'article 241 du Code des Douanes.

1.2. La régularisation de la TVA sur Cession d'immobilisation[732]

Au moment de leurs acquisitions, la TVA en amont sur la facture de certains fournisseurs peut avoir fait l'objet d'une déduction. Ainsi, lorsque l'acquéreur cède une telle immobilisation avant la fin de la quatrième année à

[730] Voir articles 343 (2) et 543 (d) du CGI.

[731] Article 128 (b) du CGI, « Sont exonérées de la Taxe sur la Valeur Ajoutée : les opérations immobilières de toutes natures réalisées par des non professionnels.

[732] Voir article 145 du CGI.

compter de la date d'acquisition, sans que la cession[733] ne collecte la TVA pour une raison quelconque, ledit redevable est tenu de reverser une fraction de la TVA qu'il a déduite initialement. Un tel manquement constitue un motif de redressement suffisant.

La somme à reverser est égale à la déduction initiale diminuée d'un cinquième par année ou fraction d'année depuis l'acquisition. En d'autres termes, le montant à reverser est égal à la fraction du cinquième de la TVA initialement déduite, pondérée par le délai restant à courir.

Il faut noter que la régularisation pour cause de sortie de l'immobilisation du champ de la TVA doit se faire dans la déclaration déposée au titre du mois au cours duquel la sortie a eu lieu effectivement.

2. L'imposition de la plus-value sur cession

Les cessions des immobilisations doivent faire l'objet d'une comptabilisation de manière à porter le prix de cession et la valeur nette comptable respectivement dans les tableaux 6 et 5 de la DSF. De cette confrontation découle le résultat de cession imposable à l'IS pour le cas des plus-values. Ce qui permet ainsi de se mettre à l'abri des querelles fiscales.

C. La gestion fiscale des amortissements et provisions pour dépréciation des immobilisations

Certaines immobilisations peuvent faire l'objet de dépréciation économique ou de perte de valeur. Outre la charge qui doit être portée dans un compte de résultat, l'inscription de ces valeurs à l'actif participe à l'amoindrissement de la valeur du bien et donc, à la diminution du résultat imposable, d'où les aspects fiscaux considérables.

1. Les amortissements

Par définition, l'amortissement est la constatation comptable annuelle de la dépréciation des immobilisations. Cette dépréciation est due à plusieurs facteurs : physique, technique et économique. Sur le plan fiscal, ne sont sujettes aux amortissements que les immobilisations amortissables[734] inscrites à l'actif du bilan et appartenant effectivement à l'entreprise. À cet effet, un état des immobilisations et des amortissements y afférents doit être joint à la déclaration fiscale du contribuable.

2. Les provisions pour dépréciation des valeurs immobilisées

Constituées lors de l'inventaire conformément au principe de prudence, les provisions pour dépréciation sont la constatation comptable de la réduction de

---

[733] D'après le plan comptable OHADA, il faut entendre par cession, la vente, l'échange, la mise au rebut ou la destruction.

[734]Certaines immobilisations ne sont pas amortissables. Il en est ainsi des terrains, du droit au bail, des immobilisations en cours, des immobilisations financières.

valeur d'un élément d'actif provenant de causes dont les effets ne sont pas jugés irréversibles. Sous peine d'un redressement fiscal, la constatation des provisions sur les valeurs immobilisées doit être assez précise tant sur la forme que sur le fond. Ainsi, il conviendra de justifier du caractère probable (perte latente) de la charge qui résulte de la baisse du prix du bien sur le marché par rapport à sa valeur d'acquisition de manière à générer une moins-value. En plus, l'immobilisation objet de la provision doit appartenir à l'entreprise et la provision ainsi constituée portée dans les imprimés de la DSF. Il doit être joint à la déclaration, l'état détaillé des provisions ainsi constituées.

En résumé, l'inscription des immobilisations à l'actif du bilan des entreprises en général et celui des EMF en particulier pose un problème de gestion fiscale considérable. Au moment de leurs acquisitions, les impôts, droits et taxes qui en découlent doivent suffisamment être appréciés au risque des conséquences désagréables. De même, les sorties d'actif constituent des sources d'imposition sur le double plan de la TVA et de l'IS. Les constatations des dépréciations par suite des amortissements et des provisions doivent tenir compte des considérations fiscales. Une telle analyse relative aux immobilisations ne donne pas une image globale sur l'ensemble du risque inhérent aux biens détenus par une microfinance, d'où la nécessité d'une approche qui intègre également l'actif circulant.

II. LES RISQUES FISCAUX DE L'ACTIF CIRCULANT DES EMF

L'actif circulant est composé de tous les éléments servant au cycle d'exploitation, mais disparaissant durant celui-ci. Autrement dit, ce sont les éléments de l'actif qui ne sont pas durables[735]. Ainsi défini, le risque fiscal de cette partie des biens de l'entreprise à intégrer dans la gestion prévisionnelle de performance dépend des éléments constitutifs. Contrairement au schéma classique des entreprises commerciales[736], l'actif cyclique des EMF est constitué des créances sur la clientèle (**A**), des comptes débiteurs des tiers et de régularisation (**B**) et des valeurs disponibles (**C**).

A. Les créances sur la clientèle

La gestion du risque fiscal des créances sur la clientèle doit tenir compte de la catégorie de l'EMF. Les implications sur les impôts, droits et taxes générés par les opérations qui s'y rapportent diffèrent en fonction de la forme juridique de ces entités. On distingue dans cette rubrique les évènements liés aux crédits et les découverts[737].

---

[735] Voir site : http://definition.actufinance.fr/actif-circulant-126.

[736] L'actif circulant est constitué des stocks, des créances et des valeurs disponibles.

[737] Ensemble des avances consenties par un banquier à ses clients.

1. Le risque fiscal des opérations de crédit dans les EMF

Le crédit consenti par les EMF à la clientèle constitue le volet principal des activités de ces entités. Au quotidien, ces opérations posent un problème de gestion fiscale du droit d'enregistrement et de la TVA qui, dans la pratique, n'est toujours pas aisé à cerner.

1.1. Le droit d'enregistrement

Les opérations de crédits bien que basées davantage sur la notion de confiance dans ce secteur d'activité doivent être assises sur des conventions de crédit. En effet, ce sont des supports juridiques qui relèvent de la catégorie des actes notariés dont les incidences fiscales sont suffisamment élaborées par le législateur sur le double plan du délai et du montant des droits.

En matière de temps, ces actes doivent être présentés à l'enregistrement dans un délai d'un mois[738]. Pour ce qui est du montant des droits, depuis le 1er janvier 2013, les prêts sur hypothèque et sur nantissement passés avec les EMF ainsi que les mains levées, cautionnements et garanties qui s'y rapportent, sont au même titre que ceux des établissements de crédit, enregistrés gratis[739], avec perception du seul timbre de dimension[740]. Cependant, au mépris des obligations fiscales et compte tenu du caractère gratis de ces formalités, plusieurs EMF accordent à leur clientèle des crédits sans que la convention ne soit présentée à l'enregistrement. En effet, de telles opérations aux supports sans substances juridiques pourront être assimilées, sur le plan fiscal, aux prélèvements effectués au cours de l'exercice par les associés dans le cadre d'une reconstitution du résultat fiscal de l'exercice servant de base au calcul de l'impôt et conformément aux dispositions de l'article 6 (2) du CGI[741].

1.2. La TVA

Les opérations de crédits sont pour les EMF, des activités commerciales qui, de ce fait, devraient collecter la TVA. Cependant, l'assujettissement de ces entités à cet impôt dépend au premier plan de leur catégorie.

a. Le cas des EMF de première catégorie

Considérée comme des mutuelles, en l'absence des dispositions légales codifiées et propres au secteur de la microfinance, seule la doctrine

---

[738] Voir article 276 du CGI.

[739] En application des dispositions de l'article 546 A (5) du CGI.

[740] Les tarifs des timbres de dimensions figurent dans les dispositions de l'article 547 du CGI.

[741] Le bénéfice net est constitué par la différence entre les valeurs de l'actif net à la clôture et à l'ouverture de la période dont les résultats doivent servir de base à l'impôt, diminuée des suppléments d'apport et augmentée des prélèvements effectués au cours de cette période par les associés. L'actif net s'entend de l'excédent des valeurs d'actif sur le total formé au passif par les créances des tiers, les amortissements et les provisions justifiées.

administrative fiscale leur est pour le moment applicable. De ce fait, à l'instar des coopératives d'épargne et de crédit, les prêts que les mutuelles accordent à leurs membres sont exonérés de la TVA. A contrario, les prêts consentis à des personnes tierces non membres s'apparentent à des prestations de services effectuées à titre onéreux et passibles à ce titre de la TVA, en application des dispositions des articles 126 (1) et 127 (2) du Code général des Impôts[742].

Au regard de cette situation duale, les EMF doivent tenir, conformément aux textes qui les régissent et pour les raisons de gestion fiscale de la TVA, deux comptabilités pouvant dissocier à suffisance les crédits accordés aux membres d'une part, et ceux consentis aux non-membres, d'autre part. De tels manquements récurrents d'après les données de terrain sont sujets aux redressements fiscaux et aux conséquences désagréables sur la performance de ces entités.

b. Le cas des EMF de deuxième catégorie

Par leurs formes, ce sont des sociétés commerciales qui exercent une activité passible de plein droit à la TVA en fonction de leur régime d'imposition.

2. Le risque fiscal des découverts[743]

Ce sont des facilités de trésorerie offertes à la clientèle. Ces opérations ont pour fondement juridique, les conventions de compte courant qui, sur le plan fiscal, sont exemptes des formalités d'enregistrement[744]. En matière de TVA, la situation est identique à la gestion du crédit.

B. Les comptes débiteurs des tiers et de régularisation

Ils se rapportent couramment aux crédits d'impôt, aux associés et aux opérations en attente de régularisation.

1. Les créances fiscales

Plusieurs entités constatent le plus souvent des créances fiscales sans qu'il soit possible de les justifier. Sous peine d'une reconversion en dettes fiscales

---

[742] Recueil de Doctrine Administrative fiscale, op. cit., *Lettre n° 3175/MINEFI/DI/LC/L du 13 décembre 2002, page 32.*

[743] Voir site : http://www.lafinancepourtous.com/Banque-au-quotidien/Le-compte-bancaire/Decouvert-bancaire, « Le découvert bancaire se produit si vous dépensez plus d'argent que vous n'en avez sur votre compte courant, qui de ce fait devient débiteur. Il constitue une opération de crédit à court terme et n'est donc pas gratuit. De plus, le découvert ne représente pas un droit car il doit être soumis à l'approbation de votre banque. A l'ouverture d'un compte, une convention récapitule le fonctionnement du compte et précise si un découvert est possible ou non. Si tel est le cas, vous aurez l'autorisation de rendre votre compte débiteur – pour un montant maximum et dans un temps limité – qui vous permettra de ne pas être confronté à une situation de défaut de paiement. »

[744] Article 546 - B (5) du CGI.

et mises en recouvrement sans préjudice de pénalités, les crédits d'impôt doivent suffisamment faire l'objet d'une clarification sur le triple plan de leur comptabilisation, de leur déclaration et de leur cohérence dans les états financiers.

2. Les créances sur les associés

Sous réserve des conventions interdites consacrées en droit des sociétés commerciales[745], toute opération portée au débit du compte « associé » est assimilable sur le plan fiscal à une avance sur dividende et passible à cet effet, de la retenue à la source de l'IRCM[746] suivie du reversement dans les délais au Trésor Public.

3. Les opérations en liaison et en régularisation

Dans la rubrique des obligations des chefs d'entreprises prévues dans les dispositions des articles 101 et 102 du CGI, toutes les autres créances inscrites au bilan doivent suffisamment être clarifiées, au risque d'être rapportées dans la base d'imposition de la TVA. Il en est également des opérations en attente dans les EMF.

C. Les valeurs disponibles

Elles sont constituées des dépôts à vue auprès des correspondants, des sommes en caisse et en banque. Les problèmes fiscaux naissent des insuffisances des informations comptables. Ainsi, contrairement aux entreprises commerciales, ces avoirs ne constituent pas les ventes encaissées pouvant servir de base à la reconstitution du chiffre d'affaires par l'administration fiscale. Un tel exercice souvent constaté relèverait d'une incompréhension du fonctionnement de la microfinance. La véritable difficulté des EMF en matière de trésorerie porte sur la gestion fiscale de la TVA en amont avec les banques classiques. En effet, les avis des opérations servant de pièces justificatives des agios ne font pas souvent ressortir distinctement le montant de la TVA, rendant ainsi non récupérable cette TVA pour les EMF éligibles à la déduction. Situations qui génèrent des charges marginales non négligeables. Un recentrage mérite d'être fait à ce niveau.

Les valeurs cycliques des EMF doivent être inscrites au bilan, conformément au plan comptable du secteur d'activité, en y intégrant la gestion prévisionnelle des risques fiscaux. Pour les EMF de première catégorie en particulier, ils doivent tenir deux comptabilités de manière à établir la démarcation entre les opérations réalisées avec les adhérents et les non-membres.

---

[745] Voir article 853-16 de l'Acte Uniforme OHADA révisé portant Droit des sociétés commerciales et GIE.

[746] Voir article 36 Al 2(a) du CGI.

Au terme de cette section consacrée à l'évaluation des incidences fiscales des informations inscrites à l'actif du bilan des EMF, deux pistes ont été retenues à savoir : les immobilisations d'une part et l'actif circulant, d'autre part.

Pour ce qui est du premier point, une approche analytique des valeurs immobilisées fait penser à trois articulations : les acquittements, les sorties d'actif et la constatation comptable des dépréciations. L'inscription des immobilisations au bilan est conditionnée sur le plan fiscal par la production du support juridique qui justifie la propriété de l'entreprise. Dans cette logique, on distingue :

- les factures qui génèrent la TVA pour les acquis auprès des professionnels ;
- les contrats de mutation qui sont soumis aux obligations de formalités d'enregistrement pour le cas des biens acquis auprès des non professionnels ;
- les fiches de production qui matérialisent la consommation des biens produits par l'entreprise pour ses propres besoins. Les montants de la TVA en amont et en aval doivent être suffisamment neutralisés aux fins d'éviter une surimposition fiscale.

Les sorties d'actif des immobilisations doivent suffisamment être justifiées pour faire la lumière entre les mises au rebut des biens inutilisables et les cessions. Cette distinction sur le plan fiscal a pour souci de constater le résultat issu de la vente aux implications sur le résultat imposable de l'exercice. Les valeurs immobilisées font également l'objet des dépréciations par suite des amortissements et des provisions. Les inscriptions comptables sont soumises aux conditions de fond et de forme pour être admises comme telles en fiscalité.

À l'exception de quelques propriétaires d'immeubles professionnels comme la Coopérative d'Épargne et de Crédit des Artisans du Wouri (CECAW), le Crédit Communautaire d'Afrique (CCA), l'actif circulant des EMF constitue la plus grande masse des valeurs inscrites dans la rubrique des biens. Ainsi, plusieurs de ces entités exercent leurs activités dans des bâtiments pris en location. À cela s'ajoute le nombre réduit du matériel qui se limite aux ordinateurs et aux mobiliers de bureau. La spécificité fiscale de l'actif cyclique relève, du fait qu'il met en évidence, la distinction des EMF par leur catégorie en matière d'organisation comptable. Ainsi, au regard du volume des opérations avec la clientèle à l'instar du crédit et les découverts qui représentent la plus grande masse de l'actif, les EMF de première catégorie sont astreints à l'obligation de tenir deux comptabilités, au risque d'un redressement sur les produits de l'ensemble des opérations réalisées en matière de TVA. Globalement, les impositions issues des éléments d'actif portent sur le droit d'enregistrement, la TVA et la taxe foncière. Si les EMF disposent des biens inscrits à l'actif du bilan, ceux-ci sont financés par les valeurs passives aux risques fiscaux substantiels.

SECTION 2 : LES ASPECTS FISCAUX DU PASSIF DU BILAN DES EMF

La contrepartie de l'actif du bilan comptable est le passif. Il comprend toutes les dettes de l'entreprise à l'égard de ses nombreux créanciers (associés, État, organismes sociaux, banques) qui lui permettent de financer ses actifs. C'est un élément du patrimoine ayant une valeur économique négative pour l'entité. Il s'agit d'une obligation de l'entité à l'égard des tiers dont il est probable ou certain qu'elle provoquera une sortie des ressources au bénéfice de ce tiers sans contrepartie au moins équivalente[747]. Il y a deux critères de classification des éléments du passif[748] :

- le critère d'exigibilité qui a été retenu par la présentation financière ;
- le critère d'origine des fonds qui a été retenu par la présentation légale.

Le critère d'origine des fonds permet de faire la distinction entre les capitaux propres (**I**) qui sont des ressources financières mises à la disposition des EMF par ses membres ou ses actionnaires selon la forme juridique en présence ou qui résultent des bénéfices conservés dans l'entreprise d'une part, et les capitaux étrangers encore appelés passif exigible, d'autre part (**II**).

I. LA GESTION FISCALE DES CAPITAUX PROPRES DES EMF

Encore appelés passif interne, les capitaux propres des EMF comprennent les apports des associés (apports en capital), les réserves, les reports à nouveau (débiteur ou créditeur), les bénéfices non distribués sous forme de dividendes, les provisions règlementées, les subventions d'investissement, les fonds de financement et de garantie. L'appréciation du risque fiscal des capitaux propres doit être menée en tenant compte de la spécificité des éléments constitutifs. Dans cette logique, on peut retenir par centre d'intérêt le capital social, (**A**) compte tenu de son concept dual dans le secteur de la microfinance, le résultat, le report à nouveau, les fonds de garantie et les réserves (**B**) au regard de leur lien de dépendance, les provisions règlementées et les subventions (**C**) sur la base de leurs aspects fiscaux spécifiques.

---

[747]Voir site : http://www.compta-facile.com/le-passif-du-bilan-comptable ;

[748]Voir site : http://www.becompta.be/dossiers/bilan/2-masses-bilantaires-du-passif ;

A. Le capital social[749]

Le caractère dual du capital social des EMF fait appel à la notion de sa variabilité d'une part et sa fixité, d'autre part.

1. L'EMF de première catégorie

Ce sont, sur le plan juridique, des mutuelles à capital variable. Fiscalement, les opérations d'augmentation et de diminution ne génèrent aucune imposition.

2. L'EMF de deuxième catégorie

Sociétés commerciales par leur forme, le montant du capital doit obéir au **principe de fixité du capital social**[750] et au minimum prévu par la loi. Sur le plan fiscal, les opérations d'augmentation du capital sont des actes notariés soumis aux obligations des formalités d'enregistrement bien que les seules dépenses fiscales soient portées sur les timbres de dimension[751]. Pour ce qui est de la diminution du capital par remboursement, il s'agit d'une restitution des mises aux associés qui échappe de plein droit à l'IRCM.

B. Le résultat, le report à nouveau, les fonds de garantie et les réserves

Le lien relationnel entre ces éléments découle du fait que la constatation du report à nouveau, du fonds de solidarité et des réserves n'est que la matérialisation de l'affectation du résultat de l'exercice. Sur le plan fiscal, le problème consiste à identifier la fraction du bénéfice à distribuer de manière à reverser l'IRCM qui en découle dans les caisses de l'État et dans les délais prescrits. Pour y arriver, le respect du schéma relatif aux dispositions juridiques et fiscales est un préalable.

Sur le plan juridique, à la clôture de chaque exercice, le gérant ou le conseil d'administration ou l'administrateur général, selon le cas, établit et arrête les états financiers de synthèse[752]. Ces documents sont adressés aux commissaires

---

[749] Le Blog du Dirigeant, *Le capital social d'une société*, « Le capital social représente ce que les associés ont investi lors de la création de la société, en contrepartie de parts sociales (SARL) ou d'actions (SA, SAS), les véritables titres de propriété de la société. Il ne faut pas confondre capital social et actif social. Le premier atteste des fonds apportés lors de la création de l'entreprise, tandis que le second varie constamment en fonction de l'activité. Il peut être supérieur ou inférieur au capital, selon que la société est prospère ou non », http://www.leblogdudirigeant.com/capital-social-societe.

[750] Le Blog du Dirigeant, op.cit. : « La détermination du capital social est régie par un principe de fixité (ou d'intangibilité) : les associés n'ont pas le droit de demander le remboursement de leur apport tant que la société n'est pas dissoute, et ne peuvent l'entamer en le distribuant sous forme de dividendes. La loi permet toutefois de constituer des sociétés à capital variable, et de réduire ou augmenter le capital social sous certaines conditions ».

[751] Article 546 (6) du CGI.

[752] Article 137 de l'Acte Uniforme OHADA portant droit des sociétés commerciales et GIE.

aux comptes quarante-cinq (45) jours au moins avant la date de l'Assemblée Générale Ordinaire (AGO) qui doit obligatoirement se tenir six (6) mois après la clôture de chaque exercice et statuant, entre autres, sur les modalités de l'affectation du résultat[753]. L'assemblée générale décide donc de l'affectation du résultat de l'exercice (n-1) au cours de l'exercice (n) dans le respect des dispositions légales et statutaires[754].

Sur le plan fiscal, le procès-verbal de cette assemblée doit être déposé aux services des impôts de rattachement le mois suivant donc au plus tard, le 15 juillet pour permettre à l'administration de liquider l'IRCM sur la fraction du dividende à distribuer, le cas échéant. Ainsi, plusieurs cas de figure sont à envisager notamment :

- le bénéfice à distribuer ;
- le report à nouveau ;
- les réserves et fonds de solidarité.

1. Le bénéfice à distribuer[755]

C'est la partie du bénéfice non réinvestie dans l'entreprise. Elle est passible de retenue à la source d'IRCM[756], les EMF doivent reverser l'impôt ainsi retenu dans les caisses de l'État, conformément au délai. Il faut noter que l'exigibilité de l'IRCM intervient au moment de la mise à disposition du revenu[757]. À cet effet, les modalités de paiement des dividendes sont fixées par l'AGO. Cependant, la mise en paiement des dividendes doit avoir lieu dans un délai maximum de neuf (9) mois après la clôture de l'exercice, sauf prolongation de ce délai accordée par le président du tribunal de la juridiction compétente[758]. Il s'ensuit donc que les EMF doivent déclarer et s'acquitter de l'IRCM sur la fraction du bénéfice distribué au plus tard le 15 octobre de l'exercice suivant. Les manquements relevés sont susceptibles de mise en recouvrement, sans préjudice des sanctions.

2. Le report à nouveau (R.A.N)

Il peut être débiteur ou créditeur. Dans le premier cas, aucune distribution de bénéfice ne peut être envisagée en l'absence de son imputation intégrale. Un report à nouveau créditeur n'est qu'une distribution de bénéfice différé passible d'IRCM l'exercice bénéficiaire suivant. Le cumul de R.A.N sur un

---

[753]Article 140 de l'Acte Uniforme OHADA portant droit des sociétés commerciales et GIE.
[754] Article 142 de l'Acte Uniforme OHADA portant droit des sociétés commerciales et GIE.
[755] Article 143 de l'Acte Uniforme OHADA portant droit des sociétés commerciales et GIE : « Le bénéfice dividendes partiels régulièrement distribués ainsi que des sommes portées en réserve en application de la loi ou des statuts ».
[756] Article 36 du CGI.
[757] Article 68 (1) du CGI.
[758]Article 146 de l'Acte Uniforme OHADA portant droit des sociétés commerciales et GIE.

exercice excédentaire n'est qu'une dissimulation du revenu imposable objet d'un redressement fiscal.

3. Les réserves et fonds de solidarité

Prélevés sur le bénéfice, réserves et fonds de solidarité constituent la fraction du revenu investie dans l'entreprise qui ne pose aucun problème fiscal au moment de leurs dotations. Cependant, les querelles fiscales naissent lorsqu'il est constaté une diminution de ces comptes. Ainsi, les remboursements des réserves[759] et les fonds aux associés sont analogues aux distributions des dividendes et passibles de plein droit à l'IRCM.

C. Les provisions règlementées[760] et les subventions

Considérées comme des fonds propres, les situations les plus envisageables sur le plan fiscal sont inhérentes aux subventions d'investissement. Ainsi, pour être imposé à l'IS, le montant de la subvention doit être rapporté au compte de résultat au rythme du bien financé par cette subvention.

En résumé, les capitaux propres qui constituent les ressources internes à l'entreprise génèrent des impositions relatives au revenu (l'IRCM et de l'IS) et à l'impôt sur le capital (droit d'enregistrement). Pour financer ses actifs, les EMF font également recours aux capitaux étrangers.

II. L'EXPRESSION FISCALE DU PASSIF EXTERNE DES EMF

Le passif externe des EMF est constitué des ressources encore appelées dettes. Une lecture fiscale des engagements de ces entreprises doit faire la différence entre les dettes financières (A) et le passif circulant (B).

A. Les aspects fiscaux des dettes financières des EMF

Entrent dans cette catégorie, les emprunts qui représentent les engagements des entreprises dont les échéances se situent à plus d'un an et les provisions pour risque et charge.

---

[759] Article 36 (1) du CGI.

[760] Les provisions suivantes ont le caractère de provisions réglementées :

- provisions pour investissement ;
- provisions pour hausse des prix ;
- autres provisions spéciales.

D'autres sont assimilées à des provisions réglementées sous l'angle comptable. C'est le cas pour les amortissements dérogatoires.

Ces provisions ont le caractère de réserves et servent à faire augmenter les capitaux propres et à diminuer le bénéfice imposable. De ce fait, la charge fiscale sera subie seulement au moment de la reprise de cette provision (notamment le cas pour la provision pour hausse des prix). Voir site : *www.l-expert-comptable.com › Comptabilité › Écritures comptables.*

1. Les emprunts

Prévus dans le PCEMF, ils sont constitués des emprunts obligataires[761] et des autres ressources permanentes. Les querelles fiscales naissent de l'inexistence des supports juridiques qui justifient leurs inscriptions au bilan. Ainsi, les emprunts doivent satisfaire aux conditions suivantes d'après leur nature :

- les conventions de prêts entre les deux parties dûment enregistrées ;
- le tableau d'amortissement de l'emprunt.

2. Les provisions pour risques et charges

En comptabilité, une provision est un passif dont l'échéance ou le montant n'est pas fixé de façon précise. La provision pour risques et charges est un élément du passif qui génère une obligation à l'égard d'un tiers et dont il est certain (provision pour charges) ou probable (provision pour risques) qu'elle provoquera une sortie de ressource et dont l'échéance et le montant ne sont pas fixés de façon précise[762]. Elle permet de mettre de côté une partie du bénéfice par prudence.[763] Elle participe donc à l'augmentation du passif et par là, à une diminution du résultat imposable voire du montant des recettes fiscales (l'IS). Les provisions inscrites au bilan posent sur le plan fiscal, le problème d'éléments justificatifs et de cohérence. Ainsi, toutes les provisions doivent avoir un fondement juridique, le montant de la provision doit correspondre à celui de la charge portée dans le compte de résultat pour les

761 CAISSE D'ÉPARGNE, Qu'est-ce qu'un emprunt obligataire ? « Un emprunt obligataire est un instrument financier émis par une personne morale (État, collectivité publique, entreprise publique ou privée) qui reçoit en prêt une certaine somme d'argent de la part des souscripteurs des titres. Une obligation fonctionne sur le même principe qu'une reconnaissance de dette, alors qu'une action représente une part du capital de la société. Le cours d'une action dépend des fluctuations du marché et n'est pas connu à l'avance. La valeur de l'action peut augmenter, mais elle peut aussi baisser. Pour une obligation à taux fixe, le rendement est connu à l'avance. L'émetteur s'engage à rembourser intégralement la valeur d'achat au terme fixé, ainsi que, chaque année, un intérêt régulier défini à l'avance », https://www.caisse-epargne.fr/.../définition-emprunt-obligataire.aspx?fu...emprunts-bp.

762 FINANCE BANQUE ASSURANCE, Les provisions pour dépréciation et provisions pour risques et charges, « Selon l'IASC (International Accounting Standards Committee), les provisions pour risques et charges sont des passifs dont l'échéance ou le montant est incertain. Il existe deux types de provisions pour risques et charges. Les provisions durables pour risques et charges : elles sont destinées à faire face à des risques ou à des charges dont on prévoit la réalisation dans un délai supérieur à 12 mois à la date de la clôture de l'exercice. Les autres provisions pour risques et charges : elles sont destinées à faire face à des risques ou à des charges dont on prévoit la réalisation dans un délai inférieur à 12 mois à la date de la clôture de l'exercice »,
http://financebanque.blogspot.com/2010/04/les-provisions-pour-depreciation-et.html.

763 Principe de prudence.

besoins d'analyse des conditions de déductibilité du résultat fiscal[764] de l'exercice.

B. L'appréciation du passif circulant des EMF

Encore appelé passif à court terme, il représente les dettes dont les échéances doivent intervenir au plus tard dans un an. Pour le cas spécifique des EMF, on distingue les opérations avec la clientèle, les comptes des tiers et de régularisation et les comptes à vue des correspondants.

1. Les opérations avec la clientèle

Elles portent sur les dépôts de la clientèle pour lesquels on distingue les dépôts à terme et les dépôts à vue.

1.1. Les dépôts à terme

Ce sont des dépôts et autres comptes à régime spécial approvisionnés dont les échéances sont fixées à l'avance[765]. La particularité de ces opérations

---

[764] FINANCE BANQUE ASSURANCE, op.cit., *Les conditions générales de déduction des provisions.* « Les conditions de fond :

- les pertes et les charges provisionnées doivent être elles-mêmes déductives du bénéfice imposable (car il s'agit d'une déduction anticipée) ;
- les pertes et les charges provisionnées doivent être nettement précisées : elles doivent être individualisées et elles doivent être précisées quant à leur montant (ce qui exclut les provisions forfaitaires, les provisions devant être calculées à partir d'éléments réels) ;
- la perte ou la charge doit être probable. Si la perte ou la charge est certaine, elle sera déductible, mais non pas au titre des provisions. Si la perte ou la charge est éventuelle, ce ne sera pas suffisant pour être provisionné. La probabilité doit être distinguée de la simple éventualité : elle est établie par des circonstances précises particulières (événements au cours de l'exercice pour lequel la provision est constatée), alors que l'éventualité résulte d'un simple risque d'ordre général. Donc une provision doit être justifiée par des circonstances particulières : il ne s'agit pas à la fois de charges normales normalement prévisibles et il ne s'agit pas de charges qui sont simplement envisageables. Il faut pour chaque provision que l'entreprise établisse précisément les risques de survenance de la charge ou de la perte.

Les conditions de forme :

- les provisions doivent être constatées dans les écritures comptables ;
- les provisions doivent être annexées à la déclaration d'imposition

Remarque :

- les provisions pour propre assureur ne sont pas déductibles parce que les provisions constituées restent entre les mains de l'entreprise ;
- les provisions pour pertes de change ne seraient pas déductibles. Par contre les écarts de change sont à réintégrer extra-comptablement ».

[765] ALEKSANDROWICZ Julian, *Compte à terme : principes et fonctionnement*, « le compte à terme fait partie de la famille des comptes de dépôt à terme, par opposition aux comptes de dépôt à vue (appelés aussi comptes courants ou comptes chèques). L'expression (*dépôt à terme*) est parfois utilisée pour le désigner. Il s'agit, comme son nom l'indique, d'un placement financier à court ou moyen terme, rémunéré et sécurisé. C'est tout simplement un prêt d'argent que vous accordez à une banque pour une durée fixe ou variable, selon un taux

réside dans le fait qu'elles produisent dans le compte d'exploitation de ces entités, des charges déductibles représentant des intérêts au profit des épargnants. Interprétés comme des activités commerciales d'une part et comme des placements financiers d'autre part, les problèmes fiscaux consistent à s'interroger sur l'imposition de ces charges financières à la TVA ou à l'IRCM. Analyses que nous ferons dans le chapitre suivant.

1.2. Les dépôts à vue

Contrairement aux dépôts à terme, les dépôts à vue ont pour caractéristique de pouvoir être restitués à tout moment sur simple demande de la personne déposante ou de son mandataire[766]. Il faut distinguer dans cette catégorie pour les raisons fiscales, les comptes d'épargne et les comptes courants.

a. Les dépôts en compte d'épargne

Un compte d'épargne est un dépôt d'argent à vue dans une banque où un organisme assimilé rapportant un intérêt et ne permettant généralement pas d'être utilisé pour faire directement des paiements.[767] La spécificité de ce compte réside dans le fait qu'il ne reçoit pas les moyens de paiement (remise chèques, virements) et les découverts. Sur le plan de la gestion fiscale, ce compte produit dans le résultat d'exploitation des EMF, des charges qui sont analysées comme des produits de placement au profit des épargnants et non comme des activités commerciales.

b. Les dépôts en compte courant

Encore appelés compte à vue, compte de dépôt ou compte chèque, ce sont des comptes utilisés pour les relations commerciales et financières[768]. Le compte courant bancaire peut être aussi bien ouvert par des particuliers que des personnes morales. Servant généralement de support à des opérations bancaires complexes, le compte courant peut fonctionner aussi bien en lignes débitrices que créditrices. Il peut être utilisé pour des opérations diverses comme le crédit, les avals, les cautions, les versements, les retraits en espèce, les encaissements des valeurs, les paiements par chèques et les flux financiers par virements. La particularité fiscale des comptes courants relève du fait qu'ils produisent au profit des EMF des agios et autres frais qui sont des

d'intérêt connu et convenu à l'avance », http://www.cbanque.com/placement/compte-a-terme.php#FBto5KG4Wj3hu80X.99.

[766]http://www.trader-finance.fr/lexique-finance/definition-lettre-D/Depot-a-vue.html.

[767]FINANCES PERSONNELLES, *Le compte épargne et les livrets d'épargne : mode d'emploi* : « Le compte épargne rapporte un intérêt (généralement annuel) et ne permet pas d'être utilisé pour faire directement des paiements. [...] Ils permettent de faire fructifier **son** épargne tout en la sécurisant. Le capital déposé sur ce compte épargne est garanti et rémunéré à un taux connu à l'avance », https://www.bforbank.com/livret-epargne/fiches/compte-epargne.html.

[768] Voir site : http://droit-finances.commentcamarche.net/faq/23662-compte-courant-definition.

revenus imposables à l'IS d'une part, ainsi que les éléments constitutifs du chiffre d'affaires, d'autre part. Cette approche qui pose le problème de TVA dans les EMF de première catégorie, oblige ces entités à produire deux comptabilités de manière à faciliter la gestion de la TVA sur les opérations réalisées avec les non membres sous peine de voir le chiffre d'affaires imposé intégralement.

2. Les comptes des tiers et de régularisation

Pour le cas spécifique des EMF, entrent dans cette catégorie, les dettes commerciales envers les fournisseurs, les dettes sociales, les dettes fiscales, les associés, les opérations en régularisation et les opérations en liaison.

2.1. Les dettes commerciales

Elles sont portées au compte « fournisseur des biens et services. » Dans une comptabilité régulière, ce compte est tenu TTC et enregistre toutes les transactions effectuées avec les tiers dans le cadre des achats des biens et les prestations de services. L'examen du grand livre de ce compte permet :

- de procéder à l'analyse de concordance. Ainsi, le total du mouvement crédit de ce compte divisé par 1,1925 devrait être égal au montant des achats et services hors taxes ;
- de reconstituer le montant de la TVA effectivement facturée par les fournisseurs pour les EMF éligibles à la déduction.

Les opérations réalisées avec les fournisseurs posent également le problème des obligations de déclaration du listing des achats joint à la déclaration[769], sous peine des sanctions[770].

2.2. Les dettes sociales

Elles sont portées au compte « Personnel » et interpellent l'application du principe des obligations du chef d'entreprise en matière fiscale, sous peine de sanctions[771]. Ainsi, il doit être joint à la déclaration du contribuable, le détail des effectifs du personnel employé ainsi que le montant des sommes allouées.

2.3. Les dettes fiscales

Portées au compte « Etat », elles doivent faire l'objet de justificatifs suffisants. Le montant inscrit doit correspondre aux soldes des impôts portés dans la DSF. Ainsi, la situation fiscale en matière de la TVA, de l'impôt sur les sociétés, du droit d'enregistrement et autres impôts doit être clarifiée.

---

[769]Articles 101 et 102 du CGI.
[770] Article 103 du CGI.
[771]Articles 101, 102 et 103 du CGI.

2.4. Les associés

Les relations avec les associés ont pour origine les apports en capital et les sommes portées en compte courant. Pour le second cas, les supports juridiques sont constitués des conventions de compte courant qui sont exemptes des obligations d'enregistrement[772], alors que les conventions de prêts autres que celles visées par les articles 546 sont enregistrées au taux de 2 %.

2.5. Les comptes de régularisation et de liaison

Ce sont des opérations en attente de dénouement en fin d'exercice. Pour les besoins d'un contrôle fiscal, les états de rapprochement ainsi que les pièces justificatives doivent suffisamment être archivés. Les manquements constatés pourront être qualifiés de passif fictif et réintégrés au résultat fiscal.

3. Les comptes à vue des correspondants

Ils représentent les découverts des EMF auprès des banques classiques. Ces opérations produisent des charges constituées des agios et des frais, générant ainsi une TVA en amont. Les problèmes fiscaux des EMF sont inhérents aux conditions de déductibilité de cette TVA sur le double plan de la catégorie d'activité et des dispositions de l'article 143 du CGI.

Les aspects fiscaux du passif des EMF sont fondés sur l'origine même des ressources dont disposent ces entreprises. Ainsi, dans la rubrique des capitaux propres, les mouvements du capital social ne posent pas de problèmes particuliers à l'exception des formalités d'enregistrement qui s'imposent aux EMF de la deuxième catégorie. Seule est visée par l'IRCM, la partie du bénéfice non investie dans l'entreprise. Pour ce qui est des dettes, elles sont assises sur des conventions de prêts pour celles à long terme et soumises à cet effet au droit d'enregistrement. Pour le passif circulant, il est fondé sur les conventions d'ouverture de comptes qui sont des actes sous seing privé. Des factures pour les dettes commerciales aux implications sur la TVA d'une part, et les conditions de déductibilité de la charge en matière de l'IS d'autre part. Au regard de ce qui précède, il s'ensuit que la situation patrimoniale des entreprises en général et celle des EMF en particulier revêt une coloration fiscale substantielle aux risques assez élevés. À ce titre, ces entités comme les autres contribuables doivent s'acquitter des impositions sur les variations du patrimoine constatées au cours d'un exercice fiscal d'une part, et de l'impôt sur le revenu de l'entité vue comme personne morale à la clôture de l'exercice d'autre part. Cependant, le résultat fiscal issu du patrimoine est déterminé de manière identique par confrontation des charges et des produits du même exercice. Base d'imposition susceptible d'une optimisation par application des régimes de faveur prévus par la législation fiscale camerounaise.

[772] Article 546 du CGI.

CHAPITRE 4 :

L'APPRÉHENSION FISCALE DU COMPTE DE RÉSULTAT DES EMF

Encore appelé compte d'exploitation ou compte de profits et pertes, le compte de résultat est un état détaillé des charges et produits d'une entreprise à la clôture d'une période donnée. Il décrit de manière successive, les différentes marges qui forment le résultat net de l'entité pour la période d'analyse. Il s'agit d'un état de flux qui résume toute l'activité financière durant une période de temps donnée, en général un mois, un trimestre ou une année. En effet, si le résultat d'une entité économique est issu de la différence entre le total de l'actif et celui du passif, le même agrégat représente de manière identique l'écart, entre les produits et les charges, arrêté à la clôture du même exercice. Cependant, les problèmes fiscaux des organisations en général et des EMF en particulier naissent de la démarcation entre le droit fiscal et les autres branches du droit. De cette autonomie du droit fiscal[773], il s'ensuit que certaines charges pourtant admises comme telles en droit comptable, ne seront pas prises en compte dans la détermination du résultat fiscal. Elles seront ainsi réintégrées dans la base d'imposition, passibles d'IS et d'IRCM sans préjudice de pénalités aux implications préjudiciables sur la performance financière. Un tel contexte interpelle l'appréciation fiscale des charges (**section 1**) au moment de leur engagement et à la clôture de chaque exercice aux fins de circonscrire les impositions qui en découlent et d'optimiser au mieux, le risque fiscal de ces entités. De même, contrairement aux charges qui ont pour vocation la diminution du résultat imposable, les produits quant à eux, contribuent à l'augmentation de la base d'imposition des contribuables. Entendu que certains de ces revenus bénéficient d'une exonération fiscale, une lecture approfondie du contexte fiscal de ces produits permet d'anticiper sur les incidences fiscales et de réduire de manière substantielle, la charge fiscale des EMF. Ce qui contribue ainsi à la gestion prévisionnelle de la rentabilité et donc, à la performance financière de ces entités (**section 2**).

---

[773]COZIAN Maurice, Op.cit., « au regard des autres branches de droit public comme au regard du droit privé, la loi fiscale possède une indépendance qui lui permet d'établir ses propres règles ; le droit fiscal comme « charbonnier », est maître chez lui », page 4.

SECTION 1 : LA LECTURE FISCALE DES CHARGES DU PCEMF

Les charges découlent des événements qui contribuent à l'appauvrissement des entreprises. Pour la plupart, elles génèrent des flux financiers qui se traduisent par les décaissements de trésorerie en termes de dépenses. Plusieurs critères sont retenus pour procéder à la classification des charges en fonction du cadre de référence :

- en comptabilité générale du droit des affaires OHADA des entreprises commerciales par exemple, il est fait état des charges des Activités Ordinaires[774] (A.O) pour désigner celles qui se rapportent à l'activité de l'entreprise, et des charges Hors Activités Ordinaires (H.A.O) pour celles qui ne sont pas liées à l'activité ordinaire de l'entreprise et qui, de ce fait, n'ont généralement pas de caractère récurrent. Elles comprennent des charges constatées et des charges provisionnées[775] ;
- en comptabilité analytique d'exploitation, il faut établir la différence entre les charges d'exploitation qui regroupent celles qui se rapportent à l'activité de l'entreprise, et les charges hors exploitation. Sont seuls pris en compte dans le calcul des coûts, les charges d'exploitation ;
- dans le secteur de la microfinance, le PCEMF met en relief, les charges des activités principales, les charges accessoires et les autres charges où sont contenues, les charges se rapportant aux exercices antérieurs.

Au regard de toutes ces classifications, le droit fiscal admet en déduction, exclusivement les charges qui sont liées à l'exploitation de l'activité de l'entreprise (charges d'exploitation en comptabilité analytique). En plus de ce critère, seules les charges qui se rattachent à l'exercice fiscal (principe de l'indépendance de l'exercice) et répondant à un souci de bonne gestion sont admises comme telles. Dans cette logique, une appréciation du cadre fiscal des EMF suppose qu'il soit mis en relief les charges constatées (**I**) aux fins de décrypter les impositions qui en découlent et les charges calculées compte tenu de leur aspect fiscal spécifique (**II**).

---

[774]Toute autre charge est ordinaire, y compris, par exemple, les amendes fiscales ou pénales. Il en est de même des charges sur exercices antérieurs liées aux activités courantes de l'entreprise. Voir site : http://www.ohada.com/actes-uniformes/693/824/compte-83-charges-hors-activites-ordinaires.html.

[775] Seules les charges liées à la restructuration de l'entreprise ou à des événements extraordinaires (tels les phénomènes naturels : tempêtes, raz-de-marée, tremblements de terre, vols de criquets...) doivent être considérées comme relevant des activités autres qu'ordinaires. Voir site : http://www.ohada.com/actes-uniformes/693/824/compte-83-charges-hors-activites-ordinaires.html.

I. LES CHARGES CONSTATÉES

Entrent dans cette catégorie, les charges qui sont susceptibles pour les EMF de générer un décaissement de trésorerie immédiat ou futur. Elles ont globalement cette particularité que leur réintégration au résultat fiscal est assimilée à une distribution de revenu et passible à cet effet d'IRCM. Si le CGI[776] les regroupe en trois catégories pour faire la distinction entre les frais généraux, les charges financières et les pertes proprement dites, une vision fiscale du PCEMF permet d'envisager un regroupement pouvant faire la distinction entre les charges des activités principales (**A**) pour tenir compte des opérations liées aux activités bancaires, les charges des activités accessoires (**B**), les charges de personnel et charges générales d'exploitation (**C**), les impôts, taxes et les autres charges décaissables (**D**).

A. Les charges des activités principales

Elles sont issues de l'activité des EMF en l'occurrence de collecte de l'épargne et de distribution de crédit. Les querelles fiscales naissent de plusieurs ordres : leur inscription dans les états financiers dans le compte des achats (compte 60) propres aux entreprises commerciales et assimilables par erreur aux acquisitions des biens et services, l'absence des documents comptables de base et les problèmes de déductibilité de la TVA. Entrent dans cette catégorie :

- les charges issues des relations avec les banques classiques et les autres établissements financiers ;
- les charges liées aux opérations avec la clientèle et les actionnaires

1. Les charges issues des relations avec les banques classiques et les autres établissements financiers

Elles sont constituées des facturations des services bancaires et autres établissements financiers aux EMF, à l'instar des intérêts des emprunts, des frais de tenue de compte, des commissions sur les services et des intérêts de crédit-bail. De la lecture des comptes, on distingue les charges sur opérations de trésorerie et opérations interbancaires (compte 60), les charges diverses sur opérations bancaires (compte 62), et les charges sur ressources permanentes (compte 63).

Sur le plan fiscal, le paiement de toutes ces prestations est réalisé exclusivement par inscription dans les comptes des EMF tenus par les fournisseurs que sont généralement les banques. Cette modalité de paiement, qui exclut les espèces, satisfait aux conditions préalables de déductibilité de

[776] Article 7 du CGI.

la charge du résultat fiscal[777] ainsi que la TVA facturée[778] inscrite sur la facture. Cependant, les querelles fiscales sont généralement observées et inhérentes aux mêmes impôts.

1.1. Les difficultés liées à la gestion de la TVA en amont

En matière de TVA, le montant de la prestation porté dans l'avis de l'opération (avis de débit) délivré par la banque est rédigé Toutes Taxes Comprises (TTC) sans que la TVA soit inscrite distinctement[779]. Face à ce contexte, les EMF qui sont éligibles à la déductibilité de la TVA en amont, ont souvent pris l'option d'éclater l'impôt aux fins de le porter dans leur déclaration comme déductible. Il faut noter qu'il s'agit d'une violation des dispositions de l'article 143 du CGI qui fera l'objet d'une mise en recouvrement de cet impôt déduit à tort sans préjudice des pénalités. Une telle insuffisance fiscale mérite un recentrage et une organisation informatique des services bancaires.

1.2. Les difficultés liées à la détermination du résultat fiscal

Pour ce qui est du régime de l'IS, les conditions de déductibilité des charges comme prévues dans les dispositions de l'article 7 du CGI, sont fondées sur le caractère probant de l'opération comptable. Cependant, l'ensemble des charges issues des relations avec les autres établissements de crédit sont générées automatiquement par le système informatique sans qu'il soit établi au départ, un support comptable. Le seul élément justificatif est l'avis de débit produit par le système, situation qui pose le problème du document source pour le pointage des comptes lors d'une mission de Vérification Générale (VG) de comptabilité. L'intérêt d'une telle analyse consiste à présenter les faits pour qu'ils soient pris en compte dans les relations fiscales.

2. Les charges qui dérivent des opérations avec la clientèle et les actionnaires

Ce sont des intérêts qui rémunèrent les dépôts de la clientèle (compte 61), d'une part, et les rémunérations des placements effectués par les actionnaires ou associés, d'autre part.

---

[777]Article 8 bis (1) du CGI, « les charges visées à l'article 7 ci-dessus de valeur égale ou supérieure à cinq cent mille (500 000) FCFA ne sont pas admises en déduction lorsqu'elles sont payées en espèces. (M.L.F. 2015). »

[778]Article 143 (d) du CGI : « Pour les opérations imposables d'une valeur au moins égale à cent mille (100 000) FCFA, le droit à déduction n'est autorisé qu'à condition que lesdites opérations aient été effectuées exclusivement par ordre de virement ou par chèque bancaire. (L.F. 2015) ».

[779]Article 143 (b) du CGI : « Pour être déductible, la Taxe sur la Valeur Ajoutée doit figurer sur une facture dûment délivrée par un fournisseur immatriculé et soumis au régime du réel et mentionnant son Numéro d'Identifiant Unique. Toutefois, en ce qui concerne les fournisseurs étrangers, ces conditions ne sont pas exigées ».

2.1. Les charges des opérations avec la clientèle

Entrent dans cette catégorie, les intérêts en compte d'épargne et les intérêts des dépôts à terme. Les problèmes fiscaux sont relatifs à la gestion de l'IRCM et de l'IS. Pour plus de précision, ces opérations n'entrent pas dans le champ d'application de la TVA pour qu'il soit envisagé une déduction quelconque.

En matière d'IRCM, il s'agit du cas particulier des intérêts qui rémunèrent les comptes d'épargne. Ainsi, les EMF sans considération de leur catégorie, doivent opérer une retenue à la source au titre d'IRCM sur les intérêts des comptes d'épargne pour les placements dépassant dix (10) millions de francs[780].

Pour ce qui est du résultat imposable à l'IS, les charges issues des relations avec la clientèle sont générées automatiquement par le logiciel sans un support comptable à la base. Les seuls documents justificatifs sont constitués des échelles d'intérêts et les avis d'opération, avec possibilités de manipulation pour les raisons fiscales. L'absence du caractère probant à la source est un indice de querelles fiscales sur le double plan de leur fiabilité et du pointage systématique. Une telle situation peut contribuer à une insuffisance des recettes fiscales compte tenu du niveau élevé de manipulation interne de ces charges, aux fins de réduire le montant du bénéfice fiscal.

2.2. Les charges qui dérivent des opérations avec les actionnaires

Il s'agit particulièrement des intérêts générés par les comptes courants des actionnaires. Pour le cas spécifique des EMF, ce sont particulièrement les intérêts sur comptes bloqués des actionnaires ou sociétaires (compte 6314). Sur le plan fiscal, ce sont des charges partiellement déductibles du bénéfice imposable à l'IS en ce sens qu'elles sont soumises à un plafond de déductibilité[781]. En effet, la loi de finances de l'exercice 2014 consacre de nouvelles conditions pour la déductibilité des intérêts rémunérant les prêts consentis par les associés aux sociétés apparentées. Ce mode de financement par l'endettement, sujet au plafonnement, vise les apports financiers, les prêts et avances consentis par les sociétés mères à leurs filiales, par les sociétés sœurs, ainsi que par les actionnaires ou associés aux sociétés dans lesquelles ils ont des parts ou un droit de vote. Toutefois, cette déduction n'est possible concernant les associés qui possèdent directement ou indirectement 25 % au moins du capital ou des droits de vote de la société, que dans la mesure où :

- les sommes mises à disposition n'excèdent pas, pour l'ensemble desdits associés, une fois et demie le montant des capitaux propres[782]. Dans le

---

780 Article 43 du CGI.

781 Article 7 (B) du CGI.

782 Sont considérés comme capitaux propres dans le droit comptable OHADA la somme algébrique des apports (capital, primes liées au capital), des écarts de réévaluation, des bénéfices autres que ceux pour lesquels une décision de distribution est intervenue, des pertes, des subventions d'investissement

cas contraire, les intérêts afférents à la fraction excédentaire ne sont pas déductibles ;

- les intérêts servis auxdits associés n'excèdent pas 25 % du résultat avant impôt sur les sociétés et avant déduction desdits intérêts et des amortissements pris en compte pour la détermination de ce même résultat. Dans le cas contraire, la fraction excédentaire des intérêts n'est pas déductible.

B. Les charges des activités accessoires

Sont ainsi visées, les dépenses constatées au débit du :

- compte 641 qui sont relatives aux opérations de location de coffre-fort, redevances de crédit-bail ;
- compte 642 « charges sur opérations de crédit-bail et opérations assimilées » qui constatent les amortissements, les provisions et les moins-values sur cession des biens en crédit-bail ;
- les charges locatives simples (compte 643).

En principe, toutes ces charges sont déductibles du résultat fiscal dès lors qu'elles remplissent les conditions de fond et de forme prévues dans les dispositions des articles 7 et 8 du CGI, à l'exception de quelques-unes qui posent sur le plan fiscal, des problèmes particuliers qu'il convient d'intégrer dans la perspective de performance. Il en est ainsi des charges locatives qui interpellent une distinction entre les loyers des biens immeubles et ceux des biens meubles.

1. Les loyers des biens immeubles

Ce sont pour la plupart les loyers des immeubles professionnels qui ont pour support juridique, les contrats de mutation à titre de jouissance. Ils portent sur des actes sous seing privé qui nécessitent une appréciation fiscale sur le double plan des formalités d'enregistrement et du champ d'application de l'IS.

En matière du droit d'enregistrement, ces contrats doivent être présentés aux formalités d'enregistrement dans un délai de trois mois, à compter de leur date de signature constatant des conventions synallagmatiques[783]. Le débat du terrain consiste à s'interroger sur la responsabilité des formalités entre le

---

et des provisions réglementées. S'agissant du cas spécifique des EMF, les capitaux propres sont constitués du capital, des parts sociales et dotations, des réserves, du report à nouveau, du résultat de l'exercice, des provisions et réserves réglementées, des subventions d'investissement et des fonds de financement et de garantie.

[783]Article 276 (2) du CGI.

bailleur et le preneur. En clair, il faut noter que sur le plan fiscal, cette responsabilité incombe aux deux parties[784].

S'agissant du résultat fiscal, les loyers des immeubles professionnels sont déductibles dès lors qu'ils sont engagés dans l'intérêt de l'entreprise, pour son compte et dans un souci de bonne gestion.

2. Les loyers des biens meubles

Comme les autres entreprises, les EMF peuvent inscrire en charge les loyers relatifs aux biens meubles pris en location tels que les véhicules et les photocopieurs. Le problème consiste à s'appesantir au préalable sur le sort fiscal d'une telle opération en matière d'IS. En principe, les loyers des biens meubles sont déductibles sous condition. Ainsi, cette charge n'est pas admise en déduction si le bien pris en location appartient à un associé dirigeant de l'entreprise détenant au moins 10 % des actions ou parts sociales. Pour l'application de cette disposition[785], les parts ou actions détenues en toute propriété ou en usufruit par les conjoints, les descendants et les ascendants de l'associé sont réputés appartenir à ce dernier.

C. Les charges de personnel et charges générales d'exploitation

Ce sont les charges de gestion courante à l'exemple des salaires et charges sociales, les matières et fournitures consommées, les transports consommés, les autres services consommés et les charges diverses. L'appréciation fiscale de ces éléments est fondée sur le document de base. Ce qui met à contribution l'exploitation des factures et les contrats.

Pour ce qui est des factures, il s'agit de s'interroger sur le sort fiscal de la TVA en amont contenue dans la facture du fournisseur, ce qui intègre au préalable, la catégorie d'activité de la microfinance et le régime d'imposition. En effet, le principe de base veut que les EMF de la première catégorie ne soient pas éligibles à la déduction de la TVA. Cependant, pour ceux qui réalisent les opérations avec les non-membres, la TVA ne sera déductible que par application du prorata de déductibilité[786] sous condition que le pourcentage obtenu soit au moins de 10 %. Quant aux EMF de deuxième catégorie relevant du régime du réel d'imposition, il s'agit d'analyser les conditions de déductibilité en matière du régime de droit commun.[787]

S'agissant des opérations ayant pour documents justificatifs les contrats, il est toujours important de présenter ces actes aux formalités d'enregistrement aux fins d'établir leurs forces juridiques et la compétence des tribunaux en cas

---

[784]Article 310 du CGI, « En matière de baux et locations quelconques, bailleur et preneur sont, nonobstant toute clause contraire, solidaires pour les droits simples et le cas échéant pour les pénalités. »
[785] Article 7 (2) du CGI.
[786] Voir article 47 du CGI.
[787] Voir article 143 du CGI.

d'éventuel litige. En matière d'IS, ces charges sont déductibles dans les conditions de fond et de forme à l'exemption de quelques-unes qui posent des problèmes fiscaux spécifiques tels que :

- les transports et déplacements ;
- les charges de publicité ;
- les frais de siège, assistance technique et comptable ;
- les primes d'assurances ;
- les jetons de présence.

1. Les charges du personnel[788].

Les rémunérations versées au personnel d'une entreprise ne sont admises en déduction que si elles correspondent à un travail effectif et ne sont pas exagérées. Ainsi, les salaires et charges sociales de l'exploitant individuel et de son conjoint sont totalement déductibles. De même les cadeaux faits aux membres du personnel à l'occasion de certains évènements (mariage, naissances, décès, distinctions honorifiques) et les sommes versées au comité gérant les œuvres sociales créées en faveur du personnel (cantines, foyers, centres médicaux, etc.) sont déductibles. Toutefois, les problèmes subsistent quant à l'évaluation des avantages en nature accordés au personnel de l'entreprise. Leur valeur correspond au prix de revient pour l'employeur. Ainsi :

- pour les logements pris en location, le prix de revient est égal au loyer majoré des taxes d'enregistrement et, éventuellement des primes d'assurance et de l'amortissement de l'équipement ménager mis à la disposition des cadres ;
- pour les logements propres de l'entreprise, leur prix de revient est égal à l'amortissement de l'immeuble majoré des primes d'assurance et de l'amortissement de l'équipement ménager mis à la disposition du personnel ;
- pour la voiture mise à la disposition d'un cadre, son prix de revient comprend l'amortissement du véhicule, des primes d'assurance, le salaire du chauffeur, des frais d'entretien et du carburant.

Ne sont pas déductibles :

- les salaires des dirigeants non-salariés. Ils sont en plus considérés comme revenus des capitaux mobiliers passibles d'l'IRCM au taux de 16,5 % ;
- les allocations forfaitaires qu'une société attribue à ses dirigeants ou aux cadres de son entreprise pour frais de représentation et de déplacement, lorsque parmi ces charges figurent les frais habituels

[788] Article 7-A (1-a et c) du CGI.

de cette nature remboursés aux intéressés (c'est la règle de non-cumul) ;

- les sommes versées aux dirigeants ou aux cadres d'une société à titre d'indemnité des frais d'emploi ou de service ne correspondant pas à une charge réelle de sa fonction ;
- les dépenses somptuaires (dépenses se rapportant à la pêche, la chasse, les avions et bateaux de plaisance ou d'agrément).

Toutefois, sont déductibles dans la limite de 15 % du salaire de base et à l'exclusion des autres cotisations sociales, les seules cotisations patronales versées à l'étranger en vue de la constitution de la retraite d'un expatrié ayant un caractère obligatoire.

2. Les transports et déplacements

Il s'agit des « Frais de transport » payés aux tiers. On distingue :

- les transports sur achats ;
- les transports sur vente ;
- les transports pour le compte de tiers ;
- le transport du personnel ;
- les voyages et déplacements. Les transports aller – retour à l'occasion des congés des associés – salariés, de leurs épouses et enfants, sont déductibles à condition que le transport ait été effectué. Dans aucun cas, ces charges ne peuvent donner lieu à des dotations à un compte de provision.

Ces charges sont déductibles à condition de n'être pas exagérées. Toutefois, les problèmes fiscaux naissent des frais de transport pour les déplacements des dirigeants et du personnel. Ainsi, les frais de transport et voyages supportés par le chef d'entreprise ne sont déductibles que s'ils correspondent effectivement à des dépenses d'ordre professionnel. Les allocations forfaitaires que la société alloue à ses dirigeants et cadres pour faire de la représentation et le déplacement ne peuvent être déductibles que lorsque les frais habituels de même nature n'ont pas été déjà remboursés par la société aux intéressés et admis dans les charges déductibles de l'entreprise. En cas de cumul, les allocations sont réintégrées au résultat fiscal comme charges non déductibles. C'est l'application de la règle de non-cumul.

3. Les charges de publicité

La publicité est une activité règlementée au Cameroun[789]. Cependant, pour vendre leurs services, les EMF engagent au quotidien, des dépenses

[789] Loi n° 2006/018 du 29 décembre 2006 régissant la publicité au Cameroun, Décret 2008/440 DU 18 décembre 2008 portant organisation et fonctionnement du Conseil National de la Publicité.

publicitaires parfois considérables. Si ces charges sont déductibles du résultat fiscal, elles génèrent d'autres impositions (à l'instar du droit de timbre sur la publicité) qui dans la plupart des cas sont mises en recouvrement par les services des impôts du fait des omissions de la part des contribuables, compte tenu de leur gestion spécifique. Ainsi, la loi de finances de l'exercice 2013 précise le champ d'application du droit de timbre sur la publicité[790]. Sont désormais concernés :

- des affiches, tracts et prospectus ;
- des panneaux publicitaires ;
- la publicité par voie de presse ;
- la publicité par radio et télévision ;
- la publicité par cinéma ;
- la publicité par véhicule muni de haut – parleur ou non ;
- la publicité par support immatériel.

Le taux du droit de timbre sur la publicité est de 3 % pour ce qui est de la publicité sur supports imprimés localement ou importés. S'agissant de la publicité sur les tabacs et les boissons alcoolisées, le taux du droit de timbre sur la publicité est de 10 %. Pour ce qui est de la publicité sur véhicules avec diffuseurs, le tarif applicable est de 30 000 FCFA par mois. Pour les véhicules sans diffuseur, ce tarif est de 20 000 FCFA par mois. Il est à noter que ces taux et tarifs n'intègrent pas les centimes additionnels communaux et s'appliquent sur le coût facturé de la publicité.

Est assujettie au droit de timbre sur la publicité, toute personne physique ou morale qui réalise des actions de publicité dans un lieu ou un espace relevant du ressort territorial d'une commune, d'une communauté urbaine ou du ressort national. Ces actions peuvent consister en la production des affiches, tracts et prospectus, panneaux publicitaires, publicité par voie de presse, radio, télévision et par cinéma ou par support immatériel. Cependant, les enseignes placées sur les façades des établissements commerciaux et industriels ayant pour but unique de les localiser ne sont pas visées par le droit de timbre sur la publicité. C'est le cas des simples écriteaux ayant pour but d'identifier et de localiser l'établissement. Toutefois, lorsque l'enseigne est assortie d'effets ou d'artifices tendant à attirer l'attention des clients, le droit de timbre sur la publicité devient exigible[791].

4. Les frais de siège, assistance technique et comptable

Un EMF peut être constitué de plusieurs entités économiques de manière à établir une notion de relation de société mère et filiale. Ainsi, la quote-part

[790]Articles 591, 592 C7, C52 bis et C116 du CGI.
[791]CIRCULAIRE précisant les modalités d'application des dispositions fiscales de la loi n° 2012/014 du 21 décembre 2012 portant loi de finances de la République du Cameroun pour l'exercice 2013.

des frais de gestion versée à la société mère est appelée frais de siège. De même, les EMF dans le cadre de leurs activités, versent aux personnes physiques ou morales domiciliées au Cameroun comme à l'étranger, des honoraires au titre d'assistance comptable, technique et bien d'autres. Les dispositions fiscales camerounaises soumettent la déductibilité de ces charges à un plafond qui est de 5 % du bénéfice imposable avant déduction des frais en cause pour les autres entreprises, 2,5 % du chiffre d'affaires pour les entreprises des travaux publics et de 7,5 % du chiffre d'affaires pour les bureaux d'étude[792].

Les EMF étant des entreprises qui exercent dans le commerce de l'argent, les sommes de cette nature qu'ils versent aux personnes physiques ou morales domiciliées au Cameroun comme à l'étranger, sont soumises au plafond de 5 % de déductibilité.

5. Les primes d'assurances[793]

L'activité de la microfinance entraîne des dépenses relatives à la souscription des polices d'assurance, qui sont en principe déductibles du résultat fiscal à l'exclusion des primes d'assurance :

- souscrites auprès des compagnies d'assurance non domiciliées au Cameroun ;
- versées par l'entreprise en vue de sa propre assurance ;
- constatées au profit de l'entreprise sur la tête de ses dirigeants pour garantir l'entreprise en cas de disparition de ces derniers parce que la réalisation de ce risque n'entraîne pas en elle-même la perte d'un élément d'actif ou d'une charge d'exploitation ;
- des propriétaires d'entreprises.

6. Les jetons de présence

Ce sont des sommes que les EMF versent aux membres du conseil d'administration. Ces rémunérations interpellent sur le plan fiscal, une analyse sur le plan de l'IRCM et du résultat fiscal.

Pour ce qui est de l'IRCM, les jetons de présence versés aux membres du conseil d'administration sont assimilés à une distribution[794] de bénéfice et passible à cet effet de la retenue à la source d'IRCM au taux de 16,5 %. A charge pour l'EMF qui procède à cette retenue, de reverser le produit des impôts au centre de rattachement fiscal au plus tard le 15 du mois suivant.

---

[792]Article 7-A (1-d) (M.L.F. 2013) du CGI.

[793] Article 7-A (4) du CGI.

[794]Article 36 (3) du CGI : « Sont considérés comme revenus distribués, tous les bénéfices qui ne demeurent pas investis dans l'entreprise, notamment : les rémunérations allouées aux membres des Conseils d'Administration des sociétés anonymes… »

En matière du résultat fiscal, les jetons de présence alloués aux membres du Conseil d'Administration ne sont déductibles que pour autant qu'ils représentent la rémunération du travail effectué[795]. Il convient de produire à chaque séance du conseil, la liste de présence dûment signée de chaque membre.

D. Les impôts, les taxes et les autres charges décaissables

Entrent dans cette catégorie, les dépenses liées aux relations avec l'État dans le cadre des relations fiscales et les autres charges ayant le plus un caractère exceptionnel.

1. Les impôts, les taxes et les amendes[796]

Les charges fiscales de l'entreprise interpellent une triple analyse en ce sens qu'il faut distinguer les impôts et taxes professionnels, les impôts personnels, les amendes et pénalités.

1.1. Les impôts et taxes professionnels

Ce sont ceux qui découlent de l'activité de l'entreprise à l'instar de la patente, du droit d'enregistrement et des vignettes automobiles. Seuls sont déductibles, les impôts professionnels mis en recouvrement au cours de l'exercice, et qui sont bien à la charge de l'entreprise pour la part incombant aux opérations faites au Cameroun. Ainsi, les charges fiscales que les EMF portent au débit du compte 66 « impôts et taxes » sont déductibles, sous réserve, de justificatifs des quittances de paiement effectif, sous peine de leur mise en recouvrement par les services des impôts suivie d'une réintégration au résultat fiscal.

1.2. Les impôts personnels

Ils sont déterminés sur la base du résultat de l'exercice. Il en est ainsi de l'IS pour les personnes morales et de l'IRPP pour les personnes physiques. Ces impôts ne sont pas des charges déductibles. Ainsi, l'IS comptabilisé par la microfinance à la clôture de l'exercice est bien différent de ses impôts professionnels et ne constitue donc pas une charge déductible.

1.3. Les amendes et les transactions

Les amendes, transactions, confiscations et pénalités qui sont des sanctions fiscales, ne sont pas déductibles du résultat fiscal. Toutefois, les dégrèvements accordés sur les impôts déductibles entrent dans les recettes de l'exercice au cours duquel l'entreprise est avisée de leur ordonnancement et sont donc imposables.

---

795 Article 7-A (1-b) du CGI.

796 Article 7-A (3) du CGI.

2. Les autres charges décaissables

Sont portées dans cette rubrique et inscrites au débit du compte 67 au titre des « pertes exceptionnelles et sur exercices antérieurs/valeurs nettes des éléments d'actif », les charges sur exercices antérieurs, les valeurs nettes comptables des éléments d'actif immobilisé cédés, les libéralités, les dons, les subventions accordées et les pertes exceptionnelles.

2.1. Les charges sur exercices antérieurs

Le PCEMF consacre la possibilité d'inclure dans le résultat comptable, les charges qui se rapportent aux exercices antérieurs. Ce qui s'inscrit en violation du principe de l'indépendance des exercices comptables. En respect donc de ce principe, de tels évènements ne seront pas admis en déduction du résultat fiscal. Cependant, une telle information comptable suppose des corrections appropriées dans les imprimés de la DSF avant son dépôt aux services des impôts aux fins d'éviter les redressements aux conséquences désagréables.

2.2. Les valeurs nettes comptables des éléments d'actif immobilisé cédés

C'est la constatation comptable des sorties de l'actif ainsi que des immobilisations cédées au cours de l'exercice comptable. Les problèmes fiscaux naissent de deux ordres :

- l'absence de constatation du prix de cession dans les produits de l'exercice. Ces insuffisances qui sont susceptibles de redressement fiscal méritent d'être corrigées par les acteurs de la microfinance ;
- l'incompatibilité de PCEMF avec le contenu des imprimés de la DSF. En effet, pendant que le PCEMF porte dans la classe 6 (compte des A.O de la DSF OHADA), les sorties d'actif des immobilisations sont inscrites en H.A.O (classe 8) dans les imprimés de la DSF adaptée aux entreprises commerciales. Une telle situation sujette aux interprétations querelleuses mérite un reclassement au moment de la confection des états financiers.

2.3. Les dons, libéralités et subventions[797]

Comme les autres organisations, les EMF peuvent inscrire en charge, les dons versés au tiers pour des raisons diverses. En principe, les libéralités, dons et subventions ne constituent pas des charges déductibles du bénéfice imposable, à l'exception de quelques-uns qui font l'objet d'une analyse fiscale particulière. Ce qui permet de faire la distinction entre les dons partiellement déductibles et les dons intégralement déductibles. Ce sont :

- les sommes versées aux projets des œuvres ou organismes d'intérêt général à caractère philanthropique, sportif, social, familial,

[797] Article 7-A (5) du CGI.

éducatif, scientifique situés au Cameroun. Ils sont déductibles dès lors qu'ils sont justifiés dans la limite de 0,5 % du CAHT de l'exercice ;

- les dons et subventions octroyés aux clubs participants aux compétitions nationales d'élite et aux organismes agréés[798] en charge de l'organisation des compétitions sportives qui sont déductibles dans la limite de 5 % du chiffre d'affaires.[799]

La loi de finances de l'exercice 2010 soumet à la déductibilité totale et sans plafond et ceci à partir du 1er janvier 2010, lorsqu'ils sont justifiés, les dons versés à :

- l'État ou aux collectivités territoriales décentralisées par les entreprises camerounaises en vue de l'acquisition des antirétroviraux dans le cadre du traitement du VIH/SIDA[800] ;
- des organismes de recherche et développement agréés et domiciliés au Cameroun et intervenants dans le domaine de l'agriculture, de la santé et de l'élevage. Dans ce sens, aucune subvention versée à un organisme de recherche domicilié à l'étranger, y compris à une représentation à l'étranger d'un organisme camerounais, ne devra être admise en déduction.

2.4. Les pertes exceptionnelles.

Les pertes proprement dites constatées sur les éléments de l'actif immobilisé (destruction du matériel et mobilier de bureau, du matériel de transport, etc.) ou sur l'actif réalisable (perte en caisse, en stock, etc.) et passées en charges sont déductibles du bénéfice imposable.

II. LES CHARGES CALCULÉES

Contrairement à une certaine catégorie de charges qui occasionnent pour les entreprises des dépenses, d'autres ne génèrent pas des mouvements de trésorerie. Ce sont des charges calculées. L'importance fiscale d'une telle approche sur le plan fiscal consiste à relever l'absence d'une distribution de

---

798 Circulaire interprétative de la loi de finances 2013, op.cit : « Par organismes en charge de l'organisation des compétitions sportives officielles, il faut entendre toutes les fédérations sportives dûment agréées par le Ministère chargé du sport et reconnues par le Comité National Olympique. »

799 Loi de finances pour l'exercice 2013.

800 La circulaire explicative de la loi de finances de l'exercice 2010 apporte des précisions suivantes : ces contributions doivent être versées exclusivement au Trésor Public, et justifiées par tous documents probants. S'agissant du bénéficiaire de la contribution, il s'agit exclusivement du gouvernement représenté par le MINSANTE, d'une collectivité territoriale décentralisée (commune, communauté urbaine, région, groupement de commune). Pour ce qui est des organismes de recherche et développement, il s'agit par exemple du Centre Pasteur, de l'IRAD, etc. La déductibilité de ces dons est soumise à la présentation par la partie versante, de l'agrément du Ministère compétent, notamment soit celui en charge de la recherche scientifique, soit celui en charge de l'agriculture ou de l'élevage.

revenu pouvant générer la perception d'IRCM. Entrent dans cette rubrique les provisions (**A**) qui constatent les charges et les pertes probables, les pertes sur créances (**B**), au regard de la spécificité de l'activité des EMF et les amortissements (**C**) consacrés à la matérialisation comptable de la dépréciation économique des valeurs immobilisées.

A. Les provisions

Les provisions sont perçues, sur le plan comptable, et fiscalement, comme des charges non dépensées et des pertes probables. Il en existe 3 types : les provisions pour dépréciation qui portent sur les éléments d'actif (pour anticiper une baisse de la valeur à venir du patrimoine), pour risques et charges (en prévision d'une charge qui risque fort de peser sur les comptes de l'entreprise) et enfin les provisions règlementées (possédant une finalité fiscale). Globalement, les provisions posent le problème des conditions de déductibilité du résultat fiscal. Pour le cas des dépréciations probables des valeurs actives il suffit de justifier sur la base des éléments probants, la baisse de valeur sur le marché à la clôture de l'exercice. Au regard de l'activité même de microfinance, les risques probables sont inhérents au portefeuille de la clientèle et aux contentieux.

1. Les provisions pour créances douteuses

La gestion comptable des créances compromises relève de la spécificité des activités mêmes des établissements de crédit. Pour les établissements de microfinance, les créances en souffrance sont définies dans les dispositions qui les régissent[801]. Sur cette base, ce sont des crédits non payés à l'échéance et dont les chances de remboursement sont plus ou moins compromises. Elles sont constituées de créances immobilisées[802], les créances impayées[803] et les créances douteuses[804]. Sont donc visées, les échéances des crédits

[801] Règlement COBAC/EMF 2002/18 du 15 avril 2002 relatif à la comptabilisation et aux provisions des créances douteuses.

[802] Article 3 du Règlement COBAC/EMF 2002/18 du 15 avril 2002, op. cit. : « Les créances immobilisées sont des créances échues depuis plus de quarante-cinq (45) jours, quatre-vingt-dix (90) jours pour les crédits de campagne, mais dont le recouvrement final, sans être compromis, ne peut être effectué immédiatement. Un compte courant débiteur est considéré comme immobilisé si, bien que le recouvrement du solde ne soit pas compromis, l'on n'y observe pas de mouvement créditeur significatif depuis quarante-cinq (45) jours. »

[803] Article 4 du Règlement COBAN EMF 2002/18 du 15 avril 2002, op. cit., « Les créances impayées sont des concours qui n'ont pas été réglés à l'échéance. Sont également considérés comme impayés, les concours frappés de déchéance de terme depuis moins de quarante-cinq (45) jours, pour tout motif autre que la survenance d'impayés. Par contre sont exclues des créances impayées, les échéances bénéficiant d'une prorogation. »

[804] Article 5 du Règlement COBAC/EMF 2002/18 du 15 avril 2002, op. cit. : « Les créances douteuses sont des concours de toute nature, même assorties de garanties, qui présentent un risque probable de non-recouvrement total ou partiel (sans qu'il y ait nécessairement d'impayés). Les créances douteuses comprennent les impayés de plus de quarante-cinq (45) jours ou quatre-vingt-dix (90) jours pour le crédit de campagne, les comptes débiteurs ou de

amortissables, des engagements par signature et des comptes débiteurs de la clientèle. Le traitement comptable consiste à procéder au reclassement des créances jusqu'à la phase de la constatation de la provision qui consiste à porter en charge le montant de la perte probable. Les querelles fiscales naissent donc de la démarcation du droit fiscal qui s'éloigne des dispositions de la COBAC en la matière.

1.1. Le rappel des dispositions COBAC en matière des provisions pour créances douteuses

Les provisions sur créances en souffrance sont constituées conformément aux principes des dispositions règlementaires prévues par la COBAC[805] qui distinguent, selon que la créance soit susceptible de faire l'objet d'une procédure judiciaire de recouvrement ou non.

Pour les créances douteuses susceptibles de faire l'objet d'une procédure judiciaire de recouvrement :

- les créances douteuses assorties de garanties hypothécaires doivent être provisionnées en totalité dans un délai maximal de quatre ans ; la provision cumulée doit couvrir 15 % du total des risques concernés au terme de la première année, 45 % au terme de la deuxième année, 75 % au terme de la troisième année et 100 % au terme de la quatrième année ;
- les créances douteuses assorties d'autres sûretés (gages, nantissements...) doivent être provisionnées immédiatement pour la partie non couverte, et au plus tard dans un délai d'un an pour la partie couverte. Quant aux créances couvertes par les cautions personnelles, elles doivent être intégralement provisionnées en un an si la caution ne propose pas un plan crédible de remboursement et plus précisément, une source de financement affectée irrévocablement au respect des échéances retenues.

S'agissant des créances douteuses non susceptibles de faire l'objet d'une procédure judiciaire de recouvrement et les créances irrécouvrables, elles sont provisionnées immédiatement dès leur constatation.

Globalement, dès leur identification comme crédit à risque probable de non-recouvrement, les créances immobilisées, les créances impayées ainsi que les découverts sans mouvement créditeur depuis plus de quarante-cinq (45) jours doivent être déclassées et sorties de leur compte d'origine pour être suivies dans les comptes de créances douteuses.

---

découverts sans mouvement créditeur significatif depuis plus de quarante-cinq (45) ainsi que les créances contentieuses ou litigieuses. »

[805]Article 9 du Règlement COBAC/EMF 2002/18 du 15 avril 2002, op. cit.

1.2. Le rappel des conditions fiscales de déductibilité des provisions pour créances douteuses

Sur le plan fiscal[806], la déduction des provisions pour dépréciation des créances et engagements douteux dans les établissements de crédit à l'instar des EMF se fait selon que les risques aient été couverts par les garanties ou non. Le sort de ces provisions doit être définitivement déterminé à l'issue de la quatrième année de leur constitution, exclusion faite de celles se rapportant aux créances et engagements douteux pendants devant les tribunaux. Ainsi :

- pour les créances et engagements douteux dont les risques ne sont couverts ni par des garanties réelles ni par la garantie de l'État, la déductibilité s'étale sur trois ans. Elle ne peut être supérieure à 25 % des créances et engagements douteux pour la première année, 50 % pour la deuxième année et 25 % pour la troisième année ;
- pour les créances et engagements douteux dont les risques sont couverts par les garanties réelles, la déductibilité s'étale sur quatre ans. Cette déduction ne peut être supérieure à 15 % des créances et engagements douteux pour la première année, 30 % pour la deuxième année, 30 % pour la troisième année et 25 % pour la quatrième année.

Au regard de ce qui précède, l'évidence est de relever la distance qui existe entre les dispositions fiscales et les textes de la COBAC en matière de provisions qui constatent la dépréciation des créances douteuses. De ces analyses, il s'ensuit qu'à tout moment, les EMF sont exposés à un redressement fiscal sur le montant de la charge provisionnée en plus par application de la règlementation du secteur d'activité, sous peine des injonctions[807] et des sanctions[808] prévues à cet effet en marge du droit fiscal. En attendant une harmonisation future éventuelle, la solution à cette situation consiste avant le dépôt des états financiers, à corriger dans les imprimés de la DSF (tableau 22), le résultat fiscal aux fins de se mettre en harmonie avec la législation fiscale camerounaise.

---

[806] Article 7-E du CGI, loi de finances 2015.

[807]Article 14 du Règlement COBAC/EMF 2002/18 du 15 avril 2002, op. cit. : « En cas de non-respect des principes fixés aux articles précédents du présent règlement, la Commission Bancaire peut adresser une injonction à l'effet notamment de prendre dans un délai déterminé toutes mesures de nature à mettre l'établissement concerné en conformité avec cette norme en application de l'article 54 du règlement du Comité ministériel de l'UMAC relatif à l'activité de microfinance ».

[808]Article 15 du Règlement COBAC/EMF 2002/18 du 15 avril 2002, op. cit., « si un établissement n'a pas déféré à une injonction ou n'a pas tenu compte d'une mise en garde, ou enfreint gravement la règlementation, la Commission Bancaire peut prononcer une ou plusieurs des sanctions disciplinaires prévues à l'article 57 du règlement du Comité ministériel de l'UMAC relatif à l'activité de microfinance ».

2. Les provisions pour risques et charges

Les provisions permettent de rattacher à l'exercice, des pertes ou des charges nettement précisées dont les événements en cours rendent possibles (principe de prudence). Outre les provisions pour dépréciation, elles portent également sur les risques et charges nettement précisés quant à leur objet ainsi que les événements survenus ou en cours ou désormais probable. Sur le plan fiscal, la déductibilité de ces provisions du résultat fiscal est soumise aux conditions de fond et de forme. Ainsi pour être déductibles, les provisions doivent :

- faire face à des charges ou pertes précises quant à leur objet, probables quant à leur réalisation ;
- ne pas se référer aux éventualités ;
- avoir été comptabilisées ;
- être mentionnées sur le relevé spécial de la DSF ;
- se rattacher à l'exercice en cours ;
- se rapporter à un élément déductible du bénéfice imposable.

B. Les pertes sur créances

La constatation d'une charge au titre de pertes sur créances est la résultante des créances irrécouvrables. En effet, d'après les dispositions[809] du secteur de la microfinance, ce sont des créances dont le non-recouvrement est estimé certain après épuisement de toutes les voies et moyens amiables ou juridiques ou pour toute autre considération pertinente.

Allant dans le même sens, les dispositions fiscales[810] n'admettent en déduction que les pertes assorties des preuves justificatives qui démontrent que ces créances ont fait l'objet d'épuisement de l'ensemble des voies et moyens de recouvrement amiable ou forcé prévus par l'Acte Uniforme OHADA portant Organisation des Procédures Simplifiées de Recouvrement, et des Voies d'exécution. Au regard de l'activité des EMF dont le risque de non-recouvrement des créances est assez élevé, les pertes ne seront constatées qu'après épuisement des procédures de recouvrement dûment établies.

C. Les amortissements

Les amortissements correspondent à la dépréciation des éléments de l'actif immobilisé du fait de l'usage et du temps. Les entreprises, à l'instar des EMF, constituent les dotations aux amortissements pour pouvoir remplacer ces éléments de l'actif immobilisé, lorsqu'ils seront retirés du processus de production. Pour être admis en déduction du résultat fiscal, les amortissements doivent remplir certaines conditions de fond et de forme.

---

[809] Article 6 du Règlement COBAN EMF 2002/18 du 15 avril 2002.
[810] Article 7-C du CGI.

1. Les conditions de fond

Les amortissements doivent porter :

- sur un élément inscrit à l'actif du bilan ;
- sur un élément sujet à dépréciation (immobilisations amortissables).

2. Les conditions de forme

L'amortissement doit :

- être régulièrement enregistré dans les écritures comptables de l'entreprise ;
- figurer dans la DSF ;
- respecter les taux d'amortissement pratiqués. Ces taux ne doivent pas excéder les limites fixées pour les différentes immobilisations dans le CGI[811]

Il ressort du précédent paragraphe, une approche organisationnelle de la structure fiscale des charges des EMF. Globalement, elles sont classées selon leur susceptibilité de générer un décaissement de trésorerie ou non. Pour ce qui est du premier lot, il s'agit des dépenses courantes qui posent globalement, le problème de déductibilité de la TVA dont sont éligibles, seuls les EMF de deuxième catégorie qui relèvent du régime du réel d'imposition. De manière spécifique, certaines charges ne seront pas admises globalement ou partiellement en déduction du résultat fiscal de l'exercice. Quant aux charges calculées, elles se réfèrent aux amortissements et aux provisions de l'exercice qui obéissent aux conditions de fond et de forme, pour être admises comme telles en droit fiscal. Si l'appréciation des charges relève d'une spécificité fiscale, il en est de même pour les autres contribuables en général et les EMF en particulier.

SECTION 2 : LES ASPECTS FISCAUX DES PRODUITS DU PCEMF

Contrairement aux charges, les produits concourent à l'enrichissement de l'entreprise. Dans cette logique, leur constatation comptable entraîne une augmentation du résultat fiscal alors qu'un abandon de produit génère des effets contraires. Deux situations fiscales sont donc diamétralement opposées : l'entreprise qui veut minimiser au mieux ses charges fiscales et l'Administration des impôts qui ambitionne de maximiser les recettes fiscales. Les problèmes fiscaux vont donc naître des différents impôts et taxes qui sont générées par les produits des EMF au cours de l'exercice et leur prise en compte dans le résultat fiscal en fin d'exercice (**I**). Dans cette logique, il convient de retenir qu'en matière de l'IS, tous les produits sont imposables.

---

[811] Article 7-D du CGI.

Pour le cas des autres impôts et taxes, le sort fiscal devrait faire l'objet d'une appréciation spécifique. Cependant, la législation fiscale camerounaise a prévu un régime de faveur (**II**).

I. L'ANALYSE DES IMPÔTS ET TAXES GÉNÉRÉS PAR LES PRODUITS DES EMF

Le sort fiscal des produits des EMF est en corrélation avec leur activité. Pour des raisons d'une bonne lisibilité, l'analyse permet de distinguer les produits encaissables (**A**) et les produits non encaissables (**B**). Toutefois, le PCEMF exige qu'il ne soit pas pris en compte du résultat comptable de l'exercice, certains produits susceptibles des querelles fiscales (**C**) du fait de leur encaissement tardif ou douteux. Situation qu'il convient de mettre en évidence pour une appréciation de la matière imposable.

A. Les produits encaissables

Sont ainsi concernés, les produits susceptibles de générer un encaissement immédiat ou futur. Entrent dans cette catégorie :

- les produits constitutifs du chiffre d'affaires ;
- les autres produits ;
- les profits exceptionnels et sur exercices antérieurs – prix de cession des éléments d'actif.

1. Les produits constitutifs du chiffre d'affaires

Sont concernés, les produits des opérations avec les banques classiques et la clientèle et les produits divers. Leurs spécificités relèvent du fait qu'ils sont produits automatiquement par le logiciel comptable sans document de base. Ils sont justifiés par les avis des opérations et les échelles d'intérêt.

1.1. Les produits des opérations avec les banques classiques et les confrères

Considérés comme des revenus issus des activités commerciales, ils sont constitués des intérêts des placements effectués par les EMF auprès des banques classiques ou dans le cadre des réseaux. Leur spécificité fiscale relève du fait qu'ils génèrent la TVA sans considération de la catégorie de l'EMF ayant fait le placement. TVA retenue à la source par les banques classiques du fait de leur habilitation[812] et du caractère professionnel de l'opération[813].

---

[812] Cf. Arrêté N° 00000001/MINFI/DGI du 7 janvier 2015 fixant la liste des sociétés privées, des sociétés d'économie mixte, des sociétés publiques, des établissements publics administratifs et des collectivités territorialement décentralisées, tenus d'opérer la retenue à la source au titre de l'exercice 2015.

[813] Article 128 (1-d) du CGI : « Sont exonérés de la Taxe sur la Valeur Ajoutée : les intérêts rémunérant les dépôts effectués auprès des établissements de crédit ou des établissements financiers par des non professionnels du secteur financier. »

1.2. Les produits sur opérations avec la clientèle

Ils sont constitués des intérêts, commissions et frais issus des opérations de crédit, des comptes débiteurs de la clientèle, des frais de tenue de compte. Ce sont tous des revenus imposables à la TVA dans les EMF de la deuxième catégorie. Pour ce qui est des EMF de la première catégorie, si seules sont imposées à la TVA les opérations réalisées avec les non-membres, les problèmes fiscaux naissent des justificatifs de la qualité de membre pour la fraction du chiffre d'affaires non imposable. Pour résoudre ce problème, les EMF ainsi concernés doivent tenir à la base deux comptabilités distinctes.

2. Les autres produits

Il s'agit des produits non bancaires résiduels, non considérés comme produits accessoires à l'instar des jetons de présence, les études cédées, la production immobilisée et les subventions d'exploitation. Si certains de ces produits ne posent aucun problème particulier, d'autres par contre méritent une analyse particulière. Il en est ainsi de la production immobilisée et des subventions d'exploitation.

2.1. La production immobilisée

Portée au crédit du compte 753 « Production immobilisée » du PCEMF, elle permet de constater les travaux faits par l'entreprise pour elle-même concernant la production d'immobilisation que la firme effectue pour son propre compte. La contrepartie de cette inscription dans le compte de résultat doit ressortir à l'actif du bilan correspondant à l'immobilisation produite[814] à sa valeur hors taxes. Sur le plan fiscal, la production immobilisée génère une TVA collectée[815] qui doit se neutraliser avec la TVA en amont sur le coût de production de l'immobilisation. L'intérêt d'une telle analyse consiste à susciter l'attention des services comptables qui n'auraient pas suffisamment géré les aspects fiscaux lors de la constatation des coûts. Un tel manquement sera sujet d'un redressement de la microfinance sur la TVA calculée sur le montant inscrit dans ce compte.

2.2. Les subventions d'exploitation

Cette subvention est une aide consistant en la remise d'espèces ou de biens à fonds perdu au profit de l'établissement de microfinance de la part :

---

[813] SAMBE Oumar & DIALO Mamadou Ibra, op. cit. : « Les éléments extra-comptables à inclure dans le coût de production concernent tous les intrants notamment : le coût d'acquisition des matériaux consommés pour la production, les autres charges directes et indirectes rattachables, les frais financiers supportés sur les emprunts exclusivement affectés au financement de la fabrication des biens pendant la période de production. », page 1049.

[814] Article 127 (1) du CGI : « Sont imposables les opérations ci-après : les livraisons de biens et les livraisons à soi-même… »

- des pouvoirs publics nationaux (collectivités locales, Etat, Caisse de stabilisation) ;
- ou d'organismes étrangers, publics ou privés (Coopération et Assistance).

La subvention d'exploitation est destinée à compenser une insuffisance de prix (taux d'intérêt et de commissions) ou des charges jugées trop lourdes (personnel expatrié, maintien d'agences non rentables). En revanche, la subvention d'équilibre vise à compenser un résultat d'exploitation déficitaire[816].

Les subventions d'exploitation posent un problème du fait de leur gestion fiscale. En effet, depuis la loi de finances de l'exercice[817] 2013, ces subventions sont imposables à la TVA[818]. L'intérêt d'une telle approche consiste à attirer l'attention des EMF qui n'auraient pas déclaré et ne se seraient pas acquitté de la TVA sur le montant de la subvention perçue.

3. Les profits exceptionnels et sur exercices antérieurs – prix de cession des éléments d'actif

Sont ainsi visés et portés au crédit du compte 77 du PCEMF, les produits qui se réfèrent aux exercices antérieurs et les produits de cession des immobilisations.

3.1. Les produits liés aux exercices

Sont ainsi concernés, tous les produits qui ne sont pas rattachés à l'exercice comptable et se réfèrent aux exercices antérieurs. Par application au principe de l'indépendance comptable, ces produits doivent faire l'objet d'une défalcation extra-comptable du résultat fiscal aux fins de réduire le montant de l'impôt sur les sociétés. Pratiquement, cet exercice est fait dans les imprimés de la DSF (tableau 22) avant le dépôt de ce document aux services des impôts.

---

816 CIRCULAIRE N° 003/MINFI//SG/DGI/LC/L 8 février 2013, précisant les modalités d'application des dispositions fiscales de la loi n° 2012/014 du 21 décembre 2012 portant loi de finances de la République du Cameroun pour l'exercice 2013 : « Les subventions commerciales se distinguent toutefois des subventions d'investissement qui sont des aides accordées à l'entreprise en vue d'acquérir ou de créer des valeurs immobilisées, afin de renforcer sa capacité de production ou d'investissement. Ces dernières ne sont pas assujetties à la TVA ».

817 La loi n° 2012/014 du 21 décembre 2012 portant loi de finances de la République du Cameroun pour l'exercice 2013.

818 Article 127 (12) du CGI : « Sont imposables les opérations ci-après : les subventions à caractère commercial, quelle qu'en soit la nature, perçues par les assujettis à raison de leur activité imposable ».

3.2. Les produits de cession des immobilisations

Il s'agit du prix de cession des éléments d'actif. Le prix de cession est porté au crédit de ce compte alors que les frais engagés au moment de l'opération de vente sont comptabilisés au crédit du même compte. La différence constitue le prix net de cession à porter dans les imprimés de la DSF. Pour le cas spécifique des EMF, les problèmes fiscaux peuvent naître de la lecture des cohérences fiscales. Ainsi en l'absence des états financiers propres aux EMF, ces entités doivent déposer dans le cadre de leur déclaration annuelle, une DSF adaptée aux entreprises commerciales. Dans ce document, les produits nets de cession des immobilisations ressortent dans les comptes des H.A.O (classe 8), alors qu'ils sont constatés conformément au PCEMF dans un compte de la classe 7 (classe des comptes des A.O des entreprises commerciales). Cette situation induit une confusion dans l'appréciation fiscale des produits imposables qui seraient noyés dans la classe 7 de la DSF et non visible dans la classe 8. Un reclassement doit être fait par les acteurs de la microfinance lors de la confection de leur état financier de fin d'exercice.

B. Les produits constatés

Ce sont des produits qui ne génèrent pas un encaissement immédiat ou futur. Sont ainsi concernées, les reprises aux amortissements et aux provisions. Fiscalement, ces produits sont imposables à l'IS. Cependant, les problèmes fiscaux naissent des reprises des provisions qui font l'objet des omissions sur le double plan de leur comptabilisation et de leur inscription dans les imprimés de la DSF. Ainsi, il convient de relever que :

- toutes les provisions antérieurement constatées et admises en déduction du résultat fiscal doivent faire l'objet à la clôture de l'exercice qui s'achève, d'une reprise pour être imposées à l'IS. Un manquement dans ce sens est passible d'une correction fiscale aux préjudices sur la performance des entreprises en général et des EMF en particulier ;
- la reprise des provisions antérieurement réintégrées (non admises en déduction), doit faire l'objet d'un retraitement fiscal (déduction dans le tableau 22 de la DSF) aux fins d'éviter une double imposition.

C. Les produits susceptibles des querelles fiscales du PCEMF

Il s'agit particulièrement des intérêts qui découlent des créances en souffrance (créances impayées, immobilisées et douteuses) dont la procédure comptable serait en déphasage avec les principes d'imposition.

1. La procédure comptable des EMF

En effet, conformément à la procédure comptable[819] de constatation des créances en souffrance dans les EMF, les intérêts et commissions ne sont enregistrés dans les comptes de produits que s'ils sont effectivement perçus. Ainsi :

- les écritures comptables des intérêts et commissions non encaissés et constatés avant le reclassement des créances saines en créances en souffrance, doivent être contre-passées et enregistrées dans les comptes hors bilan (classe 9 du PLEMF) ;
- les intérêts non réglés des créances en souffrance ne sont pas comptabilisés dans les comptes de produits ; ils doivent être enregistrés dans des comptes hors bilan.

De ce principe, il s'ensuit que seuls les produits des opérations avec la clientèle effectivement encaissés sont comptabilisés dans les comptes de la classe 7 pour être imposés à la TVA (pour les EMF assujettis) et à l'IS.

2. La procédure fiscale d'imposition des produits

En référence aux EMF, il paraît judicieux d'examiner la situation en matière de la TVA et de l'IS.

2.1. La situation en matière de la TVA

La situation fiscale des EMF suscite une analyse de l'exigibilité[820] de cet impôt. Ce qui permet de regarder les opérations qui portent sur la livraison des biens dont l'exigibilité de la TVA intervient lors de la réalisation du fait générateur[821] d'une part, et les entreprises prestataires de services dans lesquelles l'exigibilité de la TVA intervient au moment de l'encaissement du prix, d'autre part.

Les EMF faisant dans les prestations de services, la gestion comptable comme prévue par leur plan comptable suppose que la TVA déclarée soit celle effectivement encaissée. Ce qui se traduit par une gestion optimale de la trésorerie et de la rentabilité des placements financiers.

---

[819] Article 8 du Règlement COBAC/EMF 2002/18 du 15 avril 2002, op. cit.

[820]http://archives-bofip.impots.gouv.fr/bofip-A/g1/26038-AIDA/27672-AIDA/28216-AIDA.pdf, « L'exigibilité est définie comme le « droit que le Trésor public peut faire valoir, à partir d'un moment donné, auprès du redevable pour obtenir le paiement de la taxe ».

[821]Article 133 du CGI, « Le fait générateur de la Taxe sur la Valeur Ajoutée et du Droit d'Accises s'entend comme l'événement par lequel sont réalisées les conditions légales nécessaires pour l'exigibilité de l'impôt. Pour le cas des biens, c'est la livraison de la marchandise ».

2.2. La situation en matière d'IS

Les comptes d'engagement hors bilan ne contribuant pas à la détermination du résultat, conformément au PCEMF, seuls sont compris dans le résultat fiscal de l'exercice, les produits effectivement encaissés. Cette situation qui s'apparente à une comptabilité de caisse[822] réservée à l'organisation comptable des ménages[823] s'inscrit en violation d'une comptabilité d'engagement propre aux personnes morales à l'exemple des EMF. En effet, conformément aux dispositions fiscales[824] en matière d'IS, le bénéfice imposable tient compte des produits dès qu'ils sont acquis et non encaissés, des charges engagées, mais non payées, des créances et des dettes dès qu'elles sont nées.[825] Au regard de ce qui précède, sur le fondement de l'autonomie du droit fiscal, l'administration pourra procéder à une réintégration de tous les produits sur les créances en souffrance ainsi passés en hors bilan dans le résultat fiscal en les assimilant à un abandon des produits imposables. Un recentrage devrait être fait avant le dépôt des états financiers au centre des impôts de rattachement.

Dans l'ensemble, les produits générés par l'activité des EMF sont imposés à l'IS. Les difficultés fiscales sont inhérentes à l'évaluation du caractère probant des opérations générées automatiquement par le système du fait de l'absence des documents de base. Toutefois, les EMF sont exposés à un redressement fiscal du fait d'une interprétation non harmonisée des textes qui régissent le secteur et les dispositions fiscales. Pour réduire leur base d'imposition et donc le montant de l'impôt, il existe des régimes de faveur.

II. L'EXPLOITATION DES MODALITÉS D'AIDES FISCALES ACCORDÉES AUX CONTRIBUABLES

Face à l'assujettissement des EMF à l'impôt sur les sociétés sans considération de leur catégorie, l'une des préoccupations actuelles de ces entités consisterait à réduire au mieux, le montant de cette charge fiscale. En marge des manœuvres frauduleuses aux conséquences généralement déplorables, les dispositions fiscales camerounaises ont prévu des mesures d'accompagnement des entreprises. Nonobstant la suppression du régime du

---

822 Maurice, *Les Principes Comptables*, op.cit. : « Dans une comptabilité de caisse, le revenu brut comprend les encaissements, tandis que les charges déductibles supposent des paiements effectifs ; c'est le tiroir-caisse qui donne la mesure du revenu à déclarer au fisc. » Page 148

823 COZIAN Maurice, *Les Principes Comptables*, op.cit. : « Il faut distinguer la fiscalité des ménages dans laquelle le revenu imposable est calculé à partir des revenus d'une comptabilité de caisse et la fiscalité des entreprises dans laquelle le bénéfice imposable se détermine à partir des résultats d'une comptabilité d'engagement. », page 148.

824 Article 6 (1) du CGI : « Le bénéfice imposable est le bénéfice net déterminé d'après les résultats d'ensemble des opérations de toute nature effectuées par les entreprises au cours de la période servant de base à l'impôt, y compris notamment les cessions d'éléments quelconques de l'actif, soit en cours, soit en fin d'exploitation. »

825 COZIAN Maurice, *Les Principes Comptables*, op.cit., page 148.

réinvestissement[826], les entreprises camerounaises bénéficient des aides fiscales dans le cadre des apurements des déficits (**A**) qu'elles auraient antérieurement réalisés, de l'imposition partielle des produits des actions reçus des filiales (**B**), d'une adhésion dans un centre de gestion agréé (**C**) et du régime du secteur boursier (**D**).

A. Les aides fiscales relatives aux reports et imputations des déficits

Ce sont des aides fiscales relatives au report déficitaire. En effet, le résultat fiscal d'un exercice qui découle du résultat comptable majoré des réintégrations et diminué des déductions, peut être positif ou négatif. Dans le second cas, il s'agit d'une perte fiscale. Une telle situation doit être exploitée pour réduire ultérieurement le montant de l'impôt sur les sociétés des EMF. Cette technique porte sur l'exploitation de deux notions importantes qui sont :

- le déficit privilégié ;
- le déficit ordinaire.

1. Le déficit privilégié

En cas de perte fiscale, l'entreprise peut différer le montant des dotations aux amortissements de l'exercice sans pourtant dépasser le montant de ladite perte. Le montant de l'amortissement régulièrement différé en période déficitaire est appelé « déficit privilégié. » Il sera déduit en priorité sur les bénéfices fiscaux ultérieurs sans limites jusqu'à l'épuisement total.

L'application des dispositions relatives au régime fiscal des amortissements réputés différés en période déficitaire n'est pas sans poser de difficultés dans la pratique, tant la notion demeure floue dans l'esprit des praticiens et les modalités d'imputation souvent non maîtrisées. L'Administration fiscale a donc été amenée à apporter des précisions sur ces aspects[827].

1.1. La notion d'amortissements différés

Il convient de faire au préalable une distinction entre les amortissements différés et les Amortissements Réputés Différés en période déficitaire (ARD). Les amortissements différés sont ceux qui correspondent à la totalité ou à une fraction des dotations annuelles normales des amortissements et qui n'ont pas été comptabilisées à la clôture de l'exercice, que celui-ci soit bénéficiaire ou déficitaire. Dans ce cas, l'article 7 D du CGI proscrit la déduction ultérieure de telles dotations irrégulièrement différées. Par contre, les ARD sont des dotations qui ont été effectivement et régulièrement comptabilisées au cours

---

[826] Articles 105 à 107 supprimés par la loi de finances de l'exercice 2015.

[827] Recueil de Doctrine Administrative Fiscale. À jour au 1er janvier 2010, Amortissements réputés différés en période déficitaire – Modalités d'imputation – Report, Lettre n° 3330/MINEFI/DI/LC/L du 28 juin 2004.

d'un exercice dont le résultat est déficitaire, et qu'une entreprise décide d'isoler du déficit ordinaire afin de les reporter sur l'exercice ou les exercices bénéficiaires suivants. Ils sont admis en déduction du bénéfice imposable, conformément aux dispositions de l'article 7 susvisé.

1.2. Les conditions d'existence des amortissements réputés différés

La faculté de constituer des ARD est une décision de gestion de l'entreprise. Cette décision de gestion implique que les dotations d'amortissement considérées soient d'une part mentionnées séparément dans le tableau 10 des amortissements, et d'autre part fassent l'objet d'une inscription au tableau 22 ligne 04 de la DSF OHADA de l'exercice en cause. C'est cette opération qui subordonne le report des ARD sur le ou les résultats bénéficiaires des exercices suivants.

1.3. Le report et imputation des amortissements réputés différés

S'agissant du report, il y a lieu de relever qu'en application des dispositions de l'article 12 du CGI, seuls les déficits ordinaires sont reportables dans la limite d'un délai de prescription de quatre ans à compter de l'exercice qui suit l'exercice déficitaire. Les ARD sont reportables sans limitation de délai après leur comptabilisation régulière. Pour ce qui est de l'imputation, les ARD sont obligatoirement imputés sur les résultats du ou des premiers exercices qui laissent apparaître un bénéfice suffisant pour y faire face à la suite des déficits et des amortissements normaux de l'exercice concerné. Ainsi, leur imputation n'est pas facultative. C'est ce qui ressort des dispositions pertinentes de l'article 7 D du CGI qui mentionne au rang des charges déductibles, les amortissements réellement comptabilisés, « y compris ceux qui auraient été antérieurement différés en période déficitaire ».

Pour illustration, un EMF qui a constitué des amortissements pour un montant de 7 000 000 FCFA au cours de l'exercice N peut être confronté aux cas de figure suivants :

Hypothèse 1 : le résultat fiscal de l'exercice est déficitaire de 5 000 000 FCFA. Dans ce cas, cette microfinance pourra différer (reporter la déductibilité) ses amortissements pour un montant maximal de 5 000 000 FCFA.

Hypothèse 2 : le résultat fiscal de l'exercice est déficitaire de 9 000 000 FCFA. Dans ce cas, la microfinance ne pourra différer ses amortissements que pour un montant maximal de 7 000 000 FCFA correspondant aux dotations de l'exercice.

2. Le déficit ordinaire

Il peut arriver que le montant des amortissements normaux de l'exercice ne puisse apurer le montant de la perte fiscale. La différence représente un déficit ordinaire à imputer sur les bénéfices fiscaux ultérieurs et dans un délai de quatre (4) ans[828]. En référence à l'hypothèse 2 ci-dessus, la microfinance devra constituer un déficit privilégié de 7 000 000 F CFA imputable sans délai et un déficit ordinaire de 2 000 000 F CFA imputable sur les exercices bénéficiaires suivants jusqu'à la clôture de l'exercice N+4.

Pour bénéficier de ce régime de faveur, les montants des déficits à différer et à imputer doivent être portés successivement dans les imprimés de la DSF des exercices de référence.

B. L'imposition partielle des produits des actions reçus des filiales

Il s'agit de l'application du régime fiscal des dividendes perçus par une société mère de ses filiales. En effet, pour le cas spécifique des EMF, ces produits ne seront imposables que de 10 % de leur montant net lorsque les conditions relatives aux dispositions fiscales et à la catégorie d'activité de ces entités sont satisfaisantes.

1. Les conditions pour bénéficier de ce régime[829]

Il s'agit des mesures qui visent à ne pas pénaliser les entreprises qui bénéficient d'une structure de groupe (régime de société mère et filiale). Pour bénéficier de ce régime, les entreprises doivent remplir les conditions suivantes :

- la participation de la société mère doit représenter au moins 25 % du capital de la société filiale ;
- la société mère et la société filiale doivent avoir leur siège dans un État de la CEMAC ;
- la société mère et la société filiale doivent être constituées sous la forme juridique de SA ou de SARL ;
- les actions ou parts sociales doivent avoir été attribuées à l'émission, c'est à dire à la constitution de cette dernière ou lors de l'augmentation de son capital et doivent toujours rester inscrites au nom de la société mère ;
- si les titres ne sont pas souscrits lors de leur émission, la société participante (société mère) doit prendre l'engagement de les conserver pendant deux années consécutives au moins sous la forme nominative.

---

[828]Article 12 du CGI : « En cas de déficit subi pendant un exercice, ce déficit est considéré comme une charge de l'exercice suivant et déduit du bénéfice réalisé pendant ledit exercice. Si ce bénéfice n'est pas suffisant pour que la déduction puisse être intégralement opérée, l'excédent du déficit est reporté successivement sur les exercices suivants jusqu'au quatrième exercice qui suit l'exercice déficitaire. »
[829]Article 13 du CGI.

2. Les conditions relatives à la catégorie d'activité de ces entités

Il ressort des dispositions de l'article 13 du CGI, une condition préalable qui veut que les sociétés mères et filiales doivent être constituées sous la forme de SA ou de SARL. Ce qui exclut d'office les autres catégories des EMF à l'exception de ceux de la deuxième catégorie. Ainsi, les microfinances éligibles à cette mesure d'aide fiscale pourront déduire du bénéfice fiscal, 90 % des dividendes nets perçus.

Pour illustration, le CCA (une microfinance de deuxième catégorie) basé à Yaoundé qui aurait perçu 90 000 000 F CFA d'une de ses multiples filiales devra déduire de sa base d'imposition, et ce, dans les imprimés de la DSF de l'exercice fiscal, 81 000 000 F CFA représentant 90 % des dividendes nets au titre de bénéfice de régime de faveur. Cette technique permet ainsi à cette société de réaliser des économies d'impôt de l'ordre de 26 730 000 F CFA représentant 33 %[830] du montant de la déduction.

C. Les aides fiscales liées aux Centres de Gestion Agréés (CGA)

Comme les autres contribuables, les EMF peuvent bénéficier d'une réduction d'impôt lorsqu'ils ont souscrit à une adhésion dans un Centre de Gestion Agréé. Toutefois, l'application d'une telle mesure est soumise aux dispositions fiscales relatives au montant du chiffre d'affaires réalisé ou déclaré.

1. Les dispositions applicables[831]

Les CGA ont été institués par la loi de finances N° 96/08 du 1er juillet 1996 et abrogés par la loi n° 2002/014 du 30 décembre 2002 portant loi de finances pour l'exercice 2003, avec effet au 1er janvier 2004[832]. Ils ont été organisés par le décret n° 2000/002/PM du 6 janvier 2000, modifié par le décret n° 2007/0456/PM du 29 mars 2007 qui fixe également les avantages fiscaux accordés aux adhérents desdits centres. Les modalités d'application du décret susvisé ont été fixées par l'arrêté n° 079/PM du 29 mars 2007.

Ce sont des institutions professionnelles agréées par le ministre chargé des Finances dont le but est d'apporter une assistance en matière de gestion. Elles encadrent les adhérents dans l'accomplissement de leurs obligations fiscales. Peuvent être adhérents aux Centres de Gestion Agréés, les personnes physiques ou morales réalisant un chiffre d'affaires annuel hors taxes inférieur ou égal à cent (100) millions de francs CFA[833]. Les adhérents aux Centres de Gestion Agréés bénéficient d'un abattement de 50 % du bénéfice fiscal déclaré.

---

[830] Taux de l'IS révisé par la loi de finances de l'exercice 2015.
[831] Article 118 et 119 du CGI
[832] Articles 120 à 124 du CGI.
[833] Modification Loi de Finances 2011.

2. Le montant du chiffre d'affaires.

Il s'ensuit que seules sont éligibles à une adhésion dans un Centre de Gestion Agréé, les entreprises, et donc les EMF réalisant un chiffre d'affaires annuel ne dépassant pas cent (100) millions de francs CFA. Il s'ensuit que les EMF dont le chiffre d'affaires est au-dessus de ce montant ne pourront pas bénéficier de cette mesure d'aide.

D. Le régime du secteur boursier

Les EMF de forme sociétaire (microfinances de deuxième catégorie) qui réalisent des opérations boursières, bénéficient des réductions ou des exonérations en matière d'IS et d'IRCM.

1. La réduction du taux de l'Impôt sur les Sociétés[834]

Il s'agit de l'admission ordinaire à la cote de la bourse du Cameroun. Cette opération se traduit par le bénéfice de l'application des taux réduits d'Impôt sur les Sociétés suivants :

- 20 % pendant trois (3) ans, pour les augmentations de capital représentant au moins 20 % du capital social ;
- 25 % pendant trois (3) ans, pour les cessions d'actions représentant au moins 20 % du capital social ;
- 28 % pendant trois (3) ans à partir de la date d'admission pour les augmentations ou cessions en deçà du seuil de 20 % du capital social.

2. Les exonérations d'impôt

Sont exonérées de l'Impôt sur les Sociétés, de l'impôt sur les revenus de capitaux mobiliers ou de tout autre prélèvement de même nature,[835] les plus-values nettes réalisées par des personnes physiques ou morales (EMF) sur le marché des valeurs mobilières du Cameroun.

Les sociétés qui procèdent à l'admission de leurs actions ordinaires à la cote de la bourse du Cameroun bénéficient de l'application des taux réduits d'Impôt.

Globalement, les difficultés fiscales des EMF naissent habituellement de deux ordres. En premier, l'autonomie du droit fiscal dont les dispositions s'appliquent en marge des textes qui régissent ce secteur d'activité, ensuite, le contexte comptable spécifique du secteur qui interpelle des connaissances particulières pour apprécier, par exemple, le caractère probant de certaines charges et produits pourtant assez représentatifs.

---

[834]Article 108 du CGI.
[835]Article 111.

Toutefois, la législation fiscale camerounaise a prévu des mesures d'aides fiscales aux contribuables. Sont donc visés, les reports et l'imputation des déficits, le régime des produits reçus des filiales, les avantages fiscaux des adhérents des Centres de Gestion Agréés (CGA) et le régime du secteur boursier. Les difficultés d'application de ces avantages fiscaux dans ces entités, d'après les données du terrain, sont inhérentes à l'absence du personnel interne qualifié en la matière d'une part, et à l'insuffisance d'une bonne culture fiscale, d'autre part.

CONCLUSION

Au constat, les microfinances sont perçues comme la banque des pauvres. Elles exercent leurs activités au Cameroun sous plusieurs formes (mutuelles, sociétés commerciales et projets de développement). Si le secteur regroupe trois catégories aux activités diversifiées, le choix des deux premières exclusivement abordées dans ce travail, s'explique d'abord par la diversité de leur forme juridique de mutuelle et de société commerciale et, ensuite, par leur niveau de représentativité de 90 % des effectifs pour les EMF de la première catégorie et, plus loin, de 9 % pour ceux de la deuxième catégorie. Les EMF de la troisième catégorie étant exclus du cadre d'analyse en raison du fait qu'ils couvrent à peine 1 % des effectifs du secteur.

Cette multitude de formes juridiques, en l'absence d'un cadre juridique spécifique, pose donc le problème de leur grille de lecture fiscale. Dans cette logique, il convient de souligner d'emblée que la microfinance, bien que relevant d'un secteur nouveau des économies des États, s'appréhende comme un moyen efficace permettant d'offrir les services financiers aux populations délaissées par le système bancaire classique. Une approche fiscale relative à ce secteur d'activité interpelle une combinaison simultanée des données juridiques, financières et comptables évoquées supra. La complexité de l'activité des EMF et des textes fiscaux réservés aux initiés suscite des interrogations diverses dont la plus pertinente consiste à se demander si le système fiscal est de nature à promouvoir la performance des EMF dans un contexte camerounais où l'Administration des impôts ne dispose pas assez d'outils pour apprécier de manière équitable, l'imposition de ces entités. Parallèlement, les acteurs de la microfinance ne sont pas assez connectés aux dispositions fiscales applicables. S'ajoute à ces difficultés, le plan comptable même du secteur d'activité qui, élaboré sur la base des dispositions COBAC, se distance des règles fiscales camerounaises au regard de la souveraineté fiscale des États. Au bout de la recherche, deux grandes parties ont conditionné la structure de la réflexion. D'abord, l'impératif imposait la nécessité de relever la problématique fiscale du cadre contextuel des EMF pour en restituer l'état des lieux et, ensuite, procéder à une évaluation de ce cadre contextuel sur le double plan des indicateurs plausibles et l'impact de la législation fiscale sur ces agrégats. Ce qui a permis ainsi de déboucher sur des analyses contributives en termes de projections.

Pour ce qui est de la première partie, l'ambition s'est articulée autour de l'élaboration d'une plate-forme visant à décrypter les incidences fiscales du concept de la microfinance aux fins de fédérer les acteurs dans une relation fiscale. Pour répondre à cette préoccupation, nous avons restitué les aspects fiscaux d'accès à la profession ainsi que le cadre fonctionnel des EMF aux fins de procéder à l'analyse des formes juridiques que peuvent adopter ces organisations. S'y ajoutent, les sources d'imposition et leurs organisations comptables spécifiques. Données dont il convient de tenir compte dans les relations fiscales, au risque de dérapage.

La deuxième partie quant à elle, s'est articulée autour de l'évaluation financière et fiscale des EMF débouchant sur des perspectives. À ce titre, les leviers qui expliquent la performance des EMF doivent être perçus différemment de ceux généralement utilisés dans les autres secteurs d'activité. Cependant, du point de vue comptable commun à tous, certains agrégats issus du compte de résultat permettent de mesurer la capacité de ces entités à couvrir leurs charges à travers les produits et d'en dégager un bénéfice. Cela dit, ces entreprises doivent être rentables pour que les investisseurs perçoivent leur dividende et, partant que l'État collecte ses impôts. Également, la situation patrimoniale contenue dans le bilan permet d'analyser les sources de financement des biens inscrits à l'actif, débouchant ainsi sur l'appréciation du niveau de l'indépendance financière. Le bilan est, en plus, un document utile visant l'appréciation des diagnostics financiers favorables à l'analyse du fonds de roulement, des besoins de financement et de la trésorerie nette. Toutefois, l'étude de la performance financière des EMF doit prendre en compte, les indicateurs propres au secteur. Il en est ainsi de la qualité du portefeuille, de l'efficacité, de la productivité, de la gestion financière, de la rentabilité et de la viabilité financière. Entendu que ces indicateurs puisent leurs sources des données comptables à fortes colorations fiscales, ils sont susceptibles d'être influencés par le contexte fiscal applicable.

L'imposition des EMF, bien que relevant du régime du droit commun, permet de faire la distinction entre les impôts directs des impôts indirects. Tout comme les autres contribuables, les impôts directs sont pour les EMF, les charges fiscales qui, portées dans le compte de résultat, contribuent négativement à leur rentabilité financière. S'agissant des impôts indirects, les EMF n'interviennent qu'en qualité d'intermédiaire fiscal dans un rôle de redevables légaux. Leurs problèmes fiscaux relèvent donc de cette catégorie d'impôts difficilement manipulables. Le cas spécifique de la TVA constitue pour ces entités, une charge fiscale aux incidences significatives sur leur niveau de profitabilité. En effet, d'après cet impôt, la TVA pour les entreprises n'est pas une charge. Seul le consommateur final doit en supporter. En plus, d'après la législation fiscale camerounaise, seules les entreprises qui relèvent du régime du réel d'imposition sont éligibles à sa déductibilité dans les conditions de fond et de forme. Cependant, les EMF de la première catégorie de forme mutualiste représentant 90 % des effectifs du secteur n'entrent pas dans le champ visuel de la TVA. En d'autres termes, ils ne doivent pas collecter la TVA. Cette situation crée un manque à gagner pour le Trésor

Public d'une part, et ils ne doivent pas déduire la TVA facturée par leurs fournisseurs, ce qui constitue un poids fiscal, d'autre part. De ce qui précède, on constate que les textes fiscaux applicables aux EMF ne sont pas toujours favorables à une performance financière dans ce secteur d'activité. Toutefois, afin de se mettre à l'abri des surprises fiscales, dans un souci de contribuer à une appréciation du plan comptable des EMF par les acteurs qui en lui-même regorge des niches de redressement, il a été consacré des projections en termes de contribution.

Il ressort que la situation patrimoniale des EMF est d'une coloration fiscale sensible. Ainsi, les biens inscrits à l'actif du bilan génèrent successivement par leur nature, la taxe foncière, les droits d'enregistrement et la TVA. Les diminutions d'actif doivent faire l'objet d'éclaircissement suffisant, y compris les dépréciations qui exigent des constats dans les conditions de fond que de forme. Le passif, en revanche, génère des impositions à l'instar du droit d'enregistrement, de l'impôt sur le revenu et bien d'autres. En plus, toute inscription au passif non justifiée est assimilée à un passif fictif aux incidences fiscales déplaisantes. En effet, les problèmes inhérents à la gestion fiscale des EMF se perçoivent à plusieurs niveaux :

- les charges ainsi que les produits générés automatiquement par le système posent le problème de la force probante de l'opération qui est d'ailleurs susceptible des manipulations internes pouvant réduire le montant du résultat fiscal. Ce qui influence négativement la collecte des recettes de l'État ;
- le regroupement des charges de même que les produits dans la DSF ne permettent pas toujours une lisibilité propre des activités des EMF. D'où la source des querelles fiscales débouchant soit à une surimposition des EMF ou alors aux points qui échappent à la lecture fiscale. Une liasse fiscale réservée exclusivement aux EMF doit être envisagée pour une bonne lisibilité des comptes ;
- les produits générés par les créances en souffrance ne sont pas inclus dans le résultat fiscal de l'exercice comme recommandé par le plan comptable du secteur. Une telle situation s'apparente à une comptabilité de caisse. De même, le traitement comptable des provisions ne répond pas aux exigences des dispositions fiscales en la matière. Toutes ces situations sont susceptibles d'un redressement fiscal en application de l'autonomie du droit fiscal. Ce qui nécessite un recentrage des textes à deux niveaux ;
- les arrêtés des comptes ne répondent pas toujours aux exigences comptables pour que certains comptes exclusivement à sens débiteur soient portés au passif du bilan aux incidences fiscales déplaisantes. Le commissariat aux comptes des EMF doit être confié aux initiés, *a contrario*, des actions de formation doivent être organisées par les pouvoirs publics à l'intention des auditeurs internes et externes des EMF.

Au regard de tout ce qui précède, bien que les EMF bénéficient de certaines dispositions de faveur, à l'instar des droits d'enregistrement sur les conventions de crédit, le système fiscal n'est pas de nature à promouvoir de manière significative leur émergence et même la rentabilité des recettes de l'État. En effet, le législateur impose ces entités à l'IS dans la rubrique du régime du droit commun, dans un secteur constitué à 90 % des mutuelles tout en laissant exister une zone d'ombre relativement à la situation en matière de TVA. De même, les dispositions règlementaires excluent ces entreprises du champ visuel de la TVA en raison de leur statut d'association. Cet état de choses qui s'apparente à une insuffisance des textes interpelle un recentrage. En plus, le constat des enquêtes menées sur le terrain permet de se rendre compte de ce que, le personnel de l'Administration fiscale ne dispose pas d'outil pouvant favoriser la compréhension du cadre comptable et fiscal des EMF. De l'autre côté, le secteur de la microfinance ne dispose pas du personnel pouvant répondre non seulement avec promptitude, mais aussi avec aisance aux sollicitations des services des impôts. De telles insuffisances interpellent sur la nécessité de réviser les programmes dans les grandes Écoles en intégrant les enseignements relatifs au cadre juridique, comptable et fiscal des EMF. Au demeurant, la mise en place d'un cadre juridique et d'une fiscalité propre au secteur de la microfinance apparaît comme des pistes idéales pouvant résoudre les problèmes fiscaux de ces entités au Cameroun.

BIBLIOGRAPHIE INDICATIVE

OUVRAGES GENERAUX.

1. ADAMS, D. W. et FITCHETT, D. *A.*, (1994), *Finance informelle dans les pays en développement,* Paris, Presse Universitaire de Lyon, 391 p.
2. ARELLANO, ROLANDO, GASSE, YVON ET VERNA Gérard, *Les entreprises informelles dans le monde,* Presses de l'Université Laval, 1994, 484 p.
3. BARREAU Jean, DELAHAYE Jacqueline, *Gestion financière : cas pratiques*, 5e édition DUNOD, 2001, 248 pages.
4. BARREAU JEAN, DECF *: Cas pratiques de gestion financière*, édition DUNOD, 5e édition, 245 pages.
5. BEKOLO Claude, ONOMO, C., Proximité marketing et Offre de crédit dans les institutions de microfinance : *Un essai d'explication du rationnement du crédit aux micro entrepreneurs*, *Revue Gestion 2000*, 2008, Vol 25, No5, 496 p.
6. BEKOLO-EBE Bruno., *Le système des tontines. Liquidité, intermédiation et comportement d'épargne, Revue d'Economie Politique,* 1989, N° 4, Juillet – Août, 616 P.
7. BEKOLO-EBE Bruno., BILONGO, R., *Comportements des gains et structure des taux d'intérêt dans les tontines : Etude de quelques cas, L'entrepreneuriat en Afrique Francophone*, Ed AUPELF-UREF, John Libbey Eurotext, 1990, pp107-113, Paris.
8. BERK Jonathan et DEMARZO Peter, *Finance d'entreprise*, 2e édition, 2011.
9. BOUVRIER Michel., *Introduction au droit fiscal général et théorie de l'impôt*, 7e édition, 307 pages.
10. BOUVRIER Michel, *Introduction au droit fiscal général et théorie de l'impôt*, 11e édition, 2012, 320 Pages.
11. BOYE, S., HAJDENBERg J., POURSAt, C., *Le guide de la microfinance : Microcrédit et épargne pour le développement*, Edition d'Organisation, 2006.
12. BOYE Sébastien, HAJDENBERG Jeremy et POURSAT Christine, *Le guide de la Micro finance, Micro crédit et Epargne pour le développement*, Edition d'organisation, 480 pages.

13. CABRILLAC Rémi, *Introduction générale au droit*, 8e édition, 2009, 264 pages
14. DE JUGLART M., IPPOLITO B., *Les sociétés commerciales*, cours de droit commercial, Montchrestien 10ème édition 1999, 880 pages.
15. DISLE Emmanuel et SARAF Jacques, *Droit Fiscal*, 2004/2005, DUNOD, 792 P.
16. EVA MOUIAL-BASSILANA, Irina PARACHKEVOVA, *Droit des affaires et droit commercial*, Gualino éditeur, 2004, 210 pages.
17. GILLES CHAMPAGNE, *L'essentiel du droit constitutionnel*, Gualino, lextenso éditions, 10e édition, 2011-2012, 198 pages.
18. CHARREAUX Gérard, *Finance d'entreprise*, 2e édition revue et augmentée, 2012, 263 pages.
19. LECLERE Didier, *Contrôle de gestion*, série 1 à 8, Institut National des Techniques Economiques et Comptables (INTEC), Conservatoire National des Arts et Métiers.
20. MARTINEZ Jean-Claude et DI MALTA Pierre, *Droit budgétaire*, éditeur : *Lexis Nexis/Litec*. 3ème édition, 1999, 988 pages
21. MERLE Philippe, *Droit commercial, Sociétés commerciales*, Prévis Dalloz, 8ème édition 844 pages.
22. MOREL Gervais, *les entreprises en difficulté éd*, Cerfof 2004, 483 pages.
23. NYAMA Jean Marie, *Elément de droit des affaires Cameroun – OHADA*, nouvelle édition 2001.
24. SIMON Claude, *La théorie de l'agence,* Collection, MENTION Gestion & management Groupe Eyrolles, 2007
25. VIZZAVONA Patrice, *Gestion financière, analyse statique, analyse dynamique*, 1981, 552 pages.

OUVRAGES SPECIALISES.

1. ALAKA ALAKA Pierre, *L'impôt au Cameroun. Contribution à l'étude d'un dysfonctionnement administratif*, Edition l'Harmattan, 2009, 278 pages.
2. ALAKA ALAKA Pierre, *La gouvernance fiscale*, Edition EDILIVRE, 2009, 364 pages.
3. ATANGANA FONGUE Roland, TOCKE Adrien, *Eléments de la fiscalité des affaires au Cameroun*, l'Harmattan, 2011.
4. ATANGANA FONGUE Roland, *Contrôle fiscal et protection du contribuable dans un contexte d'ajustement structurel : Le cas du Cameroun*, l'Harmattan, 2008, 342 pages.

5. BIDAS Benjamin, *Les finances publiques du Cameroun*, Deuxième édition, les éditions BB SARL, 1043 pages.
6. COZIAN Maurice, *Les grands principes de la fiscalité des entreprises*, 4ème édition 1999, 513 pages.
7. COZIAN Maurice, *Précis de fiscalité des entreprises*, 25ème édition LITEC 2001 – 2002, 799 P.
8. CHURCHILL, C., COSTER, D., *Manuel de gestion des risques en microfinance*, Guide Technique, CARE, 2001.
9. DISLE Emmanuel & SARAF Jacques, Droit fiscal, manuel et application, 2008/2009, DUNOD, édition Juin 2007, 695 pages.
10. DIKOUME Albert Léonard, *La fiscalité pétrolière des Etats membres de la CEMAC*, édition l'Harmattan, 2007, 414 pages.
11. GATSI Jean, *Droit des sociétés commerciales*, collection mémentos, 2004, 71 pages.
12. GATSI Jean, *Le droit OHADA des sociétés coopératives*, L'Harmattan, 2012, 195 pages.
13. GATSI Jean, L'approche du fonds de commerce dans l'espace OHADA, presse universitaire libre, juin 2006, 208 pages.
14. HATCHEU, E., NZOMO, J., 2007, *De l'informel au formel : le défi de la bancarisation des tontines en Afrique*, *Les cahiers de recherche du réseau Entreprenariat de l'AUF*, N° 07-78, Juin 2007.
15. JIM Collins, *De la performance à l'excellence. Devenir une entreprise leader*, Nouveaux horizons, 2001, 287 pages.
16. KAMEUGNE NUADJE Thomas, *Les armes du contribuable camerounais face au contrôle fiscal*, éditions Avenir, 2006, 447 pages.
17. KEUTCHA TCHAPNDA Célestin, *L'influence de la bonne gouvernance sur la relance de la décentralisation territoriale en Afrique au sud du Sahara*, Revue Africaine de Droit Public (RADP), Vol.1, n° 1, Juin-Déc. 2012, Les éditions Le Kilimandjaro,
18. LHÉRIAU Laurent, *Précis de réglementation de la microfinance*, 2009, 359 pages.
19. LHERIAU Laurent, *Précis de réglementation de la microfinance Tome I : Le droit financier et la microfinance,* 2005, 177 pages.
20. LHERIAU Laurent, *Précis de réglementation de la microfinance Tome II : Le droit technique de la microfinance,* 2005, 140 pages.
21. MBADIFFO KOUAMO Raymond, *Le traitement des impôts et taxes selon le système comptable OHADA*, 2003, 355 pages.

22. MBADIFFO KOUAMO Raymond, *Droit fiscal camerounais, le traitement des redressements fiscaux appliqué au système comptable OHADA*, 1ère édition septembre 2004, 390 pages.
23. MBADIFFO KOUAMO Raymond, *Système comptable OHADA. Comptabilité fiscale Tome 1. La taxe sur la valeur ajoutée*, édition 2012, 524 pages.
24. MEKHANTAR Joël, *Les fondamentaux. Finances publiques. Le budget de l'Etat*, 2e édition mise à jour (mars 1996), HACHETTE, 160 pages.
25. MKONGO Jean-Marie, *Les retenues à la source dans le système fiscal du Cameroun*, Presses Universitaires Libres, 2009, 562 pages.
26. OUEDRAOGO Pascal Ildevert, *Cours de fiscalité*, Institut Africain de Management ouaga, Burkina Faso, Janvier 2009, 72 pages.
27. OWOUNDI, F., *Accès au crédit bancaire, développement du système informel et mobilisation de l'épargne en Afrique*, *L'Actualité économique*, Vol 68, No 4, 1992, 665 P.
28. PIH Dieudonné, PYM Bolleri et BEGNI BAGAGNA, *Recueil de textes relatifs aux établissements de crédit, établissements de microfinance et Jurisprudence annotée de la cour de justice communautaire de la CEMAC*, édition 2012, 888 pages.
29. POUGOUE Paul-Gérard, Encyclopédie du droit OHADA, presses Lamy, 2 174 pages.
30. WANSSY KAMEGNY Pierre, *La TVA au Cameroun : ce qu'il faut savoir en 30 points annotés*, édition Janvier, 2003, 57 pages.

THESES ET MEMOIRES

Thèses

1. ALLAMBADEMEL Vincent de Paul, *Institutions de microfinance et lutte contre la pauvreté dans les pays du Sud : le cas du Tchad, approche socio-économique, Thèse* de Doctorat, Université de Franche-Comté, Besançon, novembre 2012.
2. BENI BAGAGNA Gaétan, *l'Harmonisation des politiques fiscales en Zone CEMAC/Esquisse de théorie de droit fiscal Communautaire,* Thèse de doctorat/Ph. D en droit public, Université de Douala/FSJP, 2012, 550 P.
3. BURGER Jonathan, *Les délits pénaux fiscaux : une mise en perspective des droits français, luxembourgeois et internationaux,* Nancy-Université, Ecole Doctorale des Sciences Juridiques, Politiques, Economiques et de Gestion, Thèse de doctorat, janvier 2011, 384 pages.

4. DJEFAL Sabrina, *Les ressorts de la microfinance : entre marché et solidarité. Impact et pérennité des systèmes financiers décentralisés Étude de cas en Afrique de l'Ouest*, Thèse de Doctorat, Université Lumière Lyon 2, 1999-2000.
5. ESSOMBA Ambroise Louison, *Le domaine du pouvoir réglementaire du Premier Ministre au Cameroun*, Thèse de Doctorat, UD/FSJP, Année 2011-2012, 565 P.
6. IMENE Berguiga, *La microfinance entre performance sociale et performance financière : une application à la région mena*, Thèse de doctorat, Paris Est, 2011.
7. KAMALAN, ANGBONON Eugène, *Efficacité des contrats de dette pour les clients individuels en microfinance : le rôle des liens de clientèle. Etude dans des Institutions de microfinance ouest-africaines*, thèse de doctorat, Université LYON 2, 2010.
8. KEITA Mariam, *Evaluation de la performance des institutions de microfinance (IMFs) par la méthode d'enveloppement des données*, Thèse de Doctorat, Université Du Québec Montréal, 2007.
9. KENGUE MAYAMOU Pascal, *La microfinance en Tunisie et en Egypte : un outil au service du développement local*, thèse de doctorat, Université Rennes 2, Juin 201.
10. KEUTCHA TCHAPNGA Célestin, *Le Contrôle de l'Etat sur les activités privées au Cameroun*, thèse de doctorat en droit, Université de droit, d'économie et des sciences d'Aix-Marseille, septembre 1992.
11. LAMIAA EL HIJRI Ep. BOUZOUBAA, *gouvernance et stratégie territoriales : le rôle des acteurs dans la gestion de leur territoire,* Thèse de Doctorat ès Nouveau Régime Sciences de Gestion de l'Université de METZ, 14/12/2009.
12. LISE DUVAL, *La microfinance dans une économie rurale en transition : l'amélioration de l'accès des ménages ruraux au marché financier en République de Moldavie, par un programme de microfinance*, Thèse de doctorat, Ecole Nationale Supérieure Agronomique de Montpellier, 15 mars 2002.
13. MORTIER Pauline, *Les métamorphoses de la souveraineté*, thèse de doctorat en droit public, Université d'Angers, 2011.
14. MOYUM KEMGNI Georgette, *Le contrôle des finances dans les pays de la zone CEMAC*, Thèse de doctorat, université Montesquieu-Bordeaux IV, Ecole doctorale de droit (E.D.41), 2009.
15. NDEYE SINE, *Microfinance et création de richesses : entre logiques domestiques et performances*, Thèse de doctorat, Université du Québec À Montréal, 2008.

16. NDIAYE Mamadou, *E-gouvernance et démocratie en Afrique : le Sénégal dans la mondialisation des pratiques*, Thèse pour le Doctorat en Sciences de l'Information et de la Communication, 'Université de Bordeaux 3, novembre 2006.
17. NIANG Demba, *gouvernance locale, maîtrise d'ouvrage communale et stratégies de développement local au Sénégal : l'expérience de la ville de Saint-Louis*, thèse de doctorat, Université de Toulouse Le Mirail, Février 2007.
18. NGENDAHAYO, E., *Microcrédit et théorie financière : Trois contributions à la compréhension des déterminants de la performance des institutions de microcrédit*, Thèse de Doctorat en Science de Gestion, Université de Lille II, 2008.
19. Omer KOUAKOU Thiedje Gaudens, *La finance et l'éthique dans un environnement financiarisé : le cas de la finance solidaire*, thèse de doctorat, Université Toulouse 2 – Le Mirail, juin 2012.
20. ONOMO Cyrille, *Mécanismes de gouvernance en Microfinance : apports sur la performance des IMF au Cameroun*, Thèse de Doctorat en *Science juridique et politique*, Université de Douala, 2010.
21. PAERELS Hélène, *Le dépassement de la personnalité morale. Contribution à l'étude des atteintes à l'autonomie des personnes morales en droit privé et droit fiscal français*, Université de Lille 2, faculté des sciences juridiques, politiques et sociales école doctorale n° 74, Thèse de doctorat, juin 2008, 425 pages.
22. SMAHI Ahmed, *Microfinance et Pauvreté : Quantification de la Relation sur la population de Tlemcen*, thèse de doctorat en sciences économiques, Université Abou BekrBelkaïd de Tlemcen, 2010.
23. RAMANANTSEHENO Domoina, *La microfinance au service d'une agriculture durable : illusion ou réalité ? Le cas de Madagascar (région de l'ITASY)*, thèse de doctorat, Université Paris Sud, novembre 2012.
24. RODRIGUEZ Sophie, *Le management de la diversité : levier de performance humaine. Le cas Airbus*, thèse de doctorat, 2011.
25. TCHANKAM Jean Paul, *Performance comparée des entreprises publiques et privées au Cameroun*, Thèse de doctorat, Université de Montesquieu Bordeaux – 4, 1998.
26. ZIBI Paul, *Le droit de la gouvernance au Cameroun*, Thèse de Doctorat, Université de Yaoundé II SOA, 2014-2015, 626 P.

Mémoires

1. CORNEE Simon, *Microfinance : entre marché et solidarité Analyse de la convergence entre performances financières et performances sociales : application de la méthode Data Envolement Analyses sur 18 institutions de microfinance péruviennes*, Master Recherche en Sciences de Gestion option Finance, IGR-IAE, Université de Rennes 1, Juin 2006.
2. GOGAN Benjamin D., *Microfinance et problématique de réduction de la pauvreté au Benin : Expérience des femmes du programme de Micro Crédits aux Plus Pauvres (MCPP) dans la commune rurale d'ADJARRA*, Mémoire de D.E.A, Université D'ABOMEY-CALAVI, 2012.
3. KOMBOU Claude**,** *La fiscalité des établissements de micro finance en contexte camerounais*, Mémoire de DESS, Université de Douala, Faculté des Sciences Juridiques et Politiques, *Année académique 2005 – 2006.*
4. NIYONGABO Ephrem, *La recherche de pérennité par les institutions de microfinance au Burundi. Trois études de cas : Fédération Nationale des Coopératives d'Epargne et de Crédit du Burundi (FENACOBU), Caisse Coopérative d'Epargne et de Crédit Mutuel (CECM) et Coopérative Solidarité avec les Paysans pour l'Epargne et le Crédit à Cibitoke (COSPEC)*, Mémoire de D.E.A, Université Catholique de Louvain, année académique 2006/2007.
5. ONGO NKOA Bruno Emmanuel, *Réformes financières et rentabilité du système bancaire des pays de la CEMAC*, D.E.A en Economie et Finance, Université de Yaoundé II, 2009.
6. TONLEU TEINKELA Joëlle Annie épouse JAZET, *Fiscalité des crédits bancaires*, Mémoire de DESS en fiscalité appliquée, Université de Douala, FSJP, année académique 2003-2004.

ARTICLES ET COLLOQUES

1. ADA, *Brève histoire de la microfinance*, cite : www.microworld.org
2. AMANG A NGON, *La perception des EMF par les dirigeants de TPE au Cameroun,* ESSEC, Université de Douala, colloque sur la microfinance, Septembre 2013.
3. AMBLARD Marc, La mesure comptable de la performance financière : évolution des normes, stabilité des principes, site : https://halshs.archives-ouvertes.fr/halshs-00522287 Submitted on 30 Sep 2010.

4. ASSANI Omar, *Articulations banques/institutions de microfinance : Quel apport pour l'intermédiation financière ?,* colloque sur la microfinance, Septembre 2013.
5. ASHTA Arvind, *Les aspects fiscaux du droit budgétaire*, 1997.
6. A.S.C Consulting, *La mesure de performance financière dans les sociétés de haute technologie financière par le capital risque*, Décembre 2006.
7. AUF, Association Internationale des Chercheurs Francophones en Microfinance, *Les 4èmes Journées internationales de Microfinance – Brazzaville – 22-24 juin 2011*, Juin 2011.
8. ATTALI Jacques[836], *Le printemps du monde : la Tunisie en 2020,* conférence-débat organisée à Tunis à l'occasion du 20e anniversaire de la société d'intermédiation boursière Mac SA, Janvier 2013, cite : www.france24.com.
9. ATTALI Jacques, *Microfinance : le droit au crédit est un droit de l'homme*, avril 2012, cite : http://leplus.nouvelobs.com.
10. ATTALI, J., 2006, *La microfinance aujourd'hui*, Planetfinance, téléchargé à www.pointsdactu.org/article_print.php3?id_article=664.
11. AYI AYAYI., Christine Noël, *Défis et perspectives de la recherche en microfinance*, aayayi@audencia.com, cnoel@audencia.com.
12. AYOU Bene Marius Marius, *Réflexions sur le financement micro-financier des PME au Cameroun*, ESSEC, Université de Douala, colloque sur la microfinance, Septembre 2013.
13. BAKER, G., JENSEN, M., and Murphy, K., *Compensation, 1988.*
14. BERGUIGA Imène, *La microfinance entre performance sociale et performance financière : une application à la région MENA*, cite : www.theses.fr www.theses.fr
15. BELLONE Flora, MUSSO Patrick, Lionel Nesta et Stefano Schiavo, *L'impact des contraintes financières sur les performances à l'exportation des entreprises françaises*, 2010.
16. *BIWOLÉ FOUDA Jean, MESSOMO ELLÉ Serge, Typologie de la Gouvernance partenariale dans les Établissements de Microfinance (EMFs) au Cameroun*, ENSET de Douala, Université de Buea, colloque sur la microfinance, Septembre 2013.
17. BROUILLETTE Xavier, *Platon, précurseur de la « saine gouvernance », 2009,* Site web pédagogique : http://www.uqac.ca/jmt-sociologue

[836] Le président de PlanetFinance, Jacques Attali est *l'écrivain et économiste français.*

18. Cameroun, Ministère des Finance, *Le Cameroun à l'épreuve du Budget – Programme. Les grands chantiers de 2013*, Juillet 2013.
19. Cameroon-Info.Net, *Afrique centrale : la micro-finance vers la normalisation*, Septembre 2001.
20. CERISE, 2000, *Les contraintes et les défis de la viabilité des systèmes de microfinance des zones rurales défavorisées en Afrique*, Etude réalisée pour le compte du FENU à partir des contributions des praticiens autour des expériences mises en œuvre dans les contextes socio-économiques défavorisés d'Afrique.
21. CHEVALLIER Sophie, *Le concept de bonne gouvernance dans les politiques de développement des institutions de Bretten Woods et de l'Union Européenne,* le 01/12/2011, http://m2bde.u-paris10.fr/node/2338
22. Club Microfinance Paris, *L'impact de la microfinance et son évaluation : mise en perspective des résultats les plus récents*, conférence, 28 mars 2012.
23. CGAP, 1998, *Les banques commerciales : les nouveaux acteurs de la microfinance*, *Focus note* No 12.
24. CGAP, 2000, *Microfinance et gestion des risques : la perspective du client*, Focus note No 17.
25. CGAP et The World Bank Group, Directives concertées pour la Microfinance, décembre 2003.
26. DJAOWE Joseph, *Gouvernance et crise des IMF au Cameroun*, Université de NGaoundéré Cameroun, FSEG, colloque sur la microfinance, Septembre 2013.
27. DJOUTSA WAMBA Léopold et BIMEME BENGONO Isidore, *Hétérogénéité du statut légal, mécanismes de gouvernance et performance des Institutions de Microfinance,* FSEG de l'Université de Dschang, colloque sur la microfinance, Septembre 2013.
28. DOLIGEZ, F., 2002, *Les associations de microfinance : leur rôle dans le développement de l'industrie de la microfinance*, communication présentée au séminaire de GTZ-AFMIN, Accra, Ghana, 6 et 7 Novembre.
29. DZAKA-KIKOUTA Théophile, BILALA LUVUMA Bob, *Offre de services financiers par les multinationales de télécommunication : opportunités et risques pour les IMF spécialisées en transfert d'argent (évidence pour la république démocratique du Congo)*, colloque sur la microfinance, Septembre 2013.

30. EKOMAN Jean Louis, *Microfinance : le modèle Grameen est-il exportable en Afrique Centrale ?*, ESSEC, Université de Douala, colloque sur la microfinance, Septembre 2013.
31. ESSOMBA AMBASSAC., NOCHEH D. Ns, TEUGUIAG., *Risque de crédit et gouvernance par la proximité : cas des microcrédits octroyés aux TPE camerounaises*, Université de Douala, FSEGA, colloque sur la microfinance, Septembre 2013.
32. FALL François Seck, *panorama de la relation banques/institutions de microfinance à travers le monde*, revue tiers monde - n° 199 - juillet-septembre 2009, 500 pages.
33. FASSE MBOUYA Innocent, *Stratégies de contournement de l'obstacle linguistique par les EMF dans la conquête et la gestion d'une clientèle sous scolarisée/illettrée en contextes multilingues : cas du Cameroon*, ENSET, Université de Douala, colloque sur la microfinance, Septembre 2013.
34. FIDA (Fonds International de Développement Agricole), *la bonne gouvernance : une mise au point,* Conseil d'administration - Soixante-septième session, Rome, 8-9 septembre 1999, site : http://www.ifad.org/gbdocs/eb/67/f/EB-99-67-INF-4.pdf#page=1&zoom=auto,-12,848.
35. FOUDA ONGODO Maurice, EKONNE Emmanuel Aimé, *Lecture des textes règlementaires des Etablissements de Microfinance (EMF) 1 à la lumière des nouvelles théories des organisations,* Université de Douala, colloque sur la microfinance, Septembre 2013.
36. G. CHARREAUX, Théorie financière et stratégie Financière, Août 1992.
37. GIBBONS, D., MEEHAN, J., 2000, *Le défi du sommet du microcrédit : comment obtenir l'autonomie financière institutionnelle tout en préservant l'engagement d'atteindre les familles les plus pauvres*, Document rédigé pour la réunion des assemblées du sommet du microcrédit, Abidjan 24-26 Juin.
38. GUERIN Isabelle, Fouillet Cyril, *Microfinance : effets mitigés sur la lutte contre la pauvreté*, cite : http://aspd.revues.org
39. JEGOUREL Yves, Washington Nathaniel, Kamaha Marinette, *La création d'entreprises par des entrepreneurs socialement défavorisées en France : les programmes de microcrédit aident-ils* ?, Université Montesquieu-Bordeaux IV, colloque sur la microfinance, Septembre 2013.
40. KAMDEM Emmanuel, CHETCHOUA KAMYAP Dupin, *Pratiques culturelles tontinières comme levier de construction de la confiance en*

micro finance : cas du Cameroun, Université de Douala, colloque sur la microfinance, Septembre 2013.

41. KOKOURA DOLLO Hélène Hélène, KOUDOU Zohoré Olivier, *Stratégies nationales et le développement de la microfinance en Côte d'Ivoire*, Direction Générale du Trésor et de la Comptabilité Publique BPV 48 Abidjan (Côte d'Ivoire), l'Université Félix Houphouët Boigny d'Abidjan Cocody, colloque sur la microfinance, Septembre 2013.
42. KOMBOU Lucien, WANDA Robert, *Les déterminants de la performance financière des entreprises conjointes franco-camerounaises*, Institut d'Administration des Entreprises, Université Montesquieu – Bordeaux IV, Centre de recherche en contrôle et comptabilité internationale, Cahiers électroniques du CRECCI, 2006, 31 pages.
43. KOUDOU Zohoré Olivier, *L'influence des mécanismes de gouvernance sur la performance des institutions de microfinance de la Côte d'Ivoire*, l'Université Félix Houphouët Boigny d'Abidjan Cocody, colloque sur la microfinance, Septembre 2013.
44. KOUTOUZI Francis, *L'intégration de la microfinance dans les systèmes Financiers en zone CEMAC : une évaluation théorique et empirique au Cameroun*, Université de Douala au Cameroun, F.S.E.G.A, colloque sur la microfinance, Septembre 2013.
45. LE QUOTIDIEN DE L'ECONOMIE, *Ces mutations qui s'imposent aux EMF*, journal du Vendredi 13 Septembre 2013.
46. MAYEGLE François-Xavier, NGAH Berlin Sidoine, *Gouvernance et préservation de la « juste » répartition de la valeur : Un impératif de survie des EMF1 au Cameroun*, Université de N'Gaoundéré, FSEG, colloque sur la microfinance, Septembre 2013.
47. MBOUOMBOUO MFOSSA Patrick-Hervé, MVOGO Gregory, NDZANA Martin, *Performance sociale versus performance financière : quel Objectif pour les microfinances camerounaises ?,* FSEG-Université de Yaoundé II, colloque sur la microfinance, Septembre 2013.
48. MESSOMO ELLÉ Serge, BIWOLÉ FOUDA Jean, *Les effets des évolutions réglementaires dans les Établissements de Microfinance (EMFs) en réseau : Le cas de CAMCCUL, Université de Buea, ENSET de Douala,* colloque sur la microfinance, Septembre 2013.
49. MONTALIEU – LEO Thierry, *Microfinance et réduction de la pauvreté. Une approche macro-stratégique par l'analyse des DSRP en Afrique sub-saharienne,* (UMR CNRS 7322)/Université d'Orléans, colloque sur la microfinance, Septembre 2013.

50.MONTALIEU, T, *Les institutions de microcrédit : entre promesses et doutes. Quelles pratiques bancaires pour quels effets ?*, Monde en Développement, No 119, pp. 21-32, 2002.

51.MVOGO Gregory, NDZANA Martin, NDONOU Michèle, *Contribution de l'innovation de produits dans l'octroi de crédits des institutions de microfinance : le cas de la Régionale-Cameroun*, Université de Yaoundé II Soa, Université de Chieckh Anta Diop de Dakar, colloque sur la microfinance, Septembre 2013.

52.NANDJIP MONEYANG Sara, *Le projet d'acte organisant les sociétés coopératives ou mutuelles.*

53.*NANDJIP MONEYANG Sara,* Les concentrations d'entreprises en Droit interne et en Droit communautaire CEMAC, Revue Internationale de Droit africain EDJA, No 76 ; Janvier- février-Mars 2008, P. 5-32.

54.*NANDJIP MONEYANG Sara*, Etude de l'Acte Uniforme OHADA relatif au Droit des Sociétés Coopératives, contribution à l'encyclopédie du droit OHADA, paru sous les presses Lamy. France, janvier 2012. P.1909-1956.

55.*NANDJIP MONEYANG Sara*, La protection des épargnants des établissements de microfinance, Revue de Droit et de Jurisprudence CEMAC (RDJ-CEMAC) No 3, 2nd semestre 2013, P. 143-169 ; Revue de l'ERSUMA, Septembre 2013.

56.*NANDJIP MONEYANG Sara*, Les innovations récentes de l'acte uniforme OHADA portant Droit Commercial Général, Revue Communautaire de Droit et des Affaires No 6, Avril-Juin 2014, P. 37-46.

57.NANDJIP MONEYANG Sara, L'interopération et son impact sur le développement des sociétés coopératives, Revue communautaire de droit et des Affaires No 5, Janvier-Mars 2014. P.15-24.

58.NANDJIP MONEYANG Sara, Le régime de la société coopérative OHADA, Revue camerounaise de droit et de science politique de l'Université de Douala (JANUS) 9è année, No 4, Juin 2015, P. 235-259.

59.NDJETCHEU Louis, *Mécanismes de gouvernance et pérennité des établissements de Micro finance (EMF) de 2è catégorie au Cameroun : une approche par le contrôle externe*, Université de Douala, F SEGA, colloque sur la microfinance, Septembre 2013.

60.NDONGO Hervé Pascal, La gouvernance des institutions de microfinance dans les pays de la zone CEMAC : Le cas de la Société Financière de Développement (SOFIDE) au Congo – Brazzaville,

Direction Générale du Centre National de Gestion (CENAGES) Brazzaville, Congo, colloque sur la microfinance, Septembre 2013.

61.NDONMBOU Maurice Merlin, « Gouvernance et pérennité des EMF coopératives en réseau : une application aux réseaux MC2 et CAMCCUL du Cameroun », Université de Douala-UFD1-ENSET, colloque sur la microfinance, Septembre 2013.

62.NOGLO YAWOA gbényégan, *La micro-finance est-elle une solution efficace aux causes du rationnement bancaire ? Une analyse économétrique à travers les modèles probit et binomial négatif : Le cas du TOGO*, Université Paris Ouest-Nanterre La Défense (Laboratoire MOSAIQUES/LAVUE), colloque sur la microfinance, Septembre 2013.

63.OKAH-EFOGO François, OKAH-ATENGA Crescence Marie-France, *Faillites dans le secteur de la microfinance au Cameroun : les causes juridico-règlementaires*, Université de Yaoundé II-Cameroun, Université de Nancy 2, colloque sur la microfinance, Septembre 2013.

64.ONANA ETOUNDI Félix, droit des affaires - pratique professionnelle, revue de l'ERSUMA, nouvelle édition 2016, numéro 6.

65.ONGO NKOA Bruno Emmanuel, *Réformes financières et rentabilité du système bancaire des pays de la CEMAC*, Université de Yaoundé II, 2009.

66.ONOMO Cyrille, *Appartenance à un réseau, gouvernance et performance dans les coopératives d'épargne et de crédit au Cameroun*, ESSEC, Université de Douala, Cameroun, colloque sur la microfinance, Septembre 2013.

67.ROUSSEL Frédéric, *Baromètre de microfinance*, 2010.

68.SECK FALL François, *Banque/Microfinance : une analyse institutionnelle de leur relation de complémentarité,* Lereps/Université de Toulouse 1, colloque sur la microfinance, Septembre 2013.

69.SIMON Claude, *Gestion & management Comptabilité et contrôle de gestion,* Annexe 1 La théorie de l'agence, Collection MENTION, site http://www.editions-eyrolles.com

70.SUFFO Donat, Fermeture des EMF : les responsabilités se cachent derrière les incohérences du MINEFI ; 27/12/2005, document Internet.

71.TAMOKWE PIAPTIE Georges Bertrand, *Asymétrie d'information duale, opportunisme dans la distribution des crédits et réforme de la gouvernance dans les Entreprises de MicroFinance*, Université de Douala – Cameroun, colloque sur la microfinance, Septembre 2013.

72. TCHAKOUTE TCHUIGOUA Hubert, *Forme juridique et performances des institutions de microfinance. Une approche comparative,* Groupe ESC Troyes.

73. TCHAKOUTE TCHUIGOUA Hubert - KOUAO Guy Serge, *« Les déterminants de la structure financière des institutions de microfinance », HAL, Archives-ouvertes.*

74. TCHAKOUTE TCHUIGOUA Hubert, *Caractéristiques du conseil d'administration et performance des institutions de microfinance*, BEM- Bordeaux Management School, colloque sur la microfinance, Septembre 2013.

75. TCHOUASSI Gérard, TAMCHAP Suzy Flore, *Influence des réformes bancaires et microfinances sur le taux de bancarisation dans la zone BEAC,* Université de Yaoundé II, Université Catholique d'Afrique centrale, FSEG, FSSG, colloque sur la microfinance, Septembre 2013.

76. TOKO Jérémie, La *micro finance ou la micro éthique financière : la force des liens faibles dévoyés au Cameroun*, Université de N'Gaoundéré, Faculté de Science économique et de gestion, colloque sur la microfinance, Septembre 2013.

77. TRADER, *Lexique Finance*, site : http://www.trader-finance.fr

78. *UM-NGOUEM Marie-Thérèse, EKONNE Emmanuel Aimé, Facteurs d'éligibilité des Très Petites Entreprises (TPE) au crédit des Etablissements de Microfinance (EMF) au Cameroun : Une étude exploratoire*, FSEGA, Université de Douala, Cameroun, colloque sur la microfinance, Septembre 2013.

79. YOMB Jacques, TEFE TAGNE Robert, *Conduites socioéconomiques des acteurs locaux et crise des microfinances au Cameroun*, Université de Douala- Cameroun, Faculté des Lettres et Sciences Humaines, colloque sur la microfinance, Septembre 2013.

80. YUNUS, M., *Vers un monde sans pauvreté*, Edition J-C Lattès, Paris, 1998.

DOCUMENTS

1. ADA, Indicateurs de Performance pour les Institutions de Microfinance, 2e Edition, Mars 2003.

2. AFRICAN MICROFINANCE TRANSPARENCY, *Analyse Transversale des performances des IMF africaines,* 3ème édition, novembre 2010.

3. ALCAUD David, Encyclopaedia Universalis, *Gouvernance, politique. Site : www.* Youscribe.com.

4. BABA BOUKARI Moutalabi, *Le syndicat une alternative à la crise en microfinance : cas du syvemacot qui satisfait aux besoins financiers des travailleurs de l'informel*, colloque sur la microfinance, Septembre 2013.
5. BANQUE DE FRANCE, *Rapport annuel de la zone franc*, 2003.
6. BEAC, *Rapport annuel*, 2006, www.beac.int/publication, 389 p.
7. Cameroun, Ministère des Finance, *Les hommes du 14 Juillet 2013*, Finances infos, édition Avril-Juin 2013.
8. CAMEROON TRINUNE « Liste des 33 EMF fermés par retrait d'agrément », Journal du 17 Juillet 2013, page 10.
9. Cameroon Tribune « Cameroun – Microfinance : Les promoteurs indélicats seront poursuivis », Journal du 18 Juillet 2013.
10. CAPAF TECHNOFOIRE, *l'exercice de l'activité de transfert d'argent par les EMF dans la CEMAC*, site : http://www.capaf.org.
11. FOUNANOU Mathurin, RATSIMALAHELO Zaka, *Réglementation des Institutions de Microfinance dans les Pays en Développement : une approche en termes de théorie des incitations*, Université Gaston Berger de Saint-Louis (Sénégal) et Centre de Recherche sur les Stratégies, Université de Franche-Comté (France), colloque sur la microfinance, Septembre 2013.
12. Groupe Consultant d'assistance aux plus pauvres, *Audit externe des institutions de microfinance : Cas pratique*, 1998, 103 pages.
13. GTZ-IRAM, 2001, *La viabilité sociale d'une IMF*, Atelier de formation et de réflexion. Ouagadougou Burkina-Faso.
14. HUGON, Ph., 2007, *Rentabilité du secteur bancaire et défaillance du financement du développement : Le cas de la CEMAC*, Revue Tiers Monde, N° 192. www.armandcolin. com/revues_articles_info.
15. Microfinaza Rating, 2007, *Notation finale Crédit Communautaire d'Afrique Cameroun*, http://www.ratingfund.org/document_view.aspx?id=474&type=MFI.
16. Réseau des institutions de microfinance au Burundi « RIM », *rapport sur les indicateurs de performances des établissements de microfinance membres du RIM*, Edition 2012, Financement : Terrafina Microfinance.
17. Réseau Africain de Microfinance (AFMIN), Programme de Développement de Normes et d'Indicateurs de Performance Communs, *indicateurs de performance et définitions convenus, octobre* 2002.
18. ROESCH Marc, *La réglementation BEAC en matière de Micro finance*, 16 juillet 2003, document Internet.

19. République du Cameroun, Ministère des Finances, Direction Générale Du Trésor de la Coopération Financière et Monétaire, évaluation du secteur de la microfinance au Cameroun, Rapport Final, Août 2011.

20. Sandrine Michel et Holimalala Randriamanampisoa, *La pauvreté multidimensionnelle au prisme du microcrédit*, Document de travail, Université Montpellier 1, Octobre 2012.

21. SERVET, J-M., 2005, *Le banquier aux pieds nus, la microfinance*, Edition Odile Jacob, Paris.

TEXTES

1. Acte Uniforme OHADA relatif au droit commercial du 17 avril 1997 ;
2. Acte Uniforme OHADA révisé relatif aux sociétés commerciales et au groupement d'intérêt économique du 17 avril 1997.
3. Acte Uniforme OHADA révisé relatif aux sociétés commerciales et au groupement d'intérêt économique adopté le 30 Janvier 2014 à Ouagadougou (BURKINA FASO).
4. Acte uniforme OHADA relatif au droit des sociétés coopératives. Adopté le 15 décembre 2010 à Lomé.
5. Acte Uniforme sur le droit Comptable et Système Comptable OHADA.
6. Code Général des Impôts du Cameroun, édition 2006 à 2013
7. Commission Bancaire de l'Afrique Centrale « Plan comptable des établissements de microfinance, volume 1 », édition Mai 2007, 209 pages.
8. Commission Bancaire de l'Afrique Centrale « Plan comptable des établissements de microfinance, volume 2 », édition Mai 2007, 209 pages.
9. Convention portant harmonisation de la règlementation bancaire dans les Etats de l'Afrique centrale du 17 janvier 1992.
10. Décret N° 92/455/PM du 23 novembre 1992 fixant les modalités d'application de la loi N° 92/006 du 14 août 1992 relative aux sociétés coopératives et aux groupes d'initiative commune modifié et complété par le Décret N° 2006/0762/PM du 9 Juillet 2006.
11. Décret N° 98/300/PM du 9 Septembre 1998 fixant les modalités d'exercice des activités des COOPEC modifié et complété par le Décret N° 2001/023/PM du 29 Janvier 2001
12. Guide de la prévoyance sociale en République du Cameroun.
13. Journal Officiel OHADA. Droit comptable et système comptable OHADA

14. Fiscalité Locale en République du Cameroun, 2013.
15. Livre des procédures fiscales en République du Cameroun, 2013.
16. Loi N° 92/006 du 14/08/1992 relative aux sociétés coopératives et aux groupes d'initiative commune modifiée par l'article 15 de la loi N° 98-9 du 1er juillet 1998 portant loi de finance pour l'exercice 1998-1999.
17. Loi n° 99/016 du 22 décembre 1999 portant statut général des établissements publics et des entreprises du secteur public et parapublic.
18. Recueil de doctrine Administrative fiscale République du Cameroun, 2013.
19. Règlement N° 02/03/CEMAC/UMAC/CM du 4 Avril 2003 Relatif aux systèmes, Moyens et Incidences de Paiement.
20. Règlement COBAC EMF 2002/01 à 21 relatif au champ d'application des règlements COBAC sur les normes prudentielles des EMF.
21. Règlement N° 01/02/CEMAC/UMAC/COBAC du 13 Avril 2002 relatif aux conditions d'exercice et de contrôle de l'activité de microfinance dans la Communauté Economique de l'Afrique Centrale.
22. Règlement COBAC EMF 2002/21 du 15 Avril 2002 relatif aux formes juridiques liées à chaque catégorie d'EMF.
23. Règlement COBAC EMF 2002/17 du 15 avril relatif aux modifications de situations juridique et aux conditions de prise de participation dans les EMF.
24. Règlement COBAC EMF 2002/11 du 15 Avril 2002 fixant le nombre des sociétaires et le maximum de parts détenues par un même membre.
25. Règlement COBAC EMF 2002/15 du 15 Avril 2002 fixant les règles d'émission des chèques.
26. Règlement COBAC EMF 2002/19 du 15 Avril 2002 relatif à la liste, à la teneur, à la publication et aux délais de transmission des documents destinés aux organes de contrôle des EMF.
27. Règlement COBAC EMF 2002/20 du 15 Avril 2002 relatif aux diligences des établissements de microfinance de la première catégorie ayant un total de bilan inférieur ou égal à cinquante millions de francs.
28. Règlement COBAC R-2009/02/portant fixation des catégories des établissements de crédit, leur forme juridique et des activités autorisées.

TABLE DES MATIÈRES

LITTÉRATURE GÉNÉRALE,
ÉCONOMIE, ENTREPRISE, FINANCE, INDUSTRIE
AUX ÉDITIONS L'HARMATTAN

Dernières parutions

LA VIRILITÉ DANS LA TRIADE EXPRESSIVE
Hamadou Nidiabitien Traoré
L'auteur relate dans cet ouvrage la voie du développement de son pays natal, le Burkina Faso. Il retrace l'historique politique du pays depuis les années 1960, période marquée alors par la nécessité de s'adapter à une gestion pragmatique de l'Etat, pour venir ensuite au modèle de développement socio-économique dans la relation des secteurs agro-pastoraux, dans une justice transitionnelle et militaire à vocation à aplanir les difficultés sociales et à prévenir certains bouillonnements ou révoltes.
(Coll. Harmattan Burkina Faso, 76 p., 11,5 euros)
ISBN : 978-2-343-15476-3, EAN EBOOK : 9782140096891

L'INTUITION DE L'AFRIQUE
Histoire de I&P (2001-2011)
Pierre Daubert
Préface de Pascal Lamy
C'est l'histoire d'une idée simple et généreuse. Un homme en pleine réussite, l'un des associés du prestigieux fonds d'investissement européen BC Partners, décide de tout arrêter et de se reconvertir dans l'appui aux petites entreprises africaines. Il ne connaît pas l'Afrique et pas davantage l'aide au développement. Avec quelques amis et sur leurs deniers personnels, il crée une société financière, nommée Investisseur et Partenaire pour le Développement (IPdev), dont l'objet est d'investir dans des start-up et des petites entreprises en croissance...
(118 p., 14 euros)
ISBN : 978-2-343-13864-0, EAN EBOOK : 9782140059285

LA BANQUE POUR NÉOPHYTES
L'abécédaire des opérations bancaires du guichet à la caisse
Avec un bonus de 200 QCM & leurs réponses
Tidiani Sidibe
L'objectif de cet ouvrage est de mettre en évidence les connaissances de base sur les opérations courantes de guichet et de caisse dans le but d'outiller les opérationnels de banque sur tous les aspects techniques et commerciaux. Il est destiné à un public professionnel désirant approfondir ou consolider ses connaissances en opérations bancaires de base.
(Coll. Études africaines, 310 p., 32 euros)
ISBN : 978-2-343-12316-5, EAN EBOOK : 9782140044069

CRISE DE L'ARACHIDE AU SÉNÉGAL
Itinéraire d'un témoin indépendant
Ibrahima Samba Bocoum
Legs colonial au départ, l'arachide n'a cessé depuis lors de s'incruster durablement dans l'imaginaire collectif des populations sénégalaises, se confondant ainsi avec l'Histoire politique, économique et sociale de ce pays. L'auteur nous invite à un voyage éclairant au coeur de cette technostructure qui, de l'ONCAD à la Sonagraines, en passant par la SONAR, a accompagné les vicissitudes de la

filière arachidière au Sénégal, depuis les premières années de l'Indépendance jusqu'à nos jours.
(Coll. Harmattan Sénégal, 338 p., 33 euros)
ISBN : 978-2-343-12579-4, EAN EBOOK : 9782140042676

AU BORD DU SILENCE
Souffrance psychique, corps et handicap
Margitta Zimmermann
Qu'est-ce qu'un « handicap psychique »? Quelle réalité recouvre cette nouvelle catégorie médico-administrative, dans une société où un nombre croissant de « souffrances psychiques » au statut incertain dans le paysage médical met à mal la perspective strictement psychiatrique des problèmes de santé dite « mentale » ? Comment faire face à ce phénomène, d'une ampleur inconnue auparavant, qui s'est affranchi aujourd'hui des cadres sociaux et se retrouve aux deux extrêmes de l'échelle sociale ?
(Coll. Anthropologie Critique, 302 p., 30 euros)
ISBN : 978-2-343-15087-1, EAN EBOOK : 9782140097300

VIVRE ENSEMBLE, AU-DELÀ DU SLOGAN
Youssoufou Ouédraogo
Ce livre présente, en deux parties, une réflexion éthologiste sur le vivre-ensemble (comportement politique) dans un Etat national. La première donne le référentiel humain et les déterminants qui constituent des ordres de valeurs. Dans une Afrique source fondatrice de la Mère humanité, comment lire et orienter le phénotype politique et ses déterminants ? La deuxième est une "nationalisation" de la réflexion, tournée vers la promotion des défis graduellement relevés et de la prise de parole comme devant (re)configurer la scène publique, donc celle politique.
(Coll. Harmattan Burkina Faso, 218 p., 23,5 euros)
ISBN : 978-2-343-15486-2, EAN EBOOK : 9782140096761

LES FILMS DE DJINGAREY MAÏGA
Portée idéologique et impact sur la société nigérienne
Kadidjatou Mounkaila
Dans cet ouvrage, Kadidjatou Mounkaila apporte un modeste éclairage sur le cinéma nigérien, exploré à travers la filmographie de Djingarey Maïga. Il s'agit de mettre en évidence la valeur de sa contribution au développement du cinéma nigérien. Parmi les plus prolifiques, il est le seul de sa génération qui continue à produire des films de fiction de long métrage, au point qu'il est surnommé « le dernier des Mohicans ».
(Coll. Études africaines, 178 p., 19 euros)
ISBN : 978-2-343-10639-7, EAN EBOOK : 9782140095573

L'UNIVERSITÉ DES MONTAGNES POURSUIT SON CHEMIN
Jean-Claude Shanda Tonme, Thomas Tchatchoua, Pokam Sindjoun, Anselme Nzoko
Rêve sublime d'un groupe d'universitaires et de personnalités d'une société civile camerounaise créative et ambitieuse, située à l'ouest du Cameroun, l'Université des Montagnes est un pôle d'excellence éthique et académique. Vouée à la formation, selon les meilleures pratiques didactiques et les technologies de pointe, grâce aux cadres compétitifs africains, elle est capable de travailler sur tous les terrains et dans tous les pays du monde.
(Coll. Points de vue, 158 p., 18,5 euros)
ISBN : 978-2-343-15338-4, EAN EBOOK : 9782140097560

LE HIP-HOP EN SCÈNES
Mutations artistiques et innovations politiques
Emmanuel Négrier, Emmanuel Negrier, Aurélien Djakouane, Samuel Lavazais, Damien Potier
Trois aspects distincts des mondes de la danse hip-hop sont abordés dans ce livre. Les trajectoires d'artistes nous renseignent sur les modalités d'apprentissage de la danse, du métier de chorégraphe et des enjeux de leur professionnalisation. Ensuite, les relations que les institutions culturelles

entretiennent avec la danse hip-hop éclairent les enjeux de la création, de la diffusion et de la transmission. Enfin, le fonctionnement de ce dispositif met en évidence les modalités de l'accompagnement des chorégraphes hiphop et les collaborations entre acteurs privés et publics.

(Coll. Logiques sociales, 274 p., 28 euros)

ISBN : 978-2-343-14872-4, EAN EBOOK : 9782140094941

LÉOPOLD SÉDAR SENGHOR APPROCHES LITTÉRAIRE ET POLITIQUE

Placide Mandona

Préface de Abdoulaye Racine Senghor

L'auteur présente les diverses facettes de Léopold Sédar Senghor et dresse un portrait de cette icône africaine d'exception. La première partie avance les raisons de son écriture et l'accompagne par la suite à Joal, espace dynamique en constante transformation et cadre poétique du royaume d'enfance. Préoccupé par les pourfendeurs de la politique africaine, l'auteur témoigne de l'humanité politique du président légendaire du Sénégal et invite les présidents africains à se réapproprier les valeurs démocratiques.

(Coll. Harmattan Sénégal, 162 p., 19 euros)

ISBN : 978-2-343-14912-7, EAN EBOOK : 9782140094262

TRANSPORTS
L'ivresse des grands projets d'infrastructure
Tunnel sous la Manche, lignes TGV, liaison Lyon-Turin, canal Rhin-Rhône, Notre-Dame-des-Landes...

Patrice Salini

On a développé à marche forcée un réseau TGV et pendant ce temps nos trains de banlieue collectionnent incidents et retards. Le rail, à la fois transporteur rapide à longue distance et transporteur de masse du quotidien, semble avoir privilégié le rapide au massif. Et dans le même temps, on nous parle de dette explosive de SNCF réseau, et on plonge vers des remises en cause majeures comme l'organisation du groupe ferroviaire et du statut du personnel. Tout cela découle en partie mais pas seulement de l'ivresse des grands projets de nos politiques. Ce petit livre en démonte l'étrange mécanique.

(120 p., 14 euros)

ISBN : 978-2-343-14960-8, EAN EBOOK : 9782140092541

OVNIS
1947-2017
Le choix du déni

Robert Roussel

Préface de Patrick Baudry

Le mystère des soucoupes-volantes reste entier depuis 1947. Robert Roussel, journaliste aéronautique, dévoile le processus qui a abouti à la marginalisation de l'énigme. Il décrypte le choix du déni de nos sociétés. Son enquête auprès des spécialistes s'achève en 2017 sur un coup de théâtre : le « UFO Pentagone Papers ». Robert Roussel a recueilli avis et commentaires sur cette Divulgation programmée. Une enquête sans concession toujours d'actualité ?

(356 p., 25 euros)

ISBN : 978-2-343-13134-4, EAN EBOOK : 9782140092510

LE PROCÈS DE MADAME BASSARABO
La ténébreuse affaire de "l'Amazone rouge"

Michel Leroy

Qui a tué Georges Bassarabo ? En août 1920, la police a découvert son cadavre dans une malle expédiée par le train. Sa femme est arrêtée. Née Louise Grouès, tante de l'Abbé Pierre, elle était connue comme militante féministe, auteure d'une oeuvre littéraire abondante, sous le nom d'Héra Mirtel. Etait-ce un crime passionnel ? Un crime d'intérêt, lié aux affaires troubles de la victime ? Le passage à l'acte d'une féministe radicale ? Dans son enquête appuyée sur des archives inédites, Michel Leroy tente de dénouer les fils de cette ténébreuse affaire.

(370 p., 29 euros)

ISBN : 978-2-343-14496-2, EAN EBOOK : 9782140092176

L'OBSESSION DU COMPLOT BAMILÉKÉ

Ma rencontre avec Jean Fochivé

Mémoire des années de braise au Cameroun. Fragments d'autobiographie politique

Jean-Claude Shanda Tonme

Ici se mêlent anthropologie politique, biographie de militant et leçons cruelles sur le mal-être d'un pays pourtant gâté par la nature. Qui en veut tant aux Bamiléké et pourquoi ? Que serait le Cameroun sans les Bamiléké ?

(Coll. Points de vue, 266 p., 27,5 euros)

ISBN : 978-2-343-14996-7, EAN EBOOK : 9782140094880

RÉVEILLONS-NOUS ? POUR UN MONDE PLUS JUSTE

Gabriel Langouët, Dominique Groux

Préface de Obrillant Damus

La justice sociale impose d'urgence une redistribution des richesses moins inégalitaire. Les 20 % les plus riches (1,4 milliard) possèdent 95% des richesses ? Réveillons-nous ? Pourquoi ne pourrions nous pas mettre en place un Monde du partage qui s'opposerait enfin à la confiscation des richesses au profit d'infimes minotités ?

(154 p., 16,5 euros)

ISBN : 978-2-343-14970-7, EAN EBOOK : 9782140092589

BERTIN DOUÉ

Ancien combattant devenu prêtre à 47 ans

René Babi

Préface de Marcel Traoré

A la veille de la célébration du Centenaire de l'Evangélisation de la Côte d'Ivoire en 1995, l'Eglise Catholique comptait 398 prêtres autochtones. Que les temps ont bien changé, par rapport aux débuts difficiles de l'Evangélisation quand embrasser la prêtrise relevait d'un certain héroïsme ? Le Révérend Père Bertin Doué, ex-sergent dans l'Armée française, devenu prêtre à 47 ans, est un cas unique dans les annales des vocations sacerdotales en Côte d'Ivoire. Son parcours, peu ordinaire, mérite d'être connu.

(Coll. Harmattan Côte-d'Ivoire, 84 p., 11,5 euros)

ISBN : 978-2-343-15226-4, EAN EBOOK : 9782140094613

LA NATION CENTRAFRICAINE ET LES RÉCIFS

Crépin Mboli-Goumba

Depuis pratiquement cinq ans, la République centrafricaine est prise dans une spirale de violence sans fin. La crise, à l'origine politique, a été transformée en affrontement interconfessionnel. Pour la première fois, un acteur majeur de la scène politique centrafricaine brise le silence et relate les faits tels qu'il les a vécus. Pour lui, si les centrafricains sont en plein chaos, c'est parce qu'ils ont manqué de vision et ont laissé l'ignorance prospérer. Or, l'ignorance, qui est repli sur soi, haine de l'autre, peur de la différence, ne peut permettre de former une vraie nation.

(300 p., 29 euros)

ISBN : 978-2-343-14518-1, EAN EBOOK : 9782140092428

Structures éditoriales du groupe L'Harmattan

L'Harmattan Italie
Via degli Artisti, 15
10124 Torino
harmattan.italia@gmail.com

L'Harmattan Hongrie
Kossuth l. u. 14-16.
1053 Budapest
harmattan@harmattan.hu

L'Harmattan Sénégal
10 VDN en face Mermoz
BP 45034 Dakar-Fann
senharmattan@gmail.com

L'Harmattan Cameroun
TSINGA/FECAFOOT
BP 11486 Yaoundé
inkoukam@gmail.com

L'Harmattan Burkina Faso
Achille Somé – tengnule@hotmail.fr

L'Harmattan Guinée
Almamya, rue KA 028 OKB Agency
BP 3470 Conakry
harmattanguinee@yahoo.fr

L'Harmattan RDC
185, avenue Nyangwe
Commune de Lingwala – Kinshasa
matangilamusadila@yahoo.fr

L'Harmattan Congo
67, boulevard Denis-Sassou-N'Guesso
BP 2874 Brazzaville
harmattan.congo@yahoo.fr

L'Harmattan Mali
Sirakoro-Meguetana V31
Bamako
syllaka@yahoo.fr

L'Harmattan Togo
Djidjole – Lomé
Maison Amela
face EPP BATOME
ddamela@aol.com

L'Harmattan Côte d'Ivoire
Résidence Karl – Cité des Arts
Abidjan-Cocody
03 BP 1588 Abidjan
espace_harmattan.ci@hotmail.fr

L'Harmattan Algérie
22, rue Moulay-Mohamed
31000 Oran
info2@harmattan-algerie.com

L'Harmattan Maroc
5, rue Ferrane-Kouicha, Talaâ-Elkbira
Chrableyine, Fès-Médine
30000 Fès
harmattan.maroc@gmail.com

Nos librairies en France

Librairie internationale
16, rue des Écoles – 75005 Paris
librairie.internationale@harmattan.fr
01 40 46 79 11
www.librairieharmattan.com

Librairie l'Espace Harmattan
21 bis, rue des Écoles – 75005 Paris
librairie.espace@harmattan.fr
01 43 29 49 42

Lib. sciences humaines & histoire
21, rue des Écoles – 75005 Paris
librairie.sh@harmattan.fr
01 46 34 13 71
www.librairieharmattansh.com

Lib. Méditerranée & Moyen-Orient
7, rue des Carmes – 75005 Paris
librairie.mediterranee@harmattan.fr
01 43 29 71 15

Librairie Le Lucernaire
53, rue Notre-Dame-des-Champs – 75006 Paris
librairie@lucernaire.fr
01 42 22 67 13